半室斋史学论稿

丁福林 著

凤凰出版社

图书在版编目（CIP）数据

半室斋史学论稿 / 丁福林著. -- 南京 : 凤凰出版社, 2014.11
ISBN 978-7-5506-2076-6

Ⅰ. ①半… Ⅱ. ①丁… Ⅲ. ①中国历史－魏晋南北朝时代－文集 Ⅳ. ①K235.07-53

中国版本图书馆CIP数据核字(2014)第266018号

书　　名	半室斋史学论稿
著　　者	丁福林
责任编辑	卞　岐
出版发行	凤凰出版传媒股份有限公司 凤凰出版社(原江苏古籍出版社) 发行部电话025-83223462
出版社地址	南京市中央路165号,邮编:210009
出版社网址	http://www.fhcbs.com
经　　销	凤凰出版传媒股份有限公司
照　　排	江苏凤凰制版有限公司
印　　刷	江苏凤凰通达印刷有限公司 南京市六合区冶山镇,邮编:211523
开　　本	890×1240毫米　1/32
印　　张	13.5
字　　数	389千字
版　　次	2014年11月第1版　2014年11月第1次印刷
标准书号	ISBN 978-7-5506-2076-6
定　　价	68.00元

(本书凡印装错误可向承印厂调换,电话:025-57572508)

丁福林教授工作照

丁福林教授夫妇

学术报告

丁福林教授和家人

2009年和复旦大学吴金华教授在北京参加点校本“二十四史”及《清史稿》修订工程第三次修纂大会

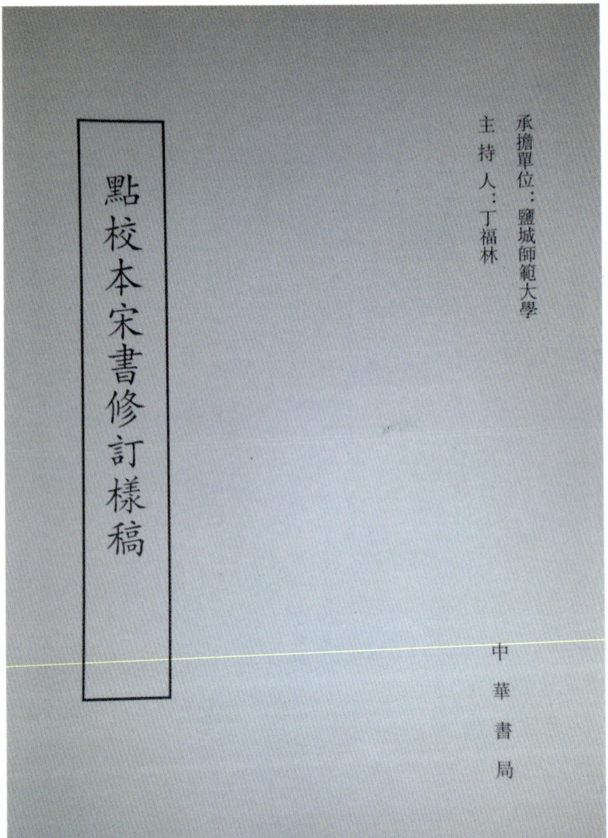
點校本宋書修訂樣稿

承擔單位：鹽城師範大學

主持人：丁福林

中華書局

著述样稿

目　　录

关于汉代属国的几个问题

一、汉代属国的始置在汉文帝前元六年(前 174)之前

属国是我国秦代开始在西北边境地区设立的行政单位,以安置归附的少数民族。秦末大乱,互相攻战的各方无暇顾及边境的属国,因此西北边境的部分地区复为匈奴乘隙所占领,属国制度亦因而自行解体。到西汉初年,属国制度随着王朝的稳固又得以重新恢复且逐步发展完善。但由于史料记载的缺略,汉代属国始置之时间不明。近年,王宗维先生《汉代的属国》(载《文史》第 20 辑,以下简称王文)曾对此问题作了论述,其云:

> 西汉初年,上郡已有龟兹属国。《汉书·地理志》上郡条:"龟兹,属国都尉治。"注引应劭语:"龟兹国人来降,因以名县。"师古注:"龟兹国人来降附者,处之于此,故以名之。"西汉初年,西域地方为匈奴所控制。上郡虽为秦辟设,但秦亡以后,被匈奴占领,汉朝不可能处龟兹归附部落于匈奴管辖地区而设立属国。在此以前,只有秦统一后在此设立郡县,戍守边塞。因此,龟兹属国应是秦王朝为安置龟兹归降部落而设立的。

并进而得出结论云：

> 汉朝政府正式设置属国始于汉武帝元狩三年（前 120）。《汉书·百官公卿表》："武帝元狩三年，昆邪王降，复增属国（按：此"复增"是与秦比较而言），置都尉、丞、侯、千人。属官，九译令。"

王文以为在汉武帝元狩三年以前，上郡为匈奴所占领，因而在这之前不可能在上郡设置龟兹属国，当然也就不可能设置其他属国。王文又以为《汉书·百官公卿表》所载之汉武帝元狩三年的"复增属国"，乃是"与秦比较而言"，因而根据匈奴昆邪王降汉之时间而推断汉政府之恢复属国建制在汉武帝元狩三年（前 120）。但是，这个结论却是很有疑问的。

首先需要指出的是，上郡在汉初并非为匈奴所占领。上郡虽有在短时期中被匈奴攻占的记录，但总的说来，在汉初的绝大多数时间中，上郡属于汉朝之版图。《史记·匈奴列传》记汉初冒顿单于在位时，"匈奴最强大，尽服从北夷，而南与中国为敌国……置左右贤王、左右谷蠡王、左右大将、左右大都尉、左右大当户、左右骨都侯……诸左方王将居东方，直上谷以往者，东接秽貉、朝鲜；右方王将居西方，直上郡以西，接月氏、氐、羌；而单于之庭直代、云中。各有分地，逐水草移徙"。司马贞《索隐》曰："姚氏云：'古字例以直为值。值者，当也。'"张守节《正义》曰："上谷郡，今妫州也。言匈奴东方南出，直当妫州也。""上郡故城在泾州上县东南五十里，言匈奴西方直当绥州也。""代郡城，北狄代国，秦汉代县城也。在蔚州羌胡县北百五十里。云中故城，赵云中城，秦云中郡，在胜州榆林县东北四十里。言匈奴之南直当代、云中也。"由此可见，匈奴冒顿单于在位时期的地域自东而西，与汉之上谷、上郡、代、云中等郡接壤。冒顿单于在位时期值汉高帝、惠帝、吕后时，这一时期是匈奴力量最为盛强、疆域亦最为广阔的时期，而上郡与上谷等郡一样并未被匈奴占领是非常明显的。《汉书·地理志下》云："上郡，秦置，高帝元年更为翟国，七月复故。匈归都尉治塞外匈归障。属并州。"《汉书·高帝纪下》云："（十一年）秋七月，淮南王布反……诏王、相国择可立为淮南王者，群臣请立子长为王。上乃发上郡、北地、陇西车骑，巴蜀材官及中尉卒三万人为皇太子卫，军灞上。”可为汉高祖时上郡属汉之明证。至于汉高祖以后汉武帝以前的情况，《史记·匈奴列传》又：“至孝文帝初立，复修和亲之事，其三年五月，匈奴右贤王人居河南地，侵盗上郡保塞蛮夷，杀略人民。于是丞相灌婴发车骑八万五千，诣高奴，击右贤王。右贤王走出塞。”“军臣单于立四岁，匈奴复绝和亲，大入上郡、云中各三万骑，所杀略甚众而去。”《史记·孝文本纪》云：“十四年(前166)冬，匈奴谋入边为寇，攻朝那塞那，杀北地都尉卬，上乃遣三将军军陇西、北地、上郡……帝亲自劳军，勒兵申教令。”“后六年(前158)冬，匈奴三万人入上郡，三万人入云中，以中大夫令勉为车骑将军，军飞狐……以备胡。数月，胡人去，亦罢。”亦明记汉文帝时上郡仍为汉所有。《史记·匈奴列传》又云：“孝文帝崩，孝景帝立……自是之后，孝景帝复与匈奴和亲，通关市，给遣匈奴，遣公主，如故约。终孝景时，时小入盗边，无大寇。”《史记·孝景本纪》云：“中六年(前144)……八月，匈奴入上郡。”《汉书·景帝纪》云：“(中六年)六月，匈奴入雁门，至武泉。入上郡，取苑马。吏卒战死者二千人。”《汉书·李广传》云：“景帝即位……上乃徙广为上郡太守，匈奴侵上郡，上使中贵人从广，勒习兵击匈奴。”可见，景帝时上郡亦为汉之领土而并未被匈奴所占领。由此，王文所论之汉武帝时始置属国的前提不能成立，我们并不能排除在武帝之前汉王朝已经在上郡等地设立属国的可能。

考《史记·孝景本纪》云：“中三年(前147)……春，匈奴王二人率其徒来降，皆封为列侯。”张守节《正义》曰：“《汉书·表》云：‘中三年，安陵侯子军、桓侯赐、遒侯陆强、容城侯徐卢、易侯仆黚、范阳侯代、翕侯邯郸七人，以匈奴王降，皆封为列侯。’按《纪》言二人者，是匈奴二王为首降。”可见，在景帝时就已有过大规模的匈奴贵州率众降汉之事，而属国既然是为安置蛮夷降者而设立的地方行政组织，因此，在景帝时即颇有可能已恢复了秦代的属国制度，而不一定非要等到武帝元狩三年昆邪王率众降汉之时才设置属国。据《史记·李将军列传》载云：“孝景初立……(广)徙为上谷太守，匈奴日以合战，典属国公孙昆邪为上泣曰：‘李广才气，天下无双，自负其能，数与虏敌战，恐亡之。’于是，乃徙为上郡太守……匈奴大入上郡，天子使中贵人从广勒习兵击匈奴。”明记景帝时中央政府已有典属国这一官职。可见，在汉景帝时已必有属国之行政建制无疑。

《史记·孝文本纪》载汉文帝前元三年（前177）六月诏曰：“今右贤王离其国，将众居河南降地，非常故，往来近塞，捕杀吏卒，驱保塞蛮夷，令不得居其故，陵轹边吏，入盗，甚敖无道，非约也。”《史记·匈奴列传》亦载有文帝前元三年五月匈奴右贤王“侵盗上郡保塞蛮夷”事。既然说右贤王将众居“河南降地”，可见文帝即位之初即已有匈奴人众以河南地降汉；又说右贤王侵盗上郡之“保塞蛮夷”，则文帝时又极可能已有属国之设置，时间又要早于景帝时。《汉书·贾谊传》载贾谊在文帝即位后不久所上之《陈政事疏》有云：“臣窃料匈奴之众，不过汉一大县，以天下之大，困于一县之众，甚为执事者羞之。陛下何不试以臣为属国之官以主匈奴？行臣之计，请必系单于之颈而制其命。”试想，如果当时尚未设置属国这一行政单位的话，则贾谊是不可能贸然提出要“为属国之官以主匈奴”的。由上可知，文帝时汉王朝当已恢复了秦代之属国制度，而且当时主持属国事务之官吏不但有安置归降的少数民族的任务，同时又有保疆守土之职责。

《汉书·百官公卿表》云：“典属国，秦官，掌蛮夷降者。”汉中央主持属国事务的最高官员为典属国，而具体负责处理某一属国内部事务的官吏则是属国都尉。属国都尉之地位相当于郡都尉，秩比二千石。贾谊上《陈政事疏》时为梁怀王太傅，据《后汉书·百官志五》所载，汉初诸王太傅秩二千石，位次秩禄皆较属国都尉为高，又见贾谊自请所担任的“属国之官”乃是中央政府主管属国事务的典属国而非主持边疆某一属国军政的属国都尉。典属国秩二千石，与诸王太傅位次相当，贾谊求之，是为相合。《史记·汉兴以来将相名臣年表》载汉文帝后元七年（前157）有“属国捍为将屯将军”事，“捍”即徐捍，一作徐悍，又名徐厉，时爵祝兹（一作松兹）侯。其所任之“属国”应即中央政府主管属国事务的典属国，若是属国都尉，则与其祝兹侯之身份及“为将屯将军”之职者不相合。

由以上论述可知，《汉书·百官公卿表》所载之“武帝元狩三年，昆邪王降，复增属国”之“复增”，并不是王文所理解的“与秦比较而言”，而是在此之前汉已恢复了属国的设置，到了元狩三年，因匈奴昆邪王降汉时人众甚多，原有的属国已无法安置，故朝廷又于此时重新增设属国以安置之，故曰“复增”耳。《史记·卫将军骠骑列传》云：“元狩二年（前121年）……昆邪王乘传先诣行在所……天子所以赏赐者数十巨万……居顷之，乃分徙降者边五郡故塞外，而皆在河南，因其故俗，为属国。”张守节《正义》曰：“以来降之民，徙置五郡，各依本国之俗而属汉，故曰属国。”《汉书·武帝纪》云：“（元狩二年）秋，匈奴昆邪王杀休屠王，并将其众合四万余人来降，置五属国以处之。”《通鉴》卷十九云：“（元狩二年）秋，匈奴昆邪王降……居顷之，乃分徙降者边五郡故塞外，而皆在河南，因其故俗为五属国。”胡三省注：“五郡，谓陇西、北地、上郡、朔方、云中也。”匈奴昆邪王降汉在元狩二年秋，而分徙其降众则在元狩三年。既云“因其故俗为属国”，“因其故俗为五属国”，则此“复增”，必非始置属国，而是在原有属国基础上的新增。

汉王朝究竟于何时恢复属国建置，虽然不能明确定其时间，但却有踪迹大致可寻。《史记·李将军列传》载“典属国公孙昆邪为上泣曰”，在景帝时。《史记·汉兴以来将相名臣年表》载“属国捍为将屯将军”，在汉文帝后元七年（前157），又早于公孙昆邪之任典属国。贾谊《陈政事疏》乃其任梁怀王太傅之初所作，《通鉴》载在汉文帝前元六年（前174年），其疏自言愿为属国之官以主其事，见是时已必有属国之置。因此，汉代属国的始置当在文帝前元六年（前174）之前。

二、史书所载汉代最早的属国官吏徐捍事迹钩沉

西汉属国的始置虽在文帝前元六年（前174）之前，但是史书所记载的汉代最早的属国官吏却是徐捍，其任属国之官在文帝后元年间。今将散见各史之有关资料稍作整理，并对其中抵牾之处加以考订辨证，以供参考。

《史记·汉兴以来将相名臣年表》载“属国捍为将屯将军”，司马贞《索隐》曰：“亦作悍。徐广曰‘姓徐，一名厉，即祝兹侯。’”按徐捍之封

爵,《史记》之《孝文本纪》、《绛侯周勃世家》,《汉书》之《文帝纪》、《高惠高后文功臣表》、《张陈王周传》皆作“祝兹侯”,而《史记·惠景间侯者年表》则作“松兹侯”。裴骃《集解》曰:“徐广曰:‘松,一作祝。’”司马贞《索隐》曰:“《汉表》作‘祝’,县名,属庐江。”《通鉴》卷十五亦作“祝兹侯”。由上可知,徐捍亦作徐悍,又名徐厉,爵祝兹侯,一作松兹侯。

《史记·惠景间侯者年表》载徐捍事云:“兵初起,以舍人从起沛,以郎中入汉。还,得雍王邯家属功,用常山丞相侯。四年(福林按指高后四年,前184)四月丙申,夷侯徐厉元年。”《汉书·高惠高后文功臣年表》所载同。以上略记徐捍从刘邦起兵及封侯之始末。徐捍从刘邦起兵于沛,时应在秦二世元年(前209),是时从刘邦起兵者皆沛人,徐捍当与萧何、曹参、王陵、樊哙等同为沛人也。其后三年(刘邦汉王元年,前206)二月,项羽自立为西楚霸王,封刘邦为汉王,王巴、蜀、汉中四十一县,都南郑。四月,刘邦就国于南郑。这之前,徐捍应以军功为郎中之职,并于是时随汉王刘邦之南郑(今陕西汉中)。是年五月,刘邦率兵出南郑袭雍,击败项羽所封雍王章邯,章邯走保废丘(今陕西兴平东南)。汉王二年(前205)六月,刘邦军引水灌废丘城,城破,章邯自杀。这段时间,徐捍当随刘邦军出汉中攻章邯,并以破废丘城时俘获章邯家属。其后又因功而迁任常山王丞相,据《史记·汉兴以来诸侯王年表》,常山国之初置在惠帝七年(前188),则其任常山王丞相当在破章邯之后十八年之惠帝七年或其后之一二年间。高后吕雉四年(前184)四月丙申,徐捍又因此前俘获章邯家属之功而被封为祝兹侯。高后四年四月丙子朔,丙申为二十一日,即徐捍之封侯自高后四年四月二十一日始。

《史记·惠景间侯者年表》云:“七年(福林按:指文帝前元七年,前173),康侯悼元年。”《汉书·高惠高后文功臣年表》:“十一年(福林按指祝兹侯国之十一年)薨。孝文七年(福林按:指汉文帝前元七年),康侯悼嗣。二十九年(福林按:指徐捍子徐悼袭封祝兹侯后二十九年)薨。”二史之表皆记载徐捍在位十一年而卒,卒后其子悼袭爵,时在汉文帝前元七年,亦即徐悍之卒在前元七年。然二史以上所载其实有误。

考《史记·孝文本纪》云:“后六年(前158)冬,匈奴三万人入上郡,三万人入云中。以中大夫令勉为车骑将军，军飞狐；故楚相苏意为将军，军句注；将军张武屯北地；河内守周亚夫为将军，居细柳；宗正刘礼为将军，居霸上；祝兹侯军棘门，以备胡。数月，胡人去，亦罢。”《汉书·文帝纪》亦载文帝后元六年冬，匈奴侵寇汉边境上郡、云中二郡之时，“祝兹侯徐厉为将军次棘门”，以备胡。以上之记载，《史记·绛侯周勃世家》、《汉书·张陈王周传》皆同。又，《史记·汉兴以来将相名臣年表》亦记文帝后元七年时徐捍尚为将屯将军。由此可见，徐捍于汉文帝后元七年（前 157）尚在世，距高后四年（前 184）之始封侯已二十余年，即《史记·惠景间侯者年表》、《汉书·高惠高后文功臣年表》记徐捍在位十一而薨，又记徐捍之子徐悼于文帝前元七年嗣爵祝兹侯，皆误。

徐捍之生年难以确考，然其以舍人从刘邦起兵于沛时当已成人。今约以其于秦二世胡亥元年（前 209）从刘邦起兵时年十八计之，则汉文帝后元七年时徐捍年约七十。

《史记·汉兴以来将相名臣年表》记文帝后元七年，“属国捍为将屯将军”。此后，徐捍之事迹则不见于史传。颇疑徐捍于文帝后元七年即卒，若如此，《史记·惠景间侯者年表》《汉书·高惠高后文功臣年表》所记徐捍子徐悼袭爵之年（即徐捍卒年）或佚“后”一字，乃误以为在“孝文七年”，即孝文帝前元七年（前 173）也。《汉书》表之误，盖沿《史记》表之误而未予考实耳。今以徐捍于文帝后元七年（前 157）卒计之，其在位二十七年而非《汉书·高惠高后文功臣年表》所载之十七年。徐捍子悼自后元七年袭爵，至景帝刘启中元六年（前 144）卒时，在位凡十三年而非《史》《汉》二表所载之二十九年也。

综上所述，今将徐捍及祝（松）兹侯国之年表具列如下：

秦王政二十一年乙亥（前 226）　徐捍一岁

徐捍一作徐悍，又名徐厉，沛人。

秦二世胡亥元年壬辰（前 209）　徐捍十八岁

九月，刘邦起兵于沛（今江苏沛县），称沛公。徐捍以舍人从刘邦起兵。

汉高祖刘邦元年乙未(前 206)　徐捍二十一岁

二月,项羽自立为西楚霸王,封刘邦为汉王,都南郑。

四月,徐捍以汉王郎中随刘邦之南郑。

五月,徐捍随刘邦出故道袭雍王章邯。章邯走保废丘。

汉高祖二年丙申(前 205)　徐捍二十二岁

六月,废丘城破,章邯自杀,徐捍俘获章邯家属。

汉惠帝刘盈七年癸丑(前 188)　徐捍三十九岁

初置常山国。徐捍约在是年或此后之一二年中以军功迁常山王丞相。

汉高后吕雉四年丁巳(前 184)　徐捍四十三岁

四月,徐捍以俘获章邯家属功,封为祝(松)兹侯。

汉文帝刘恒后元六年癸未(前 158)　徐捍六十九岁

徐捍为将军以备匈奴,屯棘门。数月后罢兵,旋被任为典属国。

汉文帝后元七年甲申(前 157)　徐捍七十岁

徐捍任将屯将军,寻卒,谥夷侯,享国二十七年。子悼袭爵。

汉景帝刘启中元六年丁酉(前 144)

徐悼卒,谥康侯,享国十三年。悼子偃嗣。

汉武帝刘彻建元六年丙午(前 135)

徐偃有罪,国除。

三、典属国之秩俸及苏武任典属国时“秩中二千石”之原因

《汉书·苏武传》:“武以始元六年春至京师,诏武奉一太牢谒武帝园庙。拜为典属国,秩中二千石。”因此,后世颇有以为典属国之秩俸为中二千石或原秩中二千石的。王宗维《汉代的属国》即云:“西汉政府所设典属国,最初秩中二千石,比属国都尉略高。”又云:“苏武使匈奴被留十九年,全节返汉,汉昭帝仅授以‘中二千石’的典属国,曾引起朝廷内外的议论,说明典属国一职并不重要。”

考之《汉书·百官公卿表》,西汉中央政府官员职位最高者为相国、

太尉、御史大夫，是为三公；其次为奉常、郎太令、卫尉、太仆、廷尉、典客、治粟内史、少府、宗正，是为九卿，九卿与“掌徼循京师”之中尉皆为中二千石官；再次为太子太傅、太子少傅、将作少府、詹事、将行、典属国、水衡都尉、内史、主爵中尉及郡守等，为二千石官；以下则为比二千石、千石官等。马非百《秦集史·职官志》载秦时典属国位亦在九卿之下，与《汉表》相合。可见典属国位次较九卿为低，略相当于郡太守，地位虽然并不很重要，但是说典属国之秩为中二千石，却显然是对《苏武传》错误的理解。

《汉书·百官公卿表》颜师古注：“汉制，三公号万石，其俸月各三百五十斛谷。其称中二千石者月各百八十斛，二千石者百二十斛，比二千石者百斛，千石者九十斛，比千石者八十斛。”典属国之秩为二千石，低于中二千石之九卿，高于比二千石之属国都尉。如果典属国秩为中二千石，则地位就与九卿相当，较之秩比二千石的属国都尉来也就不是略高了。

上面的这个认识，与苏武任典属国而秩中二千石并不矛盾。《汉书·苏武传》特别大书“秩中二千石”五字，也并非衍文或作者误书，而是古代朝廷对有特殊地位之臣子所表示的加秩优待之举。《史记》、《汉书》及古史体例，述官员官职时一般皆不书秩俸，今苏武任典属国而书之，正表示其与众之不同也。苏武出使匈奴，被扣留十九年，历经苦难，不辱使命，全节返汉，为朝野所敬仰，故“诏武奉一太牢谒武帝园庙”，又“赐钱二百万，公田二顷，宅一区”（《汉书·苏武传》）。其时拜苏武为典属国之原因，据《通鉴》卷一百五十六胡三省注，乃是“以武久在匈奴中，习外夷事，故使为是官”耳。然而，典属国位次秩俸并不高，与苏武功业不相称，所以，朝廷乃予其九卿之秩，表示优遇。班固进而大书一笔，以见与众之不同，而并非典属国之秩俸为中二千石。

类似苏武这样的为二千石之职而秩中二千石的情况，自苏武以后乃屡有所见，如《汉书·王成传》云：

> 王成，不知何郡人也，为胶东相，治甚有声。宣帝最先褒之，地节三年（前67），下诏曰：“盖闻有功不赏，有罪不诛，虽唐虞不能以

化天下。”今胶东相成，劳来不怠，流民自占八万余口，治有异等之效。其赐成爵关内侯，秩中二千石。

王成所任之胶东相，相当郡之太守，其秩当为二千石，汉宣帝以其治郡有方，绩行优异，故乃赐以中二千石之俸，以示褒奖耳。《汉书·宣帝纪》云：

夏四月，颍川太守黄霸以治行尤异，秩中二千石。

如淳注云：“太守虽号二千石，有千石、八百石居者，有功德茂异，乃得满秩。霸得中二千石，九卿秩也。”晋灼注云：“此直谓二千石增秩为中二千石耳。不谓满不满也。”颜师古注云：“如说非也。霸旧已二千石矣，今增为中二千石异之。此与地节三年增胶东相王成秩其事同耳。”无疑，晋灼与颜师古的说法是正确的。黄霸的秩中二千石下如同苏武与王成的秩中二千石，乃是对官员的一种表示优待的方式。又如《汉书·孙宝传》云：

益州蛮夷犯法，巴蜀颇不安。上以宝著名西州，拜为广汉太守，秩中二千石。赐黄金三十斤。蛮夷安辑，吏民称之。

《后汉书·陆康传》云：

拜康庐江太守，……献帝即位，天下大乱，康蒙险遣孝廉计吏奉贡朝廷。诏书策劳加忠义将军，秩中二千。

都是同样的例子。自此以后，这种情况就更为多见。如《宋书·羊玄保传》载玄保“为廷尉，数月，迁尚书吏部郎……为都官尚书、左卫将军，加给事中，丹阳尹，会稽太守，又徙吴郡太守，加秩中二千石”，旧制，郡太守秩二千石而非中二千石，但羊玄保时之名臣，又屡经高位。据《宋书·百官志》，其先任之廷尉（乃古之九卿），与都官尚书、丹阳尹皆官第三品，位高于五品之郡守。然会稽及吴郡乃时之东南大郡，为国家财政收入主要来源之地区，须有力者治之。故宋文帝乃以羊玄保为郡守并高其秩禄，以表示其地位与一般任太守者之不同，而故沈约《宋书》记此事时又特书云“加秩中二千石”以标明之。又如《梁书·张充传》载张充，“天监初，除太常卿，寻迁吏部尚书，居选称为平允。俄为散骑常侍、云骑将军。寻除晋陵太守，秩中二千石”。张充任晋陵太守前所任之太常卿（亦古之九卿）、吏部尚书、散骑常侍时皆官第三品，高于五品之郡守。故梁武帝任其为晋陵太守时亦予以其九卿之秩禄以示优遇。《梁书》述其事时亦特予揭出。至于一般情况则没有加秩之事。如《梁书·王亮传》载王亮“迁中书侍郎、大司马从事中郎，出为衡阳太守……迁给事黄门侍郎。寻拜晋陵太守，在职清公有美政”。王亮先任之中书侍郎、给事黄门侍郎皆官第五品，与太守同。故其先后任衡阳太守、晋陵太守时则无加秩之事。南朝由高阶官转任低阶官之加秩例又如《梁书·王志传》云：“其年，迁冠军将军、丹阳尹……三年，加散骑常侍、中书令，领游击将军。……迁前将军、太常卿。六年，出为云麾将军、安西始兴王长史、南郡太守。明年，迁军师将军、平西鄱阳郡王长史、江夏太守，并加秩中二千石。”王志为齐代名臣，入梁后先后所任之丹阳尹、散骑常侍、中书令、太常卿等皆位为三品，梁武帝萧衍重王志人品，故又先后以其为己之第十一皇弟始兴王儋之安西将军府长史和第九皇弟鄱阳王恢之平西将军府长史，以辅导之，同时又以王志分别领南郡与江夏郡之太守。然而诸王长史及郡太守官位皆低于三品，故在天监六年与七年王志先后任安西长史、南郡太守与平西长史、江夏太守时，乃“并加秩中二千石”，姚思廉亦书之于史，以示特殊也。

最后需要指出的是，苏武扬名于匈奴，功显于汉室，归国后被任为典属国，似乎不足以彰明苏武之功绩。这在当时就成了燕王刘旦及上官安等人攻击霍光的证据，后世也颇有人为苏武抱屈。然而考察一下当时的史实，似乎并非如此。苏武回国时，昭帝年幼未亲政，首席执政大臣为霍光，其人“资性端正”（《汉书·霍光传》），人品颇为可称，而另外两个执政大臣上官桀、桑弘羊又与苏武有旧交。因此，苏武之任典属国并不能认为是朝廷对他的故意压制，而是如胡三省所说的“以武久在匈奴中，习外夷事，故为是官”。这个看法，可以在苏武卒后朝廷乃以“明习外国事”的长罗侯常惠继任典属国一事中得到证明。这一疑问，在我们弄清苏武任典属国而“秩中二千石”的含义后，就比较容易理解了。

中华书局点校本《晋书》校勘札记

卷三《武帝纪》

（泰始八年）夏四月，置后将军，以备四军。（第62页4行）

按：《晋书》卷十四《职官志》云："左右前后军将军，案魏明帝时有左军，然则左军魏官也，至晋不改。武帝初又置前军、右军，泰始八年又置后军，是为四军。"则武帝泰始八年所置，乃后军将军，非后将军。二者有别，不可混淆。左右前后军将军乃统领京都营兵之内军，而左右前后将军则为外镇将军，二者职守各别。寻本书《职官志》，除四征（即征东、征西、征南、征北）、四镇、四安、四平将军及左右前后军将军而外，其余将军则不见载，而《宋书》卷三十九《百官志上》乃云："左将军。右将军。前将军。后将军。左将军以下，周末官，秦、汉因之，光武建武七年省，魏以来复置。"则晋时另有后将军也。即此"后将军"，乃"后军将军"之讹。《宋书》卷四十《百官志下》云："左军将军。右军将军。前军将军。后军将军。魏明帝时，有左军将军，然则左军魏官也。晋武帝初，置前军、右军，泰始八年，又置后军。是为四军。"与《晋书·职官志》相应。"后军"者，即后军将军也。可证此作"后将军"之非是，"后"后盖佚一"军"字。

卷四《惠帝纪》

五年……冬十月，武库火，焚累代之宝。(第93页8行)

按：此乃记元康五年十月事，而《晋书》卷二十七《五行志上》则云："惠帝元康五年闰月庚寅，武库火。"《宋书》卷三十二《五行志三》亦云："晋惠帝元康五年闰月庚寅，武库火。"与此所载异。寻是年闰十月丁亥朔，庚寅为月之初四日。是此作"冬十月"者，非是。

(太安二年十一月)癸亥，东海王越执长沙王乂，幽于金墉城，寻为张方所害。(第101页倒3—2行)

按：《通志》卷十亦记东海王越执长沙王乂及张方杀乂在太安二年(303)十一月，而《晋书》卷五十九《长沙王乂传》、《通志》卷八十又记乂于永兴元年(304)正月二十五日被废，二十七日为张方所杀。《晋书》卷十三《天文志下》则云："(太安)三年正月，东海王越执长沙王乂，张方又杀之。"与此所载异。寻《晋书·惠帝纪》，太安三年正月改元永安，七月改元建武，十一月又改元永安，至十二月复改元永兴。即《晋书》之《天文志》、《长沙王乂传》与《通志》卷八十所载其实一也。《通鉴》卷八十五从《晋书》《天文志》及《长沙王乂传》，记长沙王乂为东海王越所执在永兴元年(304)正月癸亥夜，被废在其月甲子日，被张方所杀在丙寅日。《考异》云："《帝纪》、《三十国晋春秋》云：太安二年十三月杀乂。《乂传》曰：'初，乂执权之始，洛下谣曰草木萌芽杀长沙。乂以正月二十五日废，二十七日死，如谣言焉。'《乐广传》云：'成都王颖，广之婿也，及与长沙王乂构难，而广处朝望，群小谗谤之，广以忧卒。'《惠帝纪》：'永兴元年正月丙午，乐广卒。'若广卒时，乂未死，即《乂传》正月二十五日废为是，合移在永兴元年正月，而《晋春秋》：'太安二年八月，乐广自裁。'按《帝纪》：今岁正月，'以颖为丞相，遣兵顿城门，代宿卫'者，疑此皆乂初死时事。又，今年正月末亦有甲子、丙寅，今从《乂传》。"寻永兴元年(304)正月己亥朔，癸亥为月之二十五日，甲子二十六日，丙寅二十八日。由此，长沙王乂之被东海王越所执及为张方所杀等事，其实在永兴元年(即太安三年)正月,而此记在太安二年者,非是。

永兴元年……秋七月丙申朔,右卫将军陈眕以诏召百僚入殿中,因勒兵讨成都王颖。(第102页倒2行)

按:"右卫将军",《晋书》卷十二《天文志中》、卷五十九《成都王颖传》、《河间王颙传》、《宋书》卷二十四《天文志二》皆作"左卫将军"。《通鉴》卷八十五从《帝纪》作"右卫将军",二者未知孰是。

卷五《孝怀帝纪》

永嘉元年……冬十一月戊申朔,日有蚀之。(第117页倒5行)

按:据陈垣《二十史朔闰表》,永嘉元年九月戊申朔,冬十一月则丁未朔,戊申为十一月初二日。即此云"冬十一月戊申朔"者,非是。《宋书》卷三十四《五行志五》云:"晋孝怀帝永嘉元年十一月戊申,日有蚀之。"然日蚀当在朔日,疑此条不误,而后人定朔有误。

卷六《元帝纪》

(太兴)四年春二月……癸亥,日斗。(第154页6—7行)

按:《晋书》卷十二《天文志中》亦云晋元帝太兴四年"二月癸亥,日斗"。而《宋书》卷三十四《五行志五》云:"晋元帝太兴四年三月癸亥,日有黑子。""日有黑子",即"日斗"也。寻是年二月庚寅朔,无癸亥,三月庚申朔,癸亥为月之初四日,则《宋书·五行志》所载是。颇疑此处乃有错简耳。

卷十《安帝纪》

(元兴三年三月)壬戌,桓玄司徒王谧推刘裕行镇军将军、徐州刺史、都督扬徐兖豫青冀幽并八州诸军事、假节。刘裕以谧领扬州刺史、录尚书事。辛酉,刘裕诛尚书左仆射王愉、愉子荆州刺史绥。(第256

页倒8—6行)

按:晋安帝元兴三年三月戊午朔,壬戌为月之初五日,辛酉为月之初四日,即上文所记乃有误。《通鉴》卷三十五载王谧推刘裕为镇军将军、徐州刺史及刘裕以王谧领司徒、扬州刺史在前,而载刘裕诛王愉父子在后,是也。

(义熙五年)三月己亥,大雪,平在数尺。车骑将军刘裕帅师伐慕容超。(第261页2行)

按:中华书局《校勘记》云:"'己亥',原作'乙亥'。三月己丑朔,无乙亥。《五行志下》及《宋书·五行志四》作'己亥'是,今据改。"今考《宋书》卷一《武帝纪上》载晋安帝义熙四年事有云:"正月,征公入辅,授侍中、车骑将军、开府仪同三司、扬州刺史、录尚书,徐兖二州刺史如故。表解兖州。先是遣冠军将军刘敬宣伐蜀贼谯纵,无功而返。九月,以敬宣挫退,逊位,不许。乃降为中军将军,开府如故。"证之以《宋书》卷四十二《王弘传》云:"卢循寇南康诸郡,弘奔寻阳。高祖复命为中军谘议参军。"卷四十五《向靖传》云:"卢循……攻逼姑孰。靖率谯国内史赵恢讨之。……除中军谘议参军,将军如故。"卷四十七《孟怀玉传》云:"卢循逼京邑,怀玉于石头岸连战有功,为中军谘议参军。"刘裕讨卢循事乃在义熙六年,即是时其军号仍为中军将军而非车骑将军也。又考《宋书》卷四十五《檀韶传》云:"复参车骑将军事,加龙骧将军,迁骁骑将军,中军谘议参军,加宁朔将军。"檀超先参刘裕车骑将军军事,后乃为中军谘议参军,明其由刘裕车骑参军而转中军参军;又《宋书》卷四十五《刘粹传》云:"从平京邑,转参镇军事,寻加建武将军、沛郡太守,又领下邳太守。复为车骑中军参军。从征广固,战功居多。"卷四十五《刘怀肃传》云:"复为车骑中军参军。从征广固,战功居多。"刘粹及刘怀肃"复为车骑中军参军"者,亦即二人乃由刘裕车骑参军而转刘裕中军参军也。以上皆为刘裕于义熙五年北伐慕容超时已由车骑将军降号为中军将军之明证,而此乃云"车骑将军刘裕"者,与事实不符。

（义熙六年五月）戊子，卫将军刘毅及卢循战于桑落洲，王师败绩。尚书左仆射孟昶惧，自杀。（第 261 页倒 4—3 行）

按：中华书局点校本《校勘记》云："五月壬子朔，无戊子，《通鉴》一一五作'戊午'，以下文'己未'、'乙丑'日序推之，作'戊午'者是。"今考戊午为月之初七日，己未月之初八日，乙丑十四日，时间相合，故《校勘记》以为作戊午者是。然据《宋书》卷二十五《天文志三》云义熙六年，"五月丙子，循、道覆败抚军将军、豫州刺史刘毅于桑落洲，毅仅以身免"。是月丙子为月之二十五日，《宋志》下文又载是月"丁丑"及"庚辰"事，分别为月之二十六及二十九日，时间亦相合，则"戊子"又恐为"丙子"之讹。

（义熙十三年）秋七月，刘裕克长安，执姚泓，收其彝器，归诸京师。（第 266 页 8 行）

按：《宋书》卷二《武帝纪中》载义熙十三年，"七月，至陕城。龙骧将军王镇恶伐木为舟，自河浮渭。八月，扶风太守沈田子大破姚泓于蓝田。王镇恶克长安，生擒泓"。《南史》卷一《宋本纪上》、《建康实录》卷十一所载同，《通鉴》卷一百一十八从之，亦记王镇恶克长安，擒姚泓等事在是年八月。又考《晋书》卷十三《天文志下》亦云："（义熙）十三年八月，擒姚泓，司、兖、秦、雍悉平。"皆为刘裕克长安、擒姚泓在是年八月之证，即此"秋七月"，乃"秋八月"之讹。

义熙五年，置左右长史、司马、从事中郎四人，加羽葆鼓吹。（第 267 页倒 1 行）

按：以上文意不明。寻《宋书》卷五十二《殷景仁传》云："及北伐，大司马琅邪王，天子母弟，属当储副，高祖深以根本为忧，转景仁为大司马左司马，专总府任。"琅邪王，即此后之晋恭帝，是其时大司马府有左右司马之证。而从事中郎则无左右之别，即上文应改标为："义熙五年，置左右长史、司马，从事中郎四人。"文意始显。

卷十一《天文志上》

天体……其本庖犧氏立周天历度，其所传则周公受于殷高，周人志之，故曰《周髀》。（第278页倒5—4行）

按："殷高"，乃谓殷高宗武丁，然武丁与周公相隔二百余载，则"周公受于殷高"者，当非是。考《宋书》卷二十三《天文志一》作"殷商"，谓承殷商之历，是也。此"高"，当为"商"之形讹。

天形穹隆如鸡子，幕其际，周接四海之表，浮于元气之上。（第280页5行）

按："幕其际"，义不可解。当据中华书局本《宋书》卷二十三之标点，改标作："天形穹隆如鸡子幕，其际周接四海之表，浮于元气之上。""鸡子幕"者，蛋壳也。"天形穹隆如鸡子幕"者，谓天形中间隆起，四周下垂，犹如鸡子者也。

卷十二《天文志中》

明帝太和初，太史令许芝奏，日应蚀，与太尉于灵台祈禳。（第338页1行）

按："灵台"，当是台名，应加专名号。汉有灵台，在长安西北，为观测天象之所。见《三辅黄图》卷五《台榭》。

怀帝永嘉元年十一月戊申朔，日有蚀之。（第339页倒1行）

按：寻陈垣"二十史朔闰表"，永嘉元年九月戊申朔，而冬十一月丁未朔，戊申为十一月初二日。《宋书》卷三十四《五行志五》云："晋孝怀帝永嘉元年十一月戊申，日有蚀之。"然日蚀当在朔日，疑十一月戊申朔本不误，后人定朔有误。

(晋元帝太兴)四年二月癸亥,日斗。(第343页倒3行)

按:《晋书》卷六《元帝纪》亦云太兴四年二月“癸亥,日斗”。《宋书》卷三十四《五行志五》云:“晋元帝太兴四年三月癸亥,日有黑子。”“日有黑子”,即日斗也。寻是年二月庚寅朔,无癸亥,三月庚申朔,癸亥为月之初四日。疑此“二月”,乃“三月”之形讹。

(晋安帝隆安)二年六月,郗恢遣邓启方等以万人伐慕容宝于滑台,启方败。三年九月,桓玄等并举兵,于是内外戒严。(第349页倒2—1行)

按:《宋书》卷二十五《天文志三》载以上诸事时无“三年”二字,于隆安“二年”后乃云:“是年六月,郗恢遣邓启方等以万人残虏于滑台,……启方等败而还。九月,王恭、庾楷、殷仲堪、桓玄等并举兵表诛王愉、司马尚之兄弟。”盖以王恭、桓玄等举兵在隆安二年。寻《通鉴》卷一百一十云隆安二年,“九月辛卯,加会稽王道子黄钺。以世子元显为征讨都督,遣卫将军王珣、右将军谢琰将兵讨王恭,谯王尚之将兵讨庾楷”,即是时事也。今考之《晋书》卷十《安帝纪》亦云隆安二年九月,王恭即兵败被杀,桓玄等亦奔走于寻阳。《通鉴》卷一百一十从之。是隆安三年时安得又有王恭、桓玄等举兵事耶?即此“三年”二字乃衍文也。

青龙二年二月己未,太白犯荧惑。(第351页8行)

按:《宋书》卷二十三《天文志一》云“青龙二年二月乙未,太白犯荧惑”。寻是年二月丙辰朔,无乙未,己未为月之初四日,即《宋志》误。

卷十二《天文志中》

建武元年五月……是时愍帝蒙尘于平阳,七月崩于寇庭。(第352页倒6—5行)

按:《晋书》卷五《孝愍帝纪》载建兴五年,“十二月戊戌,帝遇弑,崩于平阳,时年十八”,愍帝建兴五年即元帝建武元年。《通鉴》卷九十亦载建武元年,“十二月,(刘)聪飨群臣于光极殿,使愍帝行酒洗爵,已而更衣,又使之执盖,晋臣多涕泣,有失声者。尚书郎陇西辛宾起抱帝大哭,聪命引出斩之。……戊戌,愍帝遇害于平阳"。《太平御览》卷九十八引《晋书》记辛宾抱晋愍帝恸哭事亦在是年十一月,记愍帝被害在十二月。则愍帝之卒必为是年十二月事。此云"七月"者,非是。

卷十三《天文志下》

景初元年二月乙酉,月犯房第二星。占曰:"将军有忧。"(第 363 页倒 7 行)

按:"将军",《宋书·天文志一》作"将相"。今由本卷及《宋书》卷二十三《天文志一》、卷二十四《天文志二》、卷二十五《天文志三》、卷二十六《天文志四》所载月犯房星之例视之,作"将相"者是。此乃误"将相"为"将军"也。

二年……五月乙亥,月又犯心距星及中央大星。(第 363 页倒 5—4 行)

按:景初二年五月辛卯朔,无乙亥。"乙亥",《宋书》卷二十三《天文志一》作"己亥",为月之初九日。疑"乙亥",乃"己亥"之讹。

少帝正始元年……十月庚寅,月又犯昴北斗四星。(第 363 页倒 1 行)

按:《宋书》卷二十三《天文志一》云:"魏齐王正始元年……其年十月庚寅,月又犯昴北头第四星。""北头"即"北斗",北斗凡七星,此曰"北斗四星",于意不明,盖于"北斗"后佚一"第"字。其例如本卷所载吴孙权赤乌十三年秋七月荧惑"犯魁第三星而东"是也。

二年六月,鲜卑阿妙儿等寇西方,敦煌太守王延破之,斩二万余级。(第 364 页 1 行)

按:"二万余级",《宋书·天文志一》作"二千余级"。

吴孙权赤乌十三年夏五月,日北至,荧惑逆行,入南斗。秋七月,犯魁第三星而东。(第 364 页倒 3 行)

按:"第三星",《宋书》卷二十三《天文志一》、《建康实录》卷二皆作

"第二星"。寻《三国志》卷四十七《吴志·吴主权传》正作"第二星"。此"第三",疑是"第二"之讹。

故《国志》书于吴。(第364页倒1行)

按:上文云:"吴孙权赤乌十三年夏五月,日北至,荧惑逆行,入南斗。秋七月,犯魁第三星而东。《汉晋春秋》云'逆行'。案占:'荧惑入南斗,三月吴王死。'一曰:'荧惑逆行,其地有死君。'太元二年,权薨,是其应也。"因荧惑逆行入南斗,其应当在南方之吴,故陈寿《三国志》乃书于"吴志"耳。寻《三国志·吴主权传》:"(赤乌)十三年夏五月,日至,荧惑入南斗。秋七月,犯魁第二星而东。"乃是明证。由此,上文之"吴"盖指《三国志》中之《吴志》。今标点于"吴"下加地名号,则成书上事于吴地矣,非是。此"吴",当改标为书名号。

(甘露)二年三月庚子,太白犯东井。(第366页3行)

按:《宋书》卷二十三《天文志一》云:"甘露三年三月庚子,太白犯东井。"寻魏高贵乡公甘露二年三月壬申朔,庚子为月之二十九日,三年三月乙未朔,庚子为月之初六日,二者未知孰是。

(晋惠帝元康)九年六月,荧惑守心。占曰:"王者恶之。"(第367页2—3行)

按:"六月",《宋书》卷二十四《天文志二》作"二月"。

九月丁未,月犯左角。占曰:"人主忧。"一曰"左卫将军死,天下有兵。"(第368页3行)

按:"左卫将军",《宋书·天文志二》作"左将军"。

成帝咸和六年……其十一月,荧惑守胃昴。(第370页倒2行)

按:"胃昴",分别为二十八宿之一。《史记》卷一《五帝本纪》:"日短星昴,以正中冬。"《集解》:云:"孔安国曰:'日短,冬至之日也。昴,白虎之中星。'"《史记》卷二十七:"胃为天仓。"《正义》云:"胃三星,昴七星,毕八星。……谓主仓廪五谷之府也。”此“胃昴”之间应益顿号。

六月癸酉，月犯房。（第375页2行）

按：“六月癸酉”，《宋书》卷二十四《天文志二》作“四月癸酉”。

永和三年，鲜卑侵略河、冀。升平元年，慕容儁遂据临漳，尽有幽、并、青、冀之地。（第375页倒2行）

按：《宋书》卷二十四《天文志二》云：“永和末，鲜卑侵略河、冀。”考晋穆帝永和凡十二年，即此所云“永和三年”与《宋志》之“永和末”二者相距甚远。据《晋书》卷八《孝宗穆帝纪》，永和三年无鲜卑侵略河、冀事，而于永和十一年则记云：“十二月，慕容恪帅众寇广固。”又于永和十二年记云：“冬十月……慕容恪攻段龛于广固，使北中郎将荀羡帅师次于琅玡以救之。”寻慕容恪侵广固等地，即二史所载之“鲜卑侵略河冀”也，故下文乃云“慕容儁遂据临漳，尽有幽、并、青、冀”耳。此云“永和三年”者，误。《通鉴》卷一百从《晋书·穆帝纪》，云永和十一年“冬十月……镇北将军段龛与燕王儁书，抗中表之仪，非其称帝。儁怒。十一月，以太原王恪为大都督、抚军将军，阳骛副之，以击龛”。是也。

（升平五年）八月，范汪废。（第377页8行）

按：《晋书》卷八《哀帝纪》载升平五年事云：“冬十月，安北将军范汪有罪，废为庶人。”《通鉴》卷一百一从之，亦载范汪之废在升平五年十月。此“八月”，恐是“十月”之讹。

（太元）二年二月，荧惑守羽林。占曰：“禁兵大起。”九月壬午，太白昼见，在角。角，兖州分野。升平元年五月，大赦。三年八月，秦人寇樊、邓、襄阳、彭城。四年二月，襄阳陷，朱序没。四月，魏兴陷，贼聚广陵、三河，众五六万。（第378倒1行—379页2行）

按：“二年二月”，《宋书》卷二十五《天文志三》、《建康实录》卷九作“三年六月”。寻太元二年九月壬戌朔，壬午为月之二十一日，太元三年九月丙辰朔，壬午为月之二十八日。以上二载，未知孰是。

又，寻《晋书》卷八《孝宗穆帝纪》，升平元年五月无大赦事，卷九《孝武帝纪》则云太元元年，“夏五月癸丑，地震。……于是大赦，增文武位各一等”。又且下文所载“三年八月，秦人寇樊、邓、襄阳、彭城”，以及四年二月，襄阳陷没等事，亦皆太元时事。则此“升平”二字乃衍文耳。《宋书·天文志三》记上事无“升平”二字，是也。

安帝隆安元年……冬姚苌死，子略代立。魏王珪即位于中山。(381页3—4行)

按：《晋书》卷九《孝武帝纪》云太元十八年，“冬十月，姚苌死，子兴嗣伪位”。中华书局点校本《校勘记》云：“《御览》一二三引《后秦录》、《通鉴》一〇八谓姚苌死于十二月庚子，此文‘十’下疑脱‘二’字。”是姚苌之死乃在太元十八年(393)，疑此所载误。

又《晋书》卷一百十七《姚兴载记上》云：“姚兴字子略，苌之长子也。”姚兴字子略，不应单以略称之。疑“子”后佚一“子”字。

又，《晋书·孝武帝纪》载太元十一年夏四月，“代王拓拔珪始改称魏”。《魏书》卷二《太祖纪》云：“登国元年春正月戊申，帝即代王位。……夏四月，改称魏王。”是其事。魏登国元年当晋太元十一年(386)，此记拓拔珪即位在隆安元年(397)，亦非是。

其年七月，太皇太后李氏崩。十月，妖贼大破高雅之于余姚，死者十七八。(381页倒4—3行)

按：上文出晋安帝隆安五年，此“其年”，当亦为隆安五年。考《晋书》卷十《安帝纪》云隆安四年，“秋七月壬子，太皇太后李氏崩。……八月……壬寅，葬文太后于修平陵。……冬十一月，宁朔将军高雅之及孙恩战于余姚，王师败绩”。《通鉴》卷一百一十一从《帝纪》，亦云太皇太后李氏崩在隆安四年七月壬子，高雅之败于余姚在是年十一月。此记上事在隆安五年，且记高雅之之败在十月，皆非是。

(元兴三年三月)辛巳,诛左仆射王愉,桓玄劫天子如江陵。(第 382 页倒 5—4 行)

按:《宋书》卷二十五《天文志三》记王愉被杀在元兴三年三月辛酉,《晋书》卷十《安帝纪》亦云是年三月,“辛酉,刘裕诛尚书左仆射王愉、愉子荆州刺史绥、司州刺史温详”。据陈垣《廿十史朔闰表》,元兴三年三月戊午朔,辛酉为月之初四日,辛巳为月之二十四日。而《晋书·安帝纪》于“辛酉”上出“己未”、“庚申”,其下出“辛未”,分别为月之初二日,初三日及月之十四日,时间正相合。此“辛巳”,当为“辛酉”之讹。

又,《晋书·安帝纪》云是月“辛未,桓玄逼帝西上”,《通鉴》卷一百十三亦云是月“辛未,玄逼帝西上”。《建康实录》卷十所载同。与王愉之诛非同日,即此“王愉”后之逗号应易为句号。

(义熙)四年三月,左仆射孔安国卒。七月,司马叔璠等攻没邹山,鲁郡太守徐邕破走之。(第 384 页 2—3 行)

按:《晋书·安帝纪》云义熙四年,“夏四月,散骑常侍、尚书左仆射孔安国卒”,《通鉴》卷一百一十四从之,亦记孔安国之卒在义熙四年四月。此“三月”,或“四月”之讹。

又,“司马叔璠”,中华书局点校本《宋书》卷二十五《天文志三》校改作“司马国璠”,其《校勘记》云:“‘国璠’各本并作‘叔璠’,周家禄《晋书校勘记》云:‘国璠误叔璠。’按同卷前条有‘司马国璠攻没弋阳’,本条下有‘司马国璠寇砀山’。今据前后文改正。”所说是,此“叔璠”,亦“国璠”之讹。

(义熙六年)四月,卢循寇湘中,没巴陵,率众逼京畿。是月,左仆射孟昶惧王威不振,仰药自杀。(第 385 页 2—3 行)

按:《晋书》卷十《安帝纪》云是年五月,“戊子,卫将军刘毅及卢循战于桑落洲,王师败绩。尚书左仆射孟昶惧,自杀。”(中华书局点校本《校勘记》云:“五月壬子朔,无戊子,《通鉴》一一五作‘戊午’,以下文‘己未’、‘乙丑’日序推之,作‘戊午’者是。”)记孟昶自杀在是年五月,《通鉴》从之,亦记其年五月孟昶仰药自杀。即此“四月”者,“五月”之讹也。寻《宋书》卷二十五《天文志三》云是年,“四月,卢循寇湘中,没巴陵。五月，循等大破豫州刺史刘毅，毅仅以身免。循率众逼京畿。是月，左仆射孟昶惧王威不振，仰药自杀”，此盖删减《宋书》不当而致讹也。

（义熙）七年十二月，刘蕃枭徐道覆首，杜慧度斩卢循，并传首京师。（第385页3行）

按：中华书局点校本《校勘记》云：“《安帝纪》作‘刘藩’。”福林按：刘藩，刘毅从弟，作“刘藩”是。然《安帝纪》乃云“七年春二月壬午，右将军刘藩斩徐道覆于始兴，传首京师。”不作“十二月”。《通鉴》卷一百一十六从帝纪，云是年，“春正月……刘藩帅孟怀玉等诸将追卢循至岭表。二月壬午，怀玉克始兴，斩徐道覆。”此于“二”前乃衍一“十”字。

又，卢循为杜慧度所斩，乃在是年四月，见《晋书》卷十《安帝纪》、《通鉴》卷一百一十六，与斩徐道覆非同月事。此于“斩徐道覆首”后标以逗号，非是，应易此逗号为句号。

（义熙七年）其七月，朱龄石克蜀，蜀又反，讨灭之。（第385页8行）

按：据《晋书》卷十《安帝纪》、《宋书》卷二《武帝纪中》、《建康实录》卷十、卷十一、《通鉴》卷一百一十六，朱龄石率师伐蜀在义熙八年十二月，破成都、擒谯纵在九年七月。又据《宋书》卷四十八《朱龄石传》、《南史》卷十六《朱龄石传》，朱龄石于义熙八年之前一直追随刘裕征战，且功名亦未显，故义熙七年时其必无率众克蜀之可能。是此记上事于义熙七年之下，乃非是。此“七月”前，盖佚“九年”二字。

又，“蜀又反”，乃指朱龄石平蜀后遣其军府司马沈叔任戍涪，蜀人侯产德作乱，攻涪城，为沈叔任讨平事，见《宋书》及《南史》之《朱龄石传》。与“朱龄石克蜀”非一时之事。今于“克蜀”后标以逗号，则似亦在其年七月矣，故非是。此逗号应易为句号。

（义熙）十四年，刘裕还彭城，受宋公。十一月，左仆射前将军刘穆之卒。明年，西虏寇长安，雍州刺史朱龄石诸军陷没，官军捨而东。十二月，帝崩。（第387页7—9行）

按：《晋书》卷十《安帝纪》云义熙十四年，“夏六月，刘裕为相国，进封宋公”,《通鉴》卷一百一十八云义熙十四年,“春正月,……壬戌,太尉裕至彭城,解严。……六月,太尉裕始受相国、宋公、九锡之命”,是刘裕还彭城及受宋公乃在义熙十四年,《志》所载是也。然《晋书·安帝纪》又云义熙十三年冬十一月辛未,“左仆射、前将军刘穆之卒”,与《志》所载异,二者之间必有一误。今考《宋书》卷二《武帝纪中》云义熙十三年,“十一月,前将军刘穆之卒。……公欲息驾长安,经略赵、魏,会穆之卒,乃归”,《宋书》卷四十二《刘穆之传》亦云:“(义熙)十三年,疾笃,诏遣正直黄门郎问疾。十一月卒。时年五十八。高祖在长安,闻问惊恸,哀惋者数日。本欲顿驾关中,经略赵、魏。穆之既卒,京邑任虚,乃驰还彭城。”《南史》卷一《武帝纪》、卷十五《刘穆之传》所载同。《建康实录》卷十三亦云义熙十三年冬十一月,“左仆射刘穆之卒”而卷十四则更记刘穆之卒在是年十一月丁亥。《通鉴》卷一百一十八则记刘穆之之卒在义熙十三年十一月辛未。寻义熙十三年十一月己巳朔,辛未为月之初三日,丁亥月之十九日。二者所载刘穆之所卒之日虽有差异,然则其于十三年十一月卒则当无疑问。是上文所载先后失次,此“十一月,左仆射前将军刘穆之卒”乃当移于“十四年”之前。

又,上文之“明年”,乃当指晋恭帝元熙元年(419)。然《晋书·安帝纪》则云义熙十四年(418),“十一月,赫连勃勃大败王师于青泥北。雍州刺史朱龄石焚长安宫殿,奔于潼关。寻又大溃,龄石死之。十二月戊寅,帝崩于东堂,时年三十七”,《恭帝纪》云:“十四年十二月戊寅,安帝崩。刘裕矫称遗诏……是日,即帝位。”《宋书·武帝纪中》亦云义熙十四年“十月,公遣右将军朱龄石代安西将军桂阳公义真为雍州刺史。义真既还,为佛佛所追,大败,仅以身免。诸将帅及龄石并没。……十二月,天子崩。大司马琅邪王即帝位”。《建康实录》卷十亦云义熙十四年,“冬十月,赫连勃勃寇长安,败王师于青泥,雍州刺史朱龄石焚长安宫殿,奔于潼关,勃勃追破,龄石死之。……十二月戊寅,帝缢崩于东堂”。皆记赫连勃勃寇长安,雍州刺史朱龄石败死及晋安帝之死在义熙十四年而次年即非晋恭帝元熙元年。赫连勃勃,即《志》所谓“西虏”也。《通鉴》卷一百一十八从之,亦载上事在义熙十四年。由是观之,此又于“西虏”前衍“明年”二字。

占曰:“尾为燕,又为吴,牛亦吴越之分。太白为上将,羽林中军兵。为吴越有丧,中军兵动。”(第 389 页 2—3 行)

按:“吴越有丧”,《宋书》卷二十三《天文志一》作“吴越有兵丧”,疑此于“丧”前佚一“兵”字。寻下文又云:“斗牛,吴越分。案占:‘吴有兵丧,除旧布新之象也。’”是其例。

太平三年,孙綝盛兵围宫,废亮为会稽王,故《国志》又书于吴也。(第 390 页 2—3 行)

按:“吴”,指《三国志》中之《吴志》,以上乃谓上文所记之星变于陈寿《三国志》中记于《吴志》而不记于《魏志》也。今于“吴”加地名号,非是,应改标为书名号。《三国志》卷四十八《吴志·三嗣主传》:“五凤元年……冬十一月,星茀于斗牛。”是其事。

咸宁二年六月甲戌,星孛于氐。(391 页 4 行)

按:《宋书》卷十三《天文志一》于此条但云“六月”而不书日。寻咸宁二年六月庚辰朔,无甲戌。疑此“甲戌”乃后人所误加。

蜀后主建兴十三年,诸葛亮帅大众伐魏,屯于渭南。(第 396 页 3 行)

按:《三国志》卷三十三《蜀志·后主传》云:“(建兴)十二年春二月,亮由斜谷出,始以流马运。秋八月,亮卒于渭滨。”《三国志》卷三十五《诸葛亮传》云:“(建兴)十二年春,亮悉大众由斜谷出,以流马运,据武功五丈原,与司马宣王对于渭南。亮每患粮不继,使己志不申,是以分兵屯田,为久驻之基。……其年八月,亮疾病,卒于军,是年五十四。”足证此“十三年”,乃“十二年”之讹。

怀帝永嘉元年九月辛卯,有大星如日,自西南流于东北,小者如斗,相随,天尽赤,声如雷。(第 397 页倒 3 行)

按:中华书局点校本《校勘记》云:“‘辛卯’,《怀帝纪》作‘辛亥’。九月戊申朔,无辛卯,有辛亥。”今考《宋书》卷二十四《天文志二》亦作“九月辛亥”,与《怀帝纪》正相合,此“辛卯”,乃“辛亥”之讹。

又,“小者如斗”,《宋志》作“小者如升”。

(太元)十四年……三月,张道破合乡、太山,向钦之击走之。(第399页倒7行)

按:“张道”,《宋书》卷二十五《天文志三》同。而《宋书》卷二十四《天文志二》及《晋书》卷八《孝宗穆帝纪》、卷七十七《殷浩传》、卷七十九《谢尚传》、卷八十四《刘牢之传》、卷一百十二《苻健载记》皆作“张遇”。“合乡”,《宋书·刘牢之传》作“金乡”。寻合乡时属徐州东海郡(在今山东滕县),金乡时属兖州高平郡(今山东金乡),二地相近,未知孰是。

卷十五《地理志下》

江宁　太康二年,分建邺置。(第460页1行)

按:《宋书》卷三十五《州郡志一》云:“江宁令,晋武帝太康元年,分秣陵立临江县。二年,更名。”与此所云太康二年分建邺置者有异。寻本条上文云:“建邺,本秣陵,孙氏改为建业。武帝平吴,以为秣陵。太康三年,分秣陵北为建邺,改‘业’为‘邺’。”是建邺之置乃在太康三年,太康二年乃无建邺县也。即此所云“太康二年,分建邺置”者,非是。

永安六年,复分交州置广州。(第466页倒6行)

按:《宋书》卷三十八《州郡志四》云:广州乃“吴孙休永安七年,分交州立”。寻《三国志》卷四十八《吴志·三嗣主传》云:“(永安)七年……秋七月……复分交州置广州。”《建康实录》卷三云:“(永安)七年秋七月……复分交州置广州。”由是观之,此云“永安六年”复置广州者,非是。

卷十六《历律志上》

应钟之数四十二,……夹钟之数六十八。……宫生徵,徵生商,商生羽,羽生角,角生应钟。(第476页倒7行,倒6行,倒5行)

按:《宋书》卷十一《律历志上》“四十二”作“四十三”,“六十八”作

“六十七”。“角生应钟”，《宋书·律历志上》作“角生姑洗，姑洗生应钟”。

辄部郎刘秀、邓昊、王艳、魏邵等与笛工参共作笛。(第482页8—9行)

按：中华书局点校本《宋书》卷十一《律历志上》：“辄令部郎刘秀、邓昊、王艳、魏邵等与笛工参共作笛。”其《校勘记》云：“‘辄’，《晋志》作‘趣’，严可均《全晋文》‘趣’下有‘令’字，今不改‘辄’字，补‘令’字。‘王艳’各本皆空白，据《晋志》补。”福林按：时无辄部，“辄”后当有脱文，《宋志》校补是也。此“辄”后亦佚一“令”字。

从羽孔下行度之，尽律而为孔，亦得角声，出于商附孔之下。(第484页1—2行)

按：“出于商附孔之下”，中华书局点校本《宋书·律历志上》改为“出于变徵附孔之下”，其《校勘记》云：“‘变徵附孔’各本并作‘附商孔’《晋志》作‘商附孔’。钱宝琮《校勘记》云：‘《晋志》亦误。当云出于变徵附孔之下。变徵附孔，即上文所谓第五孔也。’今据钱说改。”

卷十八《律历志下》

魏尚书郎杨伟表曰：“臣览载籍……虽复使研桑心算，隶首运筹，重黎司晷，羲和察景，……皆未能并臣如此之妙也。是以累代历数，皆疏而不密，自黄帝以来，常改革不已。”(第535页1行—536页倒3行)

按：“研桑”分别指计然及桑弘羊，二人皆古之善计算者，故有此称。《文选》卷四十五班孟坚《答宾戏》：“和鹊发精于针石，研桑心计于无垠。”李善注：“越王勾践困于会稽之上，乃用范蠡、计然。韦昭曰：研，范蠡之师计然之名也。《汉书》曰：桑弘羊，洛阳贾人子，以心计为侍中也。”今标点以“研桑”相连续并加人名号，则成一人矣，大误，应于“研桑”分别加人名号。

又，寻下文“自壬辰元以来”，直至五百六十二页之“留者存前，逆则减之，伏不尽度，除斗分，以行母为率。分有损益，前后相御”。当皆为扬伟表中之语，故《宋书》卷十二《律历志中》于文末有："魏黄初元年十一月小，己卯蔀首，己亥岁，十一月己犯朔旦冬至，臣传上"之语，今标点于"常改革不已"后加双引号，则下文无所属，非是。盖因《晋志》引此表时省文末数语，乃致误解耳。《宋书·律历志中》标点是，可以参看。

壬辰元以来，至景初元年丁巳岁，积四千四十六，算上。（第536页倒2行）

按：上文文意不明，盖"四千四十六"者不知所指耳。此当据《宋书·律历志中》于"丁巳"后点断，改标作："壬辰元以来，至景初元年丁巳，岁积四千四十六，算上。"

今去交度分如日法而一，所得则却去交度分也。（第545页倒3行）

按：中华书局点校本《宋书》卷十二《律历志中》《校勘记》云："'今'依文义当作'令'。"

翼十五太（第552页5行）

按：《宋书·律历志中》所载同，中华书局点校本《校勘记》云："按当作'翼十五太弱'。"

月余，一百九十九万五千六百六十四。（第554页4行）

按："月余"，《宋书·律历志中》作"日余"。今考上文已有"月余"事，而下文"火"、"土"、"金"、"水"等条所述，皆有"月余"及"日余"事，则此"月余"，必为"日余"之误，《宋志》是也。

以入月日，日余加入月日及余，余满日度法得一。（第559页6行）

按：以上《宋书·律历志中》所载同，中华书局点校本《校勘记》云："按所加者为一合的入月日及余，'加'下当有'合'字。"

卷十九《礼志上》

尚书左丞王纳之独曰。(第585页倒6行)

按:“王纳之”,中华书局点校本《宋书》卷十六《礼志三》校改为“王讷之”。其《校勘记》云:“‘王讷之’各本并作‘王纳之’。《世说新语·文学篇》刘孝标注引《王氏谱》曰:‘讷之字永言,琅邪人。历尚书左丞、御史中丞。’当即其人。按古人名字相应,讷之字永言,是,今改正。”校改是也,此“王纳之”,亦“王讷之”之形讹也。

取列侯妻六人为蚕母。(第590页倒7—6行)

按:“列侯妻”,《宋书》卷十四作“民妻”。

前被敕,《尚书·召诰》乃社于新邑,惟一太牢,不二社之明义也。(592页8行)

按:以上《宋书》卷十七《礼志四》所载无“乃”字。据上下文,此乃晋太康九年改建宗庙时,车骑司马傅咸《议立社表》中之语。中华书局点校本《宋书》于此校改并标作:“前被敕,《尚书·召诰》:‘社于新邑,唯一太牢,(福林按:“太牢”后之逗号应易为句号)’不立二社之明义也。”其《校勘记》云:“各本并脱‘立’字,据《通典·礼典》、《元龟》五七四补。”福林按:“不二社”即“不立二社”之义,无“立”字文自可通,然此无“立”一字,当非傅咸原文,故《通典》及《元龟》引此时皆作“不立二社”,校补“立”字是也。

又,《尚书·周书·召诰》云:“翼日戊午,乃社于新邑,牛一,羊一,豕一。”“牛一羊一豕一”者,即一太牢也。是“惟一太牢”,乃非《尚书》中语,不应加引号,中华本《宋书》标点非是。即上文当校补并改标为:“前被敕,《尚书·召诰》‘乃社于新邑’,惟一太牢,不立二社之明义也。”

(魏文帝黄初)六年七月,帝以舟军入淮。(第598页1行)

按:“舟军”,《三国志》卷二《魏志·文帝纪》作“舟师”,云黄初六年,

"八月，帝遂以舟师自谯循涡入淮，从陆道幸徐"，《通鉴》卷七十从《三国志》，亦记事在是年八月，此作"七月"，非是。

五岳视三公，四渎视诸侯。（第598页5行）

按：五岳，指泰山等五山，而四渎则指长江等四水。《尔雅·释水》云："江、淮、河、济为四渎，发源注海者也。"《史记》卷二十八《封禅书》云："四渎者，江、河、淮、济也。"今标点于"五岳"加专名号，而于"四渎"则缺如，非是。

及武帝泰始三年十一月，改封宗圣侯孔震为奉圣亭侯。（第599页—4行）

按：《晋书》卷三《世祖武帝纪》云泰始三年，"十二月，徙宗圣侯孔震为奉圣亭侯"，所载当有所据。此云"十一月"，恐误。

黄初元年十一月受禅，又追赠大王曰大皇帝，皇考武王曰武皇帝。（第601页4—5行）

按：据《三国志》卷二《魏文帝纪》，魏文帝曹丕于延康元年（即黄初元年）十一月庚午登坛受汉禅，即位称帝。而《后汉书》卷九《孝献帝纪》则记是年"冬十月乙卯，皇帝逊位，魏王丕称天子"，《通鉴》卷六十九记是年十月乙卯，汉献帝下诏禅位于魏，曹丕三让而后于是月辛未，"升坛受玺绂，即皇帝位"。《三国志》之误，前人已屡有辩，卢弼《三国志集解》辩之尤详，其云："今据裴注备列汉魏禅代诏策书令，群臣奏议甚详。盖汉实以十月乙卯策诏魏王，使张音奉玺绶而魏王辞让，往返三四而后受也。又据侍中刘廙奏问太史令许芝，今月十七日己未可治坛场；又据尚书令桓阶等奏云辄下太史令择元辰，今月二十九日可登坛受命。盖自十七日己未至二十九日正得辛未。……《宋书·礼志》云汉延康元年十一月禅帝位于魏，《册府元龟·帝王部》云延康元年十一月受禅，并沿陈《志》之误。朱竹垞《跋孔羡碑》云魏受禅在延康元年十一月，亦失于不考耳。"卢说是也。即此"十一月"，乃"十月"之讹也。

其年十一月，洛京庙成，则以亲尽迁处士主置园邑。（第601页倒5行）

按："则以亲尽迁处士主置园邑"于文意费解。据上文，明帝太和三年十一月洛京庙建成之前，魏之宗庙乃祀四世，即上文所载之"庙所祀，则文帝之高祖处士、曾祖高皇、祖大皇帝共一庙，考太祖武皇帝特一庙"。今文帝曹丕去世，明帝所祀四世当为其高祖大长秋高皇、曾祖大皇帝、祖太武皇帝及其父文皇帝，而文帝之高祖处士已为五世祖，则当以亲尽而迁出庙外，别置园邑。故下文乃云："使行太傅太常韩暨、行太常宗正曹恪持节迎高皇以下神主，共一庙，犹为四室而已。"乃无"文帝之高祖处士"也。是上文应于"处士主"后句绝并标以逗号，文意始显。

三公又奏曰："自古周人归祖后稷，又特立庙以祀姜源。"（第602页3行）

按："归祖后稷"，中华书局点校本《宋书》卷十六《礼志三》校改作"始祖后稷"。其《校勘记》云："'始'各本作'归'，据《三国志·魏志·文昭甄皇后传》裴注引《魏书》、《元龟》二九改。"

祠部郎中徐邈议。（第606页倒7行）

按："祠部郎中徐邈"，《宋书》卷十六《礼志三》作"祠部郎徐邈"。寻《晋书》卷二十四《职官志》云："及渡江，有吏部、祠部、五兵、左民、度支五尚书。"尚书下有尚书郎，又称郎中，如《宋书》卷五《文帝纪》载景平二年奉迎文帝时群臣上表有"吏部郎中骑都尉臣张茂度、仪曹郎中臣徐长琳、仓部郎中臣庾俊之、都官郎中臣袁洵"，又载元嘉十四年有"秋八月戊午，以尚书金部郎中徐森之为交州刺史"事，《宋书》卷四十二《王弘传》有"义熙中，尚书祠部郎中裴松之又议禁断"事，是也。

（孝武帝太元）十六年，始改作太庙殿，正室十四间，东西储各一间，合十六间，栋高八丈四尺。（第607页8—7行）

按："十四间"，"十六间"，《宋书》卷十六《礼志三》分别作"十六间"，"十八间"。

武帝咸宁五年十一月己酉，弘训羊太后崩，宗庙废一时之祀。（第608页4行）

按："武帝咸宁五年十一月己酉"，《宋书》卷十六《礼志三》同。考弘训羊太后即景献羊皇后，居弘训宫，号弘训太后。《晋书》卷三十一《后妃上·景献羊皇后传》载羊太后之薨在咸宁四年，《晋书》卷三《世祖武帝纪》、《通鉴》卷八十更详记羊后之薨在咸宁四年六月，葬在其年七月。与此所载异。考《晋书》卷三十四《羊祜传》云："祜寝疾，求入朝。既至洛阳，会景献宫车在殡，哀恸至笃……乃侍坐，面陈伐吴之计。"据《晋书·武帝纪》，羊祜之卒在咸宁四年十一月，其至洛阳而景献羊后在殡，则景献羊后之卒又在此前，亦即此记羊后之卒在五年十一月己酉者，必误。《帝纪》及《通鉴》所载是也。

卷二十《礼志中》

内者改坐，太官復膳。（第614页5—6行）

按："内者"，《宋书》卷十五《礼志二》作"内省"，是。

故五帝殊乐，三王异礼，此古今所以不同。（第615页倒3—2行）

按："五帝"、"三王"应分别加专名号。

康帝建元元年正月晦，成恭杜皇后周忌，有司奏，至尊期年应改服。（624页1行）

按：《晋书》卷七《显宗成帝纪》载咸康七年(341)"三月戊戌，杜皇后崩"，《建康实录》卷七、《通鉴》卷九十六所载皆同。今考《晋书》卷三十二《后妃下·成恭杜皇后传》亦云："(咸康)七年三月，后崩，年二十一。"与之正相应。据陈垣《二十史朔闰表》，咸康七年三月甲午朔，戊戌为月之初五日，距康帝建元元年正月晦日凡二十三月。则此云建元元年正月为杜后之周忌，恐非是。

孝武宁康中，崇德太后褚氏崩。(624页5行)

按：崇德太后褚氏即晋康帝皇后褚氏，简文帝即位后尊为崇德皇太后。《晋书》卷三十二《后妃下·康献褚皇后传》云："康献褚皇后讳蒜子，……太元九年，崩于显阳殿，年六十一。"《晋书》卷九《孝武帝纪》亦云："(太元)九年，……六月癸丑朔，崇德太后褚氏崩。"二者正相合，《建康实录》卷七从之，亦记褚后之卒在太元九年六月癸丑。是此云褚后之卒在"孝武宁康中"，当非是。此"宁康"者，"太元"之讹也。

秘书监挚虞云："太子初生，举以成人之礼，则殇理除矣。太孙亦体君传重，由位成而服，全非以年也。天子无服殇之义，绝期故也。"于是从之。(第625页倒3—2行)

按：以上乃晋惠帝太安元年三月皇太孙司马尚薨时，挚虞议服丧之礼时所云。考《仪礼·丧服》云："年十九至十六为长殇，十五至十二为中殇，十一至八岁为下殇，不满八岁以下皆为无服之殇。"是丧服以年之谓也。然则"太子初生，举以成人之礼，则殇理除矣"。而太孙又"体君传重"，故挚虞乃议以为皇太孙薨时年虽幼，而据《仪礼·丧服》所载，其殇礼当已除，即为太孙所服丧，当以全礼，而不应同于众，以《丧服》所载长幼之服殇制度而服也。考《晋书》卷五十三《愍怀太子传》，司马尚以永宁元年(301)八月被立为皇太孙，故其太安元年(302)薨时，挚虞乃有此议耳。即上文应据中华书局点校本《宋书》卷十五《礼志二》之标点，于"服全"后句绝，改标作："太孙亦体君传重，由位成而服全，非以年也。"《晋书·愍怀太子传子尚附传》云："太安元年三月癸卯，薨，帝服齐衰期，谥曰冲太孙。"乃其明证。

卷二十一《礼志下》

漏未尽五刻，谒者、仆射、大鸿胪各各奏群臣就位定。(第650页1行)

按：《晋书》卷二十四《职官志》云："谒者仆射，秦官也，自汉至魏因之。魏置仆射，掌大拜授及百官班次，统谒者十人，及武帝省仆射，以谒者并兰台。"《宋书》卷四十《百官志下》亦云："谒者仆射，一人。掌大拜授及百官班次。领谒者十人。”则此“谒者仆射”乃指统领谒者之仆射，乃今标点于“谒者”后以顿号隔，则文义大变，非是，应删此顿号。

然则元功懿德，不刊梁山之石，无以显帝王之功。（第654页5行）

按：“梁山之石”，中华书局点校本《宋书》卷十六《礼志三》校改为“山梁之石”。其《校勘记》云：“‘山梁’局本及《晋书·礼志》、《元龟》三五作‘梁山’，讹。按‘山梁’，谓泰山、梁父。作‘山梁’不误。”

自是以来，功薄而僭其义者，不可胜数，号谥不泯，以至于今。（第657页1行）

按：以上乃晋武帝太康元年冬，王公有司奏中之语，“功薄而僭其义者”，中华书局点校本《宋书》卷十六《礼志三》据《册府元龟》卷三十五校改为“功薄而僭其仪者”，是也。

上复诏曰：“所议诚列代之盛事也，然方今未可以尔。”便报绝之。（第657页7—8行）

按：此诏乃晋武帝太康元年为王公有司奏请封禅而发，据上文，是时王公有司屡奏请封禅，帝不从，而群臣复奏请不休，故武帝乃报以此诏。是上文之“便报绝之”，当亦为诏文中语，盖以此语以绝群臣之复请耳。《宋书》卷十六《礼志三》所引诏文“列代”作“前烈”，又无“然”一字。中华书局点校本于此标作：“上复诏曰：‘所议诚前烈之盛事也’方今未可以尔。便报绝之。”是也。

卷二十三《乐志下》

于是除《高絙》、《紫鹿》、《跂行》、《鳖食》及《齐王卷衣》、《笮儿》等乐，又减其廪。（第719页倒5—4行）

按：以上《宋书》卷十九《乐志一》所载同，中华书局点校本《校勘记》云：“‘笮儿’《晋书·乐志》、《通典·乐典》、《元龟》一五九、五七五并同《宋书》。《南齐书·乐志》作‘笮鼠’。沈涛《铜熨斗斋随笔》云：‘案笮儿,《南齐书·乐志》作篞鼠,则儿乃鼠字之讹。’”。

后以何祯为秘书丞,而秘书先自有丞,乃以祯为秘书右丞。(第735页4—5行)

按:“何祯”,中华书局点校本《宋书》卷四十《百官志下》作“何桢”,其《校勘记》云:“何桢,前一‘桢’字各本作‘禛’,后一‘桢’字各本作‘祯’。按《三国志·魏志·管宁传》注引《文士传》:‘桢字元干,庐江人,有文学器干。’据桢字元干,则字当作‘桢’。今改正。”是也,此“祯”,当亦“桢”字之讹。

又,“后”字之后,《宋书·百官志下》有“欲”一字。据“秘书先自有丞,乃以祯为秘书右丞”之语,则《宋志》所载是也。疑此佚“欲”一字。

都水使者,汉水衡之职也。汉又有都水长丞,主陂池灌溉。……汉东京省都水,置河隄谒者,魏因之。及武帝省水衡,置都水使者一人。以河隄谒者为都水官属。及江左,省河隄谒者,置谒者六人。(第739页倒3—1行)

按:中华书局点校本《校勘记》云:“《通典》三六魏官品,第四品有都水使者,第七品有都水参军,第八品有都水使者令史,是魏有都水也。”“《斠注》:《通典·职官》一〇引《元康百官名》云,陈慎、戴熊俱以都水使者领水衡都尉,是志文误也。按:《册府》六二〇明言晋武帝时有左右前后中五水衡,是武帝时有水衡也。’”福林按:《志》于此云“及武帝省水衡”,则武帝即位之初自有水衡也,是《斠注》所云及《册府元龟》所载晋武帝时有水衡,与《志》所云初无不合。而《校勘记》引《斠注》谓“是志文误也”,非是。

又,“都水长丞”,应于“长”后益顿号,盖谓都水长及都水丞耳。“河隄谒者”,“河”,盖指黄河,江左时晋室南迁,黄河沦陷,故乃省置河隄谒者耳。此“河”,应加专名号。中华书局点校本《宋书》卷四十《百官志下》之标点是也。

卷二十四《职官志》

屯骑、步兵、越骑、长水、射声等校尉，是为五校，并汉官也。魏晋逮于江左，犹领营兵，并置司马、功曹、主簿。后省左军、右军、前军、后军为镇卫军，其左右营校尉自如旧，皆中领军统之。（第741页2—4行）

按：《志》于上文云："左右前后军将军，案魏明帝时有左军，则左军魏官也，至晋不改。武帝初又置前军、右军，泰始八年又置后军，是为四军。"《宋书》卷四十《百官志下》云："左军将军。右军将军。前军将军。后军将军。魏明帝时，有左军将军，然则左军魏官也。晋武帝初，置前军、右军，泰始八年，又置后军，是为四军。"是自魏晋置左右前后军将军之后，而未有省置此四将军之事也。今此乃云"后省左军、右军、前军、后军为镇卫军"，于文意不顺且又于事实不符，非是，其误之由，标点不当所致也。玩味文意，上文其实乃谓五校尉至东晋初尚领营兵并置有司马、功曹、主簿等官属，其后因不领营兵，故司马、功曹、主簿等官属乃并皆省去矣。而左右前后将军乃是镇卫军耳。由是观之，上文当去"主簿"后之句号，并于"后省"之后句绝作句号。改标作："魏晋逮于江左，犹领营兵，并置司马、功曹、主簿，后省。左军、右军、前军、后军为镇卫军，其左右营校尉自如旧，皆中领军统之。"中华书局点校本《宋书》卷四十《百官志下》云："自游击至五校，魏、晋逮于江左，初犹领营兵，并置司马、功曹、主簿，后省。二中郎将本不领营也。"可以参看。

大国置左右常侍各一人，省郎中，置侍郎二人，典书、典祠、典卫、学官令、典书丞各一人，治书四人，中尉司马、世子庶子、陵庙牧长各一人，谒者四人，中大夫六人，舍人十人，典府各一人。（第743倒1行—744页2行）

按："典书丞"，《宋书》卷四十《百官志下》作"典书令丞"，寻本卷下文云："中朝制，典书令在常侍下，侍郎上。及渡江，则侍郎次常侍，而典书令居三军下。"则典书自有令有丞也，疑此于"典书"后佚一"令"字。

又，"典府各一人"，文意不全，《宋志》于此作"典医丞、典府丞各一人”，是也。即此或恐有佚文。

又无学官、令史职，皆以次损焉。（第745页6—7行）

按：上文于文意颇为费解，《宋书·百官志下》作“又无学官令矣。吏职皆以次损省焉”。寻本卷上文有云：“及渡江，则侍郎次常侍，而典书令居三军下。公国则无中尉、常侍、三军，侯国又无大农、侍郎，伯子男唯典书以下。”即所谓渡江之后以次减损吏职之事，由是观之，《宋志》所载是也。此“史”，当为“吏”字之形讹，而“学官”后之顿号又应移于“令”后。作：“又无学官令，吏职皆以次损焉。”

卷二十五《舆服志》

衣皁上，绛下，前三幅，后四幅，衣画而裳绣，为日、月、星辰、山、龙、华虫、藻、火、粉米、黼、黻之象，凡十二章。（第766页2—3行）

按：上文云“凡十二章”，而数之只十一之数，是当有误。寻《尚书·虞书·益稷》云：“予欲观古人之象，日、月、星辰、山、龙、华虫作会，宗彝、藻、火、粉米、黼、黻絺绣。以五采彰施于五色。”《传》：“日、月、星为三辰，华象草，华虫雉也。画三辰、山、龙，会五采也，以五采成此画焉。宗庙彝樽亦以山龙华虫为饰。”《疏》：“所云凡十二章，日也，月也，星也，山也，龙也，华虫也，六者画以作绘，施于衣也。宗彝也，藻也，火也，粉米也，黼也，黻也，此六者，紩以为绣，施之于裳也。”即此乃于“华虫”后佚“宗彝”二字，当据以补正。

素带广四寸，朱里，以朱绿裨饰其侧。（第766页3—4行）

按：“以朱绿裨饰其侧”，语意费解，中华书局点校本《宋书》卷十八《礼志五》校改为

“以朱缘裨饰其侧”，其《校勘记》云：“‘缘’各本并作‘绿’，据《通典·礼典》改。”福林按：下文续云：“中衣以绛缘其领袖”，又云“绛缘中衣”，则中华本《宋书》校改是也，此“绿”，亦“缘”之形讹。

皇后谒庙，其服皁上皁下，亲蚕则青上缥下。（第774页2行）

按：上文乃述汉时皇后谒庙及亲蚕服饰之制，《宋书》卷十八《礼志五》云："汉制，皇后谒庙服，绀上皁下。"寻《续汉志》卷三十《舆服下》正作"皇后谒庙服，绀上皁下"，然则此所载或误。

卷二十七《五行志上》

又八月，天子自将以舟师征吴，戍卒十余万。（第801页7行）

按："戍卒"，《宋书》卷三十《五行志一》作"戎卒"。寻"戍卒"者，戍守之卒也，此曹丕率师伐吴，自非戍卒可知。据《三国志》卷二《魏志·文帝纪》载黄初六年事云："八月，帝遂以舟师自谯循涡入淮，从陆道幸徐。……冬十月，行幸广陵故城，临江观兵，戎卒十余万，旌旗数百里。"正作"戎卒"，则《宋志》所载是也。此"戍"，疑为"戎"之形讹。

吴孙亮建兴元年十二月，武昌端门灾，改作，端门又灾。内殿门者，号令所出；殿者，听政之所。（第803页倒3—2行）

按：端门非殿门，所灾又非殿，而以内殿门及殿释是时之灾，颇有疑问。致有此疑问者，标点之误也。以上当改标作："吴孙亮建兴元年十二月，武昌端门灾，改作端门，又灾内殿。门者，号令所出，殿者，听政之所。"盖是时之灾，当是先灾端门，改作端门之后，乃又灾内殿。故下文乃以门及殿以释之耳。《宋书》卷三十二《五行志三》云："吴孙亮建兴元年十二月，武昌端门灾。改作端门，又灾内殿。案《春秋》鲁雉门及两观灾，董仲舒以为天意欲使定公诛季氏，若曰去其高显而奢僭者也。汉武帝世，辽东高庙灾，其说又同。今此与二事颇类也。且门者，号令所出，殿者，听政之所。"乃是明证。

虽来还在位，然忧逼折辱，终古未闻。（第805页倒5—4行）

按："来还"，《宋书》卷三十二《五行志三》作"末还"。寻上文云："永康元年，帝纳皇后羊氏，后将入宫，衣中忽有火，众咸怪之。永兴元年，成都王遂废后，处之金墉城。是后还立，立而复废者四。又诏赐死，荀藩表全之。”则作“末”者，是也。此“来”，盖“末”之形讹。

永昌二年正月癸巳，京都大火。三月，饶安、东光、安陵三县火，烧七千余家，死者万五千人。明帝太宁元年正月，京都火。（第806页5—7行）

按：据《晋书》卷六《中宗元帝纪》、《肃宗明帝纪》，元帝永昌元年闰十一月薨，明帝即位，次年三月戊寅朔，改元太宁。是明帝太宁元年即元帝永昌二年，且永昌二年三月改元为太宁后又不得复称永昌二年也。由此视之，以上既记晋元帝永昌二年正月事，又记明帝太宁元年正月事，乃一事而重载。且“三月”以下，又易使人误以为晋元帝永昌时事，亦误。此应删“明帝太宁元年正月，京都火”十一字，并易“永昌二年”为“明帝太宁元年”，且与下文之“是时王敦威敏朝廷”云云合为一条，方为得之。

穆帝永和五年六月，震灾石季龙太武殿及两庙端门。震灾月余乃灭，金石皆尽。（第806页倒5行）

按：“两庙”，《文献通考》卷二百九十八同，《宋书》卷三十二《五行志三》作“两厢”。

其宝鼎三年后，皓出东关，遣丁奉至合肥。（第810页5行）

按：《三国志》卷四十八《吴志·三嗣主传》：“（宝鼎）三年……秋九月，皓出东关，丁奉至合肥。”则孙皓之出东关及丁奉至合肥事正在宝鼎三年，《宋书》卷三十一《五行志二》载此事无“后”一字，是也。疑此于“三年”后衍一“后”字。

饥而不损，兹谓泰，厥大水，水杀人。避遏有德，兹谓狂，厥水，水流杀人也。（第812页1行）

按：“厥大水”，中华书局点校本《宋书》卷三十三《五行志四》改作“厥灾”，其《校勘记》云：“‘灾’字各本并作‘大水’二字，据《汉书·五行志》改。”“厥水”，中华书局本《宋书》改作“厥灾水”，其《校勘记》云：“各本并脱‘灾’字，据《汉书·五行志》补。”所说是也。此亦宜如点校本《宋书》出校并改补。

七年七月甲辰夜，涛水入石头，死者数百人。是时殷浩以私忿废蔡谟，遐迩非之。(第816页2行)

按："是时"，《宋书》卷三十三《五行志四》作"去年"。寻《晋书》卷八《穆帝纪》载永和六年"十二月，免司徒蔡谟为庶人"，《晋书》卷七十七《蔡谟传》亦记永和六年皇太后诏废蔡谟为庶人。《资治通鉴》卷九十八从之，载蔡谟被废为庶人在永和六年十二月。则《宋志》所载是也。《五行志》载此事者，盖以涛水入石头乃殷浩以私忿废蔡谟之应耳。

十三年十二月，涛水入石头，毁大航，杀人。明年，慕容氏寇扰司兖，镇戍西北，疲于奔命，愁怨之应也。(第816页倒2—1行)

按："慕容氏"，《宋书》卷三十三《五行志四》作"丁零鲜卑"。

又，以上"慕容氏寇扰司兖，镇戍西北"云云，文意费解，且"镇戍西北"又不知所指，致此之由，标点之误也。中华书局点校本《宋书·五行志》于此标作："明年，丁零、鲜卑寇扰司、兖镇戍，西、北疲于奔命。"是也，乃谓丁零、鲜卑分别侵扰东晋西方与北方诸镇戍，东晋政府乃疲于奔命耳。是上文亦应改标作："明年，慕容氏寇扰司兖镇戍，西北疲于奔命，愁怨之应也。"

卷二十八《五行志中》

魏齐王嘉平初，东郡有讹言，云白马河出妖马……楚王彪本封白马，兖州刺史令狐愚以彪有智勇，及闻此言，遂与王凌谋共立之。事泄，凌、愚被诛，彪赐死。(第834页4—6行)

按：中华书局本《宋书》卷三十一《五行志二》《校勘记》引张森楷《校勘记》云："案令狐愚先死，非与凌并诛。"证之以《三国志·魏志·王凌传》，令狐愚于嘉平二年十一月病卒，而王凌则因谋立楚王曹彪事发，于嘉平三年春饮药而亡。此云凌、愚皆因事发而并诛者，与事实不合。

车骑大将军东嬴王腾自并州迁镇邺，行次真定。（第854页8行）

按：中华书局本《宋书》卷三十一《五行志二》《校勘记》云："按《晋书·高密文献王泰传子腾附传》，腾永嘉初，迁车骑将军，无'大'字。又腾初封东嬴公，后进爵东燕王，又改封新蔡王。此云'东嬴王'，盖沈约原文之误。"是也，《晋志》因仍《宋志》之误而不改，非是。

魏少帝景元三年十月，桃李华。时少帝深树恩德，事崇优缓，此其应也。（第857页倒4行）

按：前一"少帝"，中华书局点校本《校勘记》云："'少帝'原作'文帝'。《校文》：景元为陈留王年号。今据《宋志》三改'文'为'少'，下同。"按《宋书》卷三十二《五行志三》之三朝本、南監本、北監本、汲本、殿本皆作"少帝"，局本作"元帝"。中华书局点校本《宋书》据局本迳改作"元帝"，而未出校勘记。福林按：《三国志》卷四有《三少帝纪》，《晋书》卷三九《荀顗传》亦云："累迁侍中，为魏少帝执经。""元帝"，乃陈留王之谥号，然陈留王自可称"少帝"，局本改作"元帝"，当是使人易晓故也，点校本《宋书》据局本改字，非是。《晋志》据《宋志》之三朝本、南监本等改"文帝"为"少帝"，是也。

又据《三国志》卷四《魏志·三少帝纪》魏陈留王奂于咸熙二年(265)禅位于晋时年二十，则其于景元三年(262)时年仅十七，又是时魏已将亡，陈留王事事受制于司马炎，又安得有广树恩德之事。"时少帝深树恩德"云云，《宋志》作："自高贵弑死之后，晋文王深树恩德，事崇优绥，此其应也。"则此"少帝"乃"文帝"之讹必也。文帝，盖谓晋文帝司马昭，时司马昭未称帝，故《宋志》称文王，而《晋志》则自当书作文帝也。

天纪三年八月，建邺有鬼目菜于工黄狗家生，依缘枣树，长丈余，茎广四寸，厚二分。（第858页倒5行）

按：中华书局本《校勘记》云："各本'于'作'生'，今从宋本。"考上文《宋书》卷三十二《五行志三》作："建邺有鬼目菜生工黄狗家。"《三国志》卷四十八《吴志·孙晧传》作："吴孙晧天纪三年八月，建业有鬼目菜生于黄狗家。"《晋志》当据《宋志》而书，宋本改字，当非《晋志》原貌。又

“厚二分”,《宋志》及《三国志》皆作“厚三分”,此“二”盖“三”之形讹。

又有荚莱生工吴平家,高四尺,如枇杷形,上圆,径一尺八寸,茎广五寸,两边生叶,绿色。(第858页倒4—3行)

按:此条中华书局本《宋书》卷三十二《五行志三》作:“又有荚莱生工吴平家,高四尺,如枇杷形,上圆径一尺八寸,下茎广五寸,两边生叶绿色。”其《校勘记》云:“‘下茎广五寸’各本并脱‘下’字,据《三国志·吴志·孙皓传》补。”寻《孙皓传》、《建康实录》卷四于“高四尺”后有“厚三分”三字。“上圆径一尺八寸茎广五寸”作“上广尺八寸下茎广五寸”。

先是,郭景纯筮延陵蝘鼠,遇《临》之《益》,曰:“……傥有此,东西数百里必有作逆者。”(第859页倒3—2行)

按:“东西”,不知何指,《宋书·五行志三》作“东南”。寻下文续云:“及此木生,其后徐馥作乱,亦草妖也。”考本卷上文云:“其后吴兴徐馥作乱,杀太守袁琇,馥亦时灭,是其应也。”《晋书》卷五《孝愍帝纪》亦云建兴三年春正月,“吴兴人徐馥害太守袁琇”,吴兴(今浙江吴兴),地正在东南,即《宋志》作“东南”者,是也。

黄初元年,未央宫中又燕生鹰。(第861页倒2行)

按:“黄初元年”,《宋书》卷三十二《五行志三》作“黄初末年”,寻《搜神记》卷六亦作“黄初元年”。按《三国志》卷二五《魏志·高堂隆传》曰:“臣观黄初之际,天兆其戒,异类之鸟,育长燕巢,口爪胸赤。”

汉献帝建安二十三年……明年,魏武王薨。(第862页2行)

按:据《三国志》卷一《魏志·武帝纪》,曹操卒于建安二十五年正月,此“明年”,盖误。

孝武帝太元十六年六月,鹊巢太极东头鸱尾,又巢于国子学堂西头。(第864页倒4行)

按:“六月”,《文献通考》卷三百十二《物异考十八》同,而《宋书》卷三十二《五行志三》乃作“正月”，《建康实录》卷九则更记在是年正月壬辰，为月之十九日。

安帝义熙三年，龙骧将军朱猗戍寿阳……明年六月，猗死，此其应也。（第864倒1行—865页2行）

按：“明年六月”，《文献通考》卷三百二十同。《宋书·五行志三》作“五年六月”。《册府元龟》卷九百五十则云“寻而猗死”。

卷二十九《五行志下》

咸宁三年八月，平原、安平、上党、泰山四郡霜，害三豆。（第873页5行）

按：“泰山”，《宋书》卷二十三《五行志四》作“秦郡”。

（咸宁五年）七月丙申，魏郡又雨雹。（第873页8行）

按：“丙申”，《宋书》卷三十三《五行志四》同，中华书局点校本校勘记云：“百衲本《晋书·五行志》作‘七月庚申’，按是年七月壬戌朔，无丙申，亦无庚申，日干支当有误。”

六月，郡国十七雨雹。（第874页1行）

按：“郡国十七”，《文献通考》三百五《物异考十一》同，《宋书》卷二十三《五行志四》作“郡国十六”。寻《晋书》卷三《武帝纪》、《通志》卷十皆云是年六月，“郡国十六雨雹”，疑“十七”乃“十六”之讹。

六年三月，东海陨雪，杀桑麦。（第874页倒5—4行）

按：“陨雪”，《宋书·五行志四》作“陨霜”，考《晋书》卷四《惠帝纪》、《通志》卷十、《山东通志》卷三十三亦皆云是时“东海陨霜”，此“陨雪”，或“陨霜”之讹。

光熙元年闰八月甲申朔，霰雪。刘向曰："盛阳雨水，伤热，阴气胁之，则转而为雹。盛阴雨雪，凝滞，阳气薄之，则散而为霰。今雪非其时，此听不听之应。"是年，帝崩。（第875页1—2行）

按："伤热"，《宋书》卷三十三《五行志四》作"汤热"。寻"盛阳雨水汤热"与"盛阴雨雪凝滞"，相对应而成文，此云"伤热"，文意亦欠明。是《宋志》作"汤热"者，是也。《汉书》卷二十七《五行志下》云："（鲁）釐公二十九年秋，大雨雹，刘向以为盛阳雨水温暖而汤热，阴气胁之不相入，则转而为雹，盛阴雨雪凝滞，而冰寒阳气薄之不相入，则散而为霰。故沸汤之在闭器而湛于寒泉，则为冰，及雪之销，亦冰解而散，此其验也。故雹者，阴胁阳也，霰者，阳薄阴也。《春秋》不书霰者，犹月食也。"可以为证。

又，刘向所言，乃就雪非其时之灾象而言，而述晋惠帝光熙元年之灾，则非刘向之言耳。即"今雪非其时，此听不听之应"，当为史家就此灾象而论者，非刘向之言也甚明，是上文又应移后一引号于"则散而为霰"之后。中华书局点校本《宋书·五行志四》标点不误，可以参看。

穆帝永和二年八月，冀方大雪，人马多冻死。（第875页倒3行）

按："二年八月"，《宋书·五行志四》作"三年八月"。《文献通考》卷三百五《物异考十一》从《宋志》，亦作"三年八月"。

苏峻在历阳外营，将军鼓自鸣，如人弄鼓者。（第879页倒7行）

按：上文标点以"历阳外营"相连续作一句，非是。玩味文意，此乃谓苏峻镇历阳之时，军中外营之将军鼓自鸣也。是应从《宋书》卷三十三《五行志四》之标点，改标作："苏峻在历阳，外营将军鼓自鸣，如有弄鼓者。"《建康实录》卷七云："初，峻历阳外营将军鼓自鸣，如人弄槌，峻手自破之。"少一"在"字而文意于此为显。

元帝建武元年，有豕生八足，此听不聪之罚，又所任邪也。（第882页倒5行）

按：此条之"元帝"，中华书局点校本《宋书·五行志四》改作"愍帝"，其《校勘记》云："'晋愍帝'各本并作'晋武帝'。按晋元帝称晋王，改元建武，时愍帝尚在匈奴庭，元帝亦未正位称帝，故沈约志例称晋愍帝建武元年。今仍其例，改作晋愍帝建武元年。”《晋志》据《宋志》之例，亦应改“元帝”为“愍帝”。

成帝咸和六年六月，钱唐人家豭豕产两子，而皆人面，如胡人状，其身犹豕。京房《易妖》曰：“豕生人头豕身者，危且乱。今此豭豕而产，异之甚者也。”(882页倒4—3行)

按：此条先载咸和六年钱唐豕生人面豕身事，故其后乃以京房《易妖》释之。即“今此豭豕而产，异之甚者也”，当是史家就此异事而发之议论，非《易妖》中之语也甚明。上文中华书局点校本《宋书·五行志四》标作：“京房《易妖》曰：‘豕生人头豕身者，邑且乱亡。’此豭豕而产，异之甚者也。”是也。

魏齐王正始九年十一月，大风数十日，发屋折树。十二月戊午晦尤甚，动太极东阁。(第885页1行)

按：“戊午”，《宋书》卷三十四《五行志五》作“戊子”。寻正始九年十二月己未朔，无戊午，晦日为戊子。即《宋志》所载是，此“戊午”，乃“戊子”之讹。

嘉平元年正月壬辰朔，西北大风，发屋折树木，昏尘蔽天。案管辂说，此为时刑大臣，执政之忧也。(第885页2—3行)

按：“壬辰朔”，《宋书》卷三十四《五行志五》同，《三国志》卷二十九《管辂传》注引《管辂别传》作“岁朝”。按魏齐王曹芳嘉平元年正月己丑朔，壬辰为月之初四日，此及《宋书》卷三十四《五行志五》云壬辰朔者，恐误。

又，“大臣”，《宋书·五行志五》、《文献通考》卷三百六皆作“大风”。中华书局点校本《宋书·五行志五》标作：“魏齐王嘉平元年正月壬辰朔，西北大风，发屋折木，昏尘蔽天。案管略说此为时刑，大风，执政之忧也。”寻《三国志·管辂传》注引《管辂别传》云：“辂言：‘……辂去之后，岁朝当有时刑大风，风必摧破树木。’”则《宋志》作“大风”者，是也。疑“大臣”者，“大风”之讹也。

康帝建元元年七月庚申，晋陵、吴郡灾，风。（第887页7行）

按：中华书局点校本《校勘记》云："庚申"原作"庚寅"，七月无庚寅，据《康纪》改。福林按：标点于"灾"后点断，割裂文意。"灾风"者，谓受风灾也，此逗号应删。中华书局点校本《宋书》卷三十四《五行志五》之标点是也。

魏高贵乡公正元二年正月戊戌，景帝讨毌丘俭，大风晦暝，行者皆顿伏，近夜妖也。（第888页倒1行）

按："正元二年正月戊戌"，中华书局点校本《宋书·五行志五》校改作"正元二年闰正月戊戌"，其《校勘记》云："各本并脱'闰'字，'戊戌'《晋书·景帝纪》作'正月戊午'。按是年正月甲寅朔，初五日戊午，是月无戊戌。闰正月甲申朔，十五日戊戌。毌丘俭举兵在正月十二日乙丑，司马师决无先在正月初五日出兵讨俭之理，疑当是闰正月十五日开始出兵。今补'闰'字。"校补是也。

会稽彭蜞及蟹皆化为鼠，甚众，复大食稻为灾。（第889页倒1行）

按：以上《宋书·五行志五》作"会稽彭蜞及蟹皆化为鼠，甚众，覆野，大食稻为灾"。

二年五月己丑，祁山地震，山崩，杀人。（第896页8行）

按："五月己丑"，《宋书·五行志五》作"五月癸丑"，寻是月辛卯朔，无己丑，癸丑为月之十三日。

武帝泰始三年三月戊午，大石山崩。（第898页倒5行）

按：是月癸酉朔，无戊午日。

（太康）七年二月，朱提之大泸山崩，震坏郡舍，阴平之仇池崖陨。（第898页倒2—1行）

按：上事《宋书·五行志五》记在太康七年七月。考《晋书》卷三《武帝纪》亦云是年"秋七月，朱提山崩，犍为地震"，与《宋志》正相合。疑此

“二月”，乃“七月”之讹。

元帝太兴二年，丹杨郡吏濮阳演马生驹，两头，自项前别，生而死。(第905页倒4行)

按：“濮阳演”，《搜神记》卷七同，《宋书·五行志五》作“濮阳杨演”。

成帝咸康八年……是年，张重华在凉州，将诛其西河相张祥，厩马数十匹，同时悉无后尾也。(第905倒2行—906页1行)

按：《宋书·五行志》载此事时无“是年”二字。今考《晋书》卷八《穆帝纪》记穆帝永和二年五月，“凉州牧张骏卒，子重华嗣”，即张重华于穆帝永和二年(346)始继其父张骏为凉州牧，即《志》文所谓之“张重华在凉州”也。而成帝咸康八年(342)时张重华尚未得掌凉州之军政，又何得有将诛其西河相之事耶？即此“是年”二字，盖衍文也。

又，“张祥”，《宋书·五行志》作“张祚”。

义熙末，豫章吴平人有二阳道，重累生。(第910页9行)

按：“豫章吴平人”，中华书局点校本《校勘记》云：“殿本作‘吴豫章人’，似当作‘豫章人吴平’。”考此条《宋书·五行志五》、《文献通考》卷三百八皆作“豫章吴平人有二阳道”。寻《宋书》卷三十六《州郡志二》，江州豫章郡有吴平县，云：“吴平侯相，汉灵帝中平中立曰汉平，吴更名。”(中华书局点校本《校勘记》：“《水经注》：‘牵水又东迳吴平县，旧汉县也。晋太康元年，改为吴平矣。’此作吴更名，误。”)则“豫章吴平人”，即豫章郡吴平县人也。《校勘记》臆以为当作“豫章人吴平”，有欠审慎。

中华书局点校本《宋书》校勘记辨正

夏四月乙酉，尚书仆射殷景仁加中护军。（卷五《文帝纪》，第83页5行）

《校勘记》：按是月丁亥朔，无乙酉。二十三日己酉，"乙酉"或是"己酉"之讹。

按："乙酉"，《建康实录》卷十一作"乙巳"，《通鉴》卷一百二十二《宋纪》元嘉十二年作"己巳"。按是月丁亥朔，无乙酉、己巳，乙巳为月之十九日。疑"乙酉"乃"乙巳"之讹。原校以为或为己酉之讹，无据。

戊午，立第十二皇子休仁为建安王。（卷五《文帝纪》，第101页4行）

《校勘记》："戊午"，各本并作"庚午"，据《南史》改。按是月庚戌朔，无庚午。初九日戊午。

按：是月庚午为月之二十一日，《建康实录》卷十二亦作庚午，原校以为无庚午，非是。"戊午"，宜回改作"庚午"。

东诸郡大旱，壬寅，遣使开仓贷恤，听受杂物当租。（卷六《孝武帝纪》，第134页4—5行）

《校勘记》："按是月壬申朔，无壬寅，当有误。"

按：《南史》卷二《宋本纪中》载大明七年"十二月壬寅，遣使开仓赈恤，听受杂物当租"，寻是年十二月辛丑朔，壬寅为月之初二日。疑开仓贷恤或是十二月壬寅事。

丹阳尹永嘉王子仁为南豫州刺史。（卷七《前废帝纪》，第141页倒1行）

《校勘记》："南豫"，《子仁传》作"南兖"。

按："南豫"，三朝本、南监本、北监本、汲本、殿本、局本同。据本卷下文及本书卷六《孝武帝纪》所载，自大明五年九月至永光元年正月，南豫州刺史乃寻阳王子房所任，《通鉴》卷一百二十九《宋纪》十一亦记大明五年九月丁丑，"以寻阳王子房为南豫州刺史"。即大明八年时子仁又不得有南豫州刺史之任。寻本卷下文载景和元年九月庚子，"以南兖州刺史永嘉王子仁为南徐州刺史"，与本书卷八十《孝武十四王·永嘉王子仁传》同。即是时子仁所任当是南兖州刺史。又考本书卷六五《申恬传附申坦传》云："子令孙，前废帝景和中，为永嘉王子仁左军司马、广陵太守。"景和元年即永光元年，时子仁为左将军，申令孙为其左将军府司马，乃军府上佐，而南兖州时治广陵，故令孙得领广陵太守。亦为子仁是时以左将军刺南兖州之证。即本书《永嘉王子仁传》作"南兖"，是也。

乙巳，右光禄大夫、车骑将军、护军将军王玄谟薨。（卷八《明帝纪》，第162页倒2行）

《校勘记》：三朝本、北监本、毛本、殿本作"右光禄大夫"，局本及《王玄谟传》作"左光禄大夫"。

按："右光禄大夫"，《南史》卷三《宋本纪下》亦作"左光禄大夫"。寻本卷上文载王玄谟为左光禄大夫，《南史·宋本纪下》、《建康实录》卷十四亦皆云泰始二年九月，王玄谟为左光禄大夫。寻玄谟于明帝时甚受礼遇，其泰始二年既已为左光禄大夫，则三年五月自南豫州刺史任还时必不可能反降为右光禄大夫。此"右"当为"左"之形讹。

甲午，抚军典签茅恬开东府纳贼。（卷九《后废帝纪》，第182页3—4行）

《校勘记》："抚军"，《南史》作"车骑"、《建康实录》作"护军"。

按：《南齐书》卷一《高帝纪上》亦作"车骑"。考《通鉴》卷一百三十三《宋纪》一五载元徽二年事云："抚军长史褚澄开东府纳南军。"《考异》云："《宋书》作抚军典签茅恬开东府纳贼，《南齐书》作车骑典签茅恬，盖皆为褚澄讳耳。今从《宋略》。”按褚澄，齐开国元勋褚渊弟，澄此后又仕齐至尚书。本书成于齐初，萧子显齐之宗室，故皆为褚澄讳而委过于茅恬也。《南史》卷二十三《王彧传附王蕴传》云：“事平，抚军长史褚澄为吴郡太守，司徒左长史萧惠明言于朝曰：‘褚澄开门以纳贼，更为股肱大郡，王蕴被甲死战，弃而不收，赏罚如此，何忧不乱！’褚彦回惭，乃议用蕴为湘州刺史。”可为明证。是时为抚军将军者，乃安成王准，准以扬州刺史镇东府，澄为其军府元佐，故休范军至，澄乃令开东府门耳。今既委过茅恬，则作“抚军典签”是。《南史》、《南齐书》、《建康实录》皆误。

冬十一月己酉，倭国遣使献方物。（卷十《顺帝纪》，第195页6行）

《校勘记》：下有丙午。按是月辛巳朔，初五日乙酉，二十六日丙午，二十九日己酉。己酉不当在丙午前。《建康实录》作乙酉，疑己酉是乙酉之讹。

按：《建康实录》卷一四作“丁酉”，为月之十七日，疑“己酉”为“丁酉”之讹。原校云《建康实录》作乙酉者，乃一时疏忽耳。

孝武帝太元九年，尚书谢石又陈之曰。（卷十四《礼志一》，第364页倒7行）

《校勘记》：“九年”，各本并作“元年”。《通典·礼典》作“九年”。按《晋书·谢安传》弟石附传，石陈此议在淝水战后。淝水之战在太元八年，则《通典》作石陈此议在太元九年为是，作元年者误。今据改。

按：据《晋书》卷七九《谢安传附谢石传》，谢石于淝水之战前曾任尚书仆射，战时解仆射而任征讨大都督，战后任尚书令。《晋书》卷九《孝武帝纪》亦记太元八年十二月，谢石为尚书令。此或于“尚书”后佚“令”字。《通典》卷五三《礼典》一三谓“尚书谢石”，亦非是。

孝建二年正月庚寅，有司奏：“今月十五日南郊……”（卷十六《礼志三》，第427页倒8行）

《校勘记》：按是月癸巳朔，无庚寅。

按：宋孝武帝之南郊，本书《孝武帝纪》、《南史·宋本纪中》、《建康实录》卷十三皆记在孝建三年正月辛丑。考是月丁亥朔，庚寅为月之初四，辛丑为月之十五，与志之有司于庚寅所奏“今月十五日南郊”正相合。此“二年”或“三年”之讹。

宋文帝元嘉三年五月庚午，以诛徐羡之等，雠耻已雪，币告太庙。元嘉三年十二月甲寅，西征谢晦，告太庙、太社。晦平，车驾旋轸，又告。（卷十七《礼志四》，第461页1—2行）

《校勘记》：按是月己卯朔，无庚午。

按：本书《文帝纪》、《南史·宋本纪中》、《通鉴》卷一百二十，文帝以元嘉三年正月丙寅诛徐羡之、傅亮等；二月庚申西征谢晦；同月己卯，谢晦被擒；三月辛巳，车驾还京都。见此云元嘉三年十二月甲寅西征并告太庙、太社，误。又徐羡之、傅亮、谢晦等弑少帝，废杀庐陵王义真，故文帝乃以之为家仇国耻，由是于诛徐羡之、傅亮后乃币告太庙；平谢晦后又告庙，以家仇已雪也。然徐羡之、傅亮是年正月被诛，不应迁延至五月始告庙；谢晦二月被擒，三月车驾还都，谢晦被杀，亦应即告庙，必不得迁延至十二月。可见以上月日皆误。考是年正月辛亥朔，丙寅月之十六日，庚午二十日；二月庚戌朔，甲寅初五日，庚申十一日。据古征伐及功成告庙之例，文帝诛徐羡之、傅亮后，应即告庙，当在二十日庚午。是年二月西征谢晦，告庙当在行前数日，或即为上文所记之初五日甲寅，旋于十一日庚申出师西征。三月凯旋后，乃又告庙。与下文“车驾旋轸，又告”正相合。由此，疑上文“三年五月”乃“三年正月”之误；“三年十二月”，或“三年二月”之误。

大明四年丁巳，有司奏。（卷十七《礼志四》，第476页3行）

《校勘记》：有日无月，各本并同。

按：有日无月，与本书体例不合，“丁巳”前应有脱文。

三年正月东海王越执长沙王乂，张方又杀之。（卷二十四《天文志二》，第702页5—6行）

《校勘记》：周家禄《晋书校勘记》云：“太安无三年，是年正月即改元永兴。越执乂,乂被杀,在二年,亦不在三年正月。”按《永乐大典》七八五七作“二年”。

按:《晋书》卷四《惠帝纪》、《通志》卷十记东海王越执长沙王乂及张方杀乂在太安二年十一月,《晋书》卷五十九《长沙王乂传》、《通志》卷八十则记乂于永兴元年正月二十五日被废,二十七日被杀。《通鉴》卷八十五又记乂为东海王越所执在永兴元年正月癸亥夜,被废在其月甲子日,被杀在丙寅日。《考异》曰:“《帝纪》、《三十国春秋》云太安二年十一月杀乂。《乂传》曰:‘初,乂执权之始,洛下谣曰草木萌芽杀长沙。乂以正月二十五日废,二十七日死,如谣言焉。’《乐广传》云:‘成都王颖,广之婿也,及与长沙王乂构难,而广处朝望,群小谗谤之,广以忧卒。’《惠帝纪》:‘永兴元年正月丙午,乐广卒。’若广卒时,乂未死,即《乂传》正月二十五日废为是,合移在永兴元年正月,而《晋春秋》:‘太安二年八月,乐广自裁。’按《帝纪》:今岁正月,‘以颖为丞相,遣兵顿城门,代宿卫’者,疑此皆乂初死时事。又今年正月末亦有甲子、丙寅,今从乂传。”今考之永兴元年正月己亥朔,癸未为二十五日,甲子二十六日,丙寅二十八日。由此,长沙王乂之被废杀等事,实在永兴元年(即太安三年)正月。周家禄《晋书校勘记》所云:“乂被杀,在二年冬,不在三年正月”,误。又按《晋书·惠帝纪》记永兴元年正月丙午(初八)乐广卒后始改元,《通鉴》卷八十五记永兴元年正月二十五日长沙王乂被执后始改元,则改元前自应称太安三年,周家禄《晋书校勘记》谓太安无三年,又误。即此条本不误,原校记宜删。

宁康二年正月丁巳,有星孛于女虚,经氐、亢、角、轸、翼、张。(卷二十五《天文志三》,第722页5行)

《校勘记》:《晋书·孝武帝纪》作“三月丁巳”。按是年正月癸未朔,三月壬午朔,正月、三月均无丁巳日,疑。

按:《晋书》卷九《孝武帝纪》记宁康二年二月,“丁巳,有星孛于女虚”,不作“三月”。《通志》卷十亦记事在是年二月丁巳。考是岁正月癸未朔,无丁巳日,二月癸丑朔,丁巳为月之初五日。“正月”,当为“二月”之讹。

吴孙皓建衡四年正月,西苑言凤皇集。(卷二十八《符瑞志中》,第794页倒2行)

《校勘记》:"建衡",各本并作"宝鼎",据《三国志·吴志·孙皓传》改。《皓传》,皓改宝鼎四年为建衡元年。建衡之三年,西苑言凤皇见,又改明年为凤皇元年。

按:《三国志·吴志·孙皓传》,建衡三年,西苑言凤皇见,又改明年为凤皇元年,则建衡自无四年。点校本未见此,乃改"宝鼎四年"为"建衡四年",亦误。又《三国志·孙皓传》,建衡三年,"西苑言凤皇集",与此应为一事。是此"四年",恐为"三年"之误。《建康实录》卷四载孙皓建衡三年十一月,"凤皇集西苑",又与此所载"正月"异。考《三国志·孙皓传》云:"是岁,汜、璜破交址,禽杀晋所置守将,九真、日南皆还属。(中略)司空孟仁卒。西苑言凤皇集,改明年元。"虽未明记凤皇集之具体时间,然却大致可寻其踪迹。据《通鉴》卷七十九载晋泰始七年(即吴建衡三年)八月,吴陶璜等破交趾,九真,日南降于吴。九月,吴司空孟仁卒。由此,吴西苑之凤皇集必在建衡三年九月之后,即《建康实录》所载,差为得之。疑"宝鼎四年正月"乃"建衡三年十一月"之讹。点校本改"宝鼎四年"为"建衡四年",非是。

太康三年闰四月己丑,白龙二见济南历城。(卷二十八《符瑞志中》,第799页倒6行)

《校勘记》:各本并脱"四"字,据《晋书·武帝纪》补。

按:"己丑",《晋书·武帝纪》作"癸丑",是月丙子朔,十四日己丑,无癸丑,则《晋书》误。又点校本补"四"字,蛇足。盖是年闰月即闰四月,一岁自无二闰月耳,"四"字自可省。本书此例甚多,如元嘉五年闰十月,《文帝纪》直云:"闰月癸未,以右军司马刘德武为豫州刺史。"省"十"字;大明五年闰九月,《孝武帝纪》直云:"闰月戊子,皇太子妃何氏薨。"省"九"字。晋孝武帝太元十五年闰十月,本卷下文直云"太元十五年闰月,甘露降永平陵。"省"十"字。要之晋、宋二书笔法不同,校者据后出之《晋书》以增补本书,非是。

元嘉十年七月己丑，华林天渊池芙蓉异花同蒂。（卷二十九《符瑞志下》，第 834 页倒 5 行）

《校勘记》：按元嘉十年七月戊戌朔，是月无己丑。此条之前为元嘉十六年，此条之后为元嘉十九年。元嘉十七年七月丁亥朔，初三日己丑；元嘉十八年七月辛巳朔，初九日己丑。此二年之七月，并有己丑日。则此处之元嘉十年恐为元嘉十七年或十八年之误。

按：此条之前载元嘉十六年七月壬申事，是年七月癸亥朔，壬申为月之初十，己丑为月之二十七。即十六年七月亦有己丑日，且又在上条十六年七月壬申后，下条之前。则此处之元嘉十年，亦可能为元嘉十六年之误。

安帝元初三年正月丁丑，东平陵树连理。（卷二十九《符瑞志下》，第 853 页 4 行）

《校勘记》："东平陵"，《后汉书·安帝纪》作"东平陆"。

按：《后汉书》卷五《安帝纪》注："东平陆，县名，古厥国也，属东平国，今兖州平陆县也。"据《续汉书·郡国志三》、《晋书》卷十四《地理志上》，东平国有东平陆县，《后汉书·安帝纪》后载，自应有据。"陵"、"陆"形近，后人未详东平陆，故臆改"陆"为"陵"而致讹也。

晋江左初，无直事、右民、屯田、车部、别兵、都兵、骑兵、左士、右士、运曹十曹郎，而主客、中外兵各置一郎而已。所余十七曹也。（卷三十九《百官志上》，第 1236 页倒 1 行—1237 页 2 行）

《校勘记》：下云东晋康帝、穆帝以后，又无虞曹、二千石二郎，犹有十八曹郎，而此云十七曹郎，疑曹数有误。

按：上文云："晋西朝则直事、殿中、祠部、仪曹、吏部、三公、比部、金部、仓部、度支、都官、二千石、左民、右民、虞曹、屯田、起部，水部、左主客、右主客、驾部、车部、库部、左中兵、右中兵、左外兵、右外兵、别兵、都兵、骑兵、左士、右士、北主客、南主客为三十四曹郎；后又置运曹，凡三十五曹。"及至江左初，既省直事、右民、屯田、车部等十曹郎，则所余应尚有二十五曹郎。至又云“而主客、中外兵各置一郎而已”者，盖指原三十五曹中之左主客、右主客、北主客、南主客四曹合为一曹即主客曹，置一曹郎，所省凡三曹郎；又原三十五曹中之左中兵、右中兵二曹又合为一曹即中兵曹，置一曹郎，所省凡一曹郎。而原三十五曹中之左外兵、右外兵二曹又合为一曹，即外兵曹，置一曹郎，又省一曹郎。如此又总计省五曹郎，由是知晋江左初时所余乃二十曹郎也。是此云“十七曹”者，“十八曹”之误也。因晋江左初所余为二十曹郎，故下文云自东晋康帝、穆帝以后，又无虞曹，二千石二郎时，犹有十八曹郎也。前后正相契合，可为此“十七曹”为“二十曹”之误之明证，点校本《校勘记》所疑是也。

沈美人者，太祖所幸也。（卷四十一《后妃传》，第1285页倒3行）

《校勘记》：“太祖”，各本并作“太宗”。按太宗即明帝，沈美人为明帝生母沈婕妤，此太宗当作太祖，今改正。

按：“所幸”，南监本作“所生”。今考“明帝所生”者，谓沈美人乃明帝之生母也。《南史》卷十一《后妃传上·文元袁皇后传》亦云“明帝所生沈美人”。是三朝本等原作“太宗”未必误，而“幸”或为“生”之讹耳。校径改“太宗”为“太祖”，似嫌武断。王鸣盛《十七史商榷》卷五九云：“《宋书》叙此事则云‘沈美人者，太宗所幸也，尝以非罪见责’云云，太宗即明帝，亦太祖文帝子，其时方为皇子也。若美人果系明帝所幸，则此时明帝应在别宫，所幸美人获罪，应即是获罪于明帝。今此文所叙，则其获罪、赐死、得释皆出于文帝，而所居亦在文帝宫中，安得以为明帝所幸？《宋书·文九王传》，明帝之母沈婕仔，即此美人也。《南史》改作‘所生’，极是。”孙虨《宋书考论》卷二曰：“当作所生，《南史》云‘明帝所生沈美人’。案即后文帝沈婕妤也。”皆以为当改“所幸”为“所生”，是也。点校本改“太宗”为“太祖”，有欠审慎。

羡之曰：“吾位至二品，官为二千石，志愿久充。”（卷四十三《徐羡之传》，第1329页倒2—1行）

《校勘记》：张森楷《校勘记》云：“案羡之时以鹰扬将军、琅邪内史，仍为大司马从事中郎，转太尉左司马。据《百官志》，无一官在二品者，而鹰扬之号及内史并第五品，疑二品是五品之误。”

按：此“位至二品”，当指九品中正制之品第而言，非谓官品。《晋书》卷六十七《温峤传载温峤》表“使命愈远，益宜得才，宣扬王化，延誉四方。人情不乐，遂取品卑之人，亏辱国命，生长患害。故宜重其选，不可减二千石见居二品者”，是其例。原校误。

使持节、散骑常侍、都督南徐兖之江北淮南青州徐州之淮阳下邳琅邪东莞七郡诸军事、征北将军、南兖州刺史、永修县开国公檀道济统劲锐武卒三万。（卷四十三《谢晦传》，第1352页倒4—3行）

《校勘记》：《廿二史考异》云：“实四郡，七字误。”

按：本书卷四十三《檀道济传》，道济于刘裕不豫后，“出监南徐兖之江北淮南诸郡军事、镇北将军、南兖州刺史”，据《通鉴》卷一百一十九，时在永初三年三月。云“江北淮南诸郡军事”者，盖时以江北淮南为二郡也。《檀道济传》此后又载文帝即位后，“又增督青州、徐州之淮阳下邳琅邪东莞五郡诸军事”，钱大昕《廿二史考异》云：“文云五郡而实四郡，当有脱误。”如此，则檀道济前后共都督南徐兖之江北淮南青州徐州之淮阳下邳琅邪东莞，即南徐青二州及南兖徐州之七郡军事，而所都督之徐州诸郡中又脱一郡耳，与此所载正相合。如此则此“七”字未必误。

毅甚惮之，每还京，未尝敢以羽仪人从入镇之门。（卷四十五《刘粹传》，第1385页6行）

《校勘记》：《南史》“京”下有“口”字。按上文云镇之居京口，则似以作京口为是。

按：本书京口多有简作京者，此作“京”不误。盖上已云“京口”，故此乃省“口”字。《南史》求显，故加“口”字也。

众寡不敌，遂见害，时年三十三。（卷四十七《孟怀玉传》，第1408页8行）

《校勘记》：张森楷《校勘记》云：“龙符是怀玉弟，怀玉以义熙十一年卒,年三十一。龙符卒于伐南燕,则更在前六年,不应年三十三,疑当是二十三之讹。”

按:若据张氏《校勘记》所云,龙符义熙五年卒时年二十三,则其当生于晋孝武帝太元十二年(387)。据上文云龙符从刘裕克京城,为建武参军,又参镇军军事。如此,龙符于晋安帝元兴三年(404)克京城时年仅十八,与其为刘裕参军之资望颇不相称,亦与上文所云“结客于闾里,早为高祖所知”者不相合。是此云龙符“年三十三”不误。而当是上文其兄怀玉卒时之年龄有误。点校本《校勘记》未细核而径录张氏之说,非是。

九年,遣诸军伐蜀,令龄石为元帅,以为建威将军、益州刺史,率宁朔将军臧熹、河间太守蒯恩、下邳太守刘钟、龙骧将军朱林等,凡二万人,发自江陵。(卷四十八《朱龄石传》,第1422页倒3—2行)

《校勘记》:“河间”,《蒯恩传》、《元龟》一九九作“兰陵”,似是。“朱林”,《南史·朱龄石传》作“朱枚”,本书及《南史·王懿传》作“朱牧”,林枚牧字形相似,未知孰是。

按:“河间”,三朝本、南监本、北监本、汲本、殿本、局本、《通鉴》卷一百十六晋安帝义熙七年同,本书卷四九《蒯恩传》、《晋书》卷一百《谯纵传》、《册府》卷一百九十九作“兰陵”。寻本书卷一《武帝纪上》有义熙六年遣河间太守蒯恩追击卢循事,本书卷五十二《袁湛传》载朱龄石伐蜀时袁豹所作檄文亦有“即命河间太守蒯恩、下邳太守刘钟精勇二万,直指成都”之语,是“河间”未必误。点校本《校勘记》以为“作‘兰陵’,似是”,有欠审慎。又朱龄石伐蜀在义熙八年十二月,见本书卷二《武帝纪中》,此作“九年”,盖率众发自江陵之时也。

使持节、散骑常侍、都督江州豫州西阳新蔡晋熙四郡军事、征南大将军、开府仪同三司、江州刺史永修县开国公道济。(卷五十一《宗室传》,第1464页3—5行)

《校勘记》:三郡而云四郡,当有误。

按:本书卷四三《檀道济传》:“事平,迁都督江州荆州之江夏豫州之西阳新蔡晋熙四郡诸军事、征南大将军、开府仪同三司、江州刺史、持节、常侍如故。”点校本《校勘记》:“各本并脱荆州二字,据钱氏《考异》说补。《廿二史考异》云:‘江州下当有荆州二字,是时江夏属荆州。’”考道济刺江州自元嘉三年始,至元嘉十三年止。元嘉九年下此诏时道济所都督之一州四郡当如故。疑“江州”后乃佚“荆州江夏”四字。

迁使持节、都督荆宁秦梁雍六州司州之河南诸军事、领护南蛮校尉、荆州刺史。(卷五十一《宗室传》,第1472页倒5—4行)

《校勘记》:荆、宁、秦、梁、雍五州,尚缺一州,疑有脱讹。

按:据《晋书》卷三十七《宗室传》、《通鉴》卷一百一十四,晋安帝元兴三年二月,刘裕等举义兵讨桓玄,四月以司马休之为监荆益梁宁秦雍六州诸军事、领护南蛮校尉、荆州刺史。义熙元年魏咏之代司马休之,亦都督六州,见《晋书》卷八五《魏咏之传》。是年九月,魏咏之卒,又以道规代之。是道规所都督之六州应即为荆宁秦益梁雍六州也。考本卷下文云:“刘敬宣征蜀不克,道规以督统降为建威将军。”本书卷四七《刘敬宣传》,敬宣征蜀时“监征蜀诸军事”。道规既为敬宣督统,则必都督益州。是所阙一州,乃益州。《建康实录》卷十作“都督荆益江雍等六州诸军事”,是也。

有二封书。(卷五十八《谢弘微传》,第1594页2行)

《校勘记》:“二封”,《南史》作“二厨”。

按:下文云“书皆是太祖手敕”,是文帝所赐书不为少也。考文帝为藩镇江陵时,弘微为其文学,后又为镇西咨议参军;文帝即位后,又历黄门侍郎,尚书吏部郎,侍中等职,参预机密,与王华等号曰“五臣”。是文帝与弘微书,必不止二封之数也。疑作“二厨”是。

子赤松,为尚书左丞。(卷六十《荀伯子传》,第1629页8行)

《校勘记》:宋本作“左丞”,弘治本、北监本、毛本、殿本、局本作“右丞”,本书《颜延之传》亦作“尚书左丞荀赤松”,未知孰是。今姑从宋本及《颜延之传》作“左丞”。

按：核三朝本、南监本、北监本、汲本作“左丞”，殿本、局本作“右丞”，点校本校勘或有疏忽。考《南史》卷三十三《荀伯子传》作“尚书右丞”。卷五十五《臧焘传》亦云凝之“迁尚书右丞，以徐湛之党，为元凶所杀”。今考本书卷九十九《二凶传》云：“杀徐湛之、江湛亲党新除始兴内史荀赤松、新除尚书左丞臧凝之。”《通鉴》卷一百二十七《宋纪》元嘉三十年云：“杀江、徐亲党尚书左丞荀赤松、右丞臧凝之等。”盖因原左丞荀赤松除始兴内史，故臧凝之得自右丞迁左丞也。是荀赤松实任乃左丞，新除乃始兴内史。疑作“右丞”误。“新除”，谓已任命而尚未到官。《二凶传》乃叙其新职，此及《通鉴》乃记其原任耳。即此作“左丞”者不误，殿本、局本改为“右丞”，非是。

高祖领征西将军，补府主簿。（卷六十六《何尚之传》，第 1733 页倒 6 行）

《校勘记》：“征西”，各本并作“征南”，据《南史》改。按时在义熙九年，刘裕兼领荆州。

按：刘裕义熙九年时所领乃镇西将军，非征西将军，见本书卷二《武帝纪中》。何尚之为征西府主簿乃义熙十二年北伐时事，非九年。故传于此后续云：“从征长安，以公事免。”本书《武帝纪中》载义熙十二年，“公乃戒严北讨。加领征西将军、司豫二州刺史”。又据本书《武帝纪中》、《南史·宋本纪上》、《通鉴》卷一百十六、一百十七，义熙九年荆州刺史乃司马休之，非刘裕所领，刘裕领荆州刺史自义熙十一年始。则点校本改“征南”为“征西”虽是，然《校勘记》则误。

二十二年，迁尚书右仆射，加散骑常侍。是岁造玄武湖，上欲于湖中立方丈、蓬莱、瀛洲三神山，尚之固谏乃止。（卷六十六《何尚之传》，第 1734 页倒 7—6 行）

《校勘记》：“二十二年”，各本并作“二十三年”，据《文帝纪》改正。

按：本书《文帝纪》云元嘉二十三年，“是岁，大有年。筑北堤，立玄武湖，筑景阳山于华林园”。《南史·宋本纪中》、《通鉴》卷一百二十四、《建康实录》卷十二所载皆同。是文帝之造玄武湖、欲于湖中立三神山及下文所载何尚之又谏造华林园等事，皆在元嘉二十三年。点校本改“二十三年”为“二十二年”虽是，然与下文“是岁”等事则相左。即点校本改“二十三年”作“二十二年”者，非是。

仍拜左将军，镇石头。（卷六十八《武二王传》，第 1798 页 1—2 行）

《校勘记》：三朝本作“左将军”，北监本、毛本、殿本、局本作“右将军”。

按：本卷下文记义宣于元嘉七年为徐州刺史，八年为南兖州刺史，而军号皆如故。据本书《文帝纪》云元嘉七年冬十月，“以左将军竟陵王义宣为徐州刺史”，则义宣镇石头时所拜，当以左将军为是。又考之本书卷五十三《庾登之传》云：“左将军竟陵王义宣未亲府，板炳之为咨议参军。”卷六三《沈演之传》亦记演之尝任“南谯王义宣左军主簿”，卷六五《刘道产传》记道产尝“迁竟陵王义宣左将军咨议参军”，卷七一《江湛传》记江湛尝任“南谯王义宣左军功曹”，卷七八《萧思话传》记思话曾“除竟陵王义宣左军司马、南沛郡太守”，皆为义宣所任乃左将军之明证。北监本等作“右将军”者，非是。

义宣子悰、恺、恢、憬、惔、惇、慆、伯实……宝明凡十八人。（卷六十八《武二王传》，第 1807 页 4—5 行）

《校勘记》：《殿本考证》云：“下文称恢为嫡长，又云劭收恢及弟恺、惔、悰、憬、系于外，是悰、恺皆恢之弟也。《南史》亦云长子恢，此传叙恢于悰、恺之后，恐误。”

按：上文有元嘉三十年孝武帝即位，封义宣次子“宜阳侯恺为南谯王，食邑千户”事，下文又有“劭收恢及弟恺、惔、悰、憬系于外”事，则恺为义宣次子而年长于悰。本书《孝武帝纪》记元嘉三十年六月“义宣次子宜阳侯恺为宜阳县王”，亦可为证。《南史》卷一三《宋宗室及诸王上・武帝诸子传》、《通鉴》卷一百二十七亦皆云恺为义宣次子。是此叙恺于悰后，又误。

后又有江湛何瑀之。(卷七十一《徐湛之传》,第 1847 页倒 2 行)

《校勘记》:本书《前废帝何皇后传》:“父瑀字稺玉。”此作何瑀之,盖六朝人名后之“之”字,有时可省去。又《通鉴》宋文帝元嘉二十八年胡三省注曰:“何瑀之恐当作何尙之。”盖以何瑀虽官历清显,未尝管机密,不如何尙之之当要任。

按:据本书卷四一《后妃·前废帝何皇后传》,何瑀之为刘裕少女豫章康长公主夫,与东海何勖等以豪奢相尚,虽历位清显,然则未掌权要,《通鉴》胡注所疑是也。而据本书卷六六《何尚之传》,尚之虽屡经要任,然素性恬退,“秉衡当朝,畏远权炳,亲戚故旧,一无荐举”,本卷上文亦云:“尚之虽为令,而朝事悉归湛之。”是胡注所疑何瑀之当作何尙之,亦有可疑之处。又且何尙之卒于大明四年(460),时年七十九。而此则云“晔诛,炳之免,演之、瑀之并卒,至是江湛为吏部尚书”,寻范晔被杀在元嘉二十二年(445),见本传。若瑀之为尙之之误,则明显于“演之、瑀之并卒”而江湛为吏部尚书者不合。是胡注疑瑀之当作尙之者,必误。颇疑此何瑀之乃何悠之之讹。悠之,何尙之弟,曾为侍中,见本书《何尙之传》。考本卷《江湛传》云:“元嘉二十五年,征为侍中,任以机密,领本州大中正,迁左卫将军。时改选学职,……湛及侍中何攸之领博士。”“何攸之”,即何悠之。时侍中之职,任遇特隆,多委以机密。悠之时与江湛皆以侍中而领博士,亦可见悠之时为文帝之所亲任也。故此云“后又有江湛、何瑀之”耳。又考之本书卷六六《何尚之传附何悠之传》云何悠之与王微相善,“悠之卒,微与偃书云”,王微于元嘉三十年卒,见本传。则悠之卒在元嘉二十五年后,三十年前。与此所叙之“晔诛,炳之免,演之、瑀之并卒”,而江、徐并居权要,时间亦正相合,乃其证也。

铄遣中兵参军胡盛之出汝南,到坦之出上蔡,向长社。(卷七十二《文九五传》,第 1856 页倒 1 行—1857 页 1 行)

《校勘记》:各本并脱“到坦之出”四字。孙虨《宋书考论》云:“《通鉴》作‘中兵参军胡盛之出汝南,梁坦出上蔡,向长社’。《考异》曰:‘《铄传》作到坦之,今从《宋略》。’据此则汝南下当有‘到坦之出’四字。”今补。

按：到坦之于本书除本卷外别无他见。颇以为“到坦之”乃“梁坦”之误。考本书卷九五《索虏传》载元嘉二十七年北伐诏有“右军参军事梁坦步骑十万，径造许、洛”之语，按南平王铄时为右将军、豫州刺史，即梁坦时为南平王铄右将军府参军也，故铄遣之以“径造许、洛”，与“出上蔡，向长社”亦正相合。又考本书卷七四《臧质传》载元嘉二十八年臧质与拓跋焘书有“王玄谟退于东，梁坦散于西”之语，观下文又有“到坦之”等军败走于虎牢事，与“梁坦散于西”亦正相合。可为此“到坦之”乃“梁坦”之讹之佐证。《通鉴》从《宋略》作“梁坦”，是也。以下“到坦之”数出，皆“梁坦”之讹。

二年，迁雍梁南北秦四州郢州之竟陵随二郡诸军事、宁蛮校尉、雍州刺史。（卷七十二《文九五传》，第 1883 页 4 行）

《校勘记》：“郢州”，各本并作“荆州”。孙虨《宋书考论》云：“荆州当是郢州。”按《州郡志》，孝武孝建元年立郢州，时荆州之竟陵、随郡二郡即自荆州度属郢州，孙说是，今改正。

按：据本书《孝武帝纪》、《前废帝纪》、《明帝纪》、卷三六《州郡志二》、卷三七《州郡志三》所载，竟陵、随二郡自孝建元年六月由荆州入郢州后，竟陵郡至宋末，一直为郢州之属郡不变，是作“荆州之竟陵”者，误。然孙氏考论以为“荆州当是郢州”，亦未审，点校本改“荆”为“郢”则尤误，盖随郡自入郢后又数有变迁也。寻本书《前废帝纪》云永光元年“五月己亥，割郢州随郡属雍州”，《明帝纪》云泰始五年“夏四月辛未，割雍州随郡属郢州”，《州郡志二》司州随阳太守条云：“前废帝永光元年度属雍，明帝泰始五年还属郢，改为随阳。”则随郡（即《州郡志二》之随阳郡）自前废帝永光元年（465）五月己亥至明帝泰始五年（469）四月辛未间属雍州而不属郢州。休若刺雍在泰始二年九月，随郡已不属郢州矣。点校本未予深究而径改，大误。因永光元年五月至泰始五年四月随郡属雍，故卷七十四《沈攸之传》记攸之泰始二年五月“迁使持节、督雍梁南北秦四州郢州之竟陵诸军事、冠军将军、领宁蛮校尉、雍州刺史”，《明帝纪》记刘彧于永光元年六月“徙为都督雍梁南北秦四州郢州之竟陵诸军事、宁蛮校尉、雍州刺史”。皆但云督“郢州之竟陵”而不及随郡也。

而晋安王子勋大明八年正月刺雍，则云“都督雍梁南北秦四州郢州之竟陵随二郡诸军事、镇军将军、宁蛮校尉、雍州刺史”，见本书卷八十《孝武十四王传》。是此作“荆州”者，乃原文之误，宜改回。又本书凡刺史或郡守领兵者例于前加都督（或监或督），此例甚多，要不列举。今则于“迁”后直曰“雍梁南北秦”云云，亦非沈约史法，盖“迁”后当有佚文。考前此休若于泰始元年为都督会稽东阳等五郡诸军事，据《百官志》，是时领兵者以都督位次为高，前此休若既以都督领兵，则此时亦应为都督。是“迁”后又佚“都督”二字也。

三营既败，其夕质军亦奔败，弃辎重器甲，单士百人投盱眙。（卷七十四《臧质传》，第1912页1行）

《校勘记》：“单士百人”，明弘治本、北监本、毛本、殿本、局本作“单七百人”。百衲本所据底本作“单士百人”，涵芬楼影印时，改从各本。按“单士百人”实不误，上言质弃辎重器甲，故下言“单士”，单士犹言持轻兵器军士。

按：本书卷一百《自序传》记当时事云：“诸军将帅毛熙祚、胡崇之、臧澄之等，为虏所覆，无不殄尽，唯辅国将军臧质挺身走，以散卒千余人来向城。”此“城”，即盱眙城，则臧质败军余众当以七百人为近是。《通鉴》卷一百二十五《宋纪》元嘉二十七年亦云：“质弃辎重器械，单将七百人赴城。”又本书《自序传》载是时盱眙太守沈璞语有云：“今人多则退速，人少则退迟，吾宁欲专功缓贼乎？”明臧质是时所领余众必远过百人之数。作“单士百人”，于文义虽可通，然距事实则相去甚远。点校本校改非是。三朝本、南监本、北监本、汲本、殿本、局本及《册府》卷四百四十二作“单七百人”，是也。

凡同逆丁珍东、孙同、裴茂仲、武、宗俨之并伏诛。（卷七十四《臧质传》，第1943页1行）

《校勘记》：孙虨《宋书考论》云：“上文攸之僚佐有武茂宗、宗俨之。此‘武’字下脱‘茂宗’二字。”

按：上文及《南齐书》卷二十四《柳世隆传》载攸之僚佐又有武宝，亦为攸之攻郢城者。则“武”后所脱，未必即为“茂宗”。

托跋焘嘉其守节，以为侍中。（卷七十六《朱修之传》，第 1969 页倒 1 行）

《校勘记》：“侍中”，《魏书·毛修之传朱修之附传》、《南史》作“云中镇将”。

按：《魏书》卷四十三《毛修之传附朱修之传》载朱修之入魏后事云：“世祖善其固守，授以内职，以宗室女妻之，（中略）为云中镇将。”则朱修之为云中镇将前乃有内职之授，此内职，据中华书局标点本《通鉴》卷一百二十二校，当即为侍中。即点校本校记以“云中镇将”当此之“侍中”者，误。

顷之，为左光禄大夫、开府仪同三司。（卷七十六《朱修之传》，第 1976 页 7—8 行）

《校勘记》：“左光禄”，《明帝纪》作“右光禄”。

按：本书《明帝纪》载泰始二年九月及十一月事皆作“左光禄”。点校本《校勘记》以为作“右光禄”者，盖疏忽而致误。校或以本书《明帝纪》泰始四年二月，“乙巳，右光禄大夫、车骑将军、护军将军王玄谟薨”当之，然则二者所载事既异且时间亦不相合，不能混为一谈。

广陵王诞、庐陵王绍北中郎左军司马。（卷八十一《顾觊之传》，第 2079 页倒 3 行）

《校勘记》：各本并脱“军”字，据孙彪说补。孙彪《宋书考论》云：“北中郎不得置司马，盖‘左’下脱‘军’字。北中郎，广陵王诞也。左军，庐陵王绍也。”

按：按孙彪谓北中郎不得置司马，非是。是时四中郎将府置长史、司马等例甚夥，要不列举。本书《文帝纪》、卷六一《武三王传》、卷七五《文五王传》，竟陵王诞元嘉二十一年至二十六年为北中郎将，庐陵王绍元嘉二十六年至二十九年为左将军，觊之先后任二王军府司马，则当云“北中郎左军司马”。中华书局点校本补“军”字虽是，然则据孙说而以为北中郎不得置司马者，则非是。

汝南新蔡县侯。（卷八十六《刘勔传》，第2195页倒7行）

《校勘记》：孙虨《宋书考论》云："汝南下当有'太守'二字。"

按：若据孙氏说，则珍奇是时乃以司州刺史而领汝南太守，封新蔡县侯。然据本书卷八七《殷琰传》、《通鉴》卷一百三十一，泰始二年春，袁颛拥立晋安王子勋，常珍奇以汝南、新蔡二郡响应，颛即以珍奇为汝南、新蔡二郡太守。子勋乱平，珍奇又降于北魏，至是珍奇得刘勔书，乃复降于宋。本书《殷琰传》载泰始二年十一月，"太宗即以珍奇为司州刺史，领汝南、新蔡二郡太守"，即珍奇时并非单领汝南太守，而是领汝南、新蔡二郡太守也。可见此乃于"新蔡"后佚"太守"二字，而非于"汝南"后佚"太守"二字。然则"县侯"前又别有佚文，盖珍奇时当被封为县侯，而所封何县，则不可知矣。

以勔为使持节、都督南徐兖青冀□五州诸军事、平北将军。（卷八十六《刘勔传》，第2196页1—2行）

《校勘记》：按五州数之衹四州，少一州。疑阙"徐州"，当补于"南徐"之下。

按：孙虨《宋书考论》亦云："阙文是徐字。"今考此所载乃泰始六年九月事也。据本书《明帝纪》、卷七二《文九王·晋平剌王休佑传》，晋平王休佑于泰始五年闰十一月至七年二月间为都督南徐南兖徐兖青冀六州诸军事、南徐州刺史，乃刘勔之大统。即刘勔所都督之五州乃在休佑所都督之六州内，而又必不得都督休佑任刺史之南徐州也。校以为当于"南徐"之下补"徐"字，非是。今由休佑所都督之六州去南徐一州，则刘勔时所都督者，乃南兖、徐、兖、青、冀五州，即此乃于"南"后佚一"兖"字耳。又据本书《明帝纪》、《南齐书·高帝纪上》，萧道成于泰始四年七月为都督南兖徐二州诸军事、南兖州刺史，镇广陵，泰始五年又进督兖青冀三州，并前凡都督南兖徐兖青冀五州。至泰始六年九月，萧道成因出镇淮阴，刘勔代镇广陵，故其所都督之五州转而改由刘勔所都督，可为是时刘勔所都督之五州为南兖徐兖青冀五州之证。

转太子左卫率。(卷八十八《薛安都传》,第 2218 页 3—4 行)

《校勘记》:“左卫率”,《南史》作“右卫率”。

按:本书卷五七《蔡廓传》、卷六五《申恬传》、《通鉴》卷一百二十八《宋纪》孝建元年皆作“左卫率”。寻本卷下文云:“(大明)七年,又加征虏将军、为太子左卫率十年,终世祖世不转。”是《南史》误。即此校记当删。

唯与同县孔觊友善。(卷九十三《隐逸传》,第 2295 页 1 行)

《校勘记》:“孔觊”,各本并作“孔凯”,《南史》、《元龟》七五二又误作“孔颉”。孙虨《宋书考论》云:“孔凯疑即孔觊。”按孙说是,今改正。下并同改。

按:下文载朱百年孝建元年卒,年八十七。孙虨《宋书考论》以为百年乃大明元年卒,所说是也。今以大明元年百年年八十七计之,则其晋简文帝咸安元年(371)生。而据本书卷八四《孔觊传》,孔觊宋明帝泰始二年(466)卒,时年五十一,是觊生于晋安帝义熙十二年(416),即百年年长孔觊四十五岁,二人年龄相隔悬远而成莫逆,实有可疑。又《孔觊传》载孔觊“早知名,初举扬州秀才,补主簿,长沙王义欣镇军功曹”,其后又历衡阳王义季安西主簿,户曹参军,领南义阳太守,“召为通直郎,太子中舍人,建平王友,秘书丞,中书侍郎,随王诞安东咨议参军,(中略)复为黄门,临海太守”,仕宦不绝,与百年志趣亦相殊。又且孔觊所历任之数职中,除元嘉末为随王诞军府佐之短暂时间在会稽外,其余皆距会稽甚远,百年又何得与之密相交往耶?孙氏《考论》以孔觊知名会土,臆以为“孔凯”乃“孔觊”之讹,点校本据此疑似之言,径改“孔凯”为“孔觊”,非是。会稽山阴乃孔氏世代族居之地,高节之士代不乏人,孔凯恐为其一也。

又除督司州之河东平阳河北雍州之京兆豫州之颍川兖州之陈留九郡军事、荥阳太守。(卷九十五《索虏传》,第 2329 页 8—9 行)

《校勘记》:按九郡数之祇六郡,疑“九”为“六”字之讹。

按:九郡数之祇六郡,当有讹误。寻德祖既为荥阳太守,又必当督荥阳军事，其余二郡则未可知。《晋书》卷八一《毛宝传附毛德祖传》亦云德祖是时督九郡军事，亦可为作“九郡”者不误之证，点校本《校勘记》疑“九”为“六”字之误，非是。又“荥阳太守”，《晋书·毛宝传附毛德祖传》作“荥阳京兆太守”。

尹冲及司马荥阳太守崔模抗节不降，投堑死。（卷九十五《索虏传》，第2333页倒5—4行）

《校勘记》：《通鉴考异》云：“《宋书》云模抗节不降，投堑死。按《后魏书》，模仕魏，为武城男，《宋书》误也。”

按：《魏书》卷四上《世祖纪》云神□三年“（冬十月）辛巳，安颉平虎牢，义隆司州刺史尹冲坠城死”，《魏书》卷三十《安同传》云：“世祖西征赫连定，以颉为冠军将军，督诸军击彦之，（中略）进攻虎牢，虎牢溃，义隆司州刺史尹冲坠城死。”《魏书》卷九七《岛夷刘裕传》亦云：“寻诏冠军将军安颉等率众自盟津渡，攻金墉，义隆建武将军杜骥出奔，遂乘胜进攻虎牢，陷之，斩其司州刺史尹冲。”是尹冲必于是役抗节不屈，力竭投城而死。又据《魏书》卷二十四《崔玄伯传附崔模传》，崔模于是年滑台役时降于北魏，后赐爵武城男。是此载尹冲与崔模俱抗节而死，误。《通鉴》卷一百二十一《宋纪》元嘉七年云是时“尹冲及荥阳太守清河崔模降魏”，则误之尤甚。

中华书局点校本《宋书》校勘举遗

高祖弟道怜、刘毅、毅从弟藩、孟昶、昶族弟怀玉。（卷一《武帝纪上》，第 5 页倒 3—2 行）

按：据本卷上下文及本书卷五十一《宗室·临川烈武王道规传》，刘裕于京口起义，斩桓修时刘毅及孟昶在南兖州之广陵而不在南徐州之京口。疑此处有误。《南史》卷一《宋本纪上》不迭“毅”及“昶”二字。疑是。

是月，旋镇丹徒。（卷一《武帝纪上》，第 13 页 2 行）

按：上文记其年三月事，则此“是月”，亦三月。而《晋书》卷十《安帝纪》、《通鉴》卷一百十四皆云是年“夏四月，刘裕旋镇京口”，《建康实录》卷十亦记其年夏四月戊辰，刘裕镇京口。是年四月壬子朔，戊辰为月之十七日。则“是月”，恐是“四月”之音讹。

公又遣北兖州刺史王仲德先以水军入河。（卷二《武帝纪中》，第 36 页倒 4 行）

按：据《晋书》卷一四《地理志上》、本书卷三十五《州郡志一》，时南兖州寄治京口，此云“北兖州”者，当即指兖州而言。寻本书卷四十六《王懿传》、《南史》卷二十五《王懿传》，王仲德于晋时未尝有任兖州刺史之事。又据本卷及《南史·宋本纪上》，今岁刘裕率众北伐前，尝以世子刘义符为徐兖二州刺史。《通鉴》卷一百十七亦云今岁二月，“以其世子义符为徐兖二州刺史”。由此，则王仲德今时又必不能有兖州刺史之任。考本书《王懿传》云：“义熙十二年北伐，进仲德征虏将军，加冀州刺史，为前锋诸军事。”《通志》卷一百三十三同。《通鉴》卷一百十七亦载是年八月，“以冀州刺史王仲德督前锋诸军、开巨野入河”。仲德时为北伐之前锋都督，故加冀州刺史耳。是“北兖”乃“冀”之讹，盖以形近而讹也。孙虨《宋书考论》云：“《仲德传》云冀州刺史，《通鉴》同。此误‘冀’为‘北兖’。案北兖州，河南平后始立。”所说是也。

时将北征，以虎魄治金创，上大悦，命捣碎分付诸将。（卷三《武帝纪下》，第 60 页 2 行）

按：《建康实录》卷十一云：“时将北伐，或曰疗金疮。上大悦，命碎之分赐诸将。”则以虎魄治金创乃刘裕谋士所提议，故刘裕乃闻之而悦也。疑“北征”后有佚文。

夏四月，檀道济北征，次临朐，焚虏攻具。（卷四《少帝纪》，第 64 页倒 3 行）

按：本书卷四十三《檀道济传》云：“景平元年，虏围青州刺史竺夔于东阳城，竺夔告急。加道济使持节、监征讨诸军事，与王仲德救东阳。未及至，虏烧营，焚攻具遁走。”本书卷九五《索虏传》云：“四月壬申，虏闻道济将至，焚烧器械，弃青州走。”《建康实录》卷十一、《通鉴》卷一百十九《宋纪》景平元年亦皆云是时北魏将烧营及器械遁走。证之《魏书》卷三十八《刁雍传》云“是时攻东阳，（中略）夔欲东走，会义符遣其将檀道济等救青州，（中略）建乃引还”。则是时檀道济军未至东阳，北魏军已退，攻具乃北魏将所自焚，而非檀道济焚之。此处所载，与史实有违。或“焚虏”乃“虏焚”之倒误且“攻具”后又佚“走”字也。

卫将军、南徐州刺史彭城王义康进号骠骑将军。（卷五《文帝纪》，第 73 页 5—6 行）

按：本书卷六十八《武二王・彭城王义康传》记是时义康以右将军进号骠骑将军。寻本书《武帝纪下》及本卷，自永初三年正月至元嘉元年八月，卫将军为王弘所任，是义康于元嘉元年八月进号骠骑将军前必不能为卫将军。本书卷五十二《褚叔度传》载景平元年，“右将军彭城王义康遣龙骧将军丘显率众五百东讨”。本书卷八十一《顾琛传》载“少帝景平元年，（中略）彭城王义康右军骠骑参军”，乃谓顾琛先后任义康右将军府及骠骑将军府参军。足证“卫将军”乃“右将军”之讹。

六月，丹阳、淮南、吴兴、义兴大水，京邑乘船。（卷五《文帝纪》，第83页倒6行）

按：下文续云：“己酉，以徐豫南兖三州、会稽宣城二郡米数百万斛赐五郡遭水民。”记四郡遭水而以米赐“五郡遭水民”，二者当有一误。考本书卷三十三《五行志四》云：“元嘉十二年六月，丹阳、淮南、吴、吴兴、义兴大水，京邑乘船。”《南史·宋本纪中》亦云是年六月，“丹阳、淮南、吴、吴兴、义兴大水”，足证是时水灾乃丹阳等五郡。此于“淮南”下佚“吴”字。

十五年春二月丁未，以平东将军吐谷浑慕容延为镇西将军、秦河二州刺史。（卷五《文帝纪》，第85页3行）

按：慕容延即慕延，一作慕利延，乃代其兄慕璝而立，本卷上文记元嘉九年六月，慕璝为“征西大将军、西秦河二州刺史、陇西王”，本书卷九十六《鲜卑吐谷浑传》、《通鉴》卷一百二十三元嘉十四年又记慕延是时都督西秦河沙三州诸军事，则慕延所任必为西秦河二州刺史，疑此于“秦”前佚一“西”字。又《魏书》卷四上《世祖太武帝纪》载太延三年秋七月，“丁酉，遣使者拜西秦王慕璝弟慕利延为镇西大将军、仪同三司，改封西平王”，《北史》卷九六《吐谷浑传》：“太延二年，慕璝死，弟慕利延立，（中略）后拜慕利延镇西大将军、仪同三司，改封西平王。（中略）时慕利延又通宋，宋封为河南王。”即是时慕延兼通南北，皆称臣，南北亦并以官爵笼络之。北魏于太延三年（即宋元嘉十四年）既已任慕延为镇西大将军，则宋于元嘉十五年时必无以其为镇西将军之理，见本书《鲜卑吐谷浑传》及《通鉴》卷一百二十三作“镇西大将军”者，是。此于“镇西”后又佚一“大”字。

三月丁巳，诏曰。（卷五《文帝纪》，第97页2行）

按：下有乙丑。是月丁卯朔，无丁巳，亦无乙丑。四月丙申朔，二十二日丁巳，三十日乙丑。《建康实录》卷十二记事在是年二月，不书日。二月丁酉朔，丁巳为月之二十一日，乙丑为月之二十九日。寻上文云“二月己亥，车驾陆道幸丹徒，谒京陵”，己亥为月之初三日。文帝二月初三日已至丹徒，下诏免故乡租税等似不应迁延至四月，疑《建康实录》载在是年二月，是也。

己丑，抚军将军、徐兖二州刺史萧思话加冀州刺史，兖州如故。（卷五《文帝纪》，第102页1—2行）

按：本书卷七八《萧思话传》载是时文帝诏云：“思话可解徐州为冀州，余如故。”通鉴卷一二六亦载是时“诏解萧思话徐州，更领冀州刺史，镇历城”，是萧思话乃解徐州刺史而改为冀州刺史。此云“加冀州刺史”者，与事实不合。

十二年，立为武陵王。（卷六《孝武帝纪》，第109页1—2行）

按：“十二年”，三朝本、南监本、北监本、汲本、殿本、局本及《南史·宋孝武帝纪》同，本书《文帝纪》、《南史·宋文帝纪》作“十三年”。考《通鉴》卷一百二十三、《建康实录》卷十二亦皆云元嘉十三年九月癸丑，“封皇子浚为始兴王，骏为武陵王”。本书卷九九《二凶传》载始兴王浚“元嘉十三年，年八岁，封始兴王”，始兴王浚为文帝次子，资质端妍，母潘淑妃又有盛宠，故甚为文帝所爱。而刘骏则浚之弟，又无宠，其封王自不得在浚前。是刘骏之封王，必元嘉十三年事。即此“十二年”乃“十三年”之误。

丙子，以征西将军武昌王浑为雍州刺史。（卷六《孝武帝纪》，第115页6行）

按：本书卷八十《文五王·武昌王浑传》云：“世祖即位，授征虏将军、南彭城东海二郡太守，出镇京口。孝建元年，迁使持节、监雍梁南北秦四州荆州之竟陵随二郡诸军事、宁蛮校尉、雍州刺史，将军如故。”谓将军如故者，乃指其为雍州刺史时原任之征虏将军如故，即武昌王浑出刺雍州时军号乃征虏将军而非征西将军。据本书卷二十八《符瑞志中》云：“孝武帝孝建元年正月庚申，凤凰见丹徒惕贤亭，（中略）征虏将军武昌王浑以闻。”《建康实录》卷十三云孝建二年：“八月庚申，征虏将军、武昌王浑在襄阳与左右戏造书檄，自署为楚王，（中略）有司奏废为庶人。自杀。”皆为武昌王浑时军号为征虏之明证。是此“征西”，“征虏”之误也。

丙申，立第十七皇子子嗣为东平王。（卷六《孝武帝纪》，第133页7行）

按：本书卷七十二《文九王传》、卷八十《孝武十四王传》、《南史》卷十三《宋宗室及诸王传上》皆云子嗣为孝武“二十七皇子”。寻本书《孝武十四王传》所载孝武诸子甚详，检之子嗣次序，正为二十七。此“十七”，乃“二十七”之误必矣。

自汉文用权礼，无复□禁，历代遵用之。（卷十五《礼志二》，第392页倒4行）

按：此及下文乃述国丧禁乐事。古礼，国丧行三年丧制，丧期则禁乐。《汉书》卷四《文帝纪》载文帝临终遗诏云：“其令天下吏民，令到，出临三日，皆释服。（中略）殿中当临者，皆以旦夕各十五举音，礼毕罢。”则汉文临终而变其制，是所谓“权礼”也。《晋书》卷二十《礼志中》：“魏武以正月崩，魏文以其年七月设妓乐百戏，是则魏不以丧废乐也。武帝以来，国有大丧，辄废乐终三年。”是魏文即位之初已革旧制，不复禁乐，故“历代遵用之”也。颇疑此“□”为“乐”字。至下文述晋孝武崩后司马道子议以一年为限之乐禁，宋武崩后葬毕即通乐事，皆可为证。

若衡议已誓不殇，则元服之子，当斩衰三年；未誓而殇，则虽十九，当大功九月。（卷十五《礼志二》，第393页倒7行）

按：“元服之子”文义费解，《晋书》卷二十《礼志中》作“无服之子”。按《仪礼·丧服》：“年十九至十六为长殇，十五至十二为中殇，十一至八岁为下殇，不满八岁以下，皆为无服之殇。"《逸周书·谥法》："短折不成曰殇，未家短折为殇。"《周礼·春官·典命》："凡诸侯之嫡子，誓于天子，摄其君，则下其君之礼一等。"乃述古之丧礼也。"无服之子"，卽八岁之下而亡者。时（晋惠帝太安三年）皇太孙司马尚卒，谢衡建已誓不殇之议，而中书令卞粹驳之，谓若据谢衡之议，则八岁以下而薨之太子（或太孙）若已誓者，犹当为之服斩衰三年之丧，若未誓者，则虽年十九而薨，仅得为之服大功九月之丧耳，是谢衡之用礼不当也。下文卞粹续云之"誓与未誓，其为升降也微；斩与大功，其为轻重也远"。亦驳衡议耳。由此，疑《晋书·礼志中》作"无服之子"是也。

而使行太傅太常韩暨、行太庙宗正曹恪持节迎高皇以下神主共一庙，犹为四室而已。（卷六《礼志三》，第 444 页 1—2 行）

按："行太庙宗正"，《晋书》卷十九《礼志上》作"行太常宗正"。按韩暨原官太常，而庙迎礼重，因以之为行太傅，为正使迎列祖之神主，故此曰"行太傅太常韩暨"也。而曹恪则原官宗正，因太常韩暨已行（代理）太傅，故卽以其行太常为副使迎列祖之神主，盖太常掌礼乐郊庙社稷事也。此"太庙"，乃"太常"之误。《五礼通考》卷七十九作"宗正曹恪"，是其证。

晋武帝咸宁五年十一月己酉，弘训羊太后崩。（卷六《礼志三》，第 457 页 1 行）

按："五年十一月己酉"，《晋书》卷十九《礼志上》同。按《晋书》卷三十一《后妃传上》载羊后之薨在咸宁四年，《晋书》卷三《武帝纪》、《通鉴》卷八十更详记羊后于咸宁四年六月薨，七月葬。又本书卷十七《礼志四》亦云："晋咸宁四年，景献皇太后（卽羊后）崩。"据《晋书》卷三十四《羊祜传》："祜寝疾，求入朝。既至洛阳，会景献宫车在殡，哀恸至笃。（中略）乃侍坐，面陈伐吴之计。"考《晋书·武帝纪》，羊祜卒于咸宁四年十一月，其至洛阳而羊后在殡，则羊后之薨又在其前。卽此与《晋书·礼志上》所云羊后薨之时间必误。羊后之薨，应以咸宁四年六月为是。

于是杀护军将军周顗、尚书令刁协,骠骑将军刘隗出奔。(卷二十四《天文志二》,第707页4行)

按:《晋书》卷十三《天文志下》云:“于是杀护军将军周顗、尚书令刁协、骠骑将军戴若思。又,镇北将军刘隗出奔。”《开元占经》卷二十注引《宋书·天文志》云:“于是杀护军将军周顗,尚书令刁恊,骠骑将军戴渊。又镇北将军刘隗出奔。”与此所载异。考以上乃记晋元帝永昌元年王敦作乱,攻入京都建康时事,寻《晋书》卷六十九《刘隗传》,刘隗一生未尝任骠骑将军,《晋书》卷六《元帝纪》:“(永昌元年)三月,征西将军戴若思、镇北将军刘隗还卫京都,(中略)以戴若思为骠骑将军。”“四月,敦前锋攻石头,(中略)尚书令刁协奔于江乘,为贼所害。镇北将军刘隗奔于石勒。(中略)丙子,骠骑将军、秣陵侯戴若思,尚书左仆射、护军将军、武城侯周顗为敦所害。”同卷《戴若思传》:“而王敦举兵,诏追若思还镇京都,进骠骑将军。(中略)收若思而害之。”则是时刘隗为镇北将军,戴若思为骠骑将军。《通鉴》卷九十二《晋纪》永昌元年、《建康实录》卷五亦可为证。即此所谓“骠骑将军刘隗”者,误。晋志所载,与事实相合。此于“骠骑将军”后乃佚“戴若思镇北将军”七字,宜据补。标点亦作相应改易。

九月癸未,太白犯进贤。占曰:“贤者诛。”(卷二十五《天文志三》,第729页6行)

按:按本书卷二六《天文志四》云:“宋武帝永初元年十月辛丑,荧惑犯进贤,占曰:‘进贤官诛。’”“(永初三年十月)辛巳,荧惑犯进贤,占曰:‘进贤官诛。’”见太白、荧惑等犯进贤星,当应在下界进贤之臣有灾。寻本书《天文志四》又云:“孝建元年十月乙丑,荧惑犯进贤星,吏部尚书谢庄表解职,不许。”是时吏部尚书主选举事,即进贤之臣也,荧惑犯进贤星,其应正在吏部尚书有灾,故谢庄乃上表求解职以避之。今太白犯进贤星,则占曰:“贤者诛。”显然与事实相左。检《晋书·天文志下》云元兴元年:“九月癸未,太白犯进贤,占曰‘进贤者诛。’”是也。此于“贤者”前佚一“进”字。

后稷之孙曰公刘。(卷二十七《符瑞志上》,第764页倒6行)

按:《诗经·大雅·公刘》毛传云:"公刘者,后稷之曾孙也。"朱熹《诗集传》亦云:"公刘,后稷之曾孙也。"按《史记》卷四《周本纪》,后稷子不窋,不窋子鞠,鞠子公刘。则公刘正为后稷之曾孙,此于"孙"前佚一"曾"字。

及公刘之后十三世而生季历。(卷二十七《符瑞志上》,第764页倒5行)

按:《史记》卷四《周本纪》,自公刘而后,历庆节、皇仆、差弗、毁隃、公非、高圉、亚圉、公叔祖类、古公亶父,至季历前后凡十一世。此云"十三世",误。

魏年有和,当有开石于西三千余里,系五马,文曰讨曹。(卷二十七《符瑞志上》,第781页1—2行)

按:"讨曹",《三国志》卷三《魏志·明帝纪》裴注引《搜神记》、《册府》卷二十作"大讨曹"。按裴注引《魏氏春秋》所载明帝青龙三年开盖玉匣之三十五字亦作"大讨曹"。又考本书卷三十一《五行志二》云:"魏世张掖石瑞,虽是晋氏之符命,而于魏为妖。好攻战,轻百姓,饰城郭,侵边境,魏氏三祖皆有其事。刘歆以为金石同类,石图发非常之文,此不从革之异也。晋定大业,多敝曹氏,石瑞文'大讨曹'之应也。"疑此于"讨曹"前佚一"大"字。

元嘉六年三月丁亥,白象见安成安复,江州刺史南谯王义宣以闻。(卷二十八《符瑞志中》,第802页倒2行)

按:据本书《文帝纪》,自元嘉三年五月至十三年三月,江州刺史为檀道济所任,南谯王义宣刺江州则在元嘉十三年三月至十六年四月。又据本书卷六十八《武二王·南郡王义宣传》,义宣元嘉元年封竟陵王,七年为徐州刺史,八年为兖州刺史,十年改封南谯王,三十年,改封南郡王。由此,元嘉六年时,义宣既未有南谯王之封,亦不在江州,则此云"江州刺史南谯王义宣"者,非是。又元嘉六年三月癸巳朔,无丁亥,此云义宣献白象在六年三月丁亥，又误。颇疑“六年三月”为“十六年三月”之讹。十六年三月乙丑朔，丁亥月之二十三日，时义宣正在江州任。

中领军吉阳县侯沈演之奏上《嘉禾颂》曰。（卷二十九《符瑞志下》，第831页3行）

按：本书卷六三《沈演之传》，沈演之文士无军功，自无爵邑。演之父叔任，以平蜀全涪之功，封宁新县男。叔任长子融之早卒，故叔任亡后，融之子畅之袭叔任爵宁新县男。演之，融之弟，所袭乃父叔任别爵吉阳县五等侯，爵次于宁新县男，与吉阳县侯迥异，不得混淆。此于“吉阳县”后乃佚“五等”二字。

后废帝元徽四年十一月乙巳，吴兴乌程余山道人慧获苍玉璧，太守萧惠开以献。（卷二十九《符瑞志下》，第852页2行）

按：本书卷八十七《萧惠开传》，《南史》卷十八《萧思话传附萧惠开传》，惠开于泰始七年卒，时年四十九。元徽四年时惠开已卒数年，亦且惠开又未尝有吴兴太守之任。可见此“太守萧惠开”，必误。今考之本书《萧思话传附萧惠明传》云惠明“历黄门郎，（中略）吴兴太守。后废帝元徽末，卒官”。寻元徽凡四年，则元徽四年时惠明正在吴兴太守任。本书卷二十八《符瑞志中》载云：“后废帝元徽四年十一月乙巳，甘露降吴兴乌程，太守萧惠明以闻。”乃为明证。是此“惠开”，乃“惠明”之误。惠明，惠开同母弟，名虽相近，然惠明之声名远不及乃兄之显，故传抄者或因以混淆也。

晋武帝太康二年六月，泰山、江夏大水。泰山流三百家，杀六千余人。（卷三十三《五行志四》，第952页3行）

按：“六千”，《晋书》卷二十七《五行志上》作“六十”。据本书卷三十五《州郡志一》载兖州泰山郡“户八千一百七十七，口四万五千五百八十一”，户均约五口。晋宋户数，大抵相近，今流三百余家，当不得死六千人之众。寻本卷上文载晋泰始七年六月，“河洛伊沁皆溢，杀二百余人”；晋咸宁三年六月，“益梁二州郡国八暴水，杀三百余人”。今流三百余家而杀六千余人，与情理不合，且《晋书·武帝纪》亦不容不载。寻《晋书·武帝纪》又载泰始七年六月大水，“流居人四千余家，杀三百余人”，与此正相类，疑“六千”乃“六十”之形讹。

太兴三年五月癸丑，徐州及扬州江西诸郡蝗，吴民多饿死。去年，王敦并领荆州，苛暴之衅，自此兴矣。又是年初，徐州刺史蔡豹帅众伐周抚。（卷三十三《五行志四》，第972页1—2行）

按：《晋书》卷六《元帝纪》、卷二十九《五行志下》皆记徐州及扬州江西诸郡蝗灾在晋元帝太兴二年五月，《元帝纪》载太兴二年五月诏，亦指是时蝗灾而言。又《晋书·元帝纪》记太兴元年十一月“加大将军王敦荆州牧”，即此条所谓“去年，王敦并领荆州”。又且“又是年初，徐州刺史蔡豹帅众伐周抚”，据《晋书·元帝纪》、《通鉴》卷九十，时在太兴二年二月。以上足证“三年”乃“二年”之讹。太兴二年五月辛丑朔，癸丑为月之十三日，太兴三年五月甲子朔，无癸丑。

晋惠帝永兴元年正月癸酉，赵王伦祠太庙，灾风暴起，尘沙四合。其年四月，伦伏辜。（卷三十四《五行志五》，第982页倒3行）

按：据《晋书·惠帝纪》，赵王伦被杀在晋惠帝永宁元年四月，《晋书》卷二十九《五行志下》记伦被诛在建始元年四月，亦即永宁元年四月。《通鉴》卷八十四《晋纪》永宁元年亦记赵王伦被杀在是时。是永兴元年时伦已死数岁，即上文之“永兴元年”乃“永宁元年”之误也。永兴元年正月己亥朔，无癸酉日，永宁元年正月丁巳朔，癸酉为月之十七日，时间亦正相合。

元康四年八月，居庸地裂，广三十丈，长百三十丈，水出杀人。（卷三十四《五行志五》，第998页4行）

按：《晋书》卷二十九《五行志下》载惠帝元康四年八月，“居庸地裂，广三十六丈，长八十四丈，水出，大饥。上庸四处山崩，地坠广三十丈，长百三十丈，水出杀人。”载居庸地裂之规模与此相差甚大，而载上庸山崩地坠则与此正相合。《晋书·惠帝纪》亦记是年“秋八月，上谷、居庸、上庸并地裂，水泉涌出，人有死者”。疑此所载，乃上庸之地裂，而误书作居庸也。

候官□相，前汉无，后汉曰东侯官，属□稽。（卷三十六《州郡志二》，第1092页倒1行）

按：候官，县名，“候官”后所阙之一字，应为封国之爵号。考本书卷四十九《孙处传》云孙处于晋安帝义熙七年卒后，“追赠龙骧将军、南海太守，封候官县侯”，则候官，侯国也；候官之相，侯相耳。候官侯相，犹江州豫章之南昌侯相、新淦侯相，湘州长沙之临湘侯相、醴陵侯相之类。可证“候官”后之阙字乃“侯”字。

后分南阳、顺阳、襄阳、新野、竟陵为雍州。（卷三十七《州郡志三》，第1117页倒5行）

按：本卷下文于雍州刺史又记云：“宋文帝元嘉二十六年，割荆州之襄阳、南阳、新野、顺阳、随五郡为雍州，而侨郡县犹寄寓在诸郡界。孝武大明中，又分实土郡县以为侨郡县境。”可见宋文帝元嘉二十六年前雍州侨立于荆州之襄阳而无实土，至是年始分荆州之襄阳等五郡为实土雍州。然志于荆州刺史条下载此五郡为襄阳、南阳、顺阳、新野、竟陵，而于雍州刺史条下则载此五郡为襄阳、南阳、顺阳、新野、随。二处所载，四同而一异，必有一误。钱大昕《廿二史考异》卷二十三于“雍州刺史”条论之曰：“案随郡本属荆州，孝武孝建元年度属郢，前废帝永光元年度属雍，明帝泰始五年还属郢，改为阳随，后废帝元徽四年度属司州。是元嘉二十六年随未尝属雍也，又考宋时雍州刺史如刘遵考、刘道产、萧思话、武陵王骏，俱称都督荆州之南阳、竟陵、顺阳、襄阳、新野、随六郡诸军事，盖在元嘉二十六年以前，雍州未有实土也。随王诞以元嘉二十六年除刺史，柳元景以元嘉末、孝建初两除刺史，武昌王浑以孝建元年除刺史，刘延珍（福林按：应是刘延孙之误）以孝建二年除刺史，并云都督‘荆州之竟陵、随二郡诸军事’，不及南阳等四郡者，已在雍州管内也（福林按：刘延孙于孝建二年除雍州时，随及竟陵已入郢，故传云监郢州之竟陵、随二郡诸军事，非荆州。钱氏《考异》于此有误），而随郡仍系之荆州(福林按:此荆州亦应是郢州之误),可证元嘉时随未尝属雍矣。”钱说是。即雍州刺史条所云元嘉二十六年随郡由荆州度属雍州,必误。本书卷七十九《文五王·竟陵王诞传》:“(元嘉)二十六年,出为都督雍梁南北秦四州荆州之竟陵随二郡诸军事、后将军、雍州刺史。”据本书《文帝纪》,时在元嘉二十六年秋七月;本书卷七十七《柳元景传》:“上至新亭即位,以元景为侍中,领左卫将军、转使持节、监雍梁南北秦四州荆州之竟陵随二郡诸军事、前将军、宁蛮校尉、雍州刺史。”据本书《孝武帝纪》,时在元嘉三十年五月;本书卷七十九《文五王·武昌王浑传》:“孝建元年,迁使持节、监雍梁南北秦四州荆州之竟陵随二郡诸军事、宁蛮校尉、雍州刺史,将军如故。”据本书《孝武帝纪》,时在孝建元年六月。由此又可见志于荆州刺史条下记竟陵郡与襄阳、南阳等郡同于元嘉二十六年由荆州入雍,恐误。又考之本卷下文之“郢州”条云:“孝武帝孝建元年,分荆州之江夏、竟陵、随、武陵、天门,湘州之巴陵,江州之武昌,豫州之西阳,又以南郡之州陵、监利二县度属巴陵,立郢州。天门后还荆。”“竟陵太守”条云:“竟陵太守,晋惠帝元康九年,分江夏西界立。”考本书《孝武帝纪》云孝建元年六月癸未,“分荆、湘、江、豫州立郢州”。见竟陵郡亦于孝建元年六月与随郡同由荆州入郢。因二郡是时由荆州度属郢州,故本书卷七十八《刘延孙传云》孝建三年“仍徙为使持节、监雍梁南北秦四州郢州之竟陵随二郡诸军事、镇军将军、宁蛮校尉、雍州刺史”。本书卷七十九《文五王·海陵王休茂传》云:“大明二年,以为使持节、都督雍梁南北秦四州郢州之竟陵随二郡诸军事、北中郎将、宁蛮校尉、雍州刺史。”卷八十《孝武十四王·永嘉王子仁传》云:“大明五年,年五岁,监雍梁南北秦四州郢州之竟陵随二郡诸军事、北中郎将、宁蛮校尉、雍州刺史。”皆记二郡为郢州之属郡。及前废帝永光元年五月,随郡由郢州度属雍州后,竟陵郡则仍属郢州不变,故本书卷八《明帝纪》记刘彧“又徙为都督雍梁南北秦四州郢州之竟陵诸军事、宁蛮校尉、雍州刺史”,据本书卷七《前废帝纪》,时在废帝永光元年六月壬午;本书卷七十四《沈攸之传》云:“迁使持节、督雍梁南北秦四州郢州之竟陵诸军事、冠军将军、领宁蛮校尉、雍州刺史。”据本书《明帝纪》,时在泰始二年五月壬辰,皆记作“郢州之竟陵”,而不连继随郡。至泰始五年四月,随郡又改属郢州，故本书卷五十《张兴世传》云："泰豫元年，为持节、督雍梁南北秦四州郢州之竟陵随二郡诸军事、冠军将军、雍州刺史。"又称"郢州之竟陵随二郡"。至后废帝元徽四年随郡改属司州，竟陵亦属郢未变，《南齐书》卷二十一《文惠太子长懋传》："出太子为持节、都督雍梁二州郢州之竟陵司州之随郡军事、左中郎将、宁蛮校尉、雍州刺史。"据本书卷一十《顺帝纪》，时在昇明三年正月。由上可知，竟陵郡自宋孝武帝孝建元年六月由荆州度属郢州后，终宋之世，一直为郢州之属郡而未尝有属雍州事。则此条称竟陵郡后入于雍州，亦必误。又检本卷所载，时雍州之属郡除襄阳、顺阳、南阳、新野四郡外，其余京兆、始平、扶风、南上洛、河南、广平、义城、冯翊八郡为侨郡无实土，而建昌、南天水、华山、北河南、弘农五郡乃元嘉二十六年后相继更立。可见元嘉二十六年文帝分荆州数郡为实土雍州时只有南阳、顺阳、襄阳、新野四郡而无竟陵。以上当为沈约原文之误也。

存䮿□，《晋太康地志》有。（卷三十八《州郡志四》，第 1183 页 2 行）

按：据本处所载县体例，皆以令在前而长居后。存䮿前有同濑长等，后有同并长等，疑所缺一字乃"长"也。据本卷下文晋宁太守"俞元长"条孙彪《宋书考论》卷二云："鼎宜按寻前后列县例，类以称令者列前，称长者列后。"通检《宋书·州郡志》，除荆州武陵太守、湘州临庆内史、宁州夜郎太守、梁水太守、交州九德太守五郡国下称长者有排在称令者之前外，宋志体例，郡国下列县，皆令在前而长居后。此条若不破例，则空格处所缺亦当为"长"也。

主佐□□记室下，户曹上。（卷三十九《百官志上》，第 1227 页倒 3 行）

按：上文云："但云都督不仪同三司者，不置从事中郎，置功曹一人，主吏，在主簿上，汉末官也。"盖从事中郎本主吏，因位从公以下为都督之刺史不置从事中郎，故置功曹以主吏。功曹参军之职掌同之，乃主军府中之佐吏耳。疑"主佐"后之第一缺字为"吏"字。又"记室"，指记室参军，"户曹"，指户曹参军。考上文于"长史、司马、舍人"条云："今诸曹则有录事、记室、户曹、仓曹、中直兵。（中略）凡十八曹参军。"是记室参军位于户曹参军之上。即此所谓"记室下，户曹上"者，乃谓功曹参军位于记室及户曹二参军之间也。今由上文之“置功曹一人，主吏，在主簿上”之例，疑此处之第二缺字乃“在”字也。孙虨《宋书考论》卷二云：“‘记室’上空是‘在’字。”所说是也。

美人中才人才人三职为散役。（卷四十一《后妃传》，第 1270 页 5 行）

按：“美人中才人才人”，《南史》卷十一《后妃传上》、《初学记》卷十引《宋书》作“美人才人良人”。考二史《后妃传》上文又有太宗泰始元年（按《南史》作泰始二年），“省淑妃、昭华、中才人、充衣，复置修华、修仪、修容，才人、良人”等语，则时“中才人”之职已省，而“才人”、“良人”为新置也，见《南史》所载，与事实相合。

葬口口，谥曰献妃。（卷四十一《后妃传》，第 1293 页 3 行）

按：下文又云：“太宗践阼，迁后与废帝合葬龙山北。”是何后于泰始初又由原葬之地而迁葬。今考之本书卷十五《礼志二》云：“宋孝武大明五年闰月，皇太子妃薨。樟木为榇，号曰樟宫，载以龙輴。造陵于龙山，置大匠卿断草，司空告后土。”何后卒后“造陵于龙山”者，即龙山为何后始葬之地也。至前废帝卒后又迁至龙山之北而与废帝合葬矣。何后之葬龙山，犹下文文帝沈婕妤卒后“葬建康之莫府山”之例。是此所缺二字，疑即“龙山”耳。

及为吏部尚书，意弥愤愤。（卷四十二《刘穆之传》，第 1310 页倒 4 行）

按：以上《通志》卷一百三十一作：“及偃为吏部尚书，意弥愤愤。”寻时之吏部尚书掌选举事，显要之职，刘瑀若为吏部，不当愤愤。本书卷五十九《何偃传》曰：“改领骁骑将军，亲遇隆密，有加旧臣，转吏部尚书，（中略）及偃代竣领选，竣愈愤懑，与偃遂有隙。竣时势倾朝野，偃不自安，遂发心悸病。（中略）大明二年，卒官。”参合本书卷七十五《颜竣传》所载，则何偃为吏部尚书在大明元年。寻本卷下文又云：“其年疽发背，何偃亦发背痈。瑀疾已笃，闻偃亡，欢跃叫呼，于是亦卒。”是刘瑀与何偃一时而卒。大明元年至二年间，吏部尚书既为何偃所任，则刘瑀必不得为吏部尚书也甚明。又考之本书卷八十五《谢庄传》，何偃自吏部任卒后，孝武帝即因吏部权重，欲轻其势力，乃以谢庄及顾觊之二人并为吏部尚书，亦可为刘瑀不得为吏部之证。因刘瑀与何偃有隙，故何偃转吏部而刘瑀乃愤愤不平耳。即此处“及”后乃脱一“偃”字，《通志》所载是也。

周因其病发，掘地生埋之，为道扶姑女所告，正周弃世刑。（卷四十三《徐羡之传》，第1330页3—4行）

按：“道扶姑女”，《南史》卷十五《徐羡之传》、《通志》卷一百三十一、《册府》卷六百十五作“道扶姑双女”。“双女”，道扶姑名。寻道扶为其母所生埋时年仅三岁，以理推之，告者当为其姑，疑《南史》等所载是，此或于“姑”后佚一“双”字。

韶可更增邑二千五百户，仲德可增邑二千二百户。（卷四十三《徐羡之传》，第1331页1—2行）

按：上文云“羡之可封南昌县公，弘可华容县公，道济可改封永修县公，亮可建城县公，晦可武昌县公，食邑各二千户”，考刘裕立国代晋，以徐羡之、王弘、檀道济、傅亮、谢晦为元功，故皆封县公，檀韶、王仲德等功次之，故皆封县侯。檀韶于晋义熙中以破卢循及平广固功，封宜阳县侯，食邑七百户，见本书卷四十五《檀韶传》。然徐、王、傅、檀、谢等所封仅二千户，若今时檀韶增邑二千五百户，并前所封，则为三千二百户，所封不仅远过于与其功相当之刘怀慎、刘粹、赵伦之等人，亦远过于徐、王、傅、檀诸人，于情于理皆不相合。颇疑“增邑二千五百户”为“增邑为千五百户”之讹，“增邑二千二百户”为“增邑为千二百户”之讹，盖讹“为”为“二”耳。如此，方与上下文相应。即爵邑以功之高下，逐次而降也。

二年……寻转领军将军，散骑常侍，依晋中军羊祜故事，入直殿省，总统宿卫。三月高祖不豫，给班剑二十人，与徐羡之、傅亮、檀道济并侍医药。（卷四十四《谢晦传》，第1348页倒7—6行）

按：本书《武帝纪下》、通鉴卷一百十九，谢晦为领军将军在永初三年正月，刘裕不豫在永初三年三月。此于“三月”前佚“三年”二字。

未去任，其年卒官。时年三十一。（卷四十七《孟怀玉传》，第1407页倒3行）

按：今以孟怀玉义熙十一年（415）年三十一计之，当生于晋孝武帝太元十年（385）。考上文云“高祖东征孙恩，以怀玉为建武司马”，据本书《武帝纪上》，时在晋安帝隆安五年（401），是年怀玉年仅十七，不可能有此任。下文又载怀玉弟龙符义熙五年（409）北伐广固之役战死，时年三十三，则龙符生于晋孝武帝太元二年（377），生年又早于其兄。是此“三十一”必误。颇疑“三十一”乃“四十一”之讹，如此则怀玉长于其弟龙符二岁，为刘裕建武司马时年二十七也。

弘之时在江陵，与仄兄子彬谋杀荆州刺史桓石康，以荆州刺史应仄。（卷四十八《毛修之传》，第1430页倒7行）

按：“以荆州刺史应仄”不可通，且傅弘之是时仅为州主簿，即杀桓石康，亦不能自以为荆州刺史以应仄。疑“应仄”前之“刺史”二字乃衍文。盖弘之欲于江陵起兵，占据江陵后乃以荆州应仄耳。

高祖北伐，弘之与扶风太守沈田子等七军自武关入。（卷四十八《傅弘之传》，第1430页倒1行）

按：“七军”，本书卷一百《自序传》、《南史》卷五十七《沈约传》作“别军”。据本书《武帝纪中》、《建康实录》卷十一、《通鉴》卷一百十七，义熙十二年刘裕北伐，以王镇恶、檀道济等率步军自淮、肥向许、洛，为北伐主力，而傅弘之及沈田之所率趋武关之师，乃是偏军。本书《自序传》：“田子本为疑兵，所领裁数百。”《通鉴》卷一百十八：“田子本为疑兵，所领裁千余人。”是其证。“七军”，“别军”之音讹，应乙正。

高祖世子为征虏将军，恩以大府佐领中兵参军，随府转中兵参军。高祖北伐，留恩侍卫世子。（卷四十九《蒯恩传》，第1437页倒5—4行）

按：“随府转”者，乃随府军号而转也。如本书卷七十四《沈攸之传》,攸之原为"太尉行参军",后乃"随府转大司马行参军"之例是也。然时无中兵将军。本书《武帝纪中》记义熙十二年"八月,丁巳,率大众发京师,以世子为中军将军,监太尉留府事"。蒯恩先为刘裕太尉府中兵参军,后又领义符征虏府中兵参军,因曰"以大府佐领中兵参军",故义符由征虏将军进号为中军将军时,蒯恩又转义符中军将军府,应由征虏中兵参军转为中军中兵参军耳。疑"随府转中兵参军"为"随府转中军参军"之误。

时世祖已即位,以为积弩将军。(卷五十《垣护之传》,第1451页6行)

按:"积弩将军",《南史》卷二十五《垣护之传》作"积射将军"。按本书《百官志》,时有积射将军及强弩将军,而无积弩将军;太子属官有太子左积弩将军、太子右积弩将军。护之非太子属官,亦不得为太子左右积弩将军。疑《南史》作"积射将军"是。

又隶西平王子尚为直卫。(卷五十《张兴世传》,第1453页1行)

按:孝武帝第三子子尚未尝封西平王,其于孝建三年封西阳王,大明五年改封豫章王,见本书《孝武帝纪》,卷八十《孝武十四王传》。张兴世隶子尚为直卫在大明年间,"西平",当是"西阳"之讹。

处士南郡师觉。(卷五十一《宗室传》,第1477页4行)

按:"南郡",本书卷九十三《隐逸·宗炳传》作"南阳",《南史》卷七十三《孝义传》作"南阳涅阳"。按本书《隐逸·宗炳传》云炳"母同郡师氏"。师觉为宗炳之外弟,即宗炳母为师觉姑。宗炳为南阳涅阳人,则师觉亦必南阳人无疑。此"南郡","南阳"之讹。又,"师觉",本书《宗炳传》云:"炳外弟师觉授亦有素业,以琴书自娱。"本书《隐逸·龚祈传》亦云:"师觉授不应征召,辟其三子。"即此人也。《南史》卷七十三《孝义传》云:"师觉授字觉授。"则其师姓,与本书《隐逸·宗炳传》所云炳"母同郡师氏"正相合。师觉授不当省作师觉,宜补"授"字。

秀之弟湛之字休玄。(卷五十二《褚叔度传》,第1505页倒2行)

按:按《南史》卷二十八《褚裕之传》云:"湛之字休玄,秀之子也。"与此谓湛之为秀之弟大异。按褚湛之,宋孝武帝大明四年(460)卒,时年五十,则其生于晋安帝义熙七年(471)。褚秀之宋少帝景平二年(424)卒,时年四十七,则生于晋孝武帝太元三年(378)。是湛之生时秀之年已三十余。于情理秀之不应为湛之兄。考《南齐书》卷二十三《褚渊传》云褚渊"祖秀之","父湛之",与《南史·褚裕之传》正相合。是湛之当为秀之之子。此"弟"乃"子"之讹,应予乙正。

四年,迁使持节、督雍梁南北秦四州郢州之竟陵随二郡诸军事、右将军、雍州刺史。(卷五十三《张茂度传》,第1514页7—8行)

按:本书卷七《前废帝纪》、卷八《明帝纪》、卷三六《州郡志二》,永光元年五月,割郢州随郡属雍州,泰始五年四月,割雍州随郡属郢州,改名随阳。是永光元年五月至泰始五年四月之间随郡属雍州而不属郢州。故本书卷七十四《沈攸之传》载攸之泰始二年"迁使持节、督雍梁南北秦四州郢州之竟陵诸军事",不及随郡者,盖随郡已在雍州管内也。疑此"随二郡"乃衍文也。

卫将军晦第三兄也。(卷五十六《谢瞻传》,第1557页1行)

按:"第三兄",《南史》卷十九《谢晦传附谢瞻传》作"次兄"。考《南史·谢晦传》云:"朗子重字景重,位□稽王道子骠骑长史。重生绚、瞻、晦、□、遯。"则瞻乃晦之次兄。

汝以弱冠,便亲方任。(卷六十一《武三王传》,第1641页1行)

按:"便亲方任",乃谓江夏王义恭元嘉六年为荆州刺史事。考下文云义恭前废帝永光元年卒,时年五十三,则其生于晋安帝义熙九年(413)。故上文载其于景平二年时"年十二"也。亦即元嘉六年(429)时义恭年十七岁。而此则云"汝以弱冠",殊为不可解。今考之本书卷六十九《刘湛传》载义恭于荆州时文帝答义恭书有"但汝弱年,新涉庶务,八州殷旷,专断事重"等语,"弱年"者,幼弱之年也,文帝以称义恭,差为得之。《刘湛传》又载永初元年(420)彭城王义康为豫州刺史时有“义康弱年未亲政,府州军事悉委湛”之语,义康元嘉二十八年卒,时年四十三,永初元年时年十二岁,故史家称之为弱年。疑此“弱冠”,或“弱年”之讹。

湛尚居外任,会王弘、华、昙首相系亡,景仁引湛还朝,共参政事。(卷六十三《殷景仁传》,第1682页倒2行)

按:据本书《文帝纪》、《建康实录》卷十二、《通鉴》卷一百二十、一百二十二,王华卒于元嘉四年五月,王昙首卒于元嘉七年七月,王弘卒于元嘉九年五月。而刘湛为殷景仁所引还朝事则在元嘉八年,《通鉴》卷一百二十二宋元嘉八年记在其年六月。是刘湛还朝之时,王弘尚未卒也。此云王弘、王华等相系亡而刘湛还朝,与事实不符。疑“弘”字衍文。本书卷六十九《刘湛传》云:“先是,王华既亡,昙首又卒,领军将军殷景仁以时贤零落,白太祖征湛。八年,召为太子詹事,加给事中、本州大中正,与景仁并被任遇。”单言王华、王昙首卒而刘湛被引,不及王弘,是其证。

祖宗之字彦仁,晋孝武太元末,自乡里出襄阳,历官至南郡太守。(卷七十四《鲁爽传》,第1922页1—2行)

按:“南郡太守”,《南史》卷四十《鲁爽传》作“南阳太守”。寻本书卷五十一《宗室·临川烈武王道规传》云:“会南阳太守鲁宗之起义攻襄阳,伪雍州刺史桓蔚走江陵。”亦记是时鲁宗之官南阳太守。又考《晋书》卷十《安帝纪》载义熙元年春正月,“南阳太守鲁宗之起义兵,袭破襄阳”。《晋书》卷九十九《桓玄传》、卷四十五《刘毅传》、卷七十四《桓彝传附桓振传》亦皆记鲁宗之以南阳太守起义,袭襄阳,破桓蔚。此外,《建康实录》卷十、《通鉴》卷一百十四《晋纪》义熙元年记是时事亦作“南阳太守鲁宗之”。又据本书卷三十七《州郡志三》,南郡时治江陵,与襄阳相距甚远,鲁宗之若为南郡太守,则经数百里之遥而偷袭襄阳,实于情理未安。而南阳则去襄阳颇近,鲁宗之乘便而袭,乃为得之。本书卷四十八《傅弘之传》云:“桓玄将篡,新野人庾仄起兵于南阳,袭雍州刺史冯该。”是其例。即鲁宗之是时所任必为南阳太守。此“南郡”,“南阳”之讹。

将战,秀命打退军鼓,因此归顺。(卷七十四《鲁爽传》,第 1925 页倒 6 行)

按:本书卷九十九《二凶传》云:“二十二日,使萧斌率鲁秀、王罗汉等精兵万人攻新亭垒,劭登朱雀门躬自督率,将士怀劭重赏,皆为之力战。将克,而秀敛军遽止,为柳元景等所乘,故大败。”《通鉴》卷一百二十七《宋纪》元嘉三十年亦云:“劭将士怀劭重赏,皆殊死战,(中略)劭兵势垂克,鲁秀击退鼓,劭众遽止。”则鲁秀乃于本军将克敌制胜之时击退军鼓归顺,而非将战之时击退军鼓。本书卷七十七《柳元景传》亦记是时“贼步将鲁秀、王罗汉、刘简之、骑将常伯与等及其士卒,皆殊死战”,亦可为证。此云“将战”,乃与事实大相违拗。疑“将战”乃“将克”之讹。

师伯子举周旋寒人张奇为公车令。(卷七十七《颜师伯传》,第 1994 页倒 1 行)

按:下文载颜师伯于永光元年被杀时,“六子并幼,皆见杀”。则此谓师伯子举张奇为公车令者,实有可疑。寻上下文意,是时举张奇者,乃师伯本人。时师伯为尚书右仆射执掌权柄,张奇与之周旋往来,故举之。此前,师伯以平定竟陵王刘义宣功,封平都县子,又为孝武所亲任,故下文云尚书令史潘道栖等违旨而“使奇先到公车”后,吏部尚书谢庄及王昙生免官,而师伯则仅“坐以子领职”,因其有爵位而贷之。后来校书者不察,因“以子领职”句而以为“师伯子”举张奇,误。即此“子”字应删。

诞又遣二百人出东门攻刘道产营。(卷七十九《文五王传》,第 2035 页 2 行)

按:“刘道产”,三朝本、南监本、北监本、汲本同,殿本、局本作“刘道隆”。殿本考证:“按刘道产卒于元嘉十九年,今定作‘刘道隆’。”按上文有“徐州刺史刘道隆率众来会”事,下文又有刘诞“开东门掩攻刘道隆营,复为殷孝祖及员外散骑侍郎沈攸之所破”事,见是时围城者有刘道隆军,且刘道隆屯军于广陵城之东门外。此“刘道产”,乃“刘道隆”之讹,殿本、局本是也。

但司徒巴陵王劳谦为国。(卷七十九《文五王传》,第2047页倒5行)

按:“巴陵王”指刘休若,然据本书帝纪及卷七十二《文九王传》,巴陵王休若未尝有司徒之任,此云“司徒巴陵王”,非是。《通鉴》卷一百三十三《宋纪》元徽二年载此作:“杨运长、王道隆蛊惑先帝,使建安、巴陵二王无罪被戮。”则“司徒巴陵王”似指建安和巴陵二王。据本书《明帝纪》、《文九王传》,建安王休仁景和元年十二月为司徒,泰始七年五月赐死;巴陵王休若泰始七年七月赐死,死后追赠司空。疑此“司徒巴陵王”乃“司徒建安王司空巴陵王”之讹。

督雍梁南北秦四州郢州之竟陵随二郡诸军事。(卷八十四《袁觊传》,第2150页2行)

按:本书《前废帝纪》:“永光元年,五月己亥,割郢州随郡属雍州。”《明帝纪》:“(泰始五年)夏四月辛未,割雍州随郡属郢州。”本书卷三十七《州郡志三》所载同。见随郡自永光元年五月至泰始五年四月间属雍州而不属郢州。故本书卷七十四《沈攸之传》载攸之泰始二年刺雍州时,“督雍梁南北秦四州郢州之竟陵诸军事”,单云督郢州之竟陵而不及随郡也。袁颉刺雍在景和元年九月,此或衍“随二郡”三字。

超越辅国将军、北豫州刺史,颍川汝阳□□三郡太守。(卷八十六《刘劻传》,第2195页倒7行)

按:据上下文文意,此乃以超越为辅国将军、北豫州刺史并领三郡太守,是“刺史”后之逗号应易为顿号。又超越,常珍奇之子。前此常珍奇以淮西七郡降于北魏,《通鉴》卷一百三十一宋泰始二年十二月,“西河公石至上蔡,常珍奇帅文武出迎。(中略)淮西七郡民多不愿附魏,连营南奔”,胡注曰:“淮西七郡:汝南、新蔡、汝阳、汝阴、陈郡、南顿、颍川。”至是时珍奇复降于宋,行前与其子超越、羽林监垣式宝杀北魏子都公费拔等三千余人而归。故明帝复以淮西七郡命其三人为守,其以珍奇为汝南、新蔡二郡,已见上文;以垣式宝为陈、南顿二郡,又见下文;是七郡已去其四,所余三郡当为汝阳、汝阴、颍川,则所佚一郡乃汝阴也,宜据以补正。

珍奇开门纳虏,淮西七县民并连营南奔。(卷八十六《殷琰传》,第2211页倒2—1行)

按:"淮西七县",《通鉴》卷一百三十一宋泰始二年作"淮西七郡",云:"西河公石至上蔡,常珍奇帅文武出迎。(中略)淮西七郡民多不愿附魏,连营南奔。",胡注曰:"淮西七郡:汝南、新蔡、汝阳、汝阴、陈郡、南顿、颍川。"此"七县",乃"郡"之讹。

仍为永嘉王子仁冠军长史,将军、太守如故。(卷八十九《袁粲传》,第2230页1—2行)

按:上文记袁粲为西阳王子尚北中郎长史,时在孝建三年。下文记袁粲大明元年复为侍中,领射声校尉。则其为冠军长史、广陵太守在孝建三年至大明元年之间。寻本书卷八十《孝武十四王传》,子仁于孝武世未尝有南兖州刺史之任,又且子仁大明五年时年五岁,则孝建三年时尚未生。是原作"永嘉王子仁"必误。据本书《孝武帝纪》《文九王传》《孝武十四王传》,子尚于孝建三年三月为南兖州刺史,七月改任扬州刺史;建安王休仁于孝建三年七月由秘书监出为冠军将军、南兖州刺史,镇广陵,乃继子尚而任。是袁粲于子尚离任后乃转入建安王休仁幕,为休仁冠军长史并领广陵太守,即"永嘉王子仁"乃"建安王休仁"之讹,宜据以改正。

中华书局点校本《宋书》标点拾误

四月，公复率众进讨，至襄阳，休之奔羌。（卷二《武帝纪中》，第35页7行）

按：《晋书》卷十《安帝纪》载义熙十一年五月"甲午，休之、宗之出奔于姚泓"，《建康实录》卷十一载是年"五月，雍州刺史赵伦之破鲁轨于石城，休之来援，不战而走"，《通鉴》卷一百十七义熙十一年详记上事云："五月，（中略）赵伦之、沈林之破鲁轨于石城，司马休之、鲁宗之救之不及，遂与轨奔襄阳。宗之参军李应之闭门不纳。甲午，休之、宗之、轨及谯王文思、新蔡王道赐、梁州刺史马敬、南阳太守鲁范俱奔秦。"皆记休之等奔羌在是年五月，为得其实。今由上下文意，或是刘裕三月破江陵后，于四月又率众北进，而兵至襄阳乃在此后。原标点则皆成四月事，欠妥。宜易"进讨"后之逗号为句号。

壬辰，遣征南大将军檀道济北讨，右将军到彦之自滑台奔退。（卷五《文帝纪》，第79页6—7行）

按：据本书卷四十三《檀道济传》、《通鉴》卷一百二十一宋元嘉七年，檀道济北讨与到彦之败退事有先后，宜改"北讨"后之逗号为句号。

三月索虏寇兖、豫，青、冀刺史申恬破之。（卷五《文帝纪》，第94页3行）

按：据本卷上文所载，元嘉十七年秋七月，杜骥为青州刺史；二十一年冬十月，申恬为冀州刺史。即是时青州刺史为杜骥，冀州刺史为申恬。而破北魏者乃申恬。本书卷六十五《杜骥传》云:“十七年,出督青冀二州徐州之东莞东安二郡诸军事、宁远将军、青冀二州刺史,在任八年。”本书卷六十五《申恬传》云:“二十一年,(中略)以恬督冀州青州之济南乐安太原三郡诸军事、扬烈将军、冀州刺史,(中略)北虏入寇,恬摧击之。”本书卷九十五《索虏传》亦云:“二十三年,(中略)白鹿诈云:‘青州刺史杜骥使其归诚。’(中略)攻冀州刺史申恬于历城。”皆为之证。寻《通鉴》卷一二四宋元嘉二十三年,是时北魏所侵乃青、冀、兖、豫四州。是标点应改为:“三月,索虏寇兖、豫、青、冀,刺史申恬破之。”

上自虞舜,下及晋武,凡十二卷。(卷九《后废帝纪》,第180页2—3行)

按:“虞舜”,即舜帝,一人也,应于其下加人名号。

《春秋》祭公逆王后于《纪》。(卷十四《礼志一》,第336页倒2—1行)

按:《春秋》桓公八年:“冬十月,雨雪,祭公来,遂逆王后于纪。”《左传》隐公元年:“八月,纪人伐夷,夷不告,故不书。”孔颖达疏:“纪国在东莞剧县。”地在今山东省寿光市。点校本于“纪”下加书名号,宜改作地名号。

汉以高帝十月定秦旦为歳首。(卷十四《礼志一》,第345页倒1行)

按:北监本、汲本作“旦”,三朝本、南监本、殿本、局本作“且”。《晋书》卷二十一《礼志下》亦作“且”,《通典》卷七十《礼典》三十作“遂”。考《史记》卷八《高祖本纪》:“汉元年十月,沛公兵遂先诸侯至霸上。秦王子婴素车白马,系颈以组,封皇帝玺、符节,降轵道旁。”即所谓“十月定秦”者。《史记》卷九十六《张丞相列传》:“以高祖十月始至霸上,因故秦时本以十月为岁首,弗革。”亦同。盖秦立国以十月为岁首,而汉高帝刘邦以秦二世三年十月入关中灭秦,故一仍秦制,且以十月为岁首。至汉武帝太初元年虽改用夏历,以正月为岁首,而十月朔日,犹常飨会如未改历前也。作“且”是。《通典·礼典》作“遂”,与“且”意近。点校本径改作“旦”,未出校,长编以为作“且”讹。点校本非是,宜改回并改标作:“汉以高帝十月定秦,且为歳首。”

主者详具其制,并下河南处田地于东郊之南,洛水之北,平良中水者。(卷十四《礼志一》,第353页倒2行)

按:此晋武帝因是时之耕籍“止于数步中,空有慕古之名,曾无供祀训农之实”,故欲行古之千亩耕籍之制而发。点校本“并下河南处田地于东郊之南”作一句,文义欠明。考之文义,“主者”以下,乃谓使主管者详议制度,并下达于河南郡,令河南郡置耕籍之田于东郊之南,洛水之北也。由此,应于“河南”后益逗号。又点校本于“河”下加地名号。如此似“河南”为黄河之南,误。河南乃郡名,时治洛阳。帝都洛阳,因行耕籍于洛阳之郊,故下议于河南郡令其处田也。又应改于“河南”下加地名号。

台省有宗庙太府金墉故事,太学有石经古文。(卷十四《礼志一》,第360页倒3—2行)

按:点校本于“石经”、“古文”下分别加书名号。“石经”指儒家之刻石经典,“石经古文”指以古文所刻石之儒家经典,即魏正始石经也,非书名,不当加书名号。

皆阻带山河,凭城据汉。(卷十四《礼志一》,第363页倒3行)

按:点校本于“山”、“汉”下加专名号。而“河”、“城”下亦应加专名号。“山”谓华山,“河”谓黄河,《史记》卷六十五《孙子吴起列传》:“武侯浮西河而下,中流,顾而谓吴起曰:‘美哉乎山河之固!此魏国之宝也。’起对曰:‘在德不在险。’”“城”谓方城,“汉”谓汉水,《左传》僖公四年:“(屈完)对曰:‘(中略)楚国方城以为城,汉水以为池。虽众,无所用之。’”是其证。此处下文云:“吴起、屈完所以为叹也。”可为佐证。

此诏藏之宗庙,副在尚书、秘书三府。(卷十五《礼志二》,第405页1—2行)

按:三府指太尉、司徒、司空府,《后汉书》卷二十四《马援传》:“初,援在陇西上书,言宜如旧铸五铢钱。事下三府,三府奏以为未可许,事遂寝。"是其证。今标点则成终制之副本藏在尚书、秘书等三府矣,语意大变,文意亦不顺,且秘书、尚书亦不称府。是点校本标点误。"秘书"后亦应加顿号。

案五等之例,郑伯许男同号夫人。(卷十五《礼志二》,第409页3行)

按:点校本于"郑伯"、"许男"下分别加专名号,如此则似郑、许二国君同号夫人,非是。应于"郑"、"许"下分别加专名号。此谓春秋时郑国为伯爵、许国为男爵,故其国君之妻得称号为夫人耳。

尚书左丞王讷之独曰:"既殡郊祀,自是天子当阳,有君存焉,禀命而行,何所辨也。齐之兴否,岂如今日之比乎。议者又云今宜郊,故是承制所得命三公行事。又郊天极尊,唯一而已,故非天子不祀也。庶人以上,莫不烝尝,嫡子居外,庶子执事,礼文炳然。未有不亲受命而可祭天者。又武皇受禅,用二月郊,元帝中兴,以三月郊。今郊时未过,日望舆驾。无为欲速而无据,使皇舆旋,反更不得亲奉。"遂从纳之议。(卷十六《礼志三》,第425页2—7行)

按:点校本标点自"既殡郊祀"至"不得亲奉"加引号,以之皆为王讷之语,非是。按其时安帝为桓玄挟持至江陵,朝议以为宜依周礼行郊祀,而王讷之则持异议。寻上下文意,自"既殡郊祀"至"岂如今日之比乎",乃讷之语,谓不宜郊也。而"今宜郊"至"三公行事"乃其他议者针对讷之以上之言而发,谓宜郊也。故有"议者又云"语。是应于"今日之比乎"后益双引号;又应于"议者又云"后及"三公行事"后益双引号,作议者之语。自"郊天极尊"至"未有不亲受命而可祭天者"则为王讷之又针对议者所云而发,谓不可郊也。是又应于"郊天极尊"前及"而可祭天者"后益双引号。自"武皇受禅"至"更不得亲奉",更为讷之补充上言而发,故又应于"武皇受禅"前益双引号。点校本《晋书·礼志上》之标点是,可以参看。

明帝太和三年六月,又追尊高祖大长秋曰高皇,夫人吴氏曰高皇后,并在邺庙庙所祠。则文帝之高祖处士、曾祖高皇、祖太皇帝共一庙。

(卷十六《礼志三》,第443页倒3—2行)

按:点校本以"并在邺庙庙所祠"作一句,文义窒碍难解。寻上下文意,此乃谓魏明帝太和三年六月时,明帝虽新追尊高皇、高皇后,然因洛京之宗庙时尚未成,故魏宗庙仍在邺,且又奉文帝之高祖、曾祖、祖共一庙也。(《三国志·魏志·武帝纪》,汉献帝建安十八年以河北十郡封曹操为魏公,乃建魏宗庙于邺。)则此当于"并在邺庙"后加句号,而"庙所祠"后之句号改作逗号。点校本《晋书》卷十九《礼志上》之标点是也。

至景初元年六月,羣公有司始更奏定七庙之制,曰:"大魏三圣相承,以成帝业。武皇帝肇建洪基,拨乱夷险,为魏太祖。文皇帝继天革命,应期受禅,为魏高祖。上集成大命,清定华夏,兴制礼乐,宜为魏烈祖。"更于太祖庙北为二祧,其左为文帝庙,号曰高祖,昭祧,其右拟明帝号曰烈祖,穆祧。三祖之庙,万世不毁,其余四庙,亲尽迭迁,一如周后稷、文、武庙祧之礼。(卷十六《礼志三》,第444页2—6行)

按:"更于太祖庙北"至"庙祧之礼",与上文"大魏三圣相承"云云文意连续,应皆为"群公有司"奏中之言。《三国志》卷三《魏志·明帝纪》云:"(景初元年六月)有司奏:武皇帝拨乱反正,为魏太祖。(中略)帝制作兴治,为魏烈祖,乐用章斌之舞。三祖之庙,万世不毁。其余四庙,亲尽迭毁,如周后稷、文、武庙祧之制。"是其证。因有司奏中有"三祖之庙,万世不毁"诸语,故下文所载孙盛《魏氏春秋》有"魏之群司,于是乎失正矣"之说。若群公有司仅请以武帝为太祖,文帝为高祖,明帝为烈祖而无庙祧之语,则孙盛之言为虚发矣。应删"宜为魏烈祖"后之引号,于"庙祧之礼"后加引号。

今云无二社者,称景侯《祭法》不谓无二,则曰口传无其文也。(卷十七《礼志四》,第480页4—5行)

按:"景侯"指三国魏经学家王肃,卒后谥景侯。《祭法》乃《礼记》中篇名,非王肃所著甚明。如此标点,则成王肃所著之《祭法》,且又以王肃不谓无二社也,大误。寻上文乃晋车骑司马傅咸表中语,实谓王肃曲解祭法,以为国无二社也。故表于此前又有"景侯此论,据《祭法》'大夫以下，成群立社，曰置社。’景侯解曰：‘今之里社是也。’景侯解《祭法》，则以置社为人间之社矣。而别论复以太社为人间之社，未晓此旨也”之语。是上文应改标作：“今云无二社者称景侯，《祭法》不谓无二，则曰口传无其文也。”中华书局点校本《晋书》卷十九《礼志上》之标点是也。

蚕室祭蚕神曰：“苑窳妇人，寓氏公主。”（卷十七《礼志四》，第482页1行）

按：《续汉书·礼仪志上》：“祠先蚕，礼以少牢。”刘昭注：“今蚕神曰菀窳妇人、寓氏公主，凡二神。”“菀窳”即“苑窳”，“苑窳妇人”、“寓氏公主”乃二蚕神名。应加人名号，又应删“曰”下之冒号及双引号。

及秦、汉都西京，泾、渭长水，虽不在祀典，以近咸阳，故尽得比大川之祠。（卷十七《礼志四》，第482页倒3行）

按：“长水”乃水名，《水经注》卷十九《渭水》：“长水（中略）出杜县北鹿源，其水西北流，谓之荆溪。又西北左合狗枷川水。”其源出今陕西蓝田西北，流经长安入渭水。“长水”当加专名号，是此处应改标作：“泾、渭、长水，虽不在祀典。”句谓三水虽原不在祀典，然自秦汉都关中后，以近京都，故皆得同于大川之祠也。

衣皂上绛下，前三幅，后四幅，衣画而裳绣，为日、月、星辰、山、龙、华、虫、藻、火、粉、米、黼、黻之象，凡十二章也。（卷十八《礼志五》，第502页倒8—7行）

按：点校本于“华”、“虫”间加顿号，盖以成十二章之数也。寻《尚书·益稷》：“予欲观古人之象，日、月、星辰、山、龙、华虫作会，宗彝、藻、火、粉米、黼、黻絺绣，以五采彰施于五色。”孔颖达疏：“所云凡十二章：日也、月也、星也、山也、龙也、华虫也，六者画以作绘，施于衣也。宗彝也、藻也、火也、粉米也、黼也、黻也，此六者，紩以为绣，施之于裳也。”见此于“华虫”后佚“宗彝”二字。宗彝至华虫凡六章，则华虫乃其一。《周礼·考工记》郑玄注：“所谓华虫也，在衣，虫之毛鳞有文采者。”是其证。即“华”、“虫”之顿号应删。

参详并同俭，议遂寝。（卷十八《礼志五》，第512页倒2行）

按：以上为宋后废帝元徽四年议公府长史朝服制度时事。考前此有“司徒右长史王俭议公府长史应服朝服”之议论，列举晋之服制，欲为今之法则。而后又载“仪曹郎中沈俣之议”，乃驳王俭之议者，以为不宜“弃圣宋之兴法，追往晋之颓典”，后又载沈俣之所论公府长史不应朝服之理由。由此，“参详并同”者，乃沈俣之言也。《南齐书》卷二十三《王俭传》云：“晋令，公府长史着朝服，宋大明以来着朱衣。俭上言宜复旧，时议不许。”是为明证。故此当改标作：“参详并同，俭议遂寝。”

史臣按《左传》，丹桓宫之楹。何休注《公羊》，亦有朱屋以居。（卷十八《礼志五》，第519页1行）

按：“丹桓宫之楹”及“朱屋以居”，分别为《左传》与《公羊春秋》何休注中语，应分别加引号。又点校本“左传”后加逗号，“楹”后加句号，隔裂文意，此“左传”后逗号当删，“楹”后当改为逗号。改标作：“史臣按《左传》‘丹桓宫之楹’，何休注《公羊》，亦有‘朱屋以居’。”

陆绩云：天东西南北径三十五万七千里，此言周三径一也。（卷二十三《天文志一》，第675页倒4行）

按：“此言周三径一也”，当为史家之议论，非陆绩所言也甚明。应改标作：“陆绩云：‘天东西南北径三十五万七千里。’此言周三径一也。”

故国志书于吴而不书于魏也。（卷二十三《天文志一》，第688页倒六行）

按：“国志”，即陈寿《三国志》，应加书名号。“吴”、“魏”分别指三国志中之《吴志》及《魏志》，不应加地名号，而应分别加书名号。寻上文云：“吴主孙权赤乌十三年五月，日北至，荧惑逆行入南斗。七月，犯魁第二星而东。汉晋春秋云逆行。按占，荧惑入南斗，三月，吴主死。一曰：荧惑逆行，其地有死君。太元二年权薨，是其应也。”因荧惑入南斗，其应乃在南方之吴，故《三国志》乃书星变于《吴志》而不书于《魏志》也。《三国志》卷四十七《吴志·吴主权传》：“（赤乌）十三年夏五月，日至，荧惑入南斗。秋七月，犯魁第二星而东。”是为明证。

故国志又书于吴。（卷二十三《天文志一》，第690页倒6行）

按：“国志”，即陈寿《三国志》，应加书名号。又上文云：“魏高贵乡公正元元年十一月，有白气出斗侧，广数丈，长竟天。（中略）是岁，吴主孙亮五凤元年，斗牛，吴、越分。”是所谓“国志又书于吴”之内容。即“吴”者，《三国志》之《吴志》也。《三国志》卷四十八《吴志·三嗣主传》：“五凤元年……冬十一月，星茀于斗牛。”可以为证。《三国志》卷十三《魏志·王郎传附王肃传》载是岁：“白气经天，大将军司马景王问肃其故，肃答曰：‘此蚩尤之旗也，东南其有乱乎！’”因《王肃传》载此事，《吴志·三嗣主传》又载，故此乃曰“又书”耳。可为此“吴”乃指《吴志》之明证。中华书局点校本于“吴”加地名号，非是，应改标为书名号。

《星传》曰：“日阳，君道也。星阴，臣道也。日出则星亡，臣不得专也。昼而星见午上者为经天，其占为不臣，为更王。今五星悉经天，天变所未有也。”（卷二十四《天文志二》，第701页4—5行）

按：“今五星悉经天，天变所未有也”，乃史家议论，非《星传》中语也甚明。是此当改标作：“《星传》曰：‘日阳，君道也。星阴，臣道也。日出则星亡，臣不得专也。昼而星见午上者为经天，其占为不臣，为更王。’今五星悉经天，天变所未有也。”

有流星大如二斗魁，色青，赤光耀地。（卷二十四《天文志二》，第709页倒7行）

按：点校本原标点作：“有流星大如二斗魁，色青，赤光耀地。”按流星既青，则光不应为赤，此当是星之色为青赤也。应改标作：“有流星大如二斗魁，色青赤，光耀地。”

元康中，天下始相仿为□杖，以柱掖其后，稍施其錞，住则植之。（卷三十《五行志一》，第889页1行）

按：上文应改标作：“天下始相仿为□杖以柱掖，其后稍施其錞，住则植之。”

宝说曰：“夫编者，人之贱服，最处于下，而当劳辱，下民之象也。……故今败编聚于道者，象下民罢病，将相聚为乱，绝四方而壅王命之象也。在位者莫察。太安中，发壬午兵，百姓嗟怨……此近服妖也。”（卷三十《五行志一》，第889页倒9—6行）

按：自“夫编者”至末，原标点皆作干宝之语，然玩味文意，“在位者莫察”至末，当为沈约就干宝之语而发之议论。《太平御览》卷六百九十八引《搜神记》、辑本《搜神记》卷七可证。此当从点校本《晋书》卷二十七《五行志上》之标点，移“此近服妖也”后之引号于“绝四方而壅王命之象也”后。

及还家，多变怪，照镜不见其头。（卷三十一《五行志二》，第898页倒3行）

按：上文应改标作：“及还，家多变怪，照镜不见其头。”谓甘卓自外还镇后，家中多变怪，而非谓其自外还家也。《晋书》卷七十《甘卓传》可以为证。

晋武帝太康二年，自去冬旱，至此春平吴，亢阳动众自大之应也。（卷三十一《五行志二》，第906页1行）

按：据《三国志》卷四十八《吴志·三嗣主传》、《晋书》卷三《武帝纪》，晋咸宁六年三月，吴亡；四月，改元太康。是晋之平吴乃在太康元年。是上文应改标作：“晋武帝太康二年，自去冬旱至此春。平吴，亢阳动众自大之应也。”

干宝云：“高原陵火，太子废，其应也。汉武帝世，高园便殿火，董仲舒对与此占同。”（卷三十二《五行志三》，第934页5—6行）

按：“汉武帝世，高园便殿火，董仲舒对与此占同”，乃沈约所引古例以证干宝之占。本书此种笔法甚多，据本书体例，若上数句为干宝之占语，则当云“此占与董仲舒对同”。即上文应移“此占同”后之引号于“其应也”之后。

班固称“野木生朝而暴长，小人将暴居大臣之位，危亡国家，象朝将为墟也。”（卷三十二《五行志三》，第939页行1—2行）

按：上文应改标作：“危亡国家象，朝将为墟也。”南监本、北监本、汲本、殿本、局本、《晋书》卷二十八《五行志中》“家”后多一“之”字，文意立显。中华书局点校本《晋书》卷二十八《五行志中》之标点是，可以参看。

此与汉、楚国乌斗堕泗水牺类矣。（卷三十二《五行志三》，第942页7行）

按：据《搜神记》卷六，此事在汉景帝三年，是乌群斗事，乃在西汉时之楚国。即上文宜删“汉”后之顿号，并于“楚国”加专名号。

京房《易传》曰：“兴兵妄诛，兹谓亡法。厥灾霜，夏杀五谷，冬杀麦。诛不原情，兹谓不仁。其霜夏先大雷风，冬先雨，乃陨霜，有芒角。贤圣遭害，其霜附木不下地。佞人依刑，兹谓私贼。其霜在草根土隙间。不教而诛，兹谓虐。其霜反在草下。”（卷三十三《五行志四》，第959页3—6行）

按：宜改标作：“兴兵妄诛，兹谓亡法，厥灾霜，夏杀五谷，冬杀麦。诛不原情，兹谓不仁，其霜夏先大雷风，冬先雨，乃陨霜，有芒角。贤圣遭害，其霜附木不下地。佞人依刑，兹谓私贼，其霜在草根土隙间。不教而诛，兹谓虐，其霜反在草下。”乃因每句分别显示一天变霜灾，互为因果，句法亦相同，一句之中不能用二句号。点校本《晋书》卷二十九《五行志下》之标点是，可以参看。

案刘向说以为：“雷当托于云，犹君托于臣。”无云而雷，此君不恤下，下民将叛之象也。（卷三十三《五行志四》，第970页4—5行）

按：此宜改标作：“案刘向说以为‘雷当托于云，犹君托于臣’。无云而雷，此君不恤下，下民将叛之象也。”点校本《晋书》卷二十九《五行志下》标点是，可以参看。

风四转五,复蒙雾连日。(卷三十四《五行志五》,第981页倒7行)

按:此句标点宜从点校本《晋书·五行志下》,改标作:"风四转五复,蒙雾连日。"

魏齐王正始中,中山王周南为襄邑长。有鼠从穴出,语曰:"王周南,尔以某日死。"南不应。鼠还穴。后至期,更冠帻皂衣出,语曰:"周南,汝日中当死。"又不应。鼠复入,斯须更出,语如向日。适欲日中,鼠入复出,出复入,转更数语如前。日适中,鼠曰:"周南,汝不应我,复何道。"(卷三十四《五行志五》,第989页6—9行)

按:上文当改于"语如向"后断句作句号,删"向日"后之句号。又于"汝不应"后断句作逗号,删"我"后之逗号。点校本《晋书·五行志下》标点是,可以参看。

道养,枹罕人也。广改名为龙兴,号为蜀王、车骑大将军、益梁二州牧。(卷四十五《刘粹传》,第1382页4—5行)

按:改名为龙兴且号为蜀王者乃程道养,点校本标点于"枹罕人也"后作句号,颇使人误以为改名为龙兴者乃赵广。是应易"枹罕人也"后之句号为逗号。

父镇之字仲德,以毅贵,歷显位,闲居京口,未尝应召。(卷四十五《刘粹传》,第1385页5—6行)

按:点校本于"以毅贵"后作逗号,似镇之以刘毅贵而历显位也。然镇之不应征召而闲居京口,则未歷显位也。《南史》卷十七《刘粹传》云:"以毅贵显,闲居京口。"是其证。即"以毅贵"后之逗号应删,改标作"以毅贵历显位,闲居京口,未尝应召。"谓镇之因刘毅贵显,易招致灾祸,故闲居而不应征召也。

二十一年,转豫州刺史。明年,为□军将军,复为丹阳尹。在郡严酷,吏人苦之,或至委叛被録赴水而死。(卷四十六《赵伦之传》,第1390页5—6行)

按:本书《文帝纪》,赵伦之由豫州刺史改任护军将军在元嘉二十二年十二月庚戌,为月之二十六日。是其由护军将军改为丹阳尹必不能在元嘉二十二年。即“护军将军”后之逗号应易为句号。又“在郡严酷”云云,盖指赵伯符在丹阳尹任时事,是又应易“丹阳尹”后之句号为逗号。

时薛安都为散骑常侍、征虏将军,太子左率殷恒为中庶子。(卷五十七《蔡廓传》,第1576页3—4行)

按:下文续云:“兴宗先选安都为左卫将军,常侍如故;殷恒为黄门,领校。太宰嫌安都为多,欲单为左卫,兴宗曰:‘率卫相去,唯阿之间。且已失征虏,非乃超越,复夺常侍,顿为降贬。’”兴宗所谓之“率”,即太子左卫率,“卫”即左卫将军,乃谓安都由太子左卫率改任左卫将军事也。亦即太子左卫率亦安都迁职前所任者。下文又载兴宗云:“且安都作率十年,殷恒中庶百日,今又领校,不为少也。”本书卷八十八《薛安都传》谓安都“为太子左卫率十年”,皆其明证。点校本标点以太子左卫率归之殷恒,非是。应改“征虏将军”后之逗号为顿号,并于“太子左率”后益逗号。

初,兴宗为郢州府参军,彭城颜敬以式卜曰。(卷五十七《蔡廓传》,第1585页4—5行)

按:点校本标点以“兴宗为郢州府参军”作一句,非史法,盖参军乃军府佐而非州府佐。寻兴宗一生,未有于郢州任军府参军之事。此应参照点校本《南史》卷二十九《蔡廓传附蔡兴宗传》之标点,于“郢州”后断句作逗号,并删“府参军”后之逗号。标作:“初,兴宗为郢州,府参军彭城颜敬以式卜曰。”盖谓兴宗为郢州刺史时事也。

□文成、张良,却料弃人间事,从赤松子游。陶朱,范蠡,临去之际,亦语文种云云。(卷六十七《谢灵运传》,第1755页2—3行)

按:《史记》卷五十五《留侯世家》,卷四十一《越王句践世家》,张良卒后谥文成,范蠡浮海出齐,止于陶,自谓陶朱公。原标点于“文成”及

“陶朱”后分别作顿号，误。宜删此二顿号。

名竣子为辟强，以比汉侍中张良之子。（卷七十五《颜竣传》，第1960页倒3—2行）

按：《汉书》卷四十《张良传》，张良未尝任侍中，是此云“汉侍中张良”，误。“侍中”后，《南史》卷三十四《颜延之传附颜竣传》有“辟强”二字，是也，宜据以补正。张良子辟强为汉侍中事，见《汉书》卷九七上《外戚传上》。此句式与上文“名义恭子为伯禽，以比鲁公伯禽，周公旦之子也”正相应。

立宗庙，设坛埸，矫作崇宪太后玺，令群僚上伪号于子勋。（卷八十四《邓琬传》，第2134页8—9行）

按：崇宪太后即文帝后路淑媛，明帝即位后号崇宪太后。《通鉴》卷一百三十一宋泰始二年云：“邓琬称说符瑞，诈称受路太后玺书，帅将佐上尊号于晋安王子勋。”本卷《袁顗传》云：“顗诈云被太皇太后令，使其起兵。便建牙驰檄，奉表劝晋安王子勋即大位。”是邓琬等人是时乃诈称得崇宪太后玺书之令，非矫作崇宪太后之玺也，原标点非是。此当从点校本《南史》卷四十《邓琬传》之标点，改于“令”后点断，标作：“矫作崇宪太后玺令，群僚上伪号于子勋。”

景远前所摧伤，裁至数百，虏步骑四万，犹不敢前，而今必劝国家以轻兵远讨，指掌可克，言理相背，莫复过此。（卷八十六《刘勔传》，第2194页倒6—5行）

按：原标点窒碍难解。若虏有步骑四万而不敢前，则虏畏宋军已甚。如此则宋军于此时以轻兵进讨，自可抵掌而克，又何得谓之言理相背耶！考是时淮西人贾元友上书明帝，进北伐之言，故刘勔乃条陈敌强我弱之势，言敌不可伐也。“景远”，谓宋汝阴太守张景远，其拒敌破北魏西河公之事，见本卷上文泰始三年所载。而“步骑四万”者，乃宋军而非“虏”也。寻泰始二年冬，镇军将军张永、中领军沈攸之将甲士五万迎薛安都于徐州，不战而退，遂为北魏军所乘，大败南归。事见《通鉴》卷一百三十一、本书卷五十三《张茂度传附张永传》、卷七十四《沈攸之传》。此"步骑四万犹不敢前"者即指此耳。由是知上文应于"虏"后断句,即删"数百"后之逗号,于"虏"后益以句号。改标作:"景远前所摧伤,裁至数百虏。步骑四万,犹不敢前……"乃谓景远前所摧败仅数百虏,不为大胜,而张永等主力四万犹畏虏而不敢前,故贾元友所进以轻兵北伐之言不可行,实为言理相背之举也。

而以皇甫道烈、土豪柳伦,台之所遣,顺本卑微,不宜统督。(卷八十七《殷琰传》,第 2206 页 4 行)

按:上文云:"琰家累在京邑,意欲奉顺,而土人前右军参军杜叔寳、前陈南顿二郡太守皇甫道烈、道烈从弟前马头太守景度、前汝南颍川二郡太守庞天生、前睢阳令夏侯季子等,并劝琰同逆。"则皇甫道烈非台之所遣,乃土豪也。上文又云:"太宗遣冗从仆射柳伦领军助",则柳伦乃台之所遣,然却非土豪。中华书局标点本《通鉴》卷一百三十一宋泰始二年作:"而以皇甫道烈土豪,柳伦台之所遣,顺本卑微,唯不使统督二军。"胡注:"土豪既不可令,台之所遣又不可令,则置将帅果何为也?"点校本原标点误,应据《通鉴》标点改正。

中华书局点校本《南齐书》校勘记辨正

元嘉初，徙为威烈将军、济南太守。（卷一《高帝纪上》，第2页4行）

《校勘记》：殿本改“威烈”为“武烈”。按《宋书·百官志》有武烈将军，无威烈将军。参阅卷七《东昏侯纪》校勘记第八条。

按：今考本书卷七《东昏侯纪》云：“（永元三年二月乙酉）以威烈将军胡元进为广州刺史。”中华书局点校本《校勘记》第八条云：“‘威烈’殿本作‘武烈’。《考证》云：‘诸本皆作‘威烈’，按《宋书·百官志》有武烈将军，无威烈将军，齐世官名多循宋制，今定从‘武’。”即此云萧承之于元嘉初“徙为威烈将军、济南太守”者，非是。然殿本改“威烈”为“武烈”，亦未审。寻上文云萧承之义熙中，“迁扬武将军、安固汶山二郡太守”，据《宋书·百官志》，扬武将军官第四品，而武烈将军则为官第八品之杂号将军。萧承之于晋义熙中既已为四品之扬武将军，则元嘉初徙职，必不应反降为八品之武烈将军。是校以殿本之“武烈”当之，非是。据《宋书》卷七十八《萧思话传》载元嘉九年思话“遣司马、建威将军、南汉中太守萧承之五百人前进”事，疑此“威烈”乃“建威”之讹。《宋书·百官志》，建威将军官第四品，然则位高于同品之扬武将军，故元嘉时承之乃由扬武而徙建威也。

元徽二年五月，举兵于寻阳，收略官民，数日便办，众二万人，骑五百匹。（卷一《高帝纪上》，第7页6行）

《校勘记》：“便办”，南监本、殿本、局本作“得士”。毛本脱去“元徽二年"至"便办众"一行二十字。

按：今考《宋书·文五王·桂阳王休范传》载上事颇详，云："休范大怒，欲举兵袭朝廷，密与典签新蔡人许公舆谋之。表治城池，修起楼堞，多解榜板，合手装治，二三日间，便悉整办。"《通鉴》卷一百三十三云是年"夏五月壬午，桂阳王休范反，掠民船，使军队称力请受，付以板材，合手装治，数日即办"。此"便办"，即"便悉整办"、"即办"之意。南监本不明此意，臆改为"得士"，殿本等从南监，皆误。《校勘记》未能辨其是非，不无遗憾。

加太祖使持节、都督征讨诸军、平南将军，加鼓吹一部。（卷一《高帝纪上》，第8页2—3行）

《校勘记》：按毛本、局本"军"下有"事"字。

按：今考"都督征讨诸军"，非萧子显史法，本书《柳世隆传》："太祖践阼，起为使持节、都督南豫司二州诸军事、平南将军、南豫州刺史。"《王玄载传》："永明四年，为持节监兖州缘淮诸军事、平北将军、兖州刺史。"《萧赤斧传附萧颖胄传》："加颖胄右将军、都督行留诸军事。"皆其例也。此处事实，《南史·齐本纪》、《建康实录》卷十五亦皆作"都督征讨诸军事"。上文于"军"后恐佚"事"字，毛本、局本是也。《校勘记》仅以异文出校，亦有不足。

贼进至杜姥宅，车骑典签茅恬开东府纳贼。（卷一《高帝纪上》，第9页5行）

《校勘记》：《通鉴》作"抚军长史褚澄开东府纳南军"。《考异》云："《宋书》作'抚军典签茅恬开东府纳贼'，《南齐书》作'车骑典签茅恬'，盖皆为褚澄讳耳，今从《宋略》。"

按：是时宋之扬州刺史乃安成王刘准（即后之宋顺帝），依例当镇东府城。《宋书·后废帝纪》载是时萧道成出屯新亭，前锋南讨，卫将军、中军将军褚渊入卫殿省，征北将军张永屯白下，亦见东府城必刘准所屯驻之所，故《通鉴》卷一百三十三云是时："抚军长史褚澄开东府门纳南军，拥安成王准据东府，称桂阳王教曰。"乃为明证。由此，则褚澄、茅恬时皆为安成王准之府佐，亦在东府城中，故二人皆有得以开东府门以纳休范军之可能耳。《宋书·顺帝纪》云："（刘准）乃拜抚军将军，置佐吏。废帝即位，为扬州刺史。元徽二年，进号车骑将军、都督扬南豫二州诸军事，给鼓吹一部，刺史如故。"褚澄、茅恬先经安成王准抚军府，后乃转入车骑府，故《宋书》之《后废帝纪》、《文五王传》作"抚军典签茅恬"，称其旧职；本书作"车骑典签茅恬"，述其新任也。今考之《南史·王彧传附王蕴传》云："桂阳之逼，王道隆为乱兵所杀，蕴力战，重创御沟侧，或扶以免。事平，抚军长史褚澄为吴郡太守，司徒左长史萧惠明言于朝曰：'褚澄开门以纳贼，更为股肱大郡，王蕴披甲死战，弃而不收，赏罚如此，何忧不乱。'褚彦回惭，乃议用蕴为湘州刺史。"则是时开东府城纳刘休范军者，实为褚澄也明矣。然则时澄兄褚渊于宋末齐初位高望重，职居宰辅，深得萧道成之信任，故沈、萧皆为澄讳，且委过于茅恬也。即《宋略》所载，为得其实，《通鉴》从之，是也。至《南史·宋本纪下》载元徽二年五月："甲午，车骑典签茅恬开东府纳贼。"《宋宗室及诸王传下》则云："抚军长史褚澄以东府纳贼。"前后各不相顾，则又仓促成书，疏于考证矣。《校勘记》但列《通鉴》异文，所见不全。

太祖固辞上台，即骠骑大将军、开府仪同三司。（卷一《高帝纪上》，第11页2行）

《校勘记》："上台"，南监本、毛本、殿本、局本作"上命"。按宋、齐以太尉、司徒、司空为三公，称上台。时道成固辞司空，故以为言。《元龟》一百八十四亦作"上台"。

按：今考《南史·齐本纪上》、《通志·南齐纪》亦皆作"上台"。又考之《江文通集》载江淹于是时代萧道成所作之《萧领军让司空并敦劝启》有云："赐停正台之职，并免敦劝之使，余所荣忝，誓不敢辞。"则作"上台"者，是也。据《文选》卷四十载阮籍《奏记诣蒋公》云："伏惟明公以含一之德，据上台之位，群英翘首，俊贤抗足。"蒋公，指蒋济，时为太尉。是以上台称三公，由来已久，又在宋、齐前矣。南监不悟此意，臆改为"上命"，非是。诸本从之，又误。

十二月，遂举兵。……乙卯，太祖入居朝堂，命诸将西讨，平西将军黄回为都督前驱。（卷一《高帝纪上》，第11页倒4—2行）

《校勘记》：殿本《考证》云："《宋·顺帝纪》、《宋略》作'丁卯'，与此互异。"

按：《南史·宋本纪上》、《建康实录》卷十四、《通鉴》卷一百三十四亦皆作"丁卯"。又考之《宋书·顺帝纪》、《南史·宋本纪下》、《建康实录》卷十四，皆记沈攸之举兵反在昇明元年十二月丁巳。按是月庚戌朔，乙卯为月之初六日，丁巳为月之初八日。萧道成入居朝堂，命将西征在得沈攸之反讯之后，不应在沈攸之反前。由此，上文记萧道成入居朝堂在是月乙卯者，非是。丁卯为月之十八日，与得沈攸之反讯后乃入居朝堂之时间正相合，则《宋书》、《宋略》等作"丁卯"者，是也。殿本《考证》但列异文而未加辨析，疏矣。

相国位总百辟，秩逾三铉。（卷一《高帝纪上》，第18页5—6行）

《校勘记》："三铉"南监本、毛本、殿本、局本作"三事。"

按：朱季海《南齐书校议》（中华书局1984年版）云："当是南监、毛氏所据同阙此字，南监始臆补'事'字，而诸本承其讹。寻《文选》王仲宝《褚渊碑文》'爰登中铉'，李注云'《周易》曰：鼎金铉。郑玄曰：金铉，喻明道能举君之官职也。郑玄《尚书注》曰：鼎，三公象也'，是三铉犹三公，改字非是。"福林按：三公以三铉称之，乃自此始。此后《晋书·刘琨祖逖传论》云刘琨、祖逖"遇时屯而感激，因世乱以驱驰；陈力危邦，犯疾风而表劲，励其贞操，契寒松而立节，咸能自致三铉，成名一时。"《陈书·高帝纪上》载梁末策陈公云："相国秩逾三铉，任总百司，位绝朝班，礼由事革。"皆为其例。南监不明此意，诸本从之，遂至俱讹。

南康县公华容县公可为侯，萍乡县侯可为伯，减户有差，以继刘穆之、王弘、何无忌后。（卷二《高帝纪下》，第32页倒1—2行）

《校勘记》：《南史·齐纪》作"南康郡公为县公，华容县公可为侯"。按《刘祥传》云"从祖兄彪，祥曾祖穆之正胤，建元初降封南康县公"，与《南史·齐纪》降封县公相应。然《南史·刘穆之传》谓穆之曾孙彪，建元初降封南康县侯，则又与此相应。二书纪传自相违戾，未知孰是。

按：《宋书》、《南史》之《刘穆之传》、《通鉴》卷一百一十九皆记刘穆之于宋立国时追封为南康郡公。则此云"南康县公"可为侯者，必误。据历代成例，易代之际前朝功臣爵位乃降封一等。《宋书·高帝纪下》载宋武帝刘裕于永初元年禅位时诏有云："晋氏封爵，咸随运改，至于德参微管，勋济苍生，爱人怀树，犹或勿翦，虽在异代，义无泯绝。降杀之宜，一依前典。可降始兴公封始兴县公，庐陵公封柴桑县公，各千户；始安公封荔浦县侯，长沙公封醴陵县侯，康乐公可即封县侯，各五百户：以奉晋故丞相王导、太傅谢安、大将军温峤、大司马陶侃、车骑将军谢玄之祀。"可为明证。刘穆之于宋时既封南康郡公，则是时当降为南康县公，即《南史·刘穆之传》云刘彪降封为南康县侯者，亦误。疑此于"南康"后佚"郡公可为"四字。句盖谓南康郡公为南康县公，华容县公为华容县侯，萍乡县侯为萍乡县伯。盖逐次而降也。本书《刘祥传》所载，为得其实。

（辛）〔丁〕未，诏曰："设募取将，悬赏购士，盖出权宜，非曰恒制。顷世艰险，浸以成俗，……自今以后，可断众募。"（卷二《高帝纪下》，第33页倒3—1行）

《校勘记》："丁未"据南监本、毛本、殿本、局本及《南史·齐纪》改。按是月壬寅朔，五日丙午，六日丁未，十一日壬子，此在丙午下，壬子上，当作"丁未"。

按：今考建元元年五月壬寅朔，无辛未，作"辛未"者，非是。又考《通鉴》卷一百三十五云是年"五月辛亥，诏断众募"，与南监本等及《南史》又异。辛亥为月之初十日，与上有丙午，下有壬子亦相合。则"辛未"又或为"辛亥"之讹。校径改作"丁未"，恐欠审慎。

诏放遣隔城虏俘，听还其本。（卷三《武帝纪》，第57页倒2行）

《校勘记》："其本"各本作"本土"。张元济校勘记云"其本"二字不讹。按《高帝纪下》"诸负衅流徙普听还本"，各本"本"下亦有"土"字，张元济亦云"土"字衍。"

按:张校是也。本书《高帝纪下》,建元二年二月甲午,诏“江西北民避难流徙者,制遣还本”,即为此例。南监臆改“其本”为“本土”,各本从之,皆误。

八月……乙酉,以行河南王世子休留成为秦、河二州刺史。(卷三《武帝纪》,第58页6—7行)

《校勘记》:“休留成”毛本、殿本、局本作“休留代”,《梁书》、《南史》同。《河南传》作“休留茂”。《通鉴》从《魏书》作“伏连筹”。又“秦、河二州”当依《河南传》作“西秦、河二州”

按:朱季海《南齐书校议》云:“《周书·列传·异域下·吐谷浑》:‘自吐谷浑至伏连筹一十四世。伏连筹死,子夸吕立,始自号为可汗。’校勘记云:‘《梁书》卷五四《河南传》伏连筹作休运筹,误,又云:筹死,子呵罗真立。夸吕当是称号,其名是呵罗真。’季海按《广韵》留在十八尤‘刘,力求切’下,连在二仙‘连,力延切’,留、连双声。成在十四清‘成,是征切’,是禅三字,《切韵》作前舌面擦音,李荣拟作ź;筹在十八尤‘俦,直由切’下,是澄纽字,《切韵》前舌面塞音,李荣拟作d̂,声亦相近。(《切韵》音见李荣《切韵音系》)或拟禅母古音为舌面浊音d̂,则与澄纽同读。(见周祖谟《禅母古音考》)《切韵》尤,李荣拟IU,仙拟IZn,清拟IZN。当时方言,或失去N,n,即IZ、In亦或相乱,故有留、连、成、筹,之殊,要是一人,译音小异耳。休、伏字形相近,必有一误。《通鉴》从《魏书》,近得其真,休其伏之讹乎?代、茂并成之形误,当依百衲本《纪》文正之。”福林按:今考之《梁书·武帝纪中》所载天监元年四月,“镇西将军河南王吐谷浑休留代进号征西将军”,天监三年“九月壬子,以河南王世子伏连筹为镇西将军、西秦河二州刺史、河南王”。《梁书·诸夷传》:“易侯死,子休留代立。齐永明中,以代为持节、都督西秦河沙三州、镇西将军、护羌校尉、西秦河二州刺史。梁兴,进代为征西将军。代死,子伏连筹袭爵位。”又以伏连筹为休留成之子。校者未细考,非是。又考于时吐谷浑亲魏而疏梁,《梁书》恐是据传闻而书,《通鉴》从《魏书》,以为乃一人,近得其真。李延寿于《南史》从《梁书》,又于《北史》从《魏书》,全无考实之勤，疏漏尤甚。

又，《梁书·诸夷传》、《南史·夷貊传下》亦皆云休留成时为“西秦河二州刺史”，本书《高帝纪下》、《河南传》又云休留成之父度易侯先为“西秦河二州刺史”，则此必于“秦”前佚一“西”字，校言是也。

又，度易侯（一作易度侯）为休留成之父，则度易侯又为吐谷浑拾寅之子，本书《河南传》云：“寅卒，三年，以河南王世子吐谷浑易度侯为使持节、都督西秦河沙三州诸军事、镇西将军、领护羌校尉、西秦河二州刺史、河南王。”本书《高帝纪下》云建元三年：“冬十月戊子，以河南王世子吐谷浑度易侯为西秦河二州刺史、河南王。”《武帝纪》云永明三年：“六月庚戌，进河南王度易侯为车骑将军。”《南史·齐本纪上》、《通鉴》卷一百三十五亦皆云建元三年十月，度易侯为西秦河二州刺史、河南王。由此，则度易侯未卒时，所封乃河南王，非行河南王，其世子乃休留成。即此云“行河南王世子休留成”者，非是。《南史·齐本纪上》载永明八年，“八月乙酉，以河南王世子休留代为西秦河二州刺史，封河南王”，是也。此于“河南王”前又衍一“行”字。

乙未，骠骑大将军鸾假黄钺，内外纂严。（卷五《海陵王纪》，第79页3行）

《校勘记》：按长历，是年九月壬申朔，叙乙未事不当在丁亥前，《通鉴》作“乙亥”亦非，乙亥不当在癸亥后也。癸未，丁酉间有乙酉，疑“乙未”当作“乙酉”。

按：“乙未”前出癸未，为月之十二日；后出丁亥，为月之十六日；而乙未为月之二十四日，故非是。乙亥则为月之初四日，故《通鉴》亦误，校言是也。又考下文续云：“又诛湘州刺史南平王锐、郢州刺史晋熙王銶、南豫州刺史宜都王铿。”要当是与萧鸾“假黄钺、内外纂严”同日事也。《南史·齐本纪下》载延兴元年九月事云：“乙酉，又诛湘州刺史南平王锐、郢州刺史晋熙王銶、南豫州刺史宜都王铿。”正记在乙酉日。是月乙酉为月之十四日，与此前出癸未，后出丁亥正相合，则校疑乙未当作乙酉，是也。《建康实录》卷十五作“己未”，恐亦承此而讹，然又讹“乙”为“己”，盖是月又无已未也。

冬十月(丁)〔癸〕卯，诏曰："轨世去奢，事殷哲后，……可罢东田，毁兴光楼。"(卷六《明帝纪》，第88页5—7行)

《校勘记》："丁卯"，《南史・齐纪》作"癸卯"。按长历，是年十月丙申朔，有癸卯，无丁卯，今据改。又按是年十一月丙寅朔，有丁卯，故《通鉴》系此事于十一月，云"十一月丁卯，诏罢世宗东田，毁兴光楼"。

按：今考齐明帝罢东田，毁兴光楼虽非十月丁卯事，然却可能为十一月丁卯事。校弃《通鉴》所载之"十一月丁卯"，而据《南史》迳改"丁卯"为"癸卯"，恐欠审慎。

二年十一月甲寅，长史萧颖胄杀辅国将军、巴西梓潼二郡太守刘山阳，奉梁王举义。(卷八《和帝纪》，第111页倒5行)

《校勘记》：周星诒校勘记云："疑'梁'字讹。"按萧颖胄为荆州行事，当云奉南康王举义，《御览》一百二十九引作"奉王举义"，《南史・齐纪》同，王谓南康王，疑此"梁"字衍。

按：朱季海议云："二校并失之。寻《东昏侯纪》：'永元二年……十二月，雍州刺史梁王起义兵于襄阳。'校记云：按《通鉴》系此事于十一月乙巳。《考异》云；'《齐帝纪》十二月，梁王起义兵于襄阳，误也。'《考异》及校是也。梁王起兵，建康不知，闻信而书，已后一月，又不能日，其为得诸传闻不审之言可知。子显即承当时《起居注》书之，故有此误。《通鉴》从《梁书・高祖纪》(亦见《考异》)，故月日并确。乙巳先甲寅九日，是梁王起兵于前，颖胄响应于后，当时推为戎首，故云奉梁王举义耳。《萧颖胄传》具言：雍州刺史梁王将起义兵，虑颖胄不识机变，劝同义举之故。《通鉴》书之，尤极委曲，是颖胄此举，实出衍谋，《和纪》所书，故是实录。奉王举义，与拥立为帝，故是两事。《和纪》此下书：'戊午，梁王上表劝进，十二月乙亥，群僚劝进，并不许。'上表劝进，犹自梁王发之，知颖胄甲寅举义，初无拥立南康之事。《和纪》明书：'丙辰，以雍州刺史梁王为使持节、都督前锋诸军事、左将军。丁巳，以萧颖胄为右将军、都督行留诸军事。'位则衍左而颖胄右，任则衍督前锋，而颖胄督行留，以是言之，《纪》书颖胄奉梁王举义，有何不可？李延寿未能细审当时情事，误载南康长史，不得远奉梁王，辄删'梁'字，所失已多。《御览》

并改本书，则其愆弥甚矣。”福林按：《梁书·武帝纪上》记萧颖胄斩刘山阳后，“送首高祖，仍以南康王尊号之议来告”，《梁书·萧颖胄传》亦云颖胄斩刘山阳后，“传首高祖，且以奉南康王之议来告，梁王许焉”，岂能谓“颖胄甲寅举义，初无拥立南康之事”？且各史载萧颖胄于斩刘山阳后，并无推奉萧衍为首之举。考萧衍虽举义兵在前，而所任之雍州刺史，乃属荆州统府所领，安得便“推为戎首”？即朱议亦属臆断之辞。然《御览》辄删“梁”字，亦未审。盖子显此书成于梁，故云“奉梁王举义”，不得已之言也。而姚思廉、李延寿乃唐人，故据实而书，不云奉梁王也。《御览》不察子显苦衷，乃迳删“梁”字，非是。

曹郎中裴昭明、仪曹郎中孔逷议。（卷九《礼志上》，第118页7行）

《校勘记》：“曹郎中”三字疑有讹，或“曹”上夺一字。《元龟》五百七十七“八座丞郎通关博士议”下叠一“议”字，然有仪曹郎中而无议曹郎中；且下云仪曹郎中孔逷，如裴昭明亦为仪曹郎中，则当云“仪曹郎中裴昭明、孔逷”，不当在孔逷姓名上更著职位也。据《良政·裴昭明传》，但言泰始中为太学博士，历祠部通直郎，不及历官郎中事。

按：本书《良政·裴昭明传》、《南史·裴松之传》皆记昭明，“元徽中，出为长沙郡丞，……历祠部通直郎”，据《通典·职官典》，通直郎乃通直散骑侍郎之省称，而祠部则无通直郎。即《传》云昭明“历祠部通直郎”者，非是，盖“祠部”与“通直郎”之间乃有佚文，然则裴昭明是时当为尚书省某部之郎中也。《宋书·百官志下》，通直散骑侍郎官第五品，位高于第六品之尚书郎，低于第三品之尚书。（宋、齐官位品秩相袭，见《隋书·百官志》）又据《宋书·百官志上》云：“然则一尚书则领六郎也。主作文书，起立事草。初为郎中，满岁则为侍郎。”见《传》云昭明“历祠部通直郎”者，乃谓其先由长沙郡丞而迁尚书祠部郎中，而后又迁为通直散骑侍郎也。又据《宋书·百官志上》，祠部尚书领祠部曹、仪曹二曹郎。如校所云，昭明时不当为仪曹郎，则其是时所任，应是祠部曹郎中也。即此于“曹郎中”前，恐佚“祠部”二字。祠部主礼制，故齐初立国而定郊祀之礼，乃由祠部之二曹郎议之耳，与情理亦正相合。

(国相)〔相国〕。萧曹以来，为人臣极位，宋孝建用南谯王义宣。(卷十六《百官志》，第 312 页 1—2 行)

《校勘记》：据局本改。按钱大昕《廿二史考异》云“国相”当作“相国”。

按：今考《宋书》之《孝武帝纪》、《武二王·南谯王义宣传》，元嘉三十年四月庚午，以南谯王义宣为中书监、都督扬豫二州、丞相、录尚书六条事、扬州刺史；是年闰六月，改为荆湘二州刺史，丞相如故；孝建元年二月，义宣于荆州举兵反，同年六月被杀于荆州之江陵。则刘义宣于宋时迄未尝有相国之任。《宋书·孝武帝纪》载孝建元年，“丞相荆州刺史南郡王义宣”举兵反，亦为义宣未曾任相国之明证。考汉高祖之初，以萧何为丞相，汉高十一年，更名相国，盖崇其位望也。然则丞相、相国其实乃一职耳，故《汉书·百官公卿表》、《晋书·职官志》皆以丞相、相国合而言之。《晋志》云：“丞相、相国，并秦官也。晋受魏禅，并不置，自惠帝之后，省置无恒。为之者，赵王伦、梁王肜、成都王颖、南阳王保、王敦、王导之徒，皆非复寻常人臣之职。”故余颇疑“国相”二字乃“相国丞相”之讹，盖于“国”前佚“相”字，又于“国”后佚“丞”字也。其讹之缘由，盖因《宋书·百官志》以相国、丞相分而叙之，而《齐志》求简，乃合而言之也。(宋、齐两朝官位品秩相袭，见《隋书·百官志》)钱氏《考异》未察此，至以为“国相”当作“相国”，非是。

诸曹有录事，〔功曹〕，记室，户曹，仓曹，中、直兵，外兵，骑兵，长流贼曹，城局，法曹，田曹，水曹，铠曹，集曹，右户，十八曹。(卷十六《百官志》，第 313 页倒 2—1 行)

《校勘记》：“功曹”据《通典》补。又按《通典》云：“宋武帝为相，合中兵、直兵为一参事(福林按“参事”当为“参军”之笔误)，曹则犹二曹也。”钱大昕《廿二史考异》云：“今数之，止十六曹。”今补功曹，尚缺一曹。

按：今考《宋书》卷三十九《百官志上》，长流贼曹后有刑狱贼曹，疑此外所缺之一曹，即刑狱贼曹。《宋书·谢晦传》：“高祖尝讯囚，其旦刑狱参军有疾，札晦代之。”南齐虞炎《鲍照集序》：“大明五年，除前军行参军。侍临海王镇荆州，掌知内命，寻迁刑狱参军事。”刑狱参军，即刑狱贼曹参军也。

建(昌)〔武〕元年三月乙酉,未时风起,浪津暴急,从北方上来,应本传瞀乱。(卷十九《五行志》,第378页倒4—3行)

《校勘记》:据殿本改。按齐无"建昌"年号。

按:据本书《郁林王纪》、《海陵王纪》、《明帝纪》,郁林王萧昭业于永明十一年八月即位,次年正月改元隆昌;隆昌元年七月,郁林王为萧鸾所废,海陵王萧昭文即位,改元延兴;延兴元年十月,海陵王又被废,明帝萧鸾即位,改元建武。史家惯例,此年郁林王被废前自应称隆昌,海陵王被废前乃应称延兴,即此年三月不当称作建武元年,而应称隆昌元年也。此原作"建昌元年"固非是,然校据殿本遂改"建昌"为"建武"亦未审。此"建昌",盖是"隆昌"之讹也。

又,是年三月丙午朔,无乙酉,初四日己酉,此"乙酉",恐是"己酉"之讹。

嶷常虑盛满,又因(言)〔宫〕宴,求解扬州授竟陵王子良。(卷二十二《豫章文献王传》,第413页6行)

《校勘记》:"宫"据南监本、殿本改。《元龟》二百九十四作"宴言"。

按:《南史》卷四十二《齐高帝诸子传上》亦作"言宴"。寻"言宴",即《诗·卫风·氓》"言笑宴宴"之简,谓言笑欢乐耳。《三国志》卷四十五《蜀志·杨戏传》:"濬至太常,封侯。"裴注:"张因言宴之间,语功曹欲乞继,功曹即许之,遂养为子。"是其例,沈约诗《送友人别》:"浮云一南北,何由展言宴。"亦其意也。南监等不悟此义,迳改"言"为"宫",义乃大变,以宫中盛宴而求解职,大煞风景,实非宜也。"宫宴",当非子显原文。

乃以敬儿为持节、督雍梁二州郢司二郡军事、雍州刺史,将军如故。(卷二十五《张敬儿传》,第465页6—5行)

《校勘记》:钱大昕《廿二史考异》云:"按雍州刺史常兼督郢州之竟陵、司州之随郡,非尽督司郢二州也。《柳世隆传》称'持节督雍梁二州郢州之竟陵司州之随郡诸军事、征虏将军、宁蛮校尉、雍州刺史，新除镇军将军张敬儿’，盖得其实。此传但云郢司二郡，殊未核也。敬儿初镇雍州，官征虏将军，本传亦未之及。”

按：今考宋世以来，雍州刺史兼督郢州之竟陵、司州之随郡，已成惯例，此云督“郢司二郡军事”，即为督此二郡耳，初非云“尽督二州”。子显为文求简，故往往有此等简省之处，并非未核也。又此云“将军如故”者，乃谓其出刺雍州时原任之辅国将军如故也，初非未及其军号，《宋书·顺帝纪》，昇明元年十二月己巳，“征虏将军、雍州刺史张敬儿进号镇军将军”，合此观之，敬儿初镇雍州时军号应是辅国将军，至镇后乃进号征虏，而非初镇雍州即为征虏也。《宋书》及本书《百官志》，征虏将军位在辅国之上，故敬儿至镇后有此号。本书卷五十一《崔慧景传》，慧景原为辅国将军、梁南秦二州刺史，“世祖即位，进号冠军将军……郁林即位，进号征虏将军”，是其例。钱氏《考异》非是。

祖宰，伪北地太守。（卷二十七《王玄载传》，第 509 页 1 行）

《校勘记》：“宰”《宋书·王玄谟传》作“牢”，为上谷太守。

按：今考《宋书》、《南史》之玄谟本传皆云玄谟，“祖牢，仕慕容氏为上谷太守”。寻玄谟虽与玄载为从兄弟，然玄谟祖未必即为玄载祖。《宋书》、《南史》之玄谟本传皆云：“玄谟幼而不群，世父蕤有知人鉴。”蕤，玄载父，见下文。不云“叔蕤”，而云“世父蕤”者，明玄谟与玄载不同祖也。即玄谟祖牢，而玄载祖宰，牢仕魏为上谷太守而宰则仕魏为北地太守。《校勘记》乃以玄谟祖“牢”出校以见异，非是。

初州辟主簿，与刺史刘怀珍于尧庙祠神，庙有苏侯像。（卷二十八《崔祖思传》，第 517 页 2 行）

《校勘记》：殿本《考证》云：“‘刺史刘怀珍’《南史》作‘刺史垣护之’。”

按：崔祖思，清河东武城人，清河东武城时属冀州，则祖思初时所辟，当即为冀州之主簿，其所随祠神之刺史，必为冀州刺史无疑。寻《宋书》各帝纪及本书、《南史》之《刘怀珍传》，刘怀珍一生迄未尝有冀州刺史之任，则此“与刺史刘怀珍祠神”者，必误。又考《宋书》之《孝武帝纪》、《垣护之传》，垣护之元嘉三十年六月为冀州刺史，孝建元年春还京都，孝建二年十月，复为青冀二州刺史，任至大明二年七月，改为右卫将军。故祖思所随于尧庙祠神之刺史，乃是垣护之，即《南史》是也。下文“怀珍”又二出，要皆“护之”之讹。

西道便是无贼，卿可率马步下淮阴就李领军。（卷二十九《周盘龙传》，第544页8—9行）

《校勘记》：“淮阴”《南史》作“淮阳”。

按：寻上文所载乃齐高帝建元三年事，是时北魏侵齐，攻淮阳、角城，已见上文。据《通鉴》卷一百三十五：“建元三年春正月……魏人寇淮阳，围军主成买于甬城。”胡注：“‘甬城’，当作‘角城’。《水经注》：角城在下邳睢陵县，南临淮水，其地据济水入淮之口。……角城去淮阳十八里。”又考本书《李安民传》云：“（建元二年）虏攻朐山、连口、角城，安民顿泗口，分军应赴。三年，引水步军入清，于淮阳与虏战，破之。”时李安民军屯于泗口，其救援角城、淮阳军皆由此出。泗口，泗水入淮之口，地在淮阴。淮阴在淮水之南，与淮阳隔水相望，为时兵家必争之地，故安民屯兵于此以分军应援也。而淮阳、角城则在淮河之北，是时为魏所攻围，非齐大军屯驻应援之地。由是观之，《南史》作“淮阳”者，乃涉上文虏冠淮阳而误也。

僧静于都载锦出，为欧阳戍所得，系兖州狱。（卷三十《戴僧静传》，第555页6行）

《校勘记》：“兖州”《南史》作“南兖州”。

按：《宋书·州郡志一》：“兖州刺史……宋末失淮北，侨立兖州，寄治淮阴。”据《通鉴》卷一百三十一，时在泰始二年。寻萧道成于宋末曾先后两次镇淮阴，《通鉴》卷一百三十二载泰始三年八月，“使行徐州刺史萧道成将千人镇淮阴”，《宋书·明帝纪》载泰始四年七月，“庚申，以骁骑将军齐王为南兖州刺史”，是萧道成自泰始三年八月至四年七月镇淮阴，此后即移镇南兖州之广陵。《通鉴》卷一百三十二载泰始六年“秋九月,命道成迁镇淮阴,以侍中刘勔为都督南徐兖等五州诸军事";泰始七年七月,"以淮阴为北兖州,征萧道成入朝"。即道成于泰始六年九月至七年七月间又有镇淮阴事。寻上文云僧静"事沈文秀,俱没虏。后将家属叛还淮阴,太祖抚畜之",据《南史·宋本纪下》、《通鉴》卷一百三十二,青州刺史沈文秀为北魏所俘在泰始五年正月,则僧静没虏后逃还淮阴就萧道成及其于京都载锦出事必在泰始六七年间,即在萧道成为兖州刺史时也。观下文云僧静得道成之助自狱中逃出,匿于道成斋内,后则"随还京师",是僧静入狱时道成仍在兖州淮阴之明证。上文既云僧静"将家属叛还淮阴,太祖抚畜之",则是时僧静家必在淮阴可知。由此,僧静之由京都载锦私出,当以至兖州之淮阴为近是,自京都至淮阴,道无由经南兖州,由此,僧静之所系,当是兖州狱也。因兖州为萧道成之属地,故道成乃得"遣薛渊饷僧静酒食",以使其得脱狱而还也。即《南史》作"南兖州"者,非是。

出为持节、都督广交二州军事、建威将军、平越将军、平越中郎〔将〕、广州刺史。(卷三十二《王琨传》,第578页1行)

《校勘记》:"平越将军"按《宋书·百官志》有四平将军,无平越将军。广州刺史往往带平南将军军号,"平越"疑"平南"之讹。"平越中郎〔将〕"张森楷校勘记云:"有平越中郎将,无平越中郎。"按《通典·职官典》:"平越中郎将,晋武帝置,理广州,主护南越。"此脱一"将"字,今补。

按:今考《宋书·百官志》,建威将军,官第四品;而四平(平东、平南、平西、平北)将军则官第三品。王琨若以平南将军出刺广州,则建威不应反述于平南之前。是校云"'平越'疑'平南'之讹"者,颇有可疑。观宋时出刺广州可考者如下:张裕于晋末宋初"出为使持节、督广交二州诸军事、建威将军、平越中郎将、广州刺史",见《宋书·张茂度传》;刘湛于元嘉元年"出督广交二州诸军事、建威将军、平越中郎将、广州刺史",见《宋书·刘湛传》;陆徽于元嘉十五年"仍除使持节、交广二州诸军事、绥远将军、平越中郎将、广州刺史",见《宋书·良吏·陆徽传》;刘道锡于元嘉二十一年"迁扬烈将军、广州刺史",见《宋书·刘道产传附刘道锡传》;随王刘诞于元嘉末"迁都督广交二州诸军事、安南将军、广州刺史”，见《宋书·文五王·竟陵王诞传》；庐江王禕于元嘉二十九年“迁使持节、都督广交二州荆州之始兴临贺始安三郡诸军事、车骑将军、平越中郎将、广州刺史”，见《宋书·文五王传》；临海王子顼于大明五年“迁使持节、都督广交二州湘州之始兴始安临贺三郡诸军事、征虏将军、平越中郎将、广州刺史”，见《宋书·孝武十四王传》；羊希于泰始三年“出为宁朔将军、广州刺史”，见《宋书·羊玄保传附羊希传》；陈显达于元徽中“寻为使持节、督广交越三州湘州之广兴诸军事、辅国将军、平越中郎将、广州刺史”，见本书《陈显达传》。以上皆以一将军出刺广州而大多则不以“南”为号，即校云“广州刺史往往带平南将军军号”者，其实无据。寻王琨于时既非皇室宗亲，又非显要，其出刺广州自不应违众例而有二将军之号，即既有建威，又为平南也。由此可见，校所云“‘平越’疑‘平南’之讹”者，其误必矣。余颇疑“平越将军”，乃涉下文之“平越中郎将”而衍，盖是时王琨乃以建威将军、平越中郎将而出刺广州也。

〔除〕北中郎法曹行参军，转署外兵尚书外兵部，司空主簿，并不就。(卷三十二《王延之传》，第584倒1行—585页1行)

《校勘记》：按转署外兵谓转为北中郎将府外兵曹参军也。“尚书外兵部”不可解，疑是衍文。

按：寻《宋书·百官志》，尚书省有外兵曹郎，省作尚书外兵郎，为五兵尚书所领，魏世即置，尚书诸曹郎后世虽历经增减而外兵郎则置而不变。颇疑“尚书外兵部”乃“尚书外兵郎”之讹，“部”，“郎”形近而误。如是，“转署外兵”后应句绝作逗号。上文乃谓延之由北中郎法曹行参军而转为北中郎外兵参军，又转任尚书外兵曹郎，再转司空主簿耳。校不见此，迳疑“尚书外兵部”为衍文，非是。

世祖幸琅邪城，伦之与光禄大夫全景文等二十一人坐不参承，为有司所奏。诏伦之亲为陪侍之职，而同外惰慢，免官。(卷三十二《王延之传》，第586页6—7行)

《校勘记》：“外”南监本、殿本、局本作“众”。

按：寻王伦之时为侍中，故诏乃云其“亲为陪侍之职”，盖内侍近臣也。“外”,则指外臣,即光禄大夫全景文等。“同外惰慢”,盖谓伦之以内臣而同外臣之惰慢,明伦之之非礼,诸本改“外”为“众”,则成泛语矣。

常云何平叔所不解《易》中七事,诸卦中所有时义,是其一也。(卷三十三《张绪传》,第601页7—8行)

《校勘记》:“常云何平叔不解易中七事”,《南史》同。钱大昕《廿二史考异》云:“《三国志》注引《管辂别传》,云何尚书自言不解《易》九事,《南史·伏曼容传》亦云何晏疑《易》中九事,此云七事,未知孰是。”

按:寻《世说新语·规箴》“何晏、邓飏令管略作卦”,刘孝标注引《管辂别传》亦云何晏“自言不解《易》中九事”,此云“七事”者,恐误。

除安成王抚军参军,出为都水使者,南康相。〔休〕善言治体,而在郡无异绩。(卷三十四《刘休传》,第612页倒4行)

《校勘记》:“〔休〕”据南监本、殿本、局本补。

按:无“休”字,乃子显笔法,盖原文如此,求简之故也。如本书《江谧传》:“太祖领南兖州,谧为镇军长史、广陵太守,入为游击将军。性流俗,善趋势利。”云“性流俗”而不云“谧性流俗”之例是也。南监本臆增“休”字,殿本、局本从之,非是。

建元初,迁司徒右长史,出为永嘉太守,为黄门郎,解职。(卷三十七《到撝传》,第648页6—7行)

《校勘记》:“建元初”下《南史》有“国除”二字,盖宋齐递嬗之际,凡所受宋世封爵,例当废除也。“右长史”《南史》作“左长史”。

按:《南史·到彦之传附到撝传》云:“建元初,国除。武帝即位,累迁司徒左长史。宋时,武帝与撝同从宋明帝射雉郊野,渴倦,撝得早青瓜,与上对剖食之。上又数游撝家,怀其旧德,至是一岁三迁。”则本卷云到撝“迁司徒右长史”者,乃建元初事,而《南史》云“累迁司徒左长史”者,乃齐武帝即位,于建元四年时一岁三迁后之事也,二者不得相混。又考本卷此后续云:“世祖即位,迁太子中庶子,不拜。又除长沙王中军长史,司徒左长史。宋世,上数游会撝家,同从明帝射雉郊野,渴倦,撝得早青瓜，与上对剖食之。上怀其旧德，意眄良厚。至是一岁三迁。”是到撝于建元初任司徒右长史后，又尝先后为永嘉太守及黄门郎，其后解职家居，至建元四年武帝即位始得重新起用，并历经太子中庶子，长沙王中军参军后方始迁为司徒左长史，即史传所谓之“一岁三迁”也。《校》误会二史文意，迳以《南史》之“左长史”出校，非是。

坦美须髯，与世祖豫章王有旧。坦仍随府转司空太尉〔参军〕。（卷三十七《到㧑传》，第 649 页 4 行）

《校勘记》：“参军”二字原阙，据各本补。

按：上文云：“历豫章王镇西骠骑二府谘议”，则此后随豫章王嶷府而转，仍应为嶷之司空谘议参军也。寻《宋书·百官志》，谘议参军乃军府之上佐，“参军不置曹者，无定员”。故谘议参军不容混同于参军，凡任某军府谘议参军者，或省作“某某谘议”，而不省作“某某参军”。各本因“随府转司空太尉”不成文句，遂臆补“参军”二字。点校本沿各本之误，非是。颇疑此所阙者，乃“谘议”二字也。

封闻喜县公，邑千五百户。（卷四十《武十七王·竟陵王子良传》，第 693 页倒 4 行）

《校勘记》：“千五百户”当依《文选》任昉《齐竟陵文宣王行状》作“千户”，“五百”二字衍。按下云“世祖即位，封竟陵王，邑二千户”，任昉《齐竟陵王行状》云“武皇帝嗣位，进封竟陵郡王，食邑加千户”。前封县公，食邑千户，进封郡王，加食千户，正合二千户之数。

按：颇疑今本《文选》所载任昉《齐竟陵文宣王行状》之“食邑加千户”不确。寻本书卷五十《文二王传》：“巴陵王昭秀字怀尚，太子第三子也。永明中，封曲江公，千五百户。……郁林即位，封临海郡王，二千户。”按子良封闻喜县公在齐高帝萧道成即帝位后，于时萧赜为太子，子良为萧赜第二子。巴陵王昭秀封曲江县公在齐武帝萧赜永明中，时萧长懋为太子，昭秀为长懋第三子。则子良、昭秀于封县公时地位相当。昭秀先封千五百户，其后进封郡王，邑二千户，则子良初封闻喜县公时，邑应为千五百之数。本卷下文《庐陵王子卿传》云：“建元元年，封临汝县公，千五百户。”亦可为之证。即校迳据任昉《行状》而以为“五百”二字为衍文者，有欠审慎。本书卷二十二《豫章文献王嶷传》云：“（永明）十年，上封嶷诸子，旧例千户，嶷欲五子俱封，启减人五百户。”《南史》卷四十二萧嶷本传云：“十年，上封嶷诸子。旧例王子封千户，嶷欲五子俱封，启减，人五百户。”则例封千户者乃王子，而子良、昭秀则为皇孙，地位又当超越王子，所封当为千五百户也。

招致名僧，讲语佛法。（卷四十《武十七王·竟陵王子良传》，第698页2行）

《校勘记》：“语”南监本、局本作“论”。

按：《南史》本传、《通鉴》卷一百三十六亦皆作“讲论佛法”。按“讲论”，亦当时语，《册府元龟》卷二百九十三正作“讲论佛法”，《南史》改为“讲论”，失子显本貌。

俄迁使持节、都督南豫〔豫〕司三州军事、骠骑将军、南豫州刺史、侍中如故。（卷四十《武十七王·庐陵王子卿传》，第704页2—3行）

《校勘记》：按南豫州刺史例兼督南豫豫司三州军事，明此脱一“豫”字，今补。

按：是时之南豫州刺史未必皆都督南豫豫司三州军事，如本书同卷《晋安王子懋传》载子懋，“永明三年，为持节、都督南豫豫司三州、南中郎将、南豫州刺史。鱼服侯子响为豫州，子懋解督”；本卷《建安王子真传》载子真，“永明四年，为辅国将军、南琅邪彭城二郡太守。迁持节、督南豫司二州军事、冠军将军、南豫州刺史，领宣城太守”；《巴陵王子伦传》载子伦，“永明七年，为持节、都督南豫司二州军事、南中郎将、南豫州刺史”是也，此例皆夥，要不列举，即校云“南豫州刺史例兼督南豫豫司三州军事”者，非是，迳补“豫”字，乃欠审慎。寻下文续云：“子卿之镇，道中戏部伍为水军，上闻之，大怒，杀其典签。遣宜都王铿代之。”据本书卷三十五《高帝十二王·宜都王铿传》云：“永明十一年，为持节、都督南豫司二州军事、冠军将军、南豫州刺史、镇姑熟。”宜都王铿既代庐陵王子卿，则其所都督之诸州亦应不变，明是时子卿所督者当为南豫司二州无疑，亦即上文之“三州”或为“二州”之讹也。

高宗除诸蕃王，遣中护军王玄邈、征九江，王广之袭杀子敬。（卷四十《武十七王·安陆王子敬传》，第707页倒2—1行）

《校勘记》云：“征九江”，南监本作“江州刺史”，亦通。

按：本书《海陵王纪》载延兴元年九月，“遣平西将军王广之诛南兖州刺史安陆王子敬。于是江州刺史晋安王子懋起兵，遣中护军王玄邈讨之”，即此之遣中护军王玄邈征九江，王广之袭杀子敬事也。然则“征九江”三字要非小字注，或后世混淆而致成此耳。且“王玄邈”后以顿号隔，又非是，当删去。

又，考本书《王玄载传附王玄邈传》云：“高宗使玄邈往江州杀晋安王子懋，玄邈苦辞不行。及遣王广之往广陵取安陆王子敬，玄邈不得已奉旨。”则是时王玄邈、王广之乃分道而讨二王，而并非二将同征广陵也。如据南监本作“江州刺史”，则成“遣中护军王玄邈、江州刺史王广之袭杀子敬”矣，乃与事实颇不相合。又且据本书《王广之传》云：“延兴元年，以广之为持节、督豫州郢州之西阳司州之汝南二郡诸军事、平西将军、豫州刺史。……高宗诛害诸王，遣广之征安陆王子敬于江阳，给鼓吹一部。事平，仍改授使持节、散骑常侍、都督江州诸军事、镇南将军、江州刺史。”则广之为江州刺史乃在子敬被杀之后，其讨子敬时所任乃豫州刺史也。本书《海陵王纪》载延兴元年，“八月，左卫将军王广之为豫州刺史”，“九月，遣平西将军王广之诛南兖州刺史安陆王子敬”；《明帝纪》载建武元年冬十月，“平北将军（福林按：“平北”，当为“平西”之误，说见本书《卷六校议》）王广之为江州刺史”，乃为明证。由是知王广之袭江陵时尚不得以江州刺史称之，亦即南监本作“江州刺史”者，必误，《校勘记》非是。

使军主裴叔业与瑶之先袭寻阳，声云为郢州行司马。（卷四十《武十七王·晋安王子懋传》，第709页1—2行）

《校勘记》：“行”原讹“衍”。今据殿本改正。按南监本、局本作“郢府行司马”。《通鉴》齐明帝建武元年作“郢府司马”。

按:《南史·齐武帝诸子传》同《通鉴》,亦作“郢府司马”。寻司马乃军府佐,而非州之属吏,“郢府司马”,乃谓郢州军府之司马,而“郢州司马”者,则成郢州州府之司马矣,百衲本作“郢州衍司马”者,固误,然点校本据殿本改为“郢州行司马”,亦非是。而“郢府行司马”与“郢府司马”二者,则未知孰是。

宋弁于瑶池堂谓融曰:“昔观相如《封禅》,以知汉武之德;今览王生《诗序》,用见齐王之盛。”(卷四十七《王融传》,第821页倒1行—822页1行)

《校勘记》:“齐王”《南史》、《元龟》八百三十四作“齐主”。

按:是时宋齐与魏之使者往来,互称对方之帝为“主”,《宋书》卷五十九《张畅传》载元嘉二十七年魏攻徐州时,“畅答曰:‘二王以魏主营垒未立,将士疲劳,此精甲十万,人思致命,恐轻相凌践,故且闭城耳。’”“畅又宣旨答曰:‘魏主形状才力,久为来往所具。’”卷九十五《索虏传》载元嘉二十三年,“虏安南平南府又移书兖州,……兖州答移曰:‘……往年贵主献书云强者为雄’”。又本书卷五十一《张欣泰传》载齐建武二年,欣泰移书与北魏广陵侯有云:“乃令魏主以万乘之重,攻此小城,是何谓欤?”本书卷五十七《魏虏传》载齐高帝建元三年齐高帝“遣后军参军车僧朗北使,……虏又问:‘齐主悉有何功业?’……僧朗立席言曰:‘灵诞昔是宋使,今成齐民。实希魏主以礼见处。’”又载齐明帝建武四年魏遣中书舍人公孙云谓房伯玉有云:“卿先事武帝,蒙在左右,不能尽节前主,而尽节今主,此是一罪。……武帝之胤悉被诛戮,初无报效,而反为今主尽节,违天害理,此是三罪。”皆是其例。魏亦自称其帝为主,《宋书·张畅传》载元嘉二十七年事云:“明旦,焘又自上戏马台,复遣使至小市门曰:‘魏主致意安北,安北可暂出门,欲与安北相见。’”“焘复遣使令孝伯传语曰:‘魏主有诏语太尉、安北,近以骑至,车两在后,今端坐无为,有博具可见借。’”乃为之证。寻本书卷四十五《宗室·始安贞王道生传附遥昌传》:“宏曰:‘朕本欲有言,会卿来问。齐(王)〔主〕废立,有其例否?’”中华书局点校本《校勘记》云:“‘主’据南监本、殿本、局本及《元龟》六百五十九、《通鉴》齐明帝建武二年改。”校改是也，若作“王”，意自大变。则此“齐王”，亦当是“齐主”之形讹，《南史》、《元龟》是也。

死时年四十六。(卷五十一《张欣泰传》，第884页倒3行)

《校勘记》云：“时”原讹“者”，各本不讹，今改正。“四十六”《御览》七百三十引及《南史》并作“三十六”。

按：上文云：“欣泰少时有人相其当得三公，而年裁三十。后屋瓦堕伤额，又问相者，云：‘无复公相，年寿更增，亦可得方伯耳。’”则欣泰卒时年当不止三十之数，《南史》及《御览》所引作“三十六”者，实有可疑。又考之本卷上文记欣泰于宋时有“年十余，诣吏部尚书褚渊”事，据本书《褚渊传》，褚渊为吏部尚书乃在宋明帝泰始年间。泰始凡七年，今由欣泰诣褚渊在明帝泰始七年(471)计之，若其于东昏侯永元三年(501)被杀时年三十六，则泰始七年时年方六岁；由诣褚渊在泰始元年(465)计之，若其永元三年时年三十六，则泰始元年尚未生。乃与“年十余”诣褚渊者明显不相合。又考本卷上文云：“建元初，历官宁朔将军，累除尚书都官郎。”若欣泰永元三年卒时年三十六，则逆推至建元元年(479)，年仅十四岁，建元三年年仅十六岁。欣泰将家儿，何得以十数岁小儿便“累除尚书都官郎”耶！是作“三十六”者，其误必矣。校未能明辨是非而以《御览》及《南史》之“三十六”出校，有失考实之勤。

僧胤子惠照，……建元元年，为巴州刺史。(卷五十四《高逸·明僧绍传》，第928页倒5行)

《校勘记》：按《州郡志》，建元二年分荆州巴东、建平，益州巴郡为州，立刺史。此云建元元年为巴州刺史，疑。

按：本书《氐传》亦有“辅国将军三巴校尉明惠照”。寻惠照一作慧照，《南史·明僧照传》即云僧绍长兄僧胤“子慧照”。本书《高帝纪下》载建元二年二月，“置巴州。壬申，以三巴校尉明慧照为巴州刺史”。帝纪与《州郡志》所载，是为可信。即此云“建元元年”者，“建元二年”之讹也。

求弟点，……性率到，鲜狎人物。（卷五十四《高逸·何求传》，第938页1—2行）

《校勘记》："鲜"南监本、殿本、局本作"好"。张元济校勘记云："下文王俭欲候之，知不可见，乃止，竟陵王子良谓非吾所议，则作鲜狎人物为是。"

按：《南史》何点本传亦作"好狎人物"。按"狎"除亲近之意外，又有轻侮之意，《尚书》卷十一《周书·泰誓下》："今商王受，狎侮五常，荒怠弗敬。"《传》："轻狎五常之教，侮慢不行，大为怠惰，不敬天地神明。"《疏》："《正义》曰：'郑玄《论语注》云：狎，惯忽之言，惯见而忽也，意与侮同。'"是其例。寻下文云："建元中，褚渊、王俭为宰相，点谓人曰：'我作《齐书》已竟，〔赞〕云：渊既世族，俭亦国华。不赖舅氏，惶恤外家。'"《南史》卷三十《何尚之传附何点传》云："点虽不入城府，性率到，好狎人物。遨游人间，不簪不带，以人地并高，无所与屈，大言踑踞公卿，敬下。"乃其好轻侮人物之证。即如张氏校所举之例，"（王）俭欲候之，知不可见，乃止"，"豫章王命驾造门，点从后门逃去。竟陵王子良闻之，曰：'豫章王尚不屈，非吾所议'"。亦其轻侮人物之例也。《南史》及南监等诸本作"好"，是也。

韩灵敏，会稽剡人也。早孤，与兄灵珍并有孝性，寻母又亡，家贫无以营凶，兄弟共种苽半亩，朝採苽子，暮已复生，以此遂办丧事。（卷五十五《孝义·韩灵敏传》，第958页倒3—2行）

《校勘记》：两"苽"字南监本、殿本、局本及《南史》并作"瓜"。按"瓜"之作"苽"，犹"园"之作"薗"也，唐代官文书尚如此。

按："苽"字如即为"瓜"字，则瓜子何以曰採，且又何以复生耶？古人非比今人，种果疏乃用以果腹，而非以瓜子解馋，瓜子纵多，恐亦难办丧事，故颇疑校云"苽"即"瓜"者，非是也。此苽者，俗称茭白，其实又名雕胡，一作彫胡，即苽米也。《周礼》（世界书局影印十三经注疏本）卷四《膳夫》："凡王之馈，食用六谷。"注："六谷，稌、黍、稷、梁、麦、苽。苽，雕胡也。"贾公彦疏："苽，彫胡也。南方见有苽米，一名彫胡。"《礼记》（世界书局影印十三经注疏本）卷二十八《内则》："蜗醢而苽食雉羹。"郑玄

注:“苽,字又作菰。”孔颖达疏:“谓以蜗为醢,以苽米为饭,以雉为羹。”则苽之非瓜也甚明矣。《校勘记》非是。

遣人谓城中曰:“房伯玉已降,汝南(为)[何]独自取糜碎?”(卷五十七《魏虏传》,第997页倒3行)

《校勘记》:“何”据南监本、殿本、局本改。

按:朱季海《南齐书校议》云:“不烦改字。‘为’犹‘何为’矣。”今考《通鉴》卷一百四十一叙此云:“遣人谓城中曰:‘房伯玉已降,汝何为独取糜碎?’”不作“汝南”。据上文云:“宏留伪咸阳王憘围南阳,进向新野,新野太守刘思忌亦拒守。台先遣军主直阁将军胡松助北襄城太守成公期守赭阳城,军主鲍举助西汝南、北义阳二郡太守黄瑶起戍舞阴城。宏攻围新野城,战斗不息。”则此云“城中”者,乃谓新野城也。时元宏往攻雍州,房伯玉守南阳,刘思忌守新野,故元宏攻新野时乃有此语。然汝南郡则属豫州,与新野相隔甚远,二地了不相属。元宏攻新野时不应谓城中云:“汝南何独自取糜碎?”《通鉴》所载,乃为得之,此于“汝”后当衍一“南”字。

中华书局点校本《南齐书》校勘举遗

于是闭城自守，城内军事委王珍国，兖州刺史张稷入卫京师，以稷为副，实甲犹七万人。（卷七《东昏侯纪》，第105页倒4—3行）

按：《南史·东昏侯纪》与此所载同，亦云是时“兖州刺史张稷入卫”。而本卷上文载永元二年事则云：“十一月辛丑，以宁朔将军张稷为南兖州刺史。”即其时张稷所任似为南兖州刺史，与此所载异。寻《梁书·张稷传》云：“为持节、辅国将军、都督北徐州诸军事、北徐州刺史。出次白下，仍迁都督南兖州诸军事、南兖州刺史。俄进督北徐、徐、兖、青、冀五州诸军事，将军如故。永元末，征为侍中，宿卫宫城。义师至，兼卫尉江淹出奔，稷兼卫尉，副王莹都督城内诸军事。”张稷既都督南兖州军事，则其当为南兖州刺史无疑。又考之《梁书·张齐传》云：“（张）稷为南兖州，又擢为府中兵参军，始委以军旅。齐永元中，义师起，东昏征稷归，都督宫城诸军事，居尚书省。义兵至，外围渐急，齐日造王珍国，阴与定计。”亦可为张稷时为南兖州刺史之证，即此恐于“兖州”前佚一“南”字。《通鉴》卷一百四十四亦云是时，“兖州刺史张稷入卫京师”，所误同。

二月……戊辰，诏进梁公爵为梁王，增封十郡。（卷八《和帝纪》，第114页5行）

按：“戊辰”，《南史·齐本纪下》、《建康实录》卷十四、卷十五皆作“丙戌”，《梁书·武帝纪上》载册封萧衍为梁王诏亦在是月丙戌。福林按是月庚申朔，戊辰月之初九日，丙戌月之二十七日。考萧衍是年三月受梁王之命，若被册为梁王在二月戊辰日，其于急欲禅位之时，则不容迁延至三月始受命为梁王，即《梁书》及《南史》等所载，近得其实。《通鉴》卷一百四十四从《梁书》，云天监元年（即中兴二年，502）二月，“丙戌，诏梁公增封十郡，进爵为王”，是也。此“戊辰”，或“丙戌”之讹。

永元元年正月己亥，月犯心后星。（卷十二《天文志上》，第211页倒5行）

按：此条自上文“建元元年七月丁未，月犯心大星北一寸”始，至卷末皆属“月犯列星”类，然而此条及以下记东昏侯永元年间事后，乃又续记郁林王隆昌年间事，先后不应颠倒如此，又且东昏侯永元仅三年，而下文则记至十一年，是此云“永元”者，实有可疑。此条下文记其年九月，有“庚辰，月犯太白左蕃度。癸巳，月犯东井北辕西头第一星”事，考永元元年九月癸卯朔，无庚辰、癸巳；又记其年十二月，有“丁卯，月犯心前心，又犯大星。己巳，月犯南斗第五星”事，考永元元年十二月甲戌朔，无丁卯、己巳，是所记当非永元元年事。又此条下文记二年二月，有“甲子，月犯南斗第四星，又犯第三星”事，考永元二年二月辛未朔，无甲子；又记二年三月，有“丁丑，〔月〕犯东井北辕北头第一星”事，考永元二年三月辛丑朔，无丁丑；又记二年四月，有“戊申，月犯轩辕右角”事，考永元二年四月庚午朔，无戊申；又记二年六月，有“丙寅，月犯东井辕头第一星”事，考永元二年六月己巳朔，无丙寅；又记二年八月，有“丙午，月掩心大星。戊申，月犯南斗第三星”事，考永元二年八月戊辰朔，无丙午、戊申；又记二年十一月，有“庚辰，月犯昴星，丙戌，月犯轩辕左角”事，考永元二年十一月丁酉朔，无庚辰、丙戌；又记二年十二月，有“壬戌，月犯心前星，又犯大星”事，考永元二年十二月丙寅朔，无壬戌。即以上所载，又非永元二年事也。今以时间顺序观之，此条上文记齐高帝建元年间事，则此条及以下所记当为武帝永明年间事；以年号视之，下文记至十一年事，而永明前后正为十一年。则此“永元”，恐是“永明”之误。考永明元年九月丙子朔，庚辰月之初六日，癸巳月之十八日；十二月乙巳朔，丁卯月之二十三日，己巳月之二十五日，可证此“永元元年”，乃“永明元年”之误。又考永明二年二月甲辰朔，甲子月之二十一日；三月癸酉朔，丁丑月之初五日；四月癸卯朔，戊申月之初六日；六月壬寅朔，丙寅二十五日；八月辛丑朔，丙午月之初六日，戊申月之初八日；十一月庚午朔，庚辰月之十一日，丙戌月之十七日；十二月己亥朔，壬戌月之二十四日。是以上所记，正为永明二年事。又以下记三年事亦如是，要不赘述。即上文之“永元”者，为“永明”之误必矣。然永明元年正月庚戌朔，无己亥日，则此条记日又有误也。

闰八月甲午，太白昼见当午。（卷十三《天文志下》，第226页3行）

按：上文出“永明六年”，则此乃谓永明六年闰八月也。考是年乃闰十月，非闰八月，本书《武帝纪》亦记是年闰月事于十月后，为其证也。是月丁丑朔，甲午为月之十八日。则此“闰八月”，乃“闰十月”之讹。与上条记“八月乙亥”事，下条记“十一月戊午”事，时间亦正相合。

闰四月丁丑，荧惑从行在氐西南星北七寸，为犯。（卷十三《天文志下》，第230页倒6行）

按：永明六年闰十月，是月丁丑为月之朔日。下文又出己卯、乙巳，为月之初三及二十九日。此“四月”，亦“十月”之音讹。

豫州……孝武宁康元年，桓冲移姑熟……。十二年，桓石虔还历阳。（卷十四《州郡志上》，第249页倒3—1行）

按：晋孝武宁康仅三年，无十二年。此“十二年”者，盖太元十二年也。《晋书·桓石虔传》云：“（桓）冲卒，石虔以冠军将军监豫州扬州五郡军事、豫州刺史。寻以母忧去职。服阕，复本位。久之，命移镇马关，石虔求停历阳，许之。”据《晋书·孝武帝纪》，桓冲卒于太元九年二月。是桓石虔之还镇历阳当以太元十二年为是。《宋书·州郡志二》：“太元……十二年，刺史桓石虔戍历阳。”是也。此“十二年”前，乃佚“太元”二字。

（义熙）十二年，刘义庆镇寿春，后常为州治。（卷十四《州郡志上》，第 250 页 3 行）

按：考《宋书》之《武帝纪中》、《宗室·刘义庆传》，义熙十二年前，豫州刺史迄为刘裕所领，且义熙十二年北伐姚秦，义庆又随刘裕大军至长安。即义庆于义熙十二年必无为豫州刺史镇寿春事。《宋书》义庆本传云："义熙十二年，北伐长安，还拜辅国将军、北青州刺史，未之任，徙督豫州诸军事、豫州刺史。"刘裕北伐自长安退归在义熙十三年，则义庆为豫州刺史并镇寿春在是年无疑。《宋书·州郡志二》云："（义熙）十三年，刺史刘义庆镇寿阳。"为得其实。此"十二年"，乃"十三年"之形讹。

南豫州……大明元年复置，治姑熟。（卷十四《州郡志上》，第 253 页 4 行）

按：《宋书·孝武帝纪》载宋大明三年七月，"丙戌，分淮南北复置二豫州。"《建康实录》卷十三则记复置二豫州在大明三年八月丙戌。考是年七月丁卯朔，丙戌为月之二十日，八月丙申朔，无丙戌，《建康实录》乃误七月为八月也。即《宋书》帝纪所载是也，此"元年"，当为"三年"之讹。

又，自元嘉七年省并二豫州为一之后，至大明三年之二十余年间又数有分合。《宋书·州郡志二》："南豫州……永初三年，分淮东为南豫州……。文帝元嘉七年又分。"中华书局版点校本《校勘记》云："钱大昕《廿二史考异》云：'此条当有脱文，以本纪及《南平王铄传》考之，文帝元嘉七年，罢南豫州并豫州。十六年，复分豫州之淮南为南豫州。二十二年，复罢南豫州并寿阳。孝武大明三年，分淮南北复置二豫州。五年，移南豫州治淮南于湖县。于湖即姑孰也。当云："文帝元嘉七年，合二豫州为一。十六年又分，二十二年又合，孝武大明三年又分。"则首尾相应矣。则上文于"省并"后所记，乃有遗漏。

陶侃为刺史，治沌口。王敦治武昌。（卷十五《州郡志下》，第 273 页倒 6 行）

按：据《晋书》之《元帝纪》《明帝纪》《王敦传》《陶侃传》，元帝太兴元年(318)十一月,王敦为荆州牧;元帝永昌元年(322)正月,王敦起兵反,三月,以甘卓领荆州;明帝太宁二年(324)七月,王敦死。而陶侃之任荆州刺史则自太宁三年(325)五月始,在王敦卒后。此记王敦为荆州刺史治武昌在陶侃刺荆州之后,前后失次,非是。

又,《宋书·州郡志二》云:"王敦治武昌,陶侃前治沔阳,后治武昌。"沌口,即沌水口,在沔阳境。《水经注·沔水》"沔水又东迳沌水口,水南通县之太白湖,湖水东南通江,又谓之沌口",即此地也,为时之要津,故陶侃乃治之。此仅云陶侃"治沌口",乃有未尽,盖子显求简太过,致失其真耳。

至太元十四年,雍州刺史朱序始督秦州,则孝武所置也。(卷十五《州郡志下》,第295页倒2—1行)

按:《晋书·孝武帝纪》载太元十三年,"夏四月戊午,以青兖二州刺史朱序为持节、都督雍梁沔中九郡诸军事、雍州刺史"。考是时秦州寄治襄阳,故《晋书·朱序传》乃云是时朱序,"加都督司雍梁秦四州军事",是朱序之始督秦州其实在太元十三年而非十四年。《通鉴》卷一百七则直云太元十三年,"夏四月戊午,以朱序为都督司雍梁秦四州诸军事、雍州刺史,戍洛阳",万斯同《东晋方镇年表》(二十五史补编本,中华书局1955年版)从之,于雍州下云太元十三年四月,朱序"都督梁雍司秦四州军事、刺史,镇洛阳(福林按"洛阳"当是"襄阳"之讹)",是也。此云"十四年",非是,应于乙正。

义熙三年,以氐王杨国为北秦州刺史。(卷十五《州郡志下》,第296页2行)

按:上文云:"(晋穆帝永和)十一年,桓温以氐王杨国为秦州刺史,未有民土。"《晋书·穆帝纪》载永和十一年:"正月,……平羌校尉、仇池公杨初为其部将梁式所害,初子国嗣位,因拜镇北将军、秦州刺史。""十二年……是岁,仇池公杨国为其从父俊所杀,俊自立。"即桓温于穆帝永和时已以杨国为秦州刺史,且杨国为刺史之次年即已遇害。是义熙三年时,杨国死之久,而此又云以杨国刺北秦州,实为可疑。今考之《宋书·氐胡传》云:“安帝隆安三年……安帝以盛为辅国将军、平羌校尉、仇池公。……(义熙)三年,又假盛使持节、北秦州刺史。……盛嗣位三十年,太祖元嘉二年六月卒。时年六十二。”是自晋安帝义熙三年讫于宋初,为北秦州刺史者,皆为氐王杨盛。《通鉴》卷一百十四亦有义熙三年“氐王杨盛以平北将军苻宣为梁州督护,将兵入汉中。……晋以盛为都督陇右诸军事、征西大将军、开府仪同三司”之记载。可以互为印证。则此“杨国”,乃“杨盛”之讹也。

十四年,置东秦州,刘义真为刺史。(卷十五《州郡志下》,第296页2—3行)

按:《宋书·武三王·庐陵王义真传》载刘裕北伐姚秦自长安东还时,刘义真“又进督并东秦二州、司州之东安定新平二郡诸军事、领东秦州刺史”,而不载其年月。今考《宋书》义真本传于下文复载云:“及置东秦州,父老知无复经略陇右,固关中之意,咸共叹息。”是东秦州之置,及刘义真为东秦州刺史,皆在刘裕自长安临还之前,即义熙十三年末也。《通鉴》卷一百十八乃记事在义熙十三年十一月,云是时刘裕“以次子桂阳公义真为都督雍梁秦三州诸军事、安西将军、领雍东秦二州刺史”,为得其实。此云“十四年”者,非是。

祠部尚书。右仆射通职,不俱置。(卷十六《百官志》,第320倒2—1行)

按:此上所载,各部俱有所领,而祠部独无,疑当有阙失。据上文云尚书令“总领尚书台二十曹,为内台主”,又云左仆射“领殿中、主客二曹事”,吏部尚书“领吏部、删定、三公、比部四曹”,度支尚书领“度支、金部、仓部、起部四曹”,左民尚书“领左民、驾部二曹”,都官尚书“领都官、水部、库部、功论四曹”,五兵尚书“领中兵、外兵二曹”。是尚书台所总领之二十曹已列十八曹,尚余二曹也。此所余之二曹当即为祠部尚书所领。因祠部尚书与右仆射为通职,即所主实一,故右仆射与祠部尚书不俱置耳。考《宋书·百官志上》云“祠部尚书领祠部、仪曹二曹”,则此于“不俱置”后应益“领祠部仪曹二曹”七字,文义方足,且始与本书体例相合。

太子仓官令。(卷十六《百官志》,第 328 页 2 行)

按:《晋书·职官志》《宋书·百官志下》载东宫官属有"食官令",而无仓官令。《宋志》云:"食官令,一人。职如太官令。汉东京官也。"本卷下文载诸王国属官亦有"食官、厩牧长、谒者"等,食官,即东宫食官令之比。疑此"仓官令",乃"食官令"之讹。"食"、"仓",形近而讹。

平冕黑介帻,今谓平天冠。皂表朱缘里,广七尺,长尺二寸,垂珠十二旒,以朱组为缨,如其绶色。(卷十七《舆服志》,第 340 页倒 6—5 行)

按:"长尺二寸",《续汉书·舆服志下》、《宋书·礼志五》、《通志》卷四十七同,《晋书·舆服志》作"长二尺二寸",《晋志》盖误。"广七尺",《后汉书》《晋书》《宋书》各《志》及《通志》卷四十七皆作"广七寸"。考冠长仅一尺二寸,其广安能有七尺之数?且广七尺之冠,亦与常情有悖。即此作"七尺"者非是,"尺"当为"寸"之讹。

素带广四寸,朱里,以朱绿裨饰其侧,要中以朱,垂以绿,垂三尺。(卷十七《舆服志》,第 340 页倒 4—3 行)

按:"以朱绿裨饰其侧",意殊难解,《通典》卷五十七《礼典》作"以朱缘裨饰其侧",是也。考下文云"中衣,以绛缘领袖","通天冠,黑介帻,金博山颜,绛纱袍,皁缘中衣",皆为此类。《宋书·礼志五》:"素带广四寸,朱里,以朱缘裨饰其侧。"中华书局《校勘记》云:"'缘'各本并作'绿',据《通典》改。"校改是也。此"绿",乃"缘"之形讹。

元徽四年,太祖从南郊,望气者陈安宝见太祖身上黄紫气属天。(卷十八《祥瑞志》,第 353 页 2 行)

按:刘宋末年之南郊,见载于《宋书》者,有《明帝纪》所载泰始四年"春正月己未,车驾亲祠南郊,大赦天下",《后废帝纪》所载元徽三年"春正月辛巳,车驾亲祠南郊、明堂"。然于元徽四年则曰:"春正月己亥,车驾躬耕籍田,大赦天下。"而未载祀南郊事。今考之《宋书·明帝纪》云:"(泰始)六年春正月乙亥,初制间二年一祭南郊,间一年一祭明堂。"由是知元徽三年正月既已南郊，则元徽四年断无再次南郊之事，即此所载“元徽四年”南郊者，必误。又考之《南史·齐本纪上》云：“及为领军（按指萧道成），望气者陈安宝见上身上恒有紫黄气。”据《宋书》之《明帝纪》《后废帝纪》《顺帝纪》、本书《高帝纪》，萧道成于宋后废帝元徽二年六月庚子为中领军，任至昇明元年，由刘韫继任，见萧道成为领军而从南郊事乃在元徽年间，亦即其从南郊事必在元徽三年。此“四年”，当为“三年”之讹。

昇明二年，宣城临成县于藉山获紫芝一枝。（卷十八《祥瑞志》，第358页倒2行）

按：“临成”，当作“临城”，宣城郡有临城县，见《晋书·地理志下》、《宋书·州郡志一》、本书《州郡志上》。《江文通集》（胡之骥《江文通集汇注》本，中华书局1984年版）载江淹于昇明二年代萧道成所作之《上铜钟紫芝众瑞表》有云：“宣城所统临城县山中，获草一株，交柯攒茎，紫盖黄柬，贞润暐晔，自然天华。采掇历时，质色不变。”所上即此瑞也。

（昇明）十二月，甘露降彭山松树，至九日止。（卷十八《祥瑞志》，第361页5行）

按：《宋书·符瑞志中》：“昇明二年十一月，甘露降南东海武进彭山，太守谢朏以闻。”此条之“彭山”，当即武进之彭山也，二载为一事，而时间则相左一月。今考之《江文通集》载江淹代萧道成所作之《上铜钟紫芝众瑞表》有云：“又东太守臣脑解所统武进令臣纪法宗云：十一月十日解称，其月二十四日，甘露降于彭山松树。至九日，又降如初。”按江淹表之“东太守臣脑”，当为“东海太守臣朏”之讹。《梁书·谢朏传》，谢朏于萧道成为太尉后任道成长史，带南东海太守。武进为南东海属县，故武进令得符瑞而报之谢朏，朏又报之道成耳。然十一月十日解称而云其月二十四日之事，实属可疑，且此下云“至九日，又降如初”者，则又不知何月之九日矣。今由江淹所上表合之此条观之，余颇疑甘露之始降，乃在其年十一月之二十四日，再降乃在十二月之九日，《南齐书》所谓“至九日止”者，传闻张大之辞耳。如所疑得之，则江淹表文之“十一月十日”，乃“十二月十日”之讹；“其月”，乃“去月”之讹，盖指十一月也。十二月十日解称十二月九日事，时间正相合。与江淹表上文之“十一月二十九日解所统长城令臣张撝解称”“其月二十五日事”，亦颇为一致。“去月”，当时语，《南齐书·祥瑞志》云“建元元年十月……去四月二十七日，岩数里夜忽有双光”，“永明四年四月……去二月十五日，有一岩递落”，是其例。

(永明)十年二月庚戌，夜南方有电光，因闻雷声隆隆相续，丁亥止。(卷十九《五行志》，第372页3行)

按：“夜”后应益顿号。

又，考永明十年二月丁亥朔，庚戌为月之二十四日。此云雷声相续至丁亥日，则此丁亥非二月之丁亥甚明。又考是年三月丁巳朔，无丁亥日；四月丁亥朔。若云雷声自二月二十四日隆隆不绝而一至于四月朔日，又必无此可能，或即有之，又必不应仅书作“丁亥止”也。由是，上文云“丁亥”者，必误。考是月二十四日庚戌之后有辛亥，为二十五日。颇疑此“丁亥”乃“辛亥”之讹，盖自二十四日夜雷声隆隆相续至二十五日，情理颇为相合耳。二月本非响雷之时，今雷声彻夜响至次日，非正常之事，故乃见载于《五行志》也。

建元二年，吴、吴兴、义兴三郡大水。(卷十九《五行志》，第384页3行)

按：此条下续云：“二年夏，丹阳、吴二郡大水。”与此条所记，重言吴郡大水，实为可疑。考本书《高帝纪下》载建元元年事云：“九月辛丑，诏‘二吴、义兴三郡遭水，减今年田租’”。《南史·齐本纪上》亦云：建元元年“九月辛丑，诏以二吴、义兴三郡遭水，减今年田租。”二吴者，即吴、吴兴二郡也。则以上三郡大水，又似为建元元年事。复按之本书《高帝纪下》载建元二年有“六月癸未，诏‘昔岁水旱，曲赦丹阳、二吴、义兴四郡遭水尤剧之县’”事，考此诏乃江淹所作，“昔岁水旱”，《江文通集》之《曲赦丹阳等四郡诏》作“昔岁水灾”。既云“昔岁”，则二吴等三郡大水必为建元元年事，即此之“二年”，恐为“元年”之讹。而下文“二年夏”之水，则单言丹阳、吴郡，与吴兴、义兴乃不相涉。

四年，大水。（卷十九《五行志》，第384页5行）

按：仅记大水而不记在何地，与本书体例不合，疑有脱文。考本书《武帝纪》载建元四年五月癸未事云："诏曰：'顷水雨频降，潮流荐满，二岸居民多所淹渍。遣中书舍人与两县官长优量赈恤。'"云"顷水雨"者，盖其年之水雨也；"二岸"，乃指京都两岸，"二县"，即京都近畿丹阳郡之建康、秣陵二县。又载是年六月戊戌事云："诏曰：'水潦为患，星纬乖序。……建康、秣陵二县贫民加赈赐，必令周悉。吴兴、义兴遭水县，蠲除租调。'"则是年遭水之郡，乃丹阳、吴兴、义兴三郡也。

建元元年，有司奏置贵嫔、夫人、贵人为三夫人，修华、修仪、修容、淑妃、淑媛、淑仪、婕妤、容华、充华为九嫔，美人、中才人、才人为散职。……（永明）七年，复置昭容，位在九嫔。（卷二十《皇后传》，第389页1—5行）

按：考本卷《武穆裴皇后传》云："永明中无太后、皇后，羊贵嫔居昭阳殿西，范贵妃居昭阳殿东，宠妃荀昭华居凤华柏殿。"《南史·齐武帝诸子传》亦云："南康王子琳字云璋，武帝第十九子也。母荀昭华盛宠，后宫才人位登采女者，依例旧赐玉凤凰，荀时始为采女，得玉凤凰投地曰：'我不能例受此。'武帝乃拜为昭华。"本书《武十七王传》亦有"庾昭容生西阳王子文，荀昭华生南康王子琳"之记载。是永明中后宫又尚增设昭华之位，荀昭华为帝之宠妃，又生有皇子，其位当在九嫔之列。则上文所载齐永明中后宫妃嫔，又有缺失焉。

昇明三年，太祖将受禅，……出太子为持节、都督雍梁二州郢州之竟陵司州之随郡军事、左中郎将、宁蛮校尉、雍州刺史。（卷二十一《文惠太子传》，第397页倒3—1行）

按："左中郎将"，《南史·齐武帝诸子传》作"北中郎将"。今考南朝时帝室子弟外镇，多以东、南、西、北中郎将授之，而又因雍州地处北境，故往往以北中郎将为号。以宋时为例，刺雍州者如文帝子海陵王休茂，《宋书》休茂本传："大明二年，以为使持节、都督雍梁南北秦四州郢州之竟陵随二郡诸军事、北中郎将、宁蛮校尉、雍州刺史。"又孝武帝子永嘉王子仁，《宋书》子仁本传："大明五年，年五岁，监雍梁南北秦四州郢州之竟陵随二郡诸军事、北中郎将、宁蛮校尉、雍州刺史。"齐世为为雍州者，如高帝子鄱阳王锵，本书《高帝十二王传》："建元四年，世祖即位，以锵为使持节、督雍梁南北秦四州郢州之竟陵、司州之随郡军事、北中郎将、宁蛮校尉、雍州刺史。"而未见有以左中郎将为号以刺雍者。是上文所载之"左中郎将"恐误。复考之本书《胡谐之传》云："文惠太子镇雍阳，世祖以谐之心腹，出为北中郎征虏司马，扶风太守，爵关内侯。"胡谐之是时既为太子北中郎将司马，则太子必为北中郎将无疑，与《南史》所载正相契合。由是，此"左"为"北"之形讹必矣。

建武末，为太子詹事，度支尚书，领军将军。（卷二十三《褚渊传》，第432页5行）

按："领军将军"，《南史·褚裕之传附褚蓁传》作"领前军将军"。今考本书《海陵王纪》载延兴元年（494），"八月甲辰，以新除卫尉萧谌为中领军"，《明帝纪》载建武元年（即延兴元年，494），"十月，……中领军萧谌为领军将军"，建武二年，"六月壬戌，诛领军将军萧谌、西阳王子明、南海王子罕、邵陵王子贞。乙丑，以右卫将军萧坦之为领军将军"，《东昏侯纪》载永元元年（499）八月，"扬州刺史始安王遥光据东府反，遣领军将军萧坦之率六军讨之。己丑，……右卫将军刘暄为领军将军"。明终明帝建武之世，褚蓁无任领军将军之时机。又且领军将军乃管内军之要职，时乃由帝所亲任且有干略者为之，蓁无大才干，又非帝之所亲，由此观之，亦无为领军将军之可能，足证《南史》作"领前军将军"者，是也。此于"领"后佚一"前"字必矣。

敬儿夺取休范防身刀，斩休范首，休范左右数百人皆惊散。（卷二十五《张敬儿》，第465页7—8行）

按："数百人"，《南史·张敬儿传》作"百人"。《宋书·文五王·桂阳王休范传》云："休范于新林步上，及新亭垒，自临城南，于临沧观上。以数十人自卫。"《通鉴》卷一百三十三从《宋书》，亦云休范"以数十人自卫"，《考异》云："《张敬儿传》云：'左右数百人皆散走。'按休范左右若有数百人，黄回、敬儿虽勇，何敢径往取之，今从《休范传》。”今考上文云：“休范白服乘舆往劳楼下，城中望见其左右人兵不多。”则是时休范左右必无数百人之众。即《宋书》休范本传所载是也。子显为张大敬儿之功，故乃如此云尔。《南史》当是已见“数百人”之不实，故改作“百人”也。

敬儿至江陵，诛攸之亲党，没入其财物数十万，悉以入私。(卷二十五《张敬儿传》，第 472 页倒 3—2 行)

按："数十万"，《通鉴》卷一百三十四同，《南史·张敬儿传》则作“数千万”。按数十万钱是时殊不为多，如《宋书·武三王·江夏文献王义恭传》载元嘉年间义恭事云：“相府年给钱二千万，它物倍此，而义恭性奢，用常不足，太祖又别给钱年千万。”又云义恭“大明之时，资供丰厚，而用常不足，赊市百姓物，无钱可还”；义恭左右亲信者，“一日乞与，或至一二百万”。《宋书·沈庆之传》载庆之“身为大国，家素富厚，产业累万金，奴僮千计，再献钱千万，谷万斛”。本书《豫章文献王嶷传》：“斋库失火，烧荆州还资，评直三千余万，主局各杖数十而已。”萧嶷卒后，“月给第见钱百万，至上崩乃省”，皆是其证。于时州牧亦多所聚敛，如《南史·张兴世传附张欣泰传》云：“宋元徽中，兴世在家，拥雍州还资见钱三千万，苍梧王自领人劫之，一夜垂尽。”《宋书·萧惠开传》云：“惠开自蜀还，资产二千余万，悉散施道路。”本书《曹虎传》云曹虎“晚节好货贿，吝啬，在雍州得见钱五千万”。《南史》本传则云曹虎在雍州得钱七千万。本书《崔慰祖传》：“父梁州之资，家财千万。”今沈攸之自泰始五年刺郢始，自是时在郢州及荆州已历时数年，“赋敛严苦”、“富贵拟于王者”(《南史·沈庆之传附沈攸之传》)；“西溪蛮王田头拟杀攸之使，攸之责赕千万”(本书《豫章文献王嶷传》)。足证敬儿是时没入攸之及其亲党之财物必非数十万之数，疑《南史》作“数千万”是也。此“十”，或“千”之形讹。

又，“悉以入私”，《南史·张敬儿传》作“善者悉以入私，送台者百不一焉”，谓所没入之物，善者入已库，而不善者则送于京都，是也。

上知之，遣敬则世子仲雄入东安慰之。（卷二十六《王敬则传》，第485页8行）

按："遣敬则世子仲雄入东"，《南史·王敬则传》、《通鉴》卷一百四十一同，中华书局版点校本《南史》之《校勘记》云："李慈铭《南史札记》云：'世字衍。据《南齐书》言敬则长子元迁，则仲雄是次子。且敬则安得有世子？其下收敬则子有员外郎世雄而无仲雄。《通鉴》注云此即敬则世子仲雄也。仲世二字必有一误。今以敬则诸子之名推之，自以元、仲、季、幼、少为次，不当有世雄，且《南史》避世字。'"福林按：敬则诸子自当以元、仲、季、幼、少为次，且本书既明言元迁为其长子，则仲雄固是次子，李氏《札记》是也。然则时之长子或非嫡出、或不为父所爱而不得袭父爵者甚众，故仲雄未必便不得为世子。寻本书《刘悛传》："复从父勔征讨，假宁朔将军，拜鄱阳县侯世子。"本书《陈显达传》："（显达）诸子与王敬则诸儿，并精牛车，丽服饰。当世快牛称陈世子青，王三郎乌，吕文显折角，江瞿昙白鼻。"则刘勔、陈显达皆有世子，而敬则既受爵命，为寻阳郡公，何以便不得有世子。李氏以为敬则安得有世子，非也。

泰始初，以军主隶徐州刺史刘怀珍北征。（卷二十六《陈显达传》，第488页2—3行）

按：据《宋书》之《前废帝纪》《明帝纪》《薛安都传》《申恬传附申令孙传》《宗室·营浦侯遵考传附刘思考传》《崔道固传》、本书《王玄载传》，泰始元年九月，以薛安都为徐州刺史；泰始二年正月，薛安都附晋安王子勋反，乃以申令孙为徐州刺史；申令孙反，又于是年三月以刘思考为徐州刺史；同年七月，改由崔道固为徐州刺史；泰始三年三月，又以王玄载为徐州刺史；泰始五年七月，乃改由王亮为徐州刺史。是则泰始初，刘怀珍无由为徐州刺史也，即此云"徐州刺史刘怀珍"者，必误。考《宋书·明帝纪》，泰始三年十一月，"乙卯，分徐州置东徐州，以辅国将军张谠为刺史"，泰始四年"三月己未，以游击将军刘怀珍为东徐州刺史"。泰始三年置东徐州，亦见《通鉴》卷一百三十二。因张谠降魏，故时又任刘怀珍也，《通鉴》载泰始四年三月，"魏尉元遣使说东徐州刺史张谠，谠以团城降魏"，即记其事。则是时刘怀珍所任，乃东徐州刺史也，此于

“徐州”前乃佚一“东”字。

太祖即位，迁中护军，增邑千六百户，转护军将军。（卷二十六《陈显达传》，第489页1行）

按：本书《高帝纪下》：“建元元年夏四月……齐国左卫将军陈显达为中护军。”“二年春正月……中护军陈显达为护军将军。”是其事。然则显达转护军将军乃在萧道成即位之后一年，而下文又出“建元二年”，则此于“增邑六百户”后以逗号隔，易使人误会数事皆为萧道成即位之建元元年事，故欠妥，是此逗号应易为句号。

又，显达此前于宋泰始四年封彭泽县子，邑三百户，又于元徽中封丰城县侯，邑千户，皆见上文所载。今时若增邑千六百户，则并前凡二千六百户。此后又因豫废郁林王之勋，进爵丰城县公，增邑千户，如此并前应为三千六百户。而下文又载其于明帝萧鸾即位后，“改封鄱阳郡公，邑三千户”，二者颇不相合。考明帝即位后显达颇为所任，进位为太尉，又加给兵仗，给油络车，且又改封佳邑，是其所得之新爵邑户不应反少于前，即传文所载之爵邑容或有误。考显达于萧齐禅宋时，要非萧道成腹心之臣，立功不多，故余颇疑萧道成即位时显达不应有千六百户之增邑也。以当世之功臣例之，褚渊、王俭为首功，本书《褚渊传》，褚渊于宋初为雩都县伯，邑五百户，元徽三年，进爵为侯，增邑千户，并前凡千五百户，建元元年，“封南康郡公，邑三千户”，即其时仅增邑千五百户。又参核《宋书·王昙首传》、《王僧绰传》、本书《王俭传》，王昙首宋文帝时以豫诛徐羡之功，于元嘉九年追封豫宁县侯，邑千户。昙首卒，子僧绰袭爵。僧绰卒，子俭袭爵，为豫宁县侯，邑亦应为千户。本书《王俭传》：“建元元年，改封南昌县公，食邑二千户。”增邑仅千户。又，宋齐禅代之时王敬则最为亲信，其于宋时原封重安县子，邑三百五十户，后增封为千三百户，又以平袁粲、刘秉功，增封为二千五百户，寻又加五百户，并前凡三千户，皆见本传。本书《王敬则传》载萧道成即位，“封寻阳郡公，邑三千户”。其无增封者，盖因原封之爵邑已多也。由是见萧道成即位时，显达之增封必不得有“千六百户”之多可知也。即此“增”字乃衍文必矣。如此，显达其后于进爵为丰城县公时增邑千户，并前凡二千六百户，于明帝即位改封鄱阳县公时，邑三千户，则增邑四百户，前后颇相合。

上欲悉除高武诸孙，微言问显达。（卷二十六《陈显达传》，第491页1行）

按："诸孙"，《南史·陈显达传》作"子孙"，李慈铭《南史札记》以为"诸孙"，乃"子孙"之讹。今考明帝废杀海陵王昭文即位后，于建武二年先后杀西阳王子明、南海王子罕、邵陵王子贞，以上皆武帝子。又于永泰元年先后杀河东王铉、临贺王子岳、西阳王子文、衡阳王子峻、南康王子琳、永阳王子珉、湘东王子建、南郡王子夏、桂阳王昭粲、巴陵王昭秀等十王。铉，高帝子，子岳、子文、子峻、子琳、子珉、子建、子夏，武帝子，昭粲、昭秀，武帝孙。《通鉴》卷一百四十一道其原委云："上有疾，以近亲寡弱，忌高武子孙。时高武子孙犹有十王。"又云："高武子孙而欲尽除之也。"即李氏《札记》所言是也。此"诸孙"，当从《南史·陈显达传》作"子孙"。

显达率众数千人发寻阳。（卷二十六《陈显达传》，第494页4—5行）

议："数千人"，《南史·陈显达传》同。今考本卷上文载显达举兵时《与朝贵书》称其兵威，有"信次之间，森然十万，飞旍咽于九派，列舰迷于三川"之语，虽为张大之辞，然其众当必非数千人之比，且以数千人之众而欲远图京师，不啻以卵击石。显达为时之名将，久经战阵，岂能不见此而以区区数千人东下耶？况江州要地，兵自又远过数千之数也。观本卷下文记显达军至新林后，"潜军渡取石头北上袭宫城，遇风失晓，十四日平旦，数千人登落星冈"，潜军袭宫城者尚有众数千，则发寻阳时显达军自又必非数千之人众矣。寻《宋书·邓琬传》载宋泰始初晋安王子勋据江州反时，"（邓）琬遣孙冲之率陈绍宗、胡灵秀、薛常宝、张继伯、焦度等前锋一万，来据赭圻"，"郢州军主郑景玄、荆州军主刘亮……等合二万人，一时俱下"，《通鉴》卷一百三十一乃云："琬遣孙冲之率龙骧将军薛常宝、陈绍宗、焦度等兵一万为前锋，据赭圻。……统郢、荆、湘、梁、雍五州兵合二万人，一时俱下。"《宋书·文五王传》载元徽二年桂阳王刘休范据江州反时，“率众二万，铁骑数百匹，发自寻阳”，《通鉴》卷一百三十三乃云：“休范率众二万，骑五百发寻阳。”而今时显达反，《通鉴》卷一百四十二但云“陈显达发寻阳”，不言发兵之数，恐是已见其非矣。

太祖在淮〔阴〕，安民遥相结事，明帝以为疑，徙安民为刘韫冠军司马、宁远将军、京兆太守。（卷二十七《李安民传》，第505页倒2—1行）

按：中华书局《校勘记》云：“‘阴’据《南史》补。”今据《宋书·宗室·长沙景王道怜传附刘韫传》，刘韫于泰始中未尝有冠军将军之任，此云安民为“刘韫冠军司马”者，颇为可疑。寻《通鉴》卷一百三十二载泰始三年八月，“使行徐州事萧道成将千人镇淮阴”，胡注：“去年侨立徐州于钟离，今使萧道成屯淮阴，为沈攸之后镇。”泰始六年，“秋九月，命道成迁镇淮阴”，胡注：“按三年八月，萧道成以行徐州事镇淮阴，以沈攸之北伐，使为后镇也。攸之北还，道成代为南兖州刺史，镇广陵，今复使迁镇淮阴。”考本卷上文记魏长社公寇汝阴事，据《通鉴》卷一百三十二，时在泰始五年三月，则此云“太祖在淮阴”者，乃指泰始六年九月之后事也。寻本卷下文又云：“泰始末，淮北民起义欲南归，以安民督前锋军事。”则安民由广陵太守、行南兖州事徙为刘韫军府佐、京兆太守，时在泰始六年九月之后，泰豫元年之前。又据《宋书·明帝纪》载泰始六年六月，“庚子，以侍中刘韫为抚军将军、雍州刺史”；泰豫元年四月，“癸巳，以右卫将军张兴世为雍州刺史”，“冬十月辛卯，抚军将军刘韫有罪免官”，见泰始六年六月至七年末，刘韫迄为雍州刺史，且军号为抚军不变。安民既于此期间为刘韫军府佐，则应是抚军司马而非冠军司马。复考之《宋书·州郡志》，京兆太守时侨立于雍州州治襄阳之西界。安民为雍州刺史刘韫之上佐，故乃有带京兆太守事，是为安民时任刘韫抚军府佐之明证，由此可见，“徙安民为刘韫冠军司马”中，“刘韫”二字不误，所误者乃“冠军”二字耳。“抚军”，“冠军”，音近而致讹，应于乙正。

永明二年，迁尚书左仆射，将军如故。（卷二十七《李安民传》，第508页5—6行）

按：“左仆射”，《南史·李安民传》同，而《南史·齐本纪上》、《通鉴》

卷一百三十六则作“右仆射”。今考是时尚书左仆射位高于右仆射，以安民时之位望，似不应骤升为左仆射。据《南史·齐本纪上》云：“（永明）二年春正月乙亥，以护军将军柳世隆为尚书右仆射。……壬寅，以新除尚书右仆射柳世隆为左仆射，以丹阳尹李安人为右仆射。”（福林按：李安人即李安民，此避唐讳而作安人。）《通鉴》卷一百三十六所载与之同，是柳世隆与李安民同日而授，安民又不得为左仆射也。因柳世隆由右仆射迁为左仆射，故乃以世隆原任之右仆射改授李安民。因安民时之位望尚不足任左右仆射而参掌朝政，故本卷下文又有“安民时屡启密谋见赏，又善结尚书令王俭，故世传俭启有此授”之语。清万斯同《齐将相大臣年表》载永明二年正月，李安民拜右仆射，是为得之。此误“右”为“左”，应予乙正。

宽泰始初为随郡，值西方反，父玄谟在都，宽弃郡归。（卷二十七《王玄载传》，第510页4—5行）

按：“西方反”，《南史·王玄谟传》作“四方反”。考是时响应晋安王子勋反者，有雍州刺史袁顗，徐州刺史薛安都、司州刺史庞孟纠、豫州刺史殷琰、青州刺史沈文秀、冀州刺史崔道固、湘州刺史何慧文、广州刺史袁昙远、益州刺史萧惠开、梁州刺史柳元怙、荆州刺史临海王子顼、吴兴太守王昙生、义兴太守刘延孙、会稽太守寻阳王子房等，《宋书·殷孝祖传》所谓“时普天同逆，朝廷唯保丹阳一郡”，《宋书·刘勔传》所谓“江州刺史晋安王子勋为逆，四方响应”者也。“四方反”，“四方反叛”等，乃记载是时形势所常用之语，《宋书·王景文传附王蕴传》：“会太宗初即位，四方叛逆，蕴遂感激为将。”《宋书·黄回传》：“会太宗初即位，四方反叛，明宝启太宗使回募江西楚人。”《宋书·吴喜传》：“太宗初即位，四方反叛，东兵尤急。”《宋书·宗越传附武念传》：“太宗初即位，四方反叛，遣念乘驿还雍州，绥慰西土。”《宋书·王玄谟传》：“时四方反叛，以玄谟为大统，领水军南讨。”《宋书·顾觊之传》：“太宗泰始初，四方同反，觊之家寻阳，寻阳王子房加以位号，觊之不受。”《宋书·顾琛传》：“太宗泰始初，与四方同反，兵败，奉母奔会稽。”皆为其例。即《南史》作“四方反”者，是也。此“西方”，乃“四方”之形讹。本书《垣荣祖传》云：“明帝初即位，四方反，除荣祖冗从仆射。”亦为此例。

少而静处读书，刺史杜骥闻名候之，辞不相见。年四十，刺史刘道隆辟为治中从事。（卷二十八《刘善明传》，第522页倒7行）

按：上文云“元嘉末，青州饥荒，人相食，善明家有积粟”，下文云“泰始初，徐州刺史薛安都反，青州刺史沈文秀应之。时州治东阳城，善明家在郭内，不能自拔。伯父弥之诡说文秀求自效”，是善明时家于青州之东阳，则上文所云之刺史杜骥、刘道隆，皆指青州刺史也。寻《宋书》之《孝武帝纪》、《刘道隆传》、《南史》之《宋本纪》、《刘怀肃传附刘道隆传》，刘道隆于宋孝武帝大明四年三月为青冀二州刺史，任至大明八年闰五月，入为右卫将军。则善明为刘道隆辟为治中从事在大明四年至八年间。故其为刘道隆所辟后，乃有“仍举秀才，孝武帝见其对策强直，甚异之”之事。今约以大明五年（461）善明年四十计之，则其于齐建元二年卒时，年为五十九。而本卷下文又云善明，“建元二年卒，年四十九。二处乖讹，必有一误。寻下文云：“父怀民谓善民曰：‘我已知汝立身，复欲见汝立官也。’”见善民为刘道隆所辟时，年当三十，故其父乃曰立身耳，即此“年四十”者，“年三十”之讹也。

初，义阳人夏伯宜杀刚陵戍主叛渡淮，虏以为义阳太守。悛设讨购诱之，虏□州刺史谢景杀伯宜兄弟、北襄城太守李荣公归降。（卷三十七《刘悛传》，第651页倒7—5行）

按：刘悛时任司州刺史，齐之司州时与北魏之豫州接壤，而以淮河为界也。义阳夏伯宜杀刚陵戍主叛，乃在司州管内，故刘悛设讨购诱之。寻《魏书·地形志》，魏之豫州领义阳，襄城二郡。谢景既得杀义阳太守夏伯宜、北襄城太守李荣公，当是诱而杀之，其所任自应是魏之豫州刺史矣。疑此阙字乃“豫”字耳。

中华书局点校本《南齐书》标点拾误

秋七月丁未，诏曰："……曲赦交州部内李叔献一人即抚南土，文武详才选用。并遣大使宣扬朝恩。"(卷二《高帝纪下》，第34页倒1—2行)

按：以上所载诏文乃江淹所作，考《江文通集》之《赐赦交州诏》有云："可曲赦彼州统内，咸统广泰。李叔献一人，即抚南土。其股肱文武，详才选推。"本卷所载，乃简而言之也。见是时所赦者，为交州之民众，抚交州者则李叔献也。云"李叔献一人"者，盖明其别无他遣耳。今标点以"曲赦交州部内李叔献一人即抚南土"连续作一句，文义欠明。应予"部内"益逗号，标作："曲赦交州部内，李叔献一人，即抚南土。"李叔献抚交州始末，见本书卷五十八《东南夷传》，可以参看。

壬子，以骠骑大将军豫章王嶷为司空，扬州刺史、前将军临川王映为荆州刺史。(卷二《高帝纪下》，第37页4—5行)

按：本书体例，记人官职时例以军号居前，而所任州郡则居后，如本卷上文所载建元元年四月"戊戌，以荆州刺史嶷为尚书令、骠骑大将军、开府仪同三司、扬州刺史"是也，此例甚夥，要不列举。今乃云"扬州刺史、前将军临川王映为荆州刺史"，实为可疑。考本书卷二十二《豫章文献王嶷传》记萧嶷建元二年由荆、湘二州刺史"入为都督扬南徐二州诸军事、中书监、司空、扬州刺史，持节、侍中如故"，卷三十五《高帝十二王传》记临川王萧映由"前将军、扬州刺史"而"出为都督荆湘雍益梁巴宁南北秦九州诸军事、镇西将军、荆州刺史"。是萧嶷是时乃为司空、扬州刺史，萧映为荆州刺史，明标点以"扬州刺史"属下而归之于萧映者，非是。《通鉴》卷一百三十五记是年十二月壬子，"以豫章王嶷为中书监、司空、扬州刺史，以临川王映为都督荆雍等九州诸军事、荆州刺史"，于"扬州刺史"后益一"以"字，文义立显。即上文应改标作："壬子，以骠骑大将军豫章王嶷为司空、扬州刺史，前将军临川王映为荆州刺史。"

王侯出身官无定，准素姓三公长子一人为员外郎。（卷二十二《豫章文献王传》，第 419 页倒 2 行）

按：以上文义窒碍难解，且"准素姓三公长子一人"云云，又非史法，合下文观之，此"准"字当属上，改标作："王侯出身官无定准，素族三公长子一人为员外郎。""定准"，当时语，韩康伯注《易・系辞》"不可为典要"云："不可立定准也。"《宋书・天文志一》载何承天《论浑象体》云："设使唐、虞之世，已有浑象，涉历三代，以为定准，后世聿遵，孰敢非革。"本卷上文亦有云："宋氏以来，州郡秩俸及〔杂〕供给，多随土所出，无有定准。"（校勘记："杂"据《南史》及《通典・食货典》补。）皆为其例。无定准，无一定之标准也。因王侯出身官无定准，故下文乃有"建武中，子操解褐为给事中，自此齐末皆以为例"之记载，即自子操之后乃有定准矣。

初，敬儿既斩沈攸之，使报随郡太守刘道宗，聚众得千余人，立营顿。司州刺史姚道和不杀攸之使，密令道宗罢军。（卷二十五《张敬儿传》，第 473 页 5—6 行）

按：敬儿时为雍州刺史、都督雍梁二州及郢州之竟陵司州之随郡军事，位任远过于隋郡太守，如其斩沈攸之，不应反报于随郡太守刘道宗，且攸之既死，刘道宗亦不应复聚众且立营顿，姚道和又不得密令道宗罢军也。观此传下文续云："及攸之围郢，道和遣军顿堇城为郢援，事平，依例蒙爵赏。"则是时沈攸之未尝被杀也甚明，由是知此处标点有误。考上文云："昇明元年冬，攸之反，遣使报敬儿，敬儿劳接周至，为设酒食，……乃列仗于厅事前斩之。"即敬儿所斩者，乃沈攸之遣往雍州之使者也。敬儿既斩攸之使者，故往报随郡太守刘道宗，使其起兵以应朝廷，道宗亦聚众而得千人。而是时姚道和心向攸之，故不杀攸之使者且密令道宗罢军，以观事变耳。《宋书·顺帝纪》："司州刺史姚道和、梁州刺史范柏年、湘州行事庾佩玉拥众怀贰。"可以为证。本卷下文又云："敬儿具以启闻。建元元年，太祖令有司奏道和罪，诛之。"敬儿所奏，盖即道和同攸之叛逆之罪证。《宋书·州郡志》，隋郡时属司州，故道和乃令行于道宗也。由此，上文当于"使"后点断，改标作："初，敬儿既斩攸之使，报隋郡太守刘道宗，聚众得千人，立营顿。……"

善明家有积粟，躬食饘粥，开仓以救乡里，多获全济。（卷二十八《刘善明传》，第522页5行）

按：上文应标作："躬食饘粥，开仓以救，乡里多获全济。"

以盘龙督司州军事、司州刺史、假节，将军如故，（卷二十九《周盘龙传》，第543页倒3—2行）

按：中华书局校勘记云："'假'字原阙，据各本补。"寻是时之使持节或持节或假节都督等皆述之于前，如盘龙前此之"出为假节、督交广二州军事、征虏将军、平越中郎将、广州刺史"，本卷《周山图传》载山图"出为假节、督兖青冀三州徐州东海朐山军事、宁朔将军、兖州刺史"，本卷《王广之传》载王广之"为使持节、都督淮北军事、平北将军、徐州刺史"之类是也。而今之标点，则假节反述之于后，非史法。寻盘龙于昇明元年为广州刺史时已有"假节、督广交二州军事、征虏将军"之任，今次改职，司州刺史为其新任，而假节、征虏将军则其原职，故云"假节、将军如故"也。即上文应改标作："以盘龙督司州军事、司州刺史，假节、将军如故。"方与事实相合。

世祖即位，迁长沙王镇军司马，南东海太守，司徒司马，寻阳相，南新蔡太守，安陆王北中郎左军司马、广陵太守，将军如故。（卷二十九《王广之传》，第548页5—6行）

按：广之此前为散骑常侍、太子右卫率，迁职不应单为镇军司马或南东海太守，又不应单为司徒司马。此当是广之先迁为长沙王镇军司马领南东海太守，而后又转任司徒司马，领寻阳相，又改领南新蔡太守，而后又为安陆王北中郎司马、广陵太守，转安陆王左军司马、广陵太守，而任以上数职时，前此之征虏将军皆如故也。长沙王，指高帝子长沙王晃；司徒，乃武帝子竟陵王子良；安陆王，即武帝子安陆王子敬。寻本书《高帝十二王·长沙威王晃传》，晃永明初为镇军将军、南徐州刺史。南东海为南徐州之属郡，故广之为长沙王晃镇军府司马而领南东海太守，改为司徒司马时又先后领寻阳相及南新蔡太守也。据本书《武帝纪》、《武十七王·安陆王子敬传》，子敬永明二年为北中郎将，南兖州刺史，四年进号左将军（本传作“右军”），故广之先为其北中郎司马，而后又转随府转左军司马，广陵时为南兖州州治，是广之为子敬军府佐时又领广陵太守耳。由是，上文应改标作：“世祖即位，迁长沙王镇军司马、南东海太守，司徒司马、寻阳相，南新蔡太守，安陆王北中郎左军司马、广陵太守，将军如故。”

变古制，今唯右军、领军；不尔，至今犹法钟、张。（卷三十三《王僧虔传》，第597页5—6行）

按：上文第一次印刷标作：“变古制，今惟右军。领军不尔，至今犹法钟、张。”然今标点亦误。盖领军者，乃谓僧虔曾祖王洽，王右军从弟。二人与僧虔相隔百年，故僧虔作书，不得便谓“今惟右军、领军”也。朱季海议云：“制下不当逗、逗号当在‘今’下。”所说是，即此当改标作：“变古制今，唯右军、领军；不尔，至今犹法钟、张。”乃谓若非右军、领军变古形而制今体，则至今学书者犹法钟、张之书耳。

车驾幸庄严寺听僧达道人讲，座远，不闻绪言，上难移绪，乃迁僧达以近之。（卷三十三《张绪传》，第601页2行）

按：中华书局校勘记：“‘讲’下《南史》有‘维摩’二字。”寻是时讲经者，乃僧达道人而非张绪，若张绪有言而帝不闻，则唯当移绪座，乃不得移僧达道人座以近之，且张绪听道人讲经自又不当有言也。味之文义，“座远”者乃张绪，“不闻”者亦张绪。张绪因其座距僧达道人座远之故，而不闻道人之讲，又以不闻道人之讲而言之也。因张绪言之，而又以移绪于前为难，故帝乃移僧达道人座以近绪耳。由此，上文当改标作：“车驾幸庄严寺，听僧达道人讲，座远不闻，绪言，上难移绪，乃迁僧达以近之。”绪之为齐高帝所敬，尽见于此矣。

景先事上尽心，故恩宠特密。初西还，上坐景阳楼召景先语故旧，唯豫章王一人在席而已。（卷三十六《萧景先传》，第662页倒6—5行）

按：“故旧”当属下，故旧，旧时友人也，本书卷二十二《豫章文献王传》：“建元（年）中，世祖以事失旨，太祖颇有代嫡之意，而嶷事世祖恭悌尽礼，未尝违忤颜色，故世祖友爱亦深。”“嶷不参朝务，而言事密谋，多见信纳。”故乃以“故旧”称之耳。若今标点，则所语专为故旧之事矣，非是。《南史》卷四十一《齐宗室·新吴侯景先传》标作：“上坐景阳楼召景先语，故旧唯豫章王一人在席而已。”是也。

湘东王子建字云立，世祖第二十一子也。母谢氏，无宠，世祖度为尼。高宗即位，使还母。子建，永泰元年见杀。（卷四十《武十七王·湘东王子建传》，第714页倒4—3行）

按：此处标点割裂文意，大误。寻上文既云：“母谢氏，无宠，世祖度为尼。”是此乃述子建母谢氏事，因谢氏无宠，故武帝度其为尼后，则使子建母子分离矣。至明帝即位，乃令谢氏还，以母养子建也。是上文当据中华书局点校本《南史》卷四十四《齐武帝诸子传》之标点，改标作：“高宗即位，使还母子建。永泰元年见杀。”

融不知阶级，阶级亦可不知，融政以求丞不得，所以求郡，求郡不得，亦可复求丞。（卷四十一《张融传》，第727页1—2行）

按：观此处文意，颇涉窒碍，寻上句既云“融不知阶级”，下句又云“融政以求丞不得”，连用二“融”字，亦与六朝文法不相协。致此之非者，断句之误也。此当于后一“融”字点断作句号，以之属上，而删“阶级亦可不知”后之逗号。改标作：“融不知阶级，阶级亦可不知融，政以求丞不得，所以求郡，求郡不得，亦可复求丞。”自谓其与阶级两不相知，故而求丞不得乃求郡，求郡不得而复求丞也。

建武元年，转领军将军，左将军，南徐州刺史，给扶。（卷四十二《萧谌传》，第746页3—4行）

按：本书《明帝纪》载建武元年冬十月，“中领军萧谌为领军将军、南徐州刺史”，则领军将军与左将军及南徐州刺史乃萧谌于建武元年一时所任。《通鉴》卷一百四十齐武帝建元二年亦云：“上之废郁林也，许萧谌以扬州，既而除领军将军、南徐州刺史。”可为明证。即此于“领军将军”及“左将军”后标以逗号，非是。点校本《南史》萧谌本传于此标作：“建武元年，转领军将军、左将军、南徐州刺史。”是也。

转王俭卫军东阁祭酒，太子舍人、随王镇西功曹，转文学。（卷四十七《谢朓传》，第825页4—5行）

按：太子舍人与随王镇西功曹非一时所任之职，盖太子属官在京都，而诸王镇西军府则在西部诸镇也。此于“太子舍人”后标作顿号，非是，应易为逗号。

服阕，为司徒从事中郎，州治中，别驾，从事史，本郡中正。（卷四十八《孔稚珪传》，第835页倒5行）

按：《宋书·百官志下》云：“刺史……官属有别驾从事史一人，从刺史行部；治中从事史一人，主财谷簿书；兵曹从事史一人，主兵事；部从事史每郡各一人，主察非法。……今有别驾从事史、治中从事史、主簿、西曹书佐、祭酒从事史、议曹从事史、部郡从事史，自主簿以下，置人多少，各随州，旧无定制也。”本书《百官志》：“州牧、刺史……州朝置别驾、治中、议曹、文学祭酒、诸曹部从事史。”则孔稚珪是时乃先后为州之治中从事史及别驾从事史也。按州府僚佐中，别驾从事史，治中从事史皆为上佐，然别驾位又高于治中，故稚珪乃先后有此二任耳。今标点则成稚珪先后为治中，别驾及从事史三职矣，大误。是“州治中，别驾，从事史”应改标作：“州治中别驾从事史”。

明年，迁太常，领鄱阳王师，仍转侍中，秘书监，领骁骑将军。又迁

征虏将军、临川王镇西长史、领南蛮校尉、南郡内史。（卷四十九《王奂传》，第 848 页 3—4 行）

按：《江文通集》载有江淹《王侍中为南蛮诏》一篇，乃为是年王奂由侍中迁职所作，诏有“侍中，领秘书监、骁骑将军奂，秉心贞元，志局开亮”之语，见侍中、秘书监、骁骑将军数职乃王奂一时所任，今标点于“侍中”后作逗号，非是，应易为顿号。又，据本书标点之例，“临川王镇西长史”后之顿号应易为逗号。是上文应改标作：“仍转侍中、秘书监，领骁骑将军。又迁征虏将军、临川王镇西长史，领南蛮校尉、南郡内史。”其年奂先为太常，领鄱阳王师，后迁为侍中、秘书监，领骁骑将军，又迁为征虏将军、镇西长史，领南蛮、南郡内史，故下文乃有“奂一岁三迁”之语也。

元嗣等惩刘山阳之败，疑冲不敢进，停住夏口浦。（卷四十九《张冲传》，第 854 页倒 3 行）

按：本书《萧赤斧传》、《梁书·武帝纪上》、《通鉴》卷一百四十三俱载齐东昏侯于永元二年遣辅国将军、巴西梓潼二郡太守刘山阳领精兵三千，就荆州行事萧颖胄以袭雍州刺史萧衍于襄阳，山阳等至江陵后，乃为萧颖胄所杀。此即所谓“刘山阳之败”也，事乃在今次薛元嗣领兵西上之前。刘山阳于荆州事败事与今次薛元嗣等领兵就张冲，以拒萧衍事颇为相近，故元嗣乃惩刘山阳之败，疑冲有二心而不敢进也。是上事皆属之薛元嗣，今标点如此，则似薛元嗣疑张冲不敢进兵矣，故非是。此当于“冲”后益逗号，标作：“惩刘山阳之败，疑冲，不敢进。”

其二：以《尧典》云“日短星昴，以正仲冬”。以此推之，唐世冬至日，在今宿之左五十许度。（卷五十二《文学传》，第 904 页倒 7—6 行）

按：“唐世”者，唐尧之世也，今于“唐世”下加专名号，非是。应改于“唐”下加专名号。又，“唐世冬至日”云云，乃谓唐世冬至之时，日乃在某度也。今以“日”字属上，则下文乃不知何所指。应改以“日”字属下，标作：“唐世冬至，日在今宿之左五十许度。”《后汉书·律历志中》有云：“而候者皆知冬至之日，日在斗二十一度。”叠一“日”字，文意立显。中华书局点校本《宋书》卷十三《律历志下》之标点是，可以参看。

隆昌元年，迁琇之为宁朔将军、晋熙王冠军长史，行郢州事，江夏内史。(卷五十三《良政传》，第922页倒3行)

按：宁朔将军等数职与江夏内史应皆孔琇之一时所任。琇之所佐之晋熙王，乃齐高帝第十八子銶，据本书卷三十五《高帝十二王传》，晋熙王銶隆昌元年出为冠军将军、郢州刺史。銶时年少，当未亲政，故乃以琇之行郢州事耳。江夏时为郢州州治，乃又以琇之为江夏内史。是上文应改标作："迁琇之宁朔将军、晋熙王冠军长史，行郡州事、江夏内史。"中华书局点校本《南史·孔靖传》于此作"隆昌元年，迁琇之晋熙王冠军长史、江夏内史，行郢州事"，可以参看。

中华书局点校本《南史》考疑

卷一《宋本纪上》

玄复挟天子至江陵，因走南郡，太守王腾之、荆州别驾王康产奉天子入南郡府。（中华书局1975年版点校本，下同。第8页4—5行）

按：《通鉴》卷一百一十三云："（元兴三年五月）玄挟帝单舸西走……己卯，玄与帝入江陵。冯该劝使更下战，玄不从，欲奔汉中就桓希，而人情离沮，号令不行。庚辰，夜中处分欲发，城内已乱，乃与亲近腹心百余人乘马出城西走。……辛巳，荆州别驾王康产奉帝入南郡府舍，太守王腾之率文武为侍卫。"乃详记上事始末。《建康实录》卷十一亦载是时事云："己卯，桓玄自江陵逃汉中。荆州别驾王康产、南郡相王腾之奉天子入南郡。"南郡相，即南郡太守也。证之以《晋书》卷九十九《桓玄传》，桓玄其时挟持晋安帝至江陵后，旋弃安帝而率亲信西逃汉中，安帝因此得脱离桓玄掌握，故王康产、王腾之等始能奉帝至南郡府耳。而标点如此，则成桓玄挟安帝至江陵后，又挟帝奔于南郡矣。且据《宋书》卷三十七《州郡志三》，时南郡所治即为江陵，此"因走南郡"者，又颇令人费解，明上文标点之非是。中华书局点校本《宋书·武帝纪上》于此标作："玄走江陵，因西走。南郡太守王腾之、荆州别驾王康产奉天子入南郡府。"是也。此亦应于"因走"后点断作句号，以"南郡"下属。改标作："玄复挟天子至江陵，因走。南郡太守王腾之、荆州别驾王康产奉天子入南郡府。”

今命使持节、兼太尉、尚书左仆射晋宁县五等男湛授相国印绶、宋公玺绂。(第18页倒3—2行)

按:“湛”即袁湛,其奉晋命授刘裕相国印绶、宋公玺绂事乃在晋安帝义熙十二年(416)十二月。今考之本书卷二十六《袁湛传》云:“义熙十二年,为尚书右仆射,武帝北伐,湛兼太尉,与兼司空尚书范泰奉九命礼物拜授武帝,帝冲让。”本书卷三十三《范泰传》云:“后加散骑常侍,为尚书,兼司空,与右仆射袁湛授宋公九锡,随军到洛阳。”皆记袁湛至洛阳授刘裕宋公玺绶等事时,所任乃尚书右仆射,与此作“尚书左仆射”者异。又考《宋书》卷五十二《袁湛传》、卷六十《范泰传》,亦载是时袁湛所任乃尚书右仆射。且本卷上文云:“(义熙十二年)八月丁巳,……尚书右仆射刘穆之为左仆射,领监军、中军二府军司。”本书卷十五《刘穆之传》亦云:“迁尚书右仆射,领选、将军、尹如故。帝北伐,留世子为中军将军、监太尉留府。转穆之左仆射、领监军中军二府军司,将军、尹、领选如故。”即尚书左仆射一职于义熙十二年八月时已由刘穆之所任,有刘穆之任左仆射后直至义熙十三年(417)十一月卒时未尝有变,此《晋书》卷十《安帝纪》、《宋书》卷二《武帝纪中》、卷四十二《刘穆之传》、《建康实录》卷十、《通鉴》卷一百一十七所记皆可为证。由是知袁湛于义熙十二年十二月时必不可能有尚书左仆射之任,亦即此作“左仆射”者误。本书《袁湛传》、《范泰传》作“右仆射”,是也。

宁州尝献虎魄枕,光色甚丽,价盈百金。时将北伐,以虎魄療金创,上大悦,命碎分赐诸将。(第28页3—4行)

按:上事《宋书》卷三《武帝纪下》所载同。然味之文义,“时将北伐,以虎魄療金创,上大悦”者,颇为窒碍难解。考《建康实录》卷十一记其事云:“宁州尝献虎魄枕,……时将北伐,或曰:‘療金疮。’上大悦,命碎之,分赐诸将。”则以虎魄療金创者,乃刘裕麾下将佐所建议,故刘裕闻之而喜耳。此于“虎魄療金创”前恐佚“或曰”二字。

卷二《宋本纪中》

(元嘉十年)冬十一月,氐杨难当据有梁州。是月,且渠蒙逊死。(第43页5行)

按:且渠蒙逊之死,《宋书》卷九十八《氐胡传》载在宋文帝元嘉十年(433)四月,时年六十六岁。《魏书·且渠蒙逊传》、《北史·僭伪附庸传》皆载在北魏太武帝延和二年四月,亦即宋元嘉十年四月。《通鉴》卷一百二十二亦云元嘉十年四月,"蒙逊卒,谥曰武宣王,庙号太祖"。见此云"是月,且渠蒙逊死"者,必误。据本书体例,此"是月",或为"是岁"之讹。

(元嘉)十一年夏四月,梁、秦二州刺史萧思话破氐,梁州平。(第43页6行)

按:考《宋书》卷七十八《萧思话传》云:"(元嘉)九年,仇池大饥,益、梁州丰稔,梁州刺史甄法护在任失和,氐帅杨难当因此冠汉中。乃自徒中起思话督梁南秦二州诸军事、横野将军、梁南秦二州刺史。……汉中平。"本书卷十八《萧思话传》亦云是时,"乃自徒中起思话为梁、南秦二州刺史,平汉中,悉收侵地,置戍葭萌水"。《通鉴》卷一百二十二记是时平梁州,亦云萧思话所任乃"梁南秦二州刺史",皆与此所云"梁秦二州刺史"有异。又据《宋书》之《萧思话传》、卷四十七《刘怀肃传附刘真道传》、本书之《萧思话传》、卷十七《刘怀肃传》,元嘉十四年(418)萧思话改任为临川王刘义庆平西长史后,其原所任职乃由刘真道继之。《宋书》刘真道本传云:"(元嘉)十四年,出为梁南秦二州刺史。"《宋书·文帝纪》亦云:元嘉十四年,"二月,壬子,以步兵校尉刘真道为梁、南秦二州刺史"。由此,见萧思话于元嘉十一年平定梁州之时,所任必为梁南秦二州刺史无疑。即此于"秦"前佚一"南"字。

(元嘉)十五年春二月,以平东将军吐谷浑慕延为镇西将军、秦河二州刺史,封陇西王。(第45页3行)

按:中华书局点校本《校勘记》云:"'二月'各本并作'正月'。据《宋书》改。按《宋书》'十五年春二月,'下有'丁未'二字。是年二月辛丑朔,有丁未。正月辛未朔,无丁未。故当从《宋书》作'二月'。"福林按:《通鉴》卷一百二十三亦记上事在此年二月丁未,校改是也。《通鉴》云是时,"以吐谷浑慕利延为都督西秦河沙三州诸军事、镇西大将军、西秦河二州刺史、陇西王"。慕延即慕利延,因音译而异称。《宋书》卷九十六《鲜卑吐谷浑传》亦云是时慕延被任为"都督西秦河沙三州诸军事、镇西大将军、领护羌校尉,西秦河二州刺史、陇西王"。皆记慕延其时所任乃镇西大将军、西秦河二州刺史,与此所载之"镇西将军、秦河二州刺史"有异。今考之《魏书》卷四《世祖纪》云:"(太延三年)秋七月……丁酉,遣使者拜西秦王慕璝弟慕利延为镇西大将军、仪同三司,改封西平王。"《北史》卷九十六《吐谷浑传》云:"太延二年,慕璝死,弟慕利延立。……后拜慕利延为镇西大将军、仪同三司,改封西平王。……时慕利延又通宋,宋封为河南王。"见是时慕利延乃兼通宋魏,皆称臣,宋魏亦并以官爵笼络之。北魏太武帝太延三年,当宋文帝元嘉十四年(437),其时慕利延既已被北魏任命为镇西大将军,则宋为使其臣附,元嘉十五年时断无以其为镇西将军之理。即《通鉴》及《宋书·鲜卑吐谷浑传》作"镇西大将军"者,是也。此于"镇西"前乃佚一"大"字。

又,考《宋书·文帝纪》及本卷俱载元嘉九年六月,"乙未,以征西将军、沙州刺史吐谷浑慕璝(按《宋书》作慕容璝)为征西大将军、西秦河二州刺史、陇西王",慕璝者,慕延之兄也,璝死,慕延继之而立。宋授慕延官爵,应即以慕璝原任而任之,且慕延是时又都督西秦州军事,则其时所任应以西秦州刺史为是。亦即《通鉴》及《宋书》作"西秦河二州"者,是也。即此又于"秦河二州"前佚"西"字。

(元嘉二十年)秋七月癸丑,以杨文德为征西将军、北秦州刺史,封武都王。(第48页6行)

按:"征西将军",《通鉴》卷一百二十四作"征西大将军"。今考之《宋书·氐胡传》云今岁:"文德自号使持节、都督秦河凉三州诸军事、征西大将军、秦河凉三州牧、平羌校尉、仇池公,遣露板驰告朝廷。……朝廷诏曰:'杨文德志气果到,文武兼全,……可使持节、散骑常侍、都督北秦雍二州诸军事、征西大将军、平羌校尉、北秦州刺史，封武都王。’”见杨文德自号为征西大将军，奉表归宋，故文帝乃因其自号而号之。诏文所载，为得其实。即《通鉴》作“征西大将军”者，是也。

（元嘉二十六年）三月丁巳，宴于丹徒宫，大赦。（51页6行）

按：中华书局点校本《校勘记》云：“按元嘉二十六年三月丁卯朔，无丁巳，四月丙申朔，二十二日丁巳。疑‘三月’为‘四月’之讹。”福林按：《校勘记》指实“三月丁巳”之讹，甚是。然则疑“三月”为“四月”之讹，则未审。盖文帝是时宴于丹徒宫并大赦事乃因是年二月行幸丹徒而起，《宋书·文帝纪》云是年“二月己亥，车驾陆道幸丹徒，谒京陵”，本卷上文亦云是年“二月己亥，幸丹徒，谒京陵”，所载皆同。考是年二月丁酉朔，己亥为月之初三日，丁巳为月之二十一日。本卷此条下文又出“癸亥”，若事在二月，则为二十八日。京口与京都密尔相近，仅一日之行程，则文帝至京口后寓于丹徒宫并大赦等事，亦可能在是年二月丁巳，而未必即在两个多月后之四月丁巳。如此，则此“三月”，或又恐乃衍文也。然则究竟为二月抑或四月事，因未得明证，尚未可定耳。

（元嘉二十九年二月）戊午，立皇子休仁为建安王。（第53页倒5行）

按：中华书局点校本《宋书·文帝纪》载是年，二月“戊午，立第十二皇子休仁为建安王”，《校勘记》云：“各本并作‘庚午’，据《南史》改。按是月庚戌朔，无庚午，初九日戊午。”今考《宋书》此条上文云：“二月庚申，虏帅拓跋焘死。”乃月之十一日。如建安王休仁之立在是月戊午，即初九日，则不应反记在“庚申”之后。见点校本《宋书》据此改为“戊午”者，亦未审。亦即此条之‘戊午’，或恐有误。此事《建康实录》卷十二、《通鉴》卷一百二十六皆记在庚午日。考是年二月庚戌朔，庚午乃月之二十一日。点校本《宋书》以为是月无庚午日，盖一时之疏忽而致耳。即《宋书》各本及《建康实录》《通鉴》作“庚午”者，是也。此“戊午”，乃“庚午”之讹。

（元嘉）二十九年九月丁亥，以平西将军吐谷浑拾寅为安西将军、秦河二州刺史，封河南王。（第54页1行）

按："秦河二州"，《宋书·文帝纪》同。《通鉴》卷一百二十六作"西秦河二州"。考《宋书·鲜卑吐谷浑传》，云："二十九年，以拾寅为使持节、督西秦河沙三州诸军事、安西将军、领护羌校尉、西秦河二州刺史、河南王。"亦作"西秦河二州"。本卷下文及《宋书》卷六《孝武帝纪》又有元嘉三十年六月辛酉，"安西将军、西秦河二州刺史吐谷浑拾寅号镇西大将军"之记载。又考之《宋书》卷九十六《鲜卑吐谷浑传》，《北史》卷九十六《吐谷浑传》，拾寅乃继其叔慕延（《北史》作"慕利延"）而立，慕延于元嘉十五年为西秦河二州刺史。则今时拾寅所任，必为西秦州无疑。此于"秦"前乃脱一"西"字。

（元嘉）十二年，立为武陵王。（第55页4行）

按：以上《宋书·孝武帝纪》所载同。然二史之《文帝纪》则记元嘉十三年九月癸丑，立皇子濬为始兴王，立骏为武陵王，与此有异。考《通鉴》卷一百二十三、《建康实录》卷十二皆记元嘉十三年九月癸丑，"封皇子濬为始兴王，骏为武陵王"，《宋书》卷九十九《二凶传》亦云濬"元嘉十三年，年八岁，封始兴王"。寻刘濬为文帝次子，姿质端妍，母潘淑妃又有盛宠，故甚为文帝所喜。而刘骏则为濬之弟，又无宠于文帝，其封王必不能在刘濬之前。由此观之，孝武帝刘骏之封王，必为元嘉十三年事无疑。此"十二"者，乃"十三"之形讹也。

卷三《宋本纪下》

（元徽二年夏五月）甲午，车骑典签茅恬开东府纳贼，贼入屯中堂。（第86页6—5行）

按："车骑典签茅恬开东府纳贼"，《南齐书》卷一《高帝纪上》同。而《宋书》卷七《前废帝纪》则作"抚军典签茅恬开东府纳贼"，《建康实录》卷十四作"护军典签茅恬开东府纳贼"。寻《通鉴》卷一百三十三云是时，"抚军长史褚澄开东府纳南军"，《考异》云："《宋书》作'抚军典签茅恬开东府纳贼’,《南齐书》作‘车骑典签茅恬’,盖皆为褚澄讳耳。今从《宋略》。”据《南齐书》卷二十三《褚渊传》,褚澄乃萧齐开国元勋褚渊之弟,且澄入齐后又仕至尚书,位尊望显。沈约《宋书》成于齐初,而《南齐书》之撰写者萧子显又为齐之宗室,故二史皆为褚澄讳而委过于茅恬也。据本书卷二十三《王彧传王蕴附传》云:“事平,抚军长史褚澄为吴郡太守,司徒左长史萧惠明言于朝曰:‘褚澄开门以纳贼,更为股肱大郡,王蕴披甲死战,弃而不收,赏罚如此,何忧不乱!’褚彦回惭,乃议用王蕴为湘州刺史。”可为明证。考是时为抚军将军者,乃安成王刘准,即其后之宋顺帝。据《宋书》卷八《明帝纪》、卷九《后废帝纪》、卷十《顺帝纪》,刘准以泰始七年(421)七月为抚军将军,泰豫元年(472)四月为扬州刺史,元徽二年(474)九月进号车骑将军。由此可见,元徽二年五月桂阳王刘休范举兵攻京城时,刘准乃以抚军将军、扬州刺史而镇东府也。褚澄时为刘准抚军府长史,乃军府元佐,故刘休范军至,澄乃因惧而令开东府城门以纳休范军耳。茅恬时亦刘准抚军府佐,所任当是抚军典签。今既委过于茅恬,则《宋书》作“抚军典签茅恬”者,是也。《建康实录》之“护军典签”,乃“抚军典签”之音讹,此与《南齐书》作“车骑典签”,其误皆不待辩。

卷四《齐本纪上》

(元嘉)二十三年,雍州刺史萧思话镇襄阳,启帝自随,初为左军中兵参军。(第98页2—3行)

按:寻《南齐书·高帝纪上》亦云:“二十三年,雍州刺史萧思话镇襄阳,启太祖自随。”今考本书《萧思话传》及《宋书》之《文帝纪》《萧思话传》,萧思话元嘉二十年七月为雍州刺史,镇襄阳;二十二年正月,入为侍中,领太子右卫率;二十四年,改领左卫将军;二十五年四月,复为雍州刺史,镇襄阳。则元嘉二十三年萧思话未尝有镇襄阳事,即此与《南齐书》所谓“二十三年,雍州刺史萧思话镇襄阳”者,或为记年有误,或所记人名有误也。复考之《宋书》之《文帝纪》《孝武帝纪》,武陵王刘骏元嘉二十二年正月为抚军将军、宁蛮校尉、雍州刺史,镇襄阳;二十五年四月改为安北将军、徐州刺史，镇彭城。即元嘉二十三年时以雍州刺史镇襄阳者，乃抚军将军武陵王骏也。然萧道成至襄阳之初乃为左军中兵参军，据《宋书·百官志》，抚军将军位高于前、后、左、右将军。即武陵王骏二十二年以抚军将军出镇襄阳，则至襄阳后不应反降为左将军。由是知镇襄阳并启以萧道成自随者，必非武陵王骏可知。亦即上文所记人名不误，而记年乃非是也。考萧道成乃萧思话宗人，且道成父萧承之又数为萧思话军府佐，故思话镇襄阳时乃启以道成自随耳。以上已考知思话于元嘉二十年及二十五年先后两次为雍州刺史，镇襄阳，而《南齐书·高帝纪上》记萧道成已有“二十一年，伐索虏，至丘槛山，并破走”等事，是二十一年萧道成尚未为萧思话军府佐也，亦即萧道成随萧思话镇襄阳，必为元嘉二十五年之事。是此之“二十三年”，乃“二十五年”之讹，应于乙正。

又按：“初为左军中兵参军”，《南齐书·高帝纪》同。今考《宋书·萧思话传》云：“明年(按指元嘉二十五年)，复监雍梁南北秦四州荆州之竟陵随二郡诸军事、右将军、宁蛮校尉、雍州刺史如故。”记萧思话是时军号乃为右将军。如此，萧道成为思话军府佐，又应以右军中兵参军为是。亦即上文及《南齐书》之“左军中兵参军”，与《宋书·萧思话传》之“右将军”二者之间，必有一误。

二年正月，沈攸之平。(第103页3行)

按：上文出元徽五年，且于其年七月杀苍梧王后但云“备法驾，诣东城，迎立顺帝”，而不记改元昇明之事，遂使此“二年”，竟无年号。考本卷上文不记改元昇明事，故昇明元年事乃可记入元徽五年，而此“二年”无年号，则非是。

相国位总百辟，秩逾三事。(第106页6—7行)

按：“三事”，中华书局点校本《南齐书》卷一《高帝纪上》作“三铉”，其《校勘记》云：“‘三铉’南监本、毛本、殿本、局本作‘三事’。”朱季海《南齐书校议》云：“当是南监、毛本所据同阙此字，南监始臆补‘事’字，诸本承其讹。寻《文选》王仲宝《褚渊碑文》‘爰登中铉’，李注云：‘《周易》曰：

鼎金铉。郑玄曰:金铉,喻明道能举君之官职也。郑玄《尚书》注曰:鼎,三公象也。'是三铉犹三公,改字非是。"福林按:三公以三铉称之,盖自此始,此后《晋书·刘琨祖逖传论》云刘琨、祖逖"遇时屯而感激,因世乱以驱驰;陈力危邦,犯疾风而表劲……咸能自致三铉,成名一时";《陈书·高帝纪》载梁末册陈公云"相国秩逾三铉,任总百司,位绝朝班,礼由事革",皆为其例。南监不悟此意,乃臆改为三事,诸本从之,遂至俱讹。

(昇明三年四月)辛卯,宋帝以历数在齐,乃下诏禅位,是日逊于东邸。壬辰,遣使奉策曰。(第107页倒3行)

按:宋顺帝禅位于齐并逊于东邸事,《南齐书·高帝纪上》亦记在昇明三年四月辛卯日,而《宋书·顺帝纪》则记宋顺帝禅位在其月辛卯,逊于东邸则在禅位之次日,即其月壬辰日,云是月"辛卯,天禄永终,禅位于齐。壬辰,帝逊于东邸"。今考之《南齐书》卷二十六《王敬则传》云:"太祖将受禅,材官荐易太极殿柱,从帝欲避土,不肯出宫逊位。明日,当临轩,帝又逃宫内。敬则将轝入迎帝,启譬令出。"云顺帝"不肯出宫逊位",而"明日,又逃宫内"者,则顺帝于下诏禅位之当日并无逊于东邸事。且顺帝如已逊于东邸,次日又何以得"又逃宫内"耶?由是观之,此云"是日逊于东邸"者,必误,《宋书》所载,为得其实。《通鉴》卷一百三十五从《宋书》,云"辛卯,宋顺帝下诏禅位于齐。壬辰,帝当临轩,不肯出,逃于佛盖之下。王敬则勒兵殿庭,以板轝入迎帝。太后惧,自帅阉人索得之"(胡注:"自晋以来,宫中有佛屋以严事佛像,上为宝盖以覆之,宋帝逃于其下。"),是也。《南齐书》帝纪云禅位之日宋顺帝即逊于东邸者,盖欲讳逼宫事耳。此从《南齐书》,非是。

永明元年……夏五月丁酉,车骑将军张敬儿有罪伏诛。(第119页5行)

按:中华书局点校本《校勘记》云:"按永明元年五月己酉朔,是月无丁酉。"福林按:"五月丁酉",《南齐书·武帝纪》同。寻是年五月己酉朔,无丁酉日,此与《南齐书》所载皆误,校所言是也。今又考之《魏书》卷七《高祖纪上》云:"(太和七年)闰月癸丑,皇子生,大赦天下。五月戊寅朔，幸武州山石窟佛寺。”《通鉴》卷一百三十五记永明元年事亦云：“闰月癸丑，魏主后宫平凉林氏生子恂，……五月戊寅朔，魏主如武州山石窟佛寺。……丁酉，杀张敬儿及其四子。”魏之太和七年当齐之永明元年，则是年五月似又为戊寅朔也。究此之由，盖以南北双方置闰不同而致也。据陈垣《二十史朔闰表》，自宋文帝元嘉二十二年(445)宋改用元嘉历，而魏则仍沿用景初历不变，故自元嘉二十二年始，南北双方置闰乃各自有别。永明元年，齐闰五月，而魏则闰四月，亦即魏之闰四月即齐五月，魏之五月即齐之闰五月也。《通鉴》未察此，误以为是年五月戊寅朔而以为张敬儿之被杀在五月丁酉日。观敬儿之被杀其实在齐之闰五月，是月戊寅朔，丁酉为月之二十日。即此于“五月”后乃佚一“闰”字耳。

卷五《齐本纪下》

延兴元年秋七月丁酉……以骠骑大将军鄱阳王锵为司徒。(第139页5行)

按:《南齐书》卷五《海陵王纪》载鄱阳王锵进位司徒在延兴元年八月甲辰，考是年七月癸酉朔，丁酉为月之二十五日，八月癸卯朔，甲辰为月之初二日。《通鉴》卷一百三十九从《南齐书》作八月甲辰，二者之间未知孰是。

又，“骠骑大将军”，《南齐书·海陵王纪》同。寻《南齐书》卷四《郁林王纪》载隆昌元年四月，“丁酉，以骠骑大将军庐陵王子卿为卫将军，尚书右仆射鄱阳王锵为骠骑将军，并开府仪同三司”，本卷上文亦记郁林王隆昌元年四月，鄱阳王锵为骠骑将军。考《南齐书》卷三十五《高祖十二王传》记鄱阳王锵事有云：“隆昌元年，转尚书右仆射，常侍如故。俄迁侍中，骠骑将军、开府仪同三司，领兵置佐。……延兴元年，进位司徒，侍中、骠骑如故。”亦不记锵有任骠骑大将军之事。其云“侍中、骠骑如故”者，则明指其原任之骠骑将军如故也。复考之《南齐书·海陵王纪》记延兴元年七月事云：“以尚书令镇军大将军西昌侯鸾为骠骑大将军、录尚书事、扬州刺史、宣城郡公。”记延兴元年九月事云：“乙未，骠骑大将军鸾假黄钺。”又记其年十月事云:“进骠骑大将军、扬州刺史宣城公鸾为太傅、领大将军、扬州牧。”据《南齐书》卷六《明帝纪》云:“郁林王废,海陵王立,为使持节、都督扬南徐二州军事、骠骑大将军、录尚书事、扬州刺史,开府如故。”本书《明帝纪》、《通鉴》卷一百三十九所载同。乃见是时为骠骑大将军者,乃萧鸾也。鸾于时执掌朝政,故得以任此职。此于“骠骑”前乃衍一“大”字。

(永元元年八月)戊午,斩遥光,传首。(第148页1—2行)

按:《南齐书》卷七《东昏侯纪》亦记始安王遥光之被杀在是月戊午。考是月甲辰朔,戊午为月之十五日,然《南齐书》卷四十五《宗室·始安王遥光传》则记遥光之被杀在是月十六日。据《南齐书》卷十二《天文志上》云:“永元元年八月己未,月蚀尽,色皆赤。是夜,始安王遥光伏诛。”此月己未为月之十六,与本传正自相应。见《南齐书》本传所记,为得其实。《通鉴》卷一百四十二从之,亦记在己未日,是也。此“戊午”,乃“己未”之讹。

冬十月乙未,诛尚书令新除司空徐孝嗣、右仆射新除镇军将军沈文季。(第148页6行)

按:“右仆射”,《南齐书》卷七《东昏侯纪》同。考本卷上文及《南齐书·明帝纪》所载,明帝萧鸾临终遗诏有“沈文季可尚书左仆射”之语,《南齐书》卷四十四《沈文季传》亦云:“延兴元年,迁尚书右仆射。……永元元年,转侍中、左仆射,将军如故。始安王遥光反,……事宁,加镇军将军,置府。侍中、仆射如故。”本书《沈庆之传附沈文季传》亦云文季,“永元元年,转侍中、左仆射”。见沈文季于永元元年为东昏侯所杀时,所任当以尚书左仆射为是。因镇军将军乃始安王遥光被诛后所加,未及拜,故乃曰“新除”耳。又据《南齐书》卷六《明帝纪》所载,明帝萧鸾于永泰元年临终遗诏乃以江祏为右仆射。本书卷四十七《江祏传》云:“上崩,遗诏转右仆射。……东昏即位,参掌选事。”即于东昏侯永元时为右仆射者,乃江祏也。以上足证沈文季为东昏侯所杀时所任必左仆射无疑,此“右仆射”,乃“左仆射”之讹必矣。

(永元二年)三月乙卯,命平西将军崔慧景攻寿春。(第148页倒2行)

按:中华书局点校本《校勘记》云:"下文出'丙午'。按三月辛丑朔,初六日丙午,十五日乙卯。'丙午'不得在'乙卯'前(福林按"前"应为"后"之笔误)。又下出'乙卯',与此重复,则此之'乙卯'必误。参下条《校勘记》。"所说是也。福林按:"乙卯",《南齐书·东昏侯纪》同,寻《东昏侯纪》上文又有此月"癸卯,以辅国将军张冲为司州刺史"事,为月之初三日,癸卯与丙午之间有乙巳,为月之初五日。疑此"乙卯"乃"乙巳"之讹。

于是闭城自守,城内军事委王珍国。兖州刺史张稷入卫,以稷为副,实甲犹七万人。(第156页倒2—1行)

按:《南齐书·东昏侯纪》亦云是时"兖州刺史张稷入卫"。今考《南齐书·东昏侯纪》载永元二年事云:"十一月辛丑,以宁朔将军张稷为南兖州刺史。"即其时张稷所任又似为南兖州刺史。寻《梁书》卷十六《张稷传》云:"为持节、辅国将军、都督北徐州诸军事、北徐州刺史。出次白下,仍迁都督南兖州诸军事、南兖州刺史。俄进督北徐、徐、兖、青、冀五州诸军事,将军如故。永元末,征为侍中,宿卫宫城。义师至,兼卫尉江淹出奔,稷兼卫尉,副王莹都督城内诸军事。"张稷时既都督南兖州军事,则其当为南兖州刺史无疑。又考之《梁书》卷十七《张齐传》云:"(张)稷为南兖州,又擢为府中兵参军,始委以军旅。齐永元中,义师起,东昏征稷归,都督宫城诸军事,居尚书省。义兵至,外围渐急,齐日造王珍国,阴与定计。"亦可为张稷其时为南兖州刺史之证。即此恐于"兖州"前佚一"南"字。《通鉴》卷一百四十四亦云是时"兖州刺史张稷入卫京师",又误。

闻外鼓吹叫声,披大红袍,登景阳楼望,弩几中之。(157页5行)

按:"鼓吹叫声",《南齐书》卷七《东昏侯纪》、《通鉴》卷一百四十四皆作"鼓叫声"。福林按:战场之上,不当有鼓吹。鼓叫声,谓擂鼓叫噪之声也,《南齐书·高帝纪上》:"与黑蠡拒战,自晡达明旦,矢石不息。

其夜大雨，鼓叫不复相闻，将士积日不得寝食。"《南齐书》卷二十五《垣崇祖传》："令人持两炬火登山鼓叫，虏参骑谓其军备甚盛，乃退。"《通鉴》卷一百四十三："慧景从之，分遣千余人，鱼贯缘山，自西岩夜下，鼓叫临城中。"胡三省注："鼓叫者，既击鼓又叫呼也。"是其例。即此乃衍一"吹"字，《建康实录》从《南史》，亦误。

九月己未，诏假黄钺萧衍，若定京邑，得以便宜行事。（第159页6行）

按："己未"，《南齐书》卷八《和帝纪》作"乙未"。中华书局点校本《校勘记》云："'乙未'，《南史·齐本纪》作'己未'。按长历，是年九月壬辰朔，初四日乙未，二十八日己未。"福林按：《通鉴》卷一百四十四从《南齐书》，亦作"乙未"，其下文又记此月丁酉、己亥、戊申等事，分别为月之初六、初八、十七日。则作"乙未"者，恐是。此当因形近而讹"乙"为"己"也。

卷十一《后妃传上》

明帝即位，拜贵妃，秩同皇太子。（第326页倒4行）

按："秩同皇太子"，《宋书》卷四十一《后妃传》作"礼秩同皇太子妃"。寻后宫妃嫔自有礼秩，不当与皇太子同，即此云"秩同皇太子"者，必误。据上文云，宋武帝立国，后宫乃用晋制，置九嫔，"及孝武孝建三年，省夫人，置贵妃，位比相国，进贵嫔比丞相，贵人比三司，以为三夫人。"则明帝即位之前贵妃之位乃比拟相国，因陈氏有子，故明帝即位后乃进贵妃之礼秩，以同皇太子妃耳。是此于"皇太子"后乃佚一"妃"字。

卷十三《宋宗室及诸王传上》

义宣屯芜湖。五月十九日，西南风猛，质乘风顺流攻玄谟西垒。（第377页3—4行）

按：《宋书》卷六十八《武二王传》载此事亦云："五月十九日，西南风猛，质乘风顺流攻玄谟西垒。"中华书局点校本《校勘记》云："《通鉴考异》云:‘《义宣传》:五月十九日,西南风猛。《宋略》云:己亥,质遣尹周之攻梁山西垒,陷之。按《长历》,是月丁酋(福林按:“酋”乃“酉”之笔误。)朔,三日己亥,八日甲辰,十八日甲寅。《宋略》于己亥上有甲辰,下有甲寅,然则决非十九日与己亥。或者是己酉与辛亥也。’”《考异》所言是也,则臧质之乘风顺流而攻王玄谟西垒当在是月八日与十八之间。即此云十九日,《宋略》云“己亥”皆非是。疑《宋略》之“己亥”或为“己酉”(月之十三日)或“辛亥”(月之十五日)之误,然未得其实,故《通鉴》叙此乃不书日耳。

江夏地居爱子,位当上相,大明之世,亲礼冠朝,屈体降身,归于卑下,得使两朝暴主,永无猜色,历载逾十,以尊戚自保。(第380页倒4—2行)

按:“两朝暴主”,《宋书》卷六十一《武三王传》作“虐朝暴主”。寻宋文帝非暴主,且江夏王义恭于文帝之世颇受优遇,亦未尝有屈体降身之举。观此既明言“大明之世”,则当在孝武帝之时;文又云“屈体降身,归于卑下,……历载逾十,以尊戚自保”,考孝武帝刘骏孝建元年(453)即位,大明八年(464)卒,先后凡十二年,与“历载逾十”者适相合,若为“两朝”,则先后近五十载矣,甚不相合。见《宋书》作“虐朝暴主”是,此“两”当为“虐”之讹。“虐朝”者,孝建大明之世,“暴主”者,孝武帝刘骏也。

卷十四《宋宗室及诸王传下》

长沙王瑾弟楷、临川王烨、桂阳侯觊、新渝侯玠,并以宿恨死。(第390页7—8行)

按:《宋书》卷九十九《二凶传》作:“长沙王瑾、瑾弟楷、临川王烨……并以宿恨死。”今考之《宋书》卷五十一《宗室·长沙景王道怜传》云长沙王道怜之孙瑾,“(元嘉)三十年,为元凶所杀”,瑾弟楷,“为元凶所杀”。则长沙王瑾与其弟楷皆为元凶劭所杀,此乃于“瑾”后佚一“瑾”字,《宋书》所载是也。

(元嘉)二十六年,魏太武围汝南悬瓠城,行汝南太守陈宪保城自固,……城内负户以汲。(第395页8—7行)

按:北魏太武帝拓跋焘之围汝南悬瓠城,行汝南太守陈宪保城固守事,《宋书》卷五《文帝纪》记在元嘉二十七年二月,本书卷二《宋本纪中》亦云元嘉二十七年二月,"魏军攻悬瓠"。又据《宋书》卷五十《刘康祖传》云:"元嘉二十七年春,索虏托拔焘亲率大众攻围汝南,太祖遣诸军救援,康祖总统为前驱。"《宋书》卷七十四《臧质传》云:"二十七年春,……会索虏大帅拓跋焘围汝南,汝南戍主陈宪固守告急。太祖遣质轻往寿阳,即统彼军,与安蛮司马刘康祖等救宪。"《宋书》卷九十五《索虏传》云:"二十七年,焘自率步骑十万寇汝南。……南平王铄时镇寿阳,遣右军行参军陈宪行郡事。宪婴城固守。"皆记其事,《通鉴》卷一百二十五从之,亦载上事于元嘉二十七年,足证此"二十六年",乃"二十七年"之讹。

泰始五年,立晋平王休祐第七子宣曜为南平王,继铄。(第396页7行)

按:"第七子",《宋书》卷七十二《文九王传》同。寻《宋书·文九王·晋平剌王休祐传》于休祐十三子一一具列,第七子是为宣景,宣曜则休祐第六子也,其云:"宣曜,出继南平穆王铄封,被废还本。"《南史》本《宋书》所载未予考实,而误以第六子为第七子耳。

南谯王义宣不肯就征,以诞为侍中、骠骑大将军、扬州刺史,开府如故。改封竟陵王。(第397页3—4行)

按:上文《宋书》卷七十九《文五王·竟陵王诞传》所载同。今考之《宋书》卷六《孝武帝纪》,元嘉三十年六月辛未,"改封南谯王义宣为南郡王,随王诞为竟陵王",同年闰六月甲午,"骠骑大将军、荆州刺史竟陵王诞改为扬州刺史",本书卷二《宋本纪中》、《通鉴》卷一百二十七所载同帝纪。是刘诞之由随郡王改封竟陵王乃在前,而由荆州刺史改任扬州刺史则在后。此乃叙刘诞改任扬州刺史在前,而改封竟陵王在后,错讹失次,非是。《宋书》卷六十八《武二王·南郡王义宣传》叙义宣改封南郡王在前,而改授荆、湘二州刺史在后,乃其证也。

七月二日，庆之进军，克其外城，乘胜又克小城。（第399页4行）

按："七月二日"，《宋书》卷七十九《文五王·竟陵王诞传》同。今考之《宋书》卷六《孝武帝纪》、本书卷二《宋本纪中》、《建康实录》卷十二，皆记孝武帝大明三年秋七月己巳，克广陵城，斩诞。寻陈垣《二十史朔闰表》，是年七月丁卯朔，己巳为月之初三日。则此"七月二日"，恐是"七月三日"之形讹。《通鉴》卷一百二十九从《宋书》，云是年七月，"沈庆之帅众攻城，身先士卒，亲犯矢石。乙巳（福林按：是月丁卯朔，无乙巳，此"乙"当为"己"之形讹），克其外城，乘胜而进，又克小城"，是也。

桂阳王休范为逆，景素虽纂集兵众以赴朝廷为名，而阴怀两端。及事平，进号镇北将军。（第400倒1行—401页1行）

按："进号镇北将军"，《宋书》卷七十二《文九王传》同。据《宋书》卷九《后废帝纪》云："元徽元年，……八月……癸亥，镇军将军、南徐州刺史建平王景素进号镇北将军。""二年，……五月壬午……太尉、江州刺史桂阳王休范举兵反，……丙申，张敬儿等破贼于宣阳门、庄严寺、小市，进平东府城，枭擒群贼。……秋七月乙酉，镇北将军、南徐州刺史建平王景素进号征北将军。"《建康实录》卷一四亦云宋元徽二年秋七月，建平王景素进号征北将军。则景素之进号镇北将军乃在元徽元年八月，时在桂阳王休范乱前，而进号征北将军则在元徽二年七月，时在休范乱平之后。《南齐书》卷三十九《刘瓛传刘琎附传》云琎为"建平王景素征北主簿"，《南齐书》卷四十三《何昌□传》云"建平王景素为征北南徐州，昌□又为府主簿"，皆景素为征北将军之明证。此记景素于休范乱平后进号为"镇北将军"者，非是。此误乃因袭《宋书》未细考而致也。

运长等乃徙季符于梁州，又夺景素镇北将军、开府仪同三司。（第401页6—7行）

按：中华书局点校本《校勘记》云："'镇北'各本作'征北'。按上文云'进号镇北将军'，《通鉴》胡注亦云'征北'当作'镇北'。"福林按"又夺景素镇北将军"，《宋书》卷七十二《文九王传》所载同。寻上条已辨景素于休范乱平后进号为“镇北将军”者，乃“进号征北将军”之讹。由此，中华书局点校本校改“征北将军”为“镇北将军”者，大误。《通鉴》卷一百三十三：“夺景素征北将军、开府仪同三司。”胡注据《宋书》及本书之景素本传，未予细考，以为“‘征北’亦当作‘镇北’”，乃非是。

明帝践阼，进太尉，封庐江王。（第402页倒6行）

按：《宋书》卷七十九《文五王·庐江王祎传》亦云：“太宗践阼，进太尉。”今考《宋书》卷八《明帝纪》载景和元年，“十二月庚申朔，令书以司空东海王祎为中书监、太尉”。本书卷三《宋本纪下》所载同。寻是时刘彧虽已弑前废帝然则尚未践阼称帝，故乃称“令书”以祎为中书监、太尉耳。考刘彧之称帝乃在是年十二月丙寅，为月之初七日。则此云“明帝践阼”者，与事实不符。

时刘道隆为护军，休仁求解职，曰：“臣不得与此人同朝。”上乃赐道隆死。（第405页倒4—5行）

按：“护军”，《宋书》卷七十二《始安王休仁传》同，盖护军将军之省称耳。今考《宋书》卷四十五《刘怀慎传附刘道隆传》云：“泰始初，为太宗尽力，迁左卫将军，中护军，寻赐死。”《宋书》卷八《明帝纪》云：“（泰始元年十二月）新除中护军刘道隆卒。”本书卷十七《刘怀肃传附刘道隆传》亦云：“泰始初，又为明帝尽力，迁左卫将军、中护军。赐死。”则刘道隆是时所任当为中护军也。据《宋书》卷四十《百官志下》云：“领、护资重者为领军、护军将军，资轻者为中领军、中护军。”是中护军与护军将军自有别，不可混淆。《通鉴》卷一百三十云：“（泰始元年十二月）庚午，以右卫将军刘道隆为中护军，……至是，建安王休仁求解职，明帝乃赐道隆死。”是也。

卷十五《徐羡之传》

初，刘湛伏诛，殷景仁卒，文帝任沈演之、庾仲文（中华书局点校本《校勘记》云：“‘庾仲文’《宋书》作‘庾炳之’，此避唐嫌讳而称其字。”）、

范晔等，后又有江湛、何瑀之。自晔诛，仲文免，演之、瑀之并卒，至是江湛为吏部尚书，与湛之并居权要，世谓之江、徐。（第437页倒4—3行）

按：中华书局点校本《宋书》卷七十一《徐湛之传》校勘记云："本书卷十一《前废帝何皇后传》：'父瑀字稺玉。'此作何瑀之，盖六朝人名后之'之'字，有时可省去。又《通鉴》宋文帝元嘉二十八年胡三省注曰：'何瑀之恐当作何尚之。'盖以何瑀之虽官历清显，未尝管机密，不如何尚之之当要任。"今考《宋书》卷四十一《后妃传》，何瑀之为刘裕少女豫章康长公主之夫，与东海何勗等以豪奢相尚，虽历官清显，然则未有掌权要之事，胡注所疑是也。又据《宋书》卷六十六《何尚之传》，尚之虽屡经要任，然却素性恬退，"秉衡当朝，畏远权柄，亲戚故旧，一无荐举"，《宋书·徐湛之传》亦云："尚之虽为令，而朝事悉归湛之。"是胡注以为何瑀之恐当作何尚之，又颇有可疑之处，当未为确论也。又且何尚之卒于宋孝武帝大明四年（460），时年七十九。而此则云"晔诛，仲文免，演之、瑀之并卒，至是江湛为吏部尚书"，考范晔被杀在元嘉二十二年（445），庾仲文免官在元嘉二十五年（448），沈演之病卒在元嘉二十六年（449），江湛转吏部尚书在元嘉二十七年（450），皆见《宋书》各人本传。若何瑀之为何尚之之误，则明显于"演之、瑀之并卒"后，江湛为吏部尚书者不相合。即胡注疑何瑀之当作何尚之者，其误必矣。

余颇疑此何瑀之乃何悠之之误。悠之，何尚之之弟，尝为侍中，见《宋书·何尚之传》。寻《宋书》卷七十一《江湛传》云："元嘉二十五年，征为侍中，任以机密，领本州大中正，迁左卫将军。时改选学职……湛及侍中何攸之领博士。"此"何攸之"，乃"何悠之"之讹。于时侍中之职，任遇特隆，多委以机密，掌权要。何悠之时与江湛皆以侍中而领博士，亦可见悠之其时为文帝之所亲任也。故此云"后又有江湛、何瑀之"耳。又考之《宋书·何尚之传附悠之传》云何悠之与王微相友善，"悠之卒，微与偃书云"，寻王微卒于元嘉三十年（453），见《宋书》本传。则何悠之当卒于元嘉二十五年之后，三十年之前。与此所叙之"晔诛，仲文免，演之、瑀之并卒"之后，而江湛、徐湛之并居权要者，时间适相契合，乃其证也。

卷十六《朱龄石传》

(义熙)十年六月,龄石至彭模。七月,龄石率刘钟、蒯恩等于北城斩侯晖、谯诜。……谯纵奔涪城,巴西人王志斩送之,并获道福,斩于军门。(第458页3—4行)

按:寻《晋书》卷十《安帝纪》、《宋书》卷二《武帝纪中》、本书卷一《宋本纪上》及《建康实录》卷十皆记朱龄石平蜀、斩谯纵之时间在义熙九年七月,则此云“十年”者,当非是。又考之《宋书》卷七十四《臧质传》云:“高祖遣朱龄石统大众伐蜀,命熹奇兵出中水,……成都既平,熹遇疾。义熙九年,卒于蜀郡牛脾县。”记臧质父臧熹义熙九年于平蜀后卒于蜀郡,则朱龄石之平蜀必义熙九年事。见此“十年”,当为“九年”之误。《建康实录》卷十一、《通鉴》卷一百十六从帝纪,载上事在义熙九年,更详记朱龄石平蜀、灭谯纵、斩谯道福之经过,而月份皆与此同,足证此“十”者,乃“九”字之讹也。

卷十六《傅弘之传》

宋武帝北伐,弘之与扶风太守沈田之等七军自武关入。(第461页倒2—1行)

按:《宋书》卷二《武帝纪中》、《建康实录》卷十一、《通鉴》卷一百十七皆记义熙十二年刘裕北伐姚秦之时,以王镇恶、檀道济等率步军自淮、肥向许、洛,为北伐之主力,而傅弘之、沈田之则率偏师趋武关以为疑兵。《宋书》卷一百《自序》述其时事云:“姚绍欲自御大军,虑田子袭其后,欲先平田之,……乃率步军数万,奄至青泥。田子本为疑兵,所领裁数百,欲击之。”《通鉴》卷一百十八云:“沈田之等将攻峣柳,秦主泓欲自将以御裕军,恐田之等袭其后,欲先击灭田子等,然后倾国东出。乃帅步骑数万,奄自青泥。田子本为疑兵,所领裁千余人,闻泓至,欲击之,傅弘之以为众寡不敌止之。”沈约虽欲张大其族祖沈田之之功绩而言其众仅为数百人,《通鉴》作千余人,要当于事实为近。然则千余人之众，又何得言“七军”耶！寻《宋书·自序》又云：“高祖北伐，田之与顺阳太守傅弘之各领别军，从武关入，占据青泥。”本书卷五十七《沈约传》亦云是时沈田之所领为别军。称“别军”者，明其为偏师，乃区别于王镇恶等所率领之主力也。《宋书》卷五十《胡藩传》云：“高祖伐羌，假藩宁朔将军、参太尉军事，统别军。”《自序》云：“（义熙）十一年，复从讨司马休之，领别军。”是其例。则此“七军”者，当为“别军”之误也。

卷十六《朱修之传》

太武嘉其固守之节，以为云中镇将，妻以宗室女。（第 462 页倒 4—3 行）

按：《通鉴》卷一百二十二亦有元嘉九年，“云中镇将朱修之谋与南人袭杀魏主，因入和龙，浮海南归”之记载，则朱修之为魏所擒后，实有云中镇将之任。而《宋书》卷七十六《朱修之传》则云：“托跋焘嘉其守节，以为侍中，妻以宗室女。”中华书局点校本《校勘记》云：“‘侍中’《魏书·毛修之传朱修之附传》、《南史》作‘云中镇将’。”今考之《魏书》卷四十三《毛修之传附朱修之传》云：“世祖善其固守，授以内职，以宗室女妻之。而佞巧轻薄，为人士所贱。为云中镇将。及入冯文通，文通送之江南。”则朱修之入魏之初乃被授以内职，并妻为宗室女之后，始有云中镇将之任，中华书局点校本《宋书·朱修之传》之《校勘记》非是。寻《通鉴》卷一百二十二云：“魏主嘉朱修之守节，妻以宗女。”中华书局标点本校云：“章：甲十一行本‘节’下有‘拜侍中’三字；乙十一行本同；孔本同；张校同。”乃从《宋书》所记耳。盖《宋书》之“以为侍中”者，与《魏书》之“授以内职”适相一致也。本书删并《宋书》、《魏书》不当，致以为云中镇将在前，而妻以宗室女在后，非是。

卷十六《王玄谟传》

军至碻磝，玄谟进向滑台，围城二百余日。（第 464 页倒 1 行—465 页 1 行）

按:《宋书》卷七十六《王玄谟传》作“玄谟……遂围滑台,积旬不克。”据《宋书》卷五《文帝纪》、《通鉴》卷一百二十五,文帝元嘉二十七年七月遣军北伐,同年闰十月玄谟自滑台败退,则玄谟之围城当在数十日之内。《宋书》卷七十七《沈庆之传》亦云“玄谟攻滑台,积旬不克”,与之适相合。

卷十七《孟怀玉传》

豫义旗,从平京口,定建邺,以功封鄱阳县五等侯。(第485页倒1行—486页1行)

按:“鄱阳县五等侯”,《宋书》卷七《孟怀玉传》作“鄱阳县侯”。寻五等侯乃晋末宋初之特殊封号,即钱大昕《廿二史考异》卷十四所谓五等之封但假虚号,未有爵邑,盖出一时权宜之制者也。考《宋书》本传又云怀玉封鄱阳县侯时,“食邑千户”。若怀玉是时所封为鄱阳县五等侯,则不当有爵邑,即以特例而有之,亦不应有千户之多也。又考之《宋书》本传下文云怀玉以平卢循功,“又封阳丰县男,食邑二百五十户”,“怀玉别封阳丰男,子慧熙嗣”。慧嗣非怀玉世子,故尔嗣其别封,则怀玉是时所封,当为鄱阳县侯,《宋书》所载是也。

卷十七《刘康祖传》

孝武为豫州刺史,镇历阳,以康祖为征虏中兵参军。(第488页倒2—1行)

按:以上《宋书》卷五十《刘康祖传》所载同,此乃沿《宋书》而载也。今考之《宋书》卷六《孝武帝纪》云:“元嘉七年秋八月庚午生。十二年,立为武陵王,食邑二千户。十六年,都督湘州诸军事、征虏将军、湘州刺史,领石头戍事。十七年,迁使持节、都督南豫豫司雍并五州诸军事、南豫州刺史,将军如故,犹戍石头。二十一年,加督秦州,进号抚军将军。”则宋孝武帝刘骏为征虏将军乃在元嘉十六年至二十一年之间,刘康祖既为孝武征虏中兵参军,必在孝武为征虏将军时。寻元嘉十七年至二十一年间刘骏任南豫州刺史事，又见《宋书》卷五《文帝纪》。据《宋书》卷三十六《州郡志二》，宋武帝永初三年，分豫州为豫州及南豫州，并以南豫州治历阳；文帝元嘉七年合二豫州为一，十六年又分为二，二十二年又合二豫州为一，孝武帝大明三年又分为二。则元嘉十六年至二十一年之间乃有二豫州，亦即豫州与南豫州不可混淆也。复据《宋书》之《文帝纪》及卷五十一《宗室·营浦侯刘遵考传》，元嘉十六年至元嘉二十一年间豫州刺史迄为刘遵考所任，则其间刘骏必无任豫州刺史之事，且上文又云孝武时"镇历阳"，乃南豫州之州治，亦见是时刘骏所任，必南豫州刺史无疑。足证此及《宋书·刘康祖传》于"豫州"前俱佚一"南"字，应予乙正。

卷十八《萧思话传》

仕齐为都官尚书，掌吏部。（第500页6行）

议：《南齐书》卷四十六《萧惠基传》作："还为都官尚书，转掌吏部。""掌"前有一"转"字。考都官尚书领都官、水部、库部、功论四曹，见《宋书》卷三十九《百官志上》及《南齐书》卷十六《百官志》，不应掌吏部事。又且都官尚书之任遇又远低于吏部尚书，为都官尚书乃不应掌吏部也。寻《梁书》卷四十一《萧介传附萧洽传》云洽，"父惠基，齐吏部尚书"，明惠基于齐时曾任吏部尚书之职，故其乃有掌吏部事。则"转掌吏部"者，盖谓萧惠基时乃由都官尚书而转任吏部尚书，掌吏部事也。《南史》删一"转"字，则文意大变，非是。

卷十八《臧焘传》

凝之……后为尚书左丞，以徐湛之党，为元凶所杀。（第511页7行）

按：《宋书》卷五十五《臧焘传附臧凝之传》作："迁尚书右丞，以徐湛之党，为元凶所杀。"与此作"左丞"者异。今考《宋书》卷六十《荀伯之传》云："子赤松，为尚书左丞，以徐湛之党，为元凶所杀。"中华书局点校本《校勘记》云："宋本作'左丞'，弘治本、北监本、毛本、殿本、局本作'右丞'，本书《颜延之传》亦作'尚书左丞荀赤松'，未知孰是。今姑从宋本及《颜延之传》作'左丞'。"似是时尚书左丞为荀赤松所任，凝之又不得任此也。然据《宋书》卷一百《二凶传》则云："邵即伪位，……杀徐湛之、江湛亲党新除始兴内史荀赤松、新除尚书左丞臧凝之。"则荀赤松于被杀前已由尚书左丞而迁为始兴内史，臧凝之亦由尚书右丞而迁尚书左丞矣。因二人虽除新职然则尚未及拜官就任即被杀，故曰"新除"耳。是《宋书》本传记凝之被杀时为尚书右丞，乃其原任之职，而《宋书》、《荀伯之传》、《颜延之传》、《二凶传》及此作尚书左丞，乃其新除未拜之职耳。

卷十九《谢晦传》

瞻字宣远，一曰名檐字通远，晦次兄也。……卒时年三十五。(第525页倒7行、526页倒3行)

按："次兄"，《宋书》卷五十六《谢瞻传》作"第三兄"。今考之本卷上文记谢晦祖朗，"朗子重字景重，位会稽王道子骠骑长史。重生绚、瞻、晦、□、遯"。则瞻乃晦之次兄，《宋书》云"第三兄"者，非是。

"年三十五卒"，《宋书·谢瞻传》同。逯钦立《先秦汉魏南北朝诗》云："严可均《全宋文》云：'考瞻卒于永初二年，年三十五。灵运诛于元嘉十年，年四十九。则灵运长于瞻二岁，疑有一误。'逯按：灵运生卒无误，瞻卒年当为三十九之讹。瞻永初年卒，时如为三十九，则长于灵运二岁，元兴元年任桓伟参军为十九岁。如为三十五岁，则元兴元年仅十五岁，以常例衡之，不应是时即为参军也。"逯说是也。此"三十五"，当为"三十九"之讹，此与《宋书》皆误。

卷十九《谢灵运传》

诏徙越隽。(第543页倒1行)

议："越隽"，《南齐书》卷三十六《谢超宗传》、《梁书》卷五十《文学下·谢几卿传》作"越州"。据《宋书》卷三十八《州郡志四》、《南齐书》卷十四《州郡志上》，越州治临漳，本合浦（今广东合浦）北界，原属交州，宋明帝泰始七年立。越隽则为益州之一郡，汉武帝元鼎六年立，治所在今四川西昌东南，二地相隔悬远，了不相涉。寻下文云超宗行至豫章，诏赐自尽。超宗若徙越隽，乃不应经由豫章，即《南齐书》、《梁书》作"越州"，是也，此"越隽"乃"越州"之误。

卷二十《谢弘微传》

（谢庄）孝建元年，迁左将军。（第554页7行）

按："迁左将军"，《宋书》卷八十五《谢庄传》作"迁左卫将军"。据《宋书》卷三十九《百官志上》、卷四十《百官志下》，左卫将军、右卫将军掌京都宿卫营兵，而前、后、左、右将军则例由州郡领兵者所任，乃外职。谢庄是时由侍中而迁，又无他职，乃不应单为左将军。且其后又历任吏部尚书，右卫将军，加给事中等职，并未有外任之事。则谢庄孝建元年所迁，当以左卫将军为是，此于"左"后乃佚一"卫"字。

（大明）二年……庄及度支尚书顾觊之并补选职。迁左卫将军，加给事中。（第556页倒5行）

按："迁左卫将军"，《宋书·谢庄传》作"迁右卫将军"。今考本卷及《宋书》下文又载大明五年，谢庄迁侍中，领前军将军事，则此次迁职，当在大明二年至五年之间。寻《宋书》卷二十九《符瑞志下》云："大明五年正月戊午元日，花雪降殿庭，时右卫将军谢庄下殿，雪集衣。"则此时谢庄所迁，当以右卫将军，加给事中为是，即此又误"右卫"为"左卫"也。

卷二十二《王昙首传》

赠光禄大夫。（第589页4行）

按："光禄大夫"，《南齐书》卷三十三《王僧虔传》作"右光禄大夫"，卷二十三《王俭传》作"右光禄"，亦即右光禄大夫。而《宋书》卷六十三《王昙首传》则载昙首卒后"追赠左光禄大夫"，皆与此异。寻《宋书》卷七十一《王僧绰传》云僧绰，"左光禄大夫昙首子也"，《梁书》卷二十一《王志传》云王志，"祖昙首，宋左光禄大夫"。《建康实录》卷十二亦载元嘉七年"七月丁未，侍中王昙首卒。赠散骑常侍、左光禄大夫，谥文侯"，皆作"左光禄"。则王昙首卒后所赠，当以左光淥大夫为是。据《宋书》卷三十九《百官志上》，光禄大夫与左右光禄大夫有别，不当混淆，疑此于"赠"后佚一"左"字。

卷二十三《王彧传》

景和元年，为尚书右仆射。（第 633 页 3 行）

按：《宋书》卷八十五《王景文传》亦云："景和元年，为尚书右仆射。"而《宋书》卷七《前废帝纪》、本书卷二《宋本纪中》、《通鉴》卷一百三十皆记宋前废帝永光元年秋八月庚午，以尚书仆射颜师伯为尚书左仆射，以吏部尚书王景文为尚书右仆射；同月癸酉，改永光元年为景和元年。是月辛酉朔，庚午为月之初十日，癸酉为月之十三日。则是景文迁右仆射乃在永光之时而不在景和之世也。即此所载盖承《宋书》本传而致讹误耳。

叔父景文常诫之曰："阿答，汝灭我门户。"蕴曰："答与童乌贵贱异。"童乌，绚小字，答，蕴小字也。（第 637 页倒 5—4 行）

按："贵贱异"，《南齐书・高帝纪上》作"贵贱觉异"。周一良《魏晋南北朝史札记》（中华书局 1985 年版）之《南齐书札记》云："案：《南史》省去'觉'字，非也。觉有比较。差别或程度之意，觉异犹言差异，《世说新语》、《晋书》中皆有此用法。"

又别诏梁州刺史曹武自江陵步出襄阳。（第 638 页倒 1 行）

按：《南齐书》卷四十九《王奂传》于此作："敕镇西司马曹虎从江陵步道会襄阳。"曹武即曹虎，李延寿避唐讳改。"出襄阳"者，即至襄阳也，与"会襄阳"义同，《南齐书》卷四十九《王奂传》载永明十一年御史中丞孔稚珪奏中有云，"兴祖未死之前……道无罪，令启乞出都一辨，万死无恨”，是其例。即二传一作梁州刺史，一作镇西司马，谁是谁非，当须考实。据《南齐书》卷三十《曹虎传》云：“随郡王子隆代巴东王子响为荆州，备军容西上，以虎为辅国将军、镇西司马、南平太守。十一年，收雍州刺史王奂，敕领步骑数百，步道取襄阳。仍除持节、督梁南北秦沙四州诸军事、西戎校尉、梁南秦二州刺史，将军如故。”则曹虎于受命领兵收王奂后始由镇西司马改任梁州刺史，即《南史》作“梁州刺史”，与事实不合。《通鉴》卷一百三十八从《南齐书》，谓永明十一年二月，“敕镇西司马曹虎从江陵步道会襄阳”，是也。

卷二十四《王敬弘传》

元嘉三年，为尚书仆射。（第650页6行）

按：《宋书》卷六十六亦记王敬弘于元嘉三年“为尚书仆射”。寻《宋书》卷五《文帝纪》载元嘉三年二月，“戊午，以金紫光禄大夫王敬弘为尚书左仆射，豫章太守郑鲜之为尚书右仆射”，元嘉六年“夏四月癸亥，以尚书左仆射王敬弘为尚书令”。《宋书》卷九十三《隐逸·王弘之传》亦云：“太祖即位，敬弘为左仆射。”则元嘉三年王敬弘所任当以尚书左仆射为是。据《宋书·百官志》，是时尚书仆射与尚书左右仆射有别，不得混淆。此乃承《宋书》王敬弘本传而于“仆射”前佚一“左”字。

明年，薨于余杭之舍亭山。（第650页倒4行）

按：此《宋书》王敬弘本传亦同。今考本卷及《宋书·王敬弘传》上文皆出元嘉“二十三年”，则此“明年”者，乃元嘉二十四年也。然《宋书·文帝纪》、《建康实录》卷十二则记王敬弘卒于元嘉二十五年七月，二者之间，未知孰是。

卷二十四《王镇之传》

服阕，为征西道规司马、南平太守。（第655页2—3行）

按：以上《宋书》卷九十二《良吏·王镇之传》同。据《宋书》下文云：

"徐道覆逼江陵，加镇之建威将军，统檀道济、到彦之等讨道覆，以不经将帅，固辞，不见听。"徐道覆寇江陵时在晋安帝义熙六年，见《晋书·安帝纪》、《宋书·武帝纪上》，是王镇之服阕为刘道规军府佐，又在此前，即义熙六年前也。寻《宋书》卷三十七《州郡志三》，南平郡时属荆州，王镇之以刘道规军府佐而领南平太守，应在道规任荆州刺史时。今由《宋书》卷五十一《宗室·临川烈武王道规传》及《通鉴》所载，道规于义熙元年以辅国将军出刺荆州，义熙四年因刘敬宣伐蜀挫败，降号为建威将军；义熙六年初，卢循反，《宋书·宗室传》云："道规遣司马王镇之及扬武将军檀道济、广武将军到彦之等赴援朝廷。"《通鉴》卷一百一十五亦云是时，道规遣司马王镇之率檀道济、到彦之入援；义熙六年八月，桓谦侵寇江陵，兵败被杀，道规以破桓谦功进号征西将军。则王镇之为道规军府司马在前，而道规进号征西将军则在后，王镇之统檀道济、到彦之讨卢循前不应为征西司马，亦即王镇之服阕而为道规军府佐之初不应为征西司马也。至于镇之入道规军府时道规为辅国将军抑或建威将军，即是时镇之为道规辅国司马抑或为建威司马，则疑而不能明矣。

卷二十五《张兴世传》

欣泰……死时年三十六。(第693页倒1行)

按："三十六"，《太平御览》卷七百三十引《宋书》同，《南齐书》卷五十一《张欣泰传》作"四十六"。考本卷及《南齐书·张欣泰传》上文皆云："欣泰少时有人相其当得三公，而年裁三十。后屋瓦堕伤额，又问相者，云：'无复公相，年寿更增，亦可得方伯耳。'"则欣泰卒时年当不止三十之数，此及《御览》引作"三十六"者，实有可疑。寻本卷及《南齐书》上文又记欣泰有"年十余，诣吏部尚书褚渊(本卷作'褚彦回')"事，据《南齐书》卷二十三《褚渊传》，褚渊为吏部尚书乃在宋明帝泰始年间。泰始凡七年，若其于东昏侯永元三年(501)被杀时年三十六，则泰始七年(471)时年方六岁，泰始元年(465)尚未生。又何得有"年十余"而诣褚渊之事耶！又考之《南齐书·张欣泰传》上文云："建元初，历官宁朔将军，累除尚书都官郎。”本卷亦云：“齐建元初，为尚书都官郎。”若欣泰永元三年卒时年三十六，则逆推至建元元年(479)，年仅十四岁，建元三年年仅十六岁。欣泰将家儿，又何得以十数岁小儿便“累除尚书都官郎”耶！是作“三十六”者，其误必矣。

卷二十六《袁湛传》

元嘉二十六年，累迁尚书吏部郎。其秋大举北侵。(第698页倒2行)

按：据《宋书》卷五《文帝纪》、卷九十五《索虏传》、本书卷二《宋本纪中》、《通鉴》卷一百二十五，元嘉二十六年宋并无北伐之事，宋文帝命王玄谟北伐，事乃在元嘉二十七年秋。《宋书》卷七十一《江湛传》亦云：“二十七年，转吏部尚书。……上大举北伐，举朝以为不可，唯湛赞成之。”是此于“二十六年”后即续以“其秋，大举北伐”者，非是。疑“尚书吏部郎”后乃有佚文。

时齐高帝入屯朝堂，彦节从父弟领军将军韫入直门下省。(第705页3行)

按：以上《宋书》卷八十九《袁粲传》作：“时齐王入屯朝堂，秉从父弟领军将军韫入直门下省。”彦节即刘秉字。据《宋书》卷五十一《宗室·长沙景王道怜传附刘韫传》，是时刘韫所任乃中领军，非领军将军。又据《宋书》卷十《顺帝纪》记昇明元年七月，“右卫将军刘韫为中领军”，同年十二月壬申，“是日，司徒袁粲据石头反，……中领军刘韫、直阁将军卜伯兴在殿内同谋”；《宋书》刘秉本传亦云是时，秉“从弟中领军韫，直在省内”，是刘韫其时所任乃中领军之明证。《宋书》卷四十《百官志下》：“领军将军，一人。掌内军。……领、护资重者为领军、护军将军，资轻者为中领军、中护军。”是领军将军与中领军自有别，不得混淆，即此之“领军将军”，乃“中领军”之误，《通鉴》卷一百三十四同此，亦非是。

卷二十七《孔靖传》

帝后讨孙恩，时桓玄篡形已著，帝欲于山阴建义。季恭以山阴路远，且玄未居极位，不如待其篡后，于京口图之，帝亦以为然。（第 725 页倒 2—1 行）

按：《宋书》卷五十四《孔季恭传》亦云是时“高祖后讨孙恩”。今考《宋书》卷一《武帝纪上》云：“先是高祖东征卢循，何无忌随至山阴，劝于会稽举义。高祖以为玄未据极位，且会稽遥远，事济为难，俟其篡逆事著，徐于京口图之，不忧不克。”二处所载其实为一事，然则所讨者，乃有一作“孙恩”，一作“卢循”之异。寻刘裕先后二次东讨卢循事，《通鉴》卷一百一十二、一百一十三分别载在元兴元年五月及元兴二年正月。其时孙恩已因兵败于元兴元年三月投水自杀，事见《晋书》卷十《安帝纪》、卷一百《孙恩传》、《通鉴》卷一百十二。则刘裕欲于山阴起兵（时会稽郡治山阴，故《宋书·武帝纪》云何无忌“劝于会稽举义”），与孔靖谋讨桓玄时，孙恩死已久，而此乃云“帝后讨孙恩”者，实有可疑也。《通鉴》卷一百一十三载元兴二年八月事云：“刘裕破卢循于永嘉，……循浮海南走。何无忌潜诣裕，劝裕于山阴起兵讨桓玄。裕谋于土豪孔靖，靖曰：‘山阴去都道远，举事难成，且玄未篡位，不如待其已篡，于京口图之。’裕从之。”是其时刘裕所讨者乃卢循而非孙恩明矣。《建康实录》卷十一云：“元兴二年春正月，玄使帝讨孙恩余党，帝大破卢循于东阳。”盖孙恩死后，余众推恩妹夫卢循为主，故桓玄使刘裕讨之，乃曰“讨孙恩余党”耳。即此之“后讨孙恩”恐为“后讨卢循”或“后讨孙恩余党”之讹也。

卷二十七《殷景仁传》

会王弘、王华、王昙首相系亡，景仁引湛还朝，共参朝政。（第 739 页 4 行）

按：《宋书》卷五《文帝纪》、《建康实录》卷十二、《通鉴》卷一百二十、一百二十二，王华卒于元嘉四年五月，王昙首卒于元嘉七年七月，王弘卒于元嘉九年五月。而刘湛为殷景仁所引还朝，则在元嘉八年，《通鉴》卷一百二十二记在其年八月。则刘湛为殷景仁所引还朝之时，王弘尚未亡也。此云王弘、王华、王昙首相系亡而刘湛还朝，与事实不相合。寻《宋书》卷六十九《刘湛传》云："先是，王华既亡，昙首又卒，领军将军殷景仁以时贤零落，白太祖征湛。八年，召为太子詹事，加给事中、本州大中正，与景仁并被任遇。"单言王华、王昙首卒而不及王弘，是其证也。即上文于"会"后乃衍"王弘"二字。《宋书》卷六十三《殷景仁传》云："会王弘、华、昙首相系亡，景仁引湛还朝。"亦非是，此书之误，盖承之而未察其误也。

十二年，景仁迁中书令、护军将军，仆射如故，寻复加领吏部。（第739页6行）

按：《宋书》卷五《文帝纪》、《通鉴》卷一百二十二皆记元嘉十二年四月，殷景仁加中护军，而此则作护军将军，二者有异。考《宋书·文帝纪》又云："（元嘉）十三年……八月庚寅，尚书仆射、中护军殷景仁改为护军将军。"则元嘉十二年景仁所加者，乃中护军也。即此"护军将军"乃"中护军"之误。

卷二十九《蔡廓传》

兴宗……年十岁丧父，哀毁有异凡童。廓罢豫章郡还，起二宅，先成东宅以与兄轨。轨罢长沙郡还，送钱五十万以裨宅直。兴宗年十一，白母曰。（第765页3—4行）

按："年十岁丧父"，《宋书》卷五十七《蔡廓传附蔡兴宗传》同。今考本卷下文及《宋书》卷五十七《蔡廓传》皆云兴宗父蔡廓于宋文帝元嘉二年（425）卒；兴宗于宋明帝泰豫元年（472）卒，时年五十八。今由泰豫元年逆溯，则蔡兴宗生于晋安帝义熙十一年（415），则其父蔡廓元嘉二年卒时，兴宗年为十一岁，非十岁。此及《宋书》本传皆误。

"兴宗年十一"，《通志》卷一百四十四同。寻《宋书》、《南史》本传皆云蔡廓元嘉二年卒，已见上文。《建康实录》卷十二则更载蔡廓之卒在元嘉二年十二月戊申，寻是月壬午朔，戊申为月之二十七日。廓亡后，其兄蔡轨罢长沙郡还，则必在是年之后，即轨以钱裨宅直时，兴宗之年又不止十一之数也。

时薛安都为散骑常侍、征虏将军，太子率殷恒为中庶子。（第 767 页倒 5 行）

按：上文句式不相协，实为可疑。寻此乃记宋前废帝即位后，蔡兴宗为吏部尚书时一次选举之事。据下文续云："兴宗先选安都为左卫将军，常侍如故，殷恒为黄门，领校。太宗嫌安都为多，欲单为左卫。兴宗曰：'率、卫相去，几何之间。且已失征虏，非乃超越，复夺常侍，则顿为降贬。'"兴宗所云之"率"，即太子率，乃谓薛安都由太子率而改任左卫将军也，亦即太子率亦为安都迁职前所任者。《宋书》卷八十八《薛安都传》云："转太子左卫率，……改封武昌县侯，加散骑常侍。（大明）七年，又加征虏将军，为太子左卫率十年。"可为薛安都是时任太子率之明证。且本卷下文又载兴宗言有云："中庶、侍中，相去实远。且安都作率十年，殷恒中庶百日，今又领校，不为少也。"与《宋书》薛安都本传所载正自相应。今标点以太子率归之殷恒，大误。即上文当于"太子率"后句绝作逗号，改标作："时薛安都为散骑常侍、征虏将军、太子率，殷恒为中庶子。"

卷三十《何尚之传》

（元嘉）二十二年，为尚书左仆射。是岁造玄武湖，上欲于湖中立方丈、蓬莱、瀛洲三神山，尚之固谏乃止。（第 783 页 5—6 行）

按："尚书左仆射"，《宋书》卷六十六《何尚之传》作"尚书右仆射"。寻《宋书》卷五《文帝纪》、本书卷二《宋本纪中》皆记元嘉二十二年七月己未，孟颉由尚书仆射改任尚书左仆射，何尚之由中护军改任尚书右仆射，《通鉴》卷一百二十四从之，所载与之同。则元嘉二十二年，何尚之所任当以尚书右仆射为是，此"左仆射"，乃"右仆射"之讹。

又，《宋书·文帝纪》云："（元嘉）二十三年……是岁，大有年，筑北堤，立玄武湖，筑景阳山于华林园。"本书《宋本纪中》、《通鉴》卷一百二十四、《建康实录》卷十二所载皆同。是宋文帝之造玄武湖及欲于湖中立三神山等事，皆在元嘉二十三年。即上文之"是岁"者，又非是。据本书体例，"是岁"，当易为"明年"。

景和世，山阴主就帝求吏部郎褚彦回侍己，彦回虽拘逼，终不肯从，与戢同居止月余日，由是特申情好。（第786页5—6行）

议："与戢同居止月余日"，《南齐书》卷三十二《何戢传》同，《建康实录》卷十六亦云："戢尚宋孝武山阴公主，主就帝求褚渊内侍，渊乃与戢同居月余，终不从主意。"而《宋书》卷八十《孝武十四王·豫章王子尚传》则云："山阴主……以尚书吏部郎褚渊貌美，请自侍十日，废帝许之。"《宋书》卷七《前废帝纪》云："渊侍主十日，备见逼迫。誓死不回，终得免。"本书卷二十八《褚裕之传附褚彦回传》云："帝召彦回西上阁宿十日，公主夜就之，备见逼迫，彦回整身而立，从夕至晓，不为移志。"又皆记褚渊在山阴主处十日。考何戢乃山阴公主之夫，因褚渊入内侍主时不从山阴主之意，故二人乃有特申情好之举，然则一作"月余日"，一作"十日"，二者相去甚远。揆之情理，备受逼迫而不见从，终不当留之至月余。是《宋书》所记，为得其实，故《通鉴》卷一百三十从《宋书》，亦云"渊侍公主十余日"也。本书作"月余日"者，盖褚渊齐之功臣，子显为显其志节，故为张大之辞而云耳。《通鉴》从《宋书》，是也。《南史》未察，致使一作"月余日"，一作"十日"，自相违拗，又何其谬也。

卷三十一《张裕传》

（元嘉）二十九年，以永为扬威将军、冀州刺史，加都督。督王玄谟、申坦等诸将经略河南，进攻碻磝。（第805页3—4行）

按："扬威将军"，《宋书》卷五十三《张茂度传》同。今考《宋书》卷七十八《萧思话传》又载元嘉二十九年，萧思话"统扬武将军、冀州刺史张永众军围碻磝"，与此作"扬威将军"者异。寻《宋书·萧思话传》载是时事又有"永司马崔训"之语，是崔训其时乃张永军府司马也。据《通鉴》

卷一百二十六载是时事云:"诸军攻碻磝,治三攻道,张永等当东道,济南太守申坦当西道,扬武司马崔训当南道。"崔训时既为张永扬武司马,则其时张永所任当为扬武将军,《宋书·萧思话传》是也。疑此及《宋书·张茂度传》俱讹"扬武"为"扬威"。

后临海王为征虏将军广州,豫章王为车骑扬州,晋安王为征虏南兖州,岱历为三府谘议三王行事。(第807页6—7行)

按:"为征虏将军广州",与下文句式不协,《南齐书》卷三十二《张岱传》作"为征虏广州",是也,此于"征虏"后或衍"将军"二字。

又,《宋书》卷八十《孝武十四王·临海王子顼传》云:"其年,迁使持节、都督广交二州湘州之始兴始安临贺三郡诸军事、征虏将军、平越中郎中将、广州刺史。"据《宋书》卷七《孝武帝纪》,子顼为广州刺史自大明五年十月始,至次年七月改任荆州刺史。是张岱为临海王征虏府谘议、行广州事在大明五年十月至六年七月之间。《宋书·孝武十四王·豫章王子尚传》载,豫章王子尚于大明三年为都督扬州江州之鄱阳晋安建安三郡诸军事、抚军将军、扬州刺史,大明七年进号车骑将军。据《宋书·孝武帝纪》、《前废帝纪》,子尚进号车骑将军在大明七年五月,至八年十二月,进号司徒。则张岱为豫章王车骑府谘议、扬州行事在大明七年五月至八年十二月之间。《宋书·孝武十四王·晋安王子勋传》载晋安王子勋大明四年"仍都督南兖州徐州之东海诸军事、征虏将军、南兖州刺史",据《宋书·孝武帝纪》,时在是年八月,任至大明七年正月,改为江州刺史。则张岱为晋安王征虏谘议、行南兖州事在大明四年八月至七年正月之间。由此观之,张岱入晋安王征虏府必在入豫章王车骑府前。而此则述其入晋安王征虏府于后,入豫章王车骑府于前,必误。此"豫章王为车骑扬州"与"晋安王为征虏南兖州"盖互倒也。

卷三十三《裴松之传》

历祠部通直郎。(第864页倒6行)

按:《南齐书》卷五十三《良政·裴昭明传》亦云昭明,"历祠部通直郎”。据《通典·职官典》,通直郎乃通直散骑侍郎之省称,而祠部则无通直郎之职。由是知此云“祠部通直郎”者或非是,疑“祠部”后乃有脱文也。此盖谓昭明历官祠部某曹郎,而后又迁为通直散骑侍郎也。寻《南齐书》卷九《礼志上》载建元元年七月,“曹郎中裴昭明、仪曹郎中孔逷议”,可知昭明于建元元年议郊祀时当为尚书省某曹之郎中也。中华书局点校本《校勘记》云:“按‘曹郎中’三字疑有讹,或‘曹’上夺一字。《元龟》五百七十七‘八座丞郎通关博士议’下叠一‘议’字,然有仪曹郎中而无议曹郎中;且下云仪曹郎中孔逷,如裴昭明亦为仪曹郎中,则当云‘仪曹郎中裴昭明、孔逷’,不当在孔逷姓名上更著职位也。据《良政·裴昭明传》,但言泰始中为太学博士,历祠部通直郎,不及历官郎中事。”《校勘记》未察“祠部通直郎”之讹,又谓本传“不及历官郎中事”,皆非是,然其谓“曹上夺一字”及昭明不当为仪曹郎则甚是。《宋书》卷三十九《百官志上》:“祠部尚书领祠部、仪曹二曹。”“然则一尚书则领六郎也,主作文书,起立事草。初为郎中,满岁则为侍郎。”如《南齐书·礼志上》《校勘记》所言,昭明于时不当为仪曹郎中,而祠部尚书既领祠部曹及仪曹二曹,则其应为祠部之祠部曹郎中也必矣。即昭明先为祠部曹郎中,其后又迁为通直散骑侍郎也,故此乃曰“历”官耳。《宋书》卷四十《百官志下》,通直散骑侍郎官第五品,位高于第六品之尚书郎,故昭明乃有由祠部曹郎而为散骑侍郎事。考本卷上文记宋“元徽中”事,下文又记齐武帝“永明三年”事。与卷九《礼志上》所载昭明于齐高帝建元元年七月为尚书曹郎,时间亦正相合。皆可证此于“祠部”后当佚“郎”字也。

又按:《梁书·裴子野传》云子野,“父昭明,通直散骑常侍”,“常侍”,当为“侍郎”之误,然对照《南齐书》及《南史》本传所载,则昭明之历官尚书郎,通直散骑侍郎亦可自明矣。

卷三十六《江夷传》

初,宋明帝敕斅出继其叔悉为从祖淳后。(第942页7行)

按:以上文意窒碍难解,要当据《南齐书》卷四十三《江斅传》之标点，于“其叔愻”后点断作逗号。

又，“其叔”，《南齐书·江斆传》作“从叔”。今考《宋书》卷七十一《江湛传》云：“湛五子恁、恕、憼、愻、法寿，皆见杀。”《南史·江夷传》亦云，湛五子恁、恕、憼、愻、法寿，则愻乃江斆叔也。疑江淳无子，愻出继之，而愻又无子，故明帝敕使斆继之，因乃曰“出继从叔愻，为从祖淳后”耳。《南史》所见未及此，改字非是。

卷四十一《齐宗室·临汝侯坦之传》

事平，迁尚书左仆射、丹阳尹，右将军如故，进爵为公。（第1055页倒8—7行）

按：《校勘记》云：“按‘右将军’各本作‘右军’。按上云‘加右将军’，明此脱‘将’字。《册府元龟》三七一有‘将’字，今据补。”寻《南史·齐东昏侯纪》亦云永元元年，萧坦之被杀时为尚书左仆射，而《南齐书》卷四十二《萧坦之传》则作“尚书右仆射”，二史所载有异。今考《南齐书》卷四十四《沈文季传》云：“永元元年，转侍中、左仆射，将军如故。始安王遥光反，……与尚书令徐孝嗣守卫宫城。……事宁，加镇军将军，置府。侍中、仆射如故。”则是时为左仆射者乃沈文季。万斯同《齐将相大臣年表》亦云是时沈文季为左仆射，萧坦之为右仆射。则《南史》作“左仆射”者，盖误。《通鉴》卷一四十二从《南齐书》作“右仆射”者，是也。

卷四十二《齐高帝诸子上·豫章文献王嶷传》

高祖破薛索儿，改封西阳，以先爵赐嶷，为晋寿县侯。（第1059页倒1行）

按：《南齐书》卷二十二《豫章文献王传》所载同，寻齐高帝萧道成因破薛索儿功封西阳县侯事，见《南齐书·高帝纪》、《南史·齐本纪》，然此前却未有封晋寿县侯之记载。考《南齐书·高帝纪》、《南史·齐本纪》，道成父萧承之于宋元嘉中以军功“封晋兴县五等男，邑三百四十户”，因道成为承之嫡子，故承之卒后，道成乃“袭爵晋兴县五等男”，是所谓道成之先爵耳。今既以先爵赐嶷，则所赐当是晋兴县五等男而非晋寿县侯也甚明。即上文之“晋寿县侯”或为“晋兴县五等男”之讹也。

卷四十三《齐高帝诸子下·鄱阳王锵传》

隆昌元年，转尚书左仆射，迁侍中、骠骑将军、开府仪同三司，领兵置佐。（第1084页7行）

按：“左仆射”，《南齐书》卷三十五《高祖十二王·鄱阳王锵传》作“右仆射”。寻《南史》卷五《齐本纪下》又载隆昌元年正月，“以领军鄱阳王锵为尚书右仆射”，是《南史》纪传乃各不相顾。寻《南齐书》卷四《郁林王纪》载隆昌元年夏四月，“丁酉，以骠骑将军庐陵王子卿为卫将军，尚书右仆射鄱阳王锵为骠骑将军，并开府仪同三司”，《南史·齐本纪下》亦载隆昌元年四月，“尚书右仆射鄱阳王锵为骠骑将军”，《通鉴》卷一百三十九亦有“帝……心忌鸾，欲除之，以尚书右仆射鄱阳王锵为世祖所厚，私谓锵曰”之记载，则是时鄱阳王锵所任当以右仆射为是。又考之《南齐书》卷四十二《王晏传》云：“郁林即位，转左仆射，中正如故。……延兴元年，转尚书令，加后将军，侍中、中正如故。”《南史·齐本纪下》记永明十一年八月，“以尚书左仆射西昌侯鸾为尚书令，右仆射王晏为左仆射”，又记延兴元年秋七月，“以尚书左仆射王晏为尚书令”。见郁林王隆昌时，左仆射迄为王晏所任，即鄱阳王锵必无为左仆射之可能。是此之“左仆射”，必“右仆射”之讹也。

卷四十五《陈显达传》

显达率众数千人发寻阳。（第1135页倒6行）

议：“数千人”，《南齐书》卷二十六《陈显达传》同。今考《南齐书》本传上文载显达举兵时《与朝贵书》称其兵威，有“信次之间，森然十万，飞旍咽于九派，列舰迷于三川”之语，虽为张大之辞，然其众当必非数千人之比，且以数千人之众而欲远图京师，不啻以卵击石。显达为时之名将，久经战阵，岂能不见此而以区区数千人东下耶？况江州要地，兵自又不止数千之数也。观《南齐书》记显达军至新林后，“潜军渡取石头北上袭宫城，遇风失晓，十四日平旦，数千人登落星冈”，潜军袭宫城者尚有众数千，则发寻阳时显达军又必非数千之人众矣。寻《宋书》卷八十四《邓琬传》载宋泰始初晋安王子勋据江州反时，“（邓）琬遣孙沖之率陈绍宗、胡灵秀、薛常宝、张继伯、焦度等前锋一万，来据赭圻”，“郢州军主郑景玄、荆州军主刘亮……等合二万人，一时俱下”，《通鉴》卷一百三十一乃云：“琬遣孙沖之率龙骧将军薛常宝、陈绍宗、焦度等兵一万为前锋，据赭圻。……统郢、荆、湘、梁、雍五州兵合二万人，一时俱下。”《宋书》卷七十九《文五王・桂阳王休范传》载元徽二年休范据江州反时，“率众二万，铁骑数百匹，发自寻阳”，《通鉴》卷一百三十三乃云：“休范率众二万，骑五百发寻阳。”而今时显达反，《通鉴》卷一百四十二但云“陈显达发寻阳”，不言发兵之数，恐是已见其非矣。

卷四十六《李安人传》

武帝即位，为丹阳尹，迁尚书左仆射。（第1148页倒1行）

议：“李安人”，《南齐书》卷二十七作“李安民”，此避唐讳改。寻《南齐书》本传亦载安民“世祖即位，迁抚军将军、丹阳尹。永明二年，迁尚书左仆射”，而《南史》卷四《齐本纪上》、《通鉴》卷一百三十六则记永明二年李安民所任乃“右仆射”。二者有异，当有一误。寻是时尚书左仆射位高于右仆射，以李安民其时之位望，似不应骤升为左仆射。据《南史・齐本纪上》云：“（永明）二年春正月乙亥，以护军将军柳世隆为尚书右仆射。……壬寅，以新除尚书右仆射柳世隆为左仆射，以丹阳尹李安人为右仆射。”《通鉴》卷一百三十六所载与之同，是柳世隆与李安民同日而授，安民又不得为左仆射也。因柳世隆由右仆射迁为左仆射，故乃以世隆原任之右仆射改授李安民。因安民时之位望尚不足任左右仆射而参掌朝政，故本卷下文又有“安人时屡启密谋见赏，又善结尚书令王俭，故世传俭启有此授”之语。清万斯同《齐将相大臣年表》载永明二年正月，李安民拜右仆射，是为得之。此误“右”为“左”，应予乙正。

卷四十六《戴僧静传》

僧静……后于都载私赍锦出，事发，系南兖州狱。（第1149页倒3行）

按：《南齐书》卷三十云“僧静于都载锦出，为欧阳戍所得，系兖州狱。”又记僧静是时被系兖州狱，与此有异。寻《宋书》卷三十五《州郡志一》云：“兖州刺史……宋末失淮北，侨立兖州，寄治淮阴。”据《通鉴》卷一百三十一，时在泰始二年。考萧道成于宋末曾先后两次镇淮阴，《通鉴》卷一百三十二载泰始三年八月，“使行徐州刺史萧道成将千人镇淮阴”，《宋书·明帝纪》载泰始四年七月，“庚申，以骁骑将军齐王为南兖州刺史”，是萧道成自泰始三年八月至四年七月镇淮阴，此后即移镇南兖州之广陵。《通鉴》卷一百三十二载泰始六年“秋九月，命道成迁镇淮阴，以侍中刘勔为都督南徐兖等五州诸军事”；泰始七年七月，“以淮阴为北兖州，征萧道成入朝”。即道成于泰始六年九月至七年七月间又有镇淮阴事。寻上文载僧静于青州“事刺史沈文秀，俱没虏。后将家属叛还淮阴，太祖抚畜之，常在左右”，据《南史·宋本纪下》、《通鉴》卷一百三十二，青州刺史沈文秀为北魏所俘在泰始五年正月，则僧静没虏后逃还淮阴就萧道成及其于京都载锦出事必在泰始六七年间，即在萧道成为兖州刺史时也。观下文云僧静得道成之助自狱中逃出，匿于道成斋内，后则“随还京师”，是僧静入狱时道成仍在兖州淮阴之明证。上文既云僧静“将家属叛还淮阴，太祖抚畜之”，则是时僧静家亦居于淮阴可知。由此，僧静之由京都载锦私出，当以至兖州之淮阴为是。而自京都至淮阴，道中又无由经南兖州，由此，僧静之所系，当是兖州狱也。因兖州为萧道成之属地，故道成乃得“遣薛渊饷僧静酒食”，以使其得脱狱而还也。即《南齐书》作“南兖州”者，是也。

卷四十六《焦度传》

孝武初，青州刺史颜师伯出镇，台差度领幢主送之，与魏豹皮公遇，交槊斗，豹皮公堕地，禽其具装马，手杀数十人。（第1152页3—4行）

按："豹皮公"，《南齐书》卷三十一《焦度传》同。《通鉴》卷一百二十八则作"皮豹子"，云大明二年十一月，"魏征西将军皮豹子等将三万骑助封敕文寇青州，颜师伯御之，辅国将军（福林按"将军"应是"参军"之讹）焦度刺豹子坠马，获其铠矟具装，手杀数十人。"寻《魏书》卷五《高宗文成帝纪》、卷九十七《岛夷刘裕传》、卷五十一《皮豹子传》俱载是时魏皮豹子助封敕文攻清口，且豹子爵淮阳公而非豹皮公。此"豹皮公"，恐为"皮豹子"之讹。

卷四十七《江祏传》

建武二年迁左卫将军，掌甲仗廉察。（第1181页倒5行）

按："建武二年"后应点断作逗号，方与本书前后标点相合。

又，"左卫将军"，《南齐书》卷四十三《江祏传》作"右卫将军"。寻《南齐书》卷五二一《崔慧景传》云："高宗辅政，……慧景遣密启送诚劝进，征还，为散骑常侍、左卫将军。建武二年，……寻加冠军将军。四年，迁度支尚书，领太子左率。"则崔慧景自齐明帝萧鸾即位前即任左卫将军，任至建武四年乃迁新职，似建武二年时江祏又不得有左卫将军之任。考《南齐书·江祏传》上文载萧坦之于建武元年迁散骑常侍、右卫将军。《南齐书·明帝纪》载建武二年六月，"乙丑，以右卫将军萧坦之为领军将军"，即建武二年六月时，原右卫将军萧坦之已离任，江祏是时所迁当是继萧坦之之任耳。《南齐书》卷五十四《高逸·吴苞传》云："始安王遥光、右卫江祏于蒋山南为立馆。"亦可为江祏是时所任乃右卫将军之证。此作"左卫将军"者，必误。

及崩，遗诏转尚书左仆射。（第1181页倒1行）

按："左仆射"，《南齐书》江祏本传作"右仆射"，与此所载异。寻《南史·齐本纪下》又云明帝卒时遗诏以沈文季为尚书左仆射，江祏为尚书右仆射，又载齐东昏侯永元元年秋七月，"丙戌，杀尚书右仆射江祏、侍中江祀。"即《南史》纪传又自相违拗。考《南齐书·明帝纪》载永泰元年齐明帝临终遗诏有云："沈文季可左仆射，常侍、护军如故，江祏可右仆射。”是齐明帝卒时遗诏当以江祏为右仆射也。又考之《梁书》卷一《武帝纪上》云：“（齐）明帝崩，东昏即位，扬州刺史始安王遥光、尚书令徐孝嗣、尚书右仆射江祏、右将军萧坦之、侍中江祀、卫尉刘暄，更直内省，分日帖敕。”《梁书》卷十六《王亮传》云：“建武末，为吏部尚书。是时尚书右仆射江祏管朝政，多所进拔，为士子所归。亮自以身居选部，每持异议。”皆足证是时江祏所任，乃尚书右仆射也。此作“左仆射”，非是。

卷七十五《隐逸上·顾欢传》

同郡顾顗之临县，见而异之，遣诸子与游，及孙宪之，并受经焉。（第1874页6—7行）

议：“顾顗之”，《南齐书》卷五十四《高逸·顾欢传》作“顾觊之”。今考《梁书》卷五十二《止足·顾宪之传》云：“祖觊之，宋镇军将军、湘州刺史。”本书《陆慧晓传》云：“同郡顾宪之，字士思，宋镇南将军凯之孙也。”《校勘记》云：“按‘镇南将军’当作‘镇军将军’，‘凯之’当作‘觊之’。张森楷校勘记云：‘《梁书》宪之本传云“祖觊之，宋镇军将军”，与《宋书·顾觊之传》“卒赠镇军将军”文合，则非镇南顾凯之也。形近而误。’”福林按：《宋书》有《顾觊之传》，不作“顾顗之”，此误。

《卷七十六·隐逸下·徐伯珍传》

伯珍同郡娄幼瑜字季玉，亦聚徒教授，……著《礼捃拾》三十卷。（第1890页7—8行）

按：《校勘记》云：“‘娄’《南齐书》作‘楼’。‘玉’字各本并脱，据《刘瓛传》补。”福林按：“礼捃拾”，《南齐书》卷五十四《高逸·徐伯珍传》作“礼捃遗”。福林按：楼氏所作，《隋书·经籍志》不载，当是隋时已佚。《隋志》于《礼记要钞》十卷下有“《摭遗别记》一卷，楼幼瑜撰，亡”之记载，既名“摭遗别记”，则其所著恐以《礼捃遗》为是。陈述《补南齐书艺文志》（二十五史补编本，中华书局1955年版）云：“幼瑜著《礼捃遗》三十卷，已据本传著录，此一卷名《摭遗别记》，殆其三十卷之遗乎？”楼氏之所著,《隋书·经籍志》又载有《丧服经传义疏》二卷,曰"齐给事中楼幼瑜撰",则《南史》作"娄幼瑜",亦当是"楼幼瑜"之讹。

《卷七十九·夷貊下·武兴国传》

齐永明中,魏南梁州刺史仇池公杨灵珍据泥功山归齐,齐武帝以灵珍为北梁州刺史、仇池公。(第1979页倒5行)

按:《梁书》卷五十四《诸夷·武兴国传》云:"齐永明中,魏氏南梁州刺史仇池公杨灵珍据泥功山归款。"亦云杨灵珍于齐永明中已据泥公山归齐。而《南齐书》卷五十九《氐传》则云:"(建武)四年,伪南梁州刺史杨灵珍与二弟婆罗、阿卜珍率部曲三万余人举城归附,送母及子双健阿皮于南郑为质,梁州刺史阴广宗遣中兵参军王思考率众救援,为虏所得。婆罗、阿卜珍战死。灵珍攻集始于武兴,杀其二弟集同、集众。集始穷急,请降。以灵珍为持节、督陇右军事、征虏将军、北梁州刺史。"与此所载不同。今考之《魏书》卷五十八《杨播传》云:"初,武兴王杨集始为杨灵珍所破,降于萧鸾。"谓杨集始降于萧鸾者,乃在建武之时也,与《南齐书》所载正相应。《魏书》卷六十六《李崇传》亦云:"氐杨灵珍遣弟婆罗与子双领步骑万余,袭破武兴,与萧鸾相结。"亦记杨灵珍之南附在齐明帝时。《通鉴》卷一百四十一从《魏书》,记杨灵珍之南附及杨集始之兵败降齐在齐建武四年八月,是也。《梁书》《南史》记事在永明中,与事实不合。

又,"北梁州刺史",《梁书·诸夷·武兴国传》《南齐书·氐传》同。而《南齐书》卷六《明帝纪》则云:"(建武四年)十一月丙辰,以氐杨灵珍为北秦州刺史、仇池公、武都王。"《南史》卷五《齐本纪下》又从《南齐书·明帝纪》,亦云是时以杨灵珍为北秦州刺史。《南史》记事不经考实而自相错讹如此类者,不一而足。

中华书局点校本《资治通鉴》校勘札记

羡之等又遣使者杀庐陵王义真于新安。(《考异》曰:《宋》《南史》本纪,二月废义真徙新安之下,即云"执政使使者诛义真于新安"。《宋·义真传》:"六月癸未,羡之等遣使杀义真于徙所。"《羡之传》亦云:"废帝后,杀义真于新安,杀帝于吴县。")(卷一百二十《宋纪二·文帝元嘉元年》)

按:上文之"废帝后"三字,乃非《宋书》卷四十三《徐羡之传》中之语,《宋书·徐羡之传》及《南史》卷十五《徐羡之传》是为明证。标点以"废帝后"入引号内,非是。当改标作:"《羡之传》亦云废帝后,'杀义真于新安,杀帝于吴县。'"

冬十月,以竟陵王义宣为南徐州刺史,犹戍石头。(卷一百二十一《宋纪三·文帝元嘉七年》)

按:《宋书》卷五《文帝纪》载元嘉七年冬十月"以左将军竟陵王义宣为徐州刺史",《宋书》卷六十八《武二王·南郡王义宣传》记义宣事亦云:"仍拜左将军,镇石头。七年,迁使持节、都督徐兖青冀幽五州诸军事、徐州刺史,将军如故,犹戍石头。"皆以义宣于元嘉七年十月所任为徐州刺史,与此云义宣为南徐州刺史者异,二者之间当有一误。

寻《宋书·文帝纪》云元嘉六年春正月,"癸丑,以骠骑将军、荆州刺史彭城王义康为司徒、录尚书事,领平北将军、南徐州刺史"。(中华书局点校本校勘记云:"各本并脱'南'字,按《彭城王义康传》、《建康实录》、《通鉴》并作南徐州刺史,今据补。")又云元嘉九年六月,"戊寅,司徒、南徐州刺史彭城王义康改领扬州刺史”。又据《宋书》卷六十八《武二王·彭城王义康传》云:“(元嘉)六年,司徒王弘表义康宜还入辅,征侍中、都督扬南徐兖三州诸军事、司徒、录尚书事、领平北将军、南徐州刺史。”《南史》及《通鉴》卷一二一、一二二所载义康事与之同。由此,知元嘉六年(429)正月至元嘉九年(432)六月之间,南徐州刺史一直为彭城王义康所任,亦即元嘉七年十月,竟陵王义宣必不得有任南徐州刺史事。此作“南徐州刺史”者,必误。“南”字衍文,当删。

是时,徐州刺史例都督徐、兖、青、冀等州诸军事,而南徐州刺史则例都督南徐、南兖等州,《宋书》义宣本传既云是时义宣“都督徐兖青冀幽五州诸军事”,则义宣是时所任必为徐州刺史。前此,义宣为左将军,镇石头城,以拱卫京都。而元嘉七年任徐州刺史并未成行,仍以皇弟留卫京都,故云“犹戍石头”也。宋时诸王多有因年幼或因腹心之重虽出任外州刺史而不之镇者,如《宋书》卷六《孝武帝纪》记孝武帝刘骏为武陵王时,“(元嘉)十七年,迁使持节、都督南豫豫司雍并五州诸军事、南豫州刺史,将军如故,犹戍石头”,《宋书》卷七十九《文九王传》记南平王刘铄,“元嘉十七年,都督湘州诸军事、冠军将军、湘州刺史,不之镇,领石头戍事”,皆其例也。《通鉴》不悟其义,因见义宣戍石头而臆增一“南”字。胡三省注更释之曰:“义宣先戍石头,而南徐州镇京口,盖带刺史而犹戍石头也。”曲为之解,则误之尤甚也。

安颉与龙骧将军陆俟进攻虎牢,辛巳,拔之;尹冲及荥阳太守清河崔模降魏。(卷一百二十一《宋纪三·文帝元嘉七年》)

按:《通鉴考异》云:“《宋书》云:‘模抗节不降,投堑死。’按《后魏书》,模仕魏为武城男,《宋书》误也。”考《宋书》卷九十五《索虏传》云是时:“尹冲及司马荥阳太守崔模抗节不降,投堑死。”据《魏书》卷二十四《崔玄伯传》、《北史》卷二十四《崔逞传》,崔模于是年滑台之役降于北魏,后赐爵武城男。是崔模是役实降于魏,《通鉴考异》辨《宋书·索虏传》之误,是也。然《魏书》卷四上《世祖纪上》载魏神□三年“冬十月……辛巳,安颉平虎牢,义隆司州刺史尹冲坠城死”。魏神□三年即宋元嘉七年,是尹冲实未降于魏。《魏书》卷三十《安同传附安颉传》云:

“世祖西征赫连定，以颉为冠军将军督诸军击彦之。……进攻虎牢，虎牢溃，义隆司州刺史尹冲坠城死。”《魏书》卷九十七《岛夷刘裕传》云：“寻诏冠军将军安颉等自盟津渡，攻金墉，义隆建武将军杜骥出奔，遂乘胜进攻虎牢，陷之，斩其司州刺史尹冲。”皆足证尹冲必于虎牢之役抗节不屈，力竭投城而死。《宋书·索虏传》云尹冲与崔模俱抗节不降，固误，然《通鉴》未予深考，竟至载二人皆降，遂使千古忠魂，几遭百世之冤，岂不令人废卷长叹也。设使《魏书》佚失，则尹冲之忠魂又何以得申耶！良史如司马光，犹尚有此失，他人作史，又安能不慎之又慎哉！

夏四月，己巳，帝加景仁中书令、中护军，即家为府。（卷一百二十二《宋纪四·文帝元嘉十二年》）

按：是年夏四月丁亥朔，无己巳。《宋书·文帝纪》云是年“夏四月乙酉，尚书仆射殷景仁加中护军”，与此所记为一事而简言之也。中华书局点校本《宋书》校勘记云：“按是月丁亥朔，无乙酉。二十三日己酉，‘乙酉’或‘己酉’之讹。”寻《建康实录》卷十二乃云是年，“夏四月乙巳，以殷景仁为中书令、护军，以家为府”。乙巳为月之十九日。是“己巳”或“乙巳”之形讹。《宋书·文帝纪》作“乙酉”固误，然中华书局本《宋书》校勘记臆断为“己酉”，亦非是，此误盖未见《建康实录》所载之故也。

冬，十月，戊申，收刘湛付廷尉，下诏暴其罪恶，就狱诛之。并诛其子黯、亮、俨及其党刘斌、刘敬文、孔胤秀等八人。（卷一百二十三《宋纪五·文帝元嘉十七年》）

按：是年十月丙辰朔，无戊申日。《宋书·文帝纪》《南史·宋文帝纪》则记刘湛及其同党被杀在是年十月戊午，为月之初三日。《建康实录》卷十二记上事在是年“十一月戊午日”。考是年十一月乙酉朔，无戊午。且由上下文视之，刘湛之被杀必不十一月，即《建康实录》作十一月亦误，然则记在戊午日者则与《宋书》《南史》相合，亦可为刘湛被杀在是月戊午之佐证。

五月，裴方明等至汉中，与刘真道等分兵攻武兴、下辩、白水，皆取之。（胡注："'下辩'，《汉书》作'下辨'。"）……方明与弘祖战于浊水，大破之，斩弘祖。……难当以其子虎为益州刺史，守阴平，闻难当走，引兵还，到下辩，方明使其子肃之邀击之，擒虎，送建康，斩之；仇池平。（卷一百二十四《宋纪六·文帝元嘉十九年》）

按：以上记裴方明破氐帅杨难当，斩苻弘祖及擒杨虎等事皆在元嘉十九年五月，此盖据《宋书·文帝纪》所载是年"五月庚寅，梁秦二州刺史刘真道、龙骧将军裴方明破氐帅杨难当"而记也。然则《宋书》卷九十八《氐胡传》记其事则云："十九年正月，太祖遣龙骧将军裴方明、太子左积弩将军刘康祖、后军参军梁坦甲士三千人，又发荆、雍二州兵讨难当，受刘道眞节度。五月，方明等至汉中，长驱而进。道眞到武兴，攻伪建忠将军苻隆，克之。安西参军韦俊、建武将军姜道盛别向下辩。道眞又遣司马夏侯穆季西取白水，难当子雍州刺史顺、建忠将军杨亮拒之，并望风奔走。闰月，方明至兰皋，难当镇北将军苻义德、建节将军苻宏祖万余人列阵拒战，方明击破之，斩宏祖，杀二千余人，义德遁去。天水任愈之率部曲归顺。难当世子抚军大将军和据修城，方明又遣军率愈之攻和，大破之。于是难当将妻子奔索虏，死于虏中。安西参军鲁尚期追难当出寒峡，生禽建节将军杨保炽、安昌侯杨虎头。初，难当遣第二子虎为鎮南将军、益州刺史，守阴平。闻父走，逃还，至下辩。方明使子肃之要之，生禽虎，传送京师，斩于建康市。仇池平。"详记裴方明破仇池之经过，载裴方明破苻弘祖、擒杨虎等乃在是年闰五月而非五月。又考之《魏书》卷四下《世祖太武帝纪》云：太平真君三年，"闰月，刘义隆龙骧将军方明、梁州刺史刘康祖寇南秦，南秦王杨难当败，奔于上邽"。魏太平真君三年即宋元嘉十九年，与《宋书·氐胡传》所载相合。是《宋书·文帝纪》所载实有可疑。

《建康实录》卷十二载元嘉十九年事云："五月……京师大水，使使赈赐。刘真道征仇池，正月至此月，始克之。"寻是年征仇池，以裴方明为首功，而裴方明又受刘真道节制，故《建康实录》乃记刘真道征仇池也。然是年京都大水及遣使赈赐事，《宋书·文帝纪》《南史·宋本纪》皆记在其年闰五月，《建康实录》记在五月者，盖佚一"闰"字耳。刘真

道、裴方明征仇池在其后，亦在闰五月。以上足证《宋书·文帝纪》记事在五月者误。《通鉴》从之，乃非是。

夏四月……癸丑，武陵王军于鹊头。宣城太守王僧达得武陵王檄，……僧达乃自候道南奔。（卷一百二十七《宋纪九·文帝元嘉三十年》）

按：《宋书》卷七十五《王僧达传》载王僧达南奔武陵王刘骏之前事云："元嘉二十八年春，索虏寇逼，都邑危惧，僧达求入卫京师，见许。贼退，又除宣城太守，顷之，徙任义兴。三十年，元凶弑立，世祖入讨，普檄诸州郡，又符郡发兵。……僧达乃自候道南奔，逢世祖于鹊头。"记王僧达于元嘉三十年宋孝武帝（时为武陵王）讨元凶刘劭时所任乃义兴太守，亦即王僧达自候道南奔时所任乃为义兴太守也。与此所载"宣城太守王僧达"者，当有一误。

考《宋书·王僧达传》载僧达于孝武帝孝建三年(456)所上《求解职表》述其经历云："赐莅宣城，极其穷踬。仲春移任，方冬便值虏南侵。臣忝同肺腑，情为义动，苦求还都，侍卫辇毂，至止之日，戎旗已搴。在郡虽浅，而贪得分了，方拂农衣，还事耕牧，宣城民庶，诣阙见请。尔时敕亡从兄僧绰宣见留之旨。阖疾寡任，野心素积，仍附启苦乞且旋任。还务未期，亡兄臣锡奄见弃背，启解奔赴，赐带郡还都，曾未淹积，复除义兴。"吴丕绩《鲍照年谱》据之曰："僧达再莅宣城在元嘉二十八年，表云：'还务未期'，则去任在二十九年。则僧达为义兴当自今岁（福林按：指元嘉二十九年）始，至明年（福林按：指元嘉三十年）元凶弑逆，世祖入讨时奔世祖止。"所说是也。又考刘宋诗人鲍照有《学陶彭泽体》及《和王义兴七夕》诗各一首，皆为与王僧唱和之作，吴丕绩《鲍照年谱》、钱仲联《鲍照年表》皆以为二诗乃元嘉二十九年秋作于王僧达为义兴太守时，钱仲联《鲍参军集注》于《学陶彭泽体》诗题注亦云："僧达为义兴，当自二十九年始，至次年二月元凶弑逆，世祖入讨时奔世祖止。"所说是也。是王僧达于元嘉三十年春南奔时所任必为义兴太守而非宣城太守，亦即是时僧达乃由义兴而奔鹊头，《宋书·王僧达传》所载是也。即《通鉴》所谓"宣城太守王僧达"者，乃"义兴太守王僧达"之误也。

又据地理位置而言，鹊头即鹊洲之头，时属宣城郡，地处宣城之西

北，即今安徽铜陵西南长江边之鹊头山。僧达若由宣城奔鹊头，当不得谓之南奔。而义兴时治阳羡，即今江苏宜兴，鹊头地在义兴之西南，由义兴奔鹊头，正与“自候道南奔”者相合。以上皆足证《通鉴》所载之失。

及即位，皆以为南台侍御史兼中书通事舍人。（卷一百二十八《宋纪十·孝武帝孝建元年》）

按：六朝时用于官职之“兼”，皆有代理之义，与身兼二职之义无涉。如《南齐书》卷三十四《庾杲之传》云：“世祖令对虏使，兼侍中。上每叹其风器之美，王俭在坐，曰：‘杲之为蝉冕所照，更生风采，陛下故当与其即真。’”杲之兼侍中，王俭奏请“与其即真”，可明见“兼”之代理义。故钱大昕《廿二史考异》云：“此‘兼’字当读去声，盖假借未真授之称，与一人兼两职之‘兼’有别。”是时之中书舍人，据《宋书·百官志》《宋书·恩倖传》《南齐书·倖臣传》，乃九品之职，品位虽低，然则为帝之耳目所寄之近臣，权力极大，故往往由他官所兼，即代理也。《通鉴》所载，乃谓孝武帝即位后，以戴法兴等人为南台侍御史及兼中书舍人二职耳。今标点如此，则易使人误以为是时戴法兴等乃以南台侍御史而兼任中书舍人，故欠妥。即上文应于“南台侍御史”后益顿号，文义方显。

闰月，戊午，以尚书左仆射刘遵考为丹阳尹。（卷一百二十八《宋纪十·孝武帝孝建三年》）

按：孝武帝孝建三年闰三月，此“闰月”者，闰三月也。据《宋书·孝武帝纪》云：“（孝建二年）五月戊戌，以湘州刺史刘遵考为尚书右仆射。”“（三年）闰月戊午，尚书右候射刘遵考迁职。”记刘遵考迁职之前所任乃尚书右仆射，其所迁之职当即丹阳尹也。与此作尚书左仆射者异，二者之间当有一误。

据《宋书》卷五十一《宗室·刘遵考传》云：“明年（按指孝建二年），征为湘州刺史，未行，迁尚书左仆射。三年，转丹阳尹，加散骑常侍。复为尚书右仆射，领太子右卫率。明年，又除领军将军，加散骑常侍。五年（按指大明五年），复迁尚书右仆射、金紫光禄大夫，常侍如故。”既云遵考于任丹阳尹之后“复为尚书右仆射”，又云“复迁尚书右仆射”，则此前其所任亦当为尚书右仆射。且是时左仆射位高于右仆射，遵考是时甚受孝武帝信任，前此若任左仆射，则大明五年时又必不得降为右仆射。是《宋书·刘遵考传》云孝建二年时遵考由湘州刺史迁左仆射者误。

考《宋书·孝武帝纪》云："（元嘉三十年秋七月）己亥，尚书左仆射建平王宏加中书监、中军将军。""孝建二年冬十月壬午，中书监、尚书左仆射、中军将军建平王宏为尚书令。"是孝建二年五月时尚书左仆射乃建平王宏所任，亦即刘遵考是时必不为左仆射。《通鉴》卷一二八又载孝建二年"五月戊戌，以湘州刺史刘遵考为尚书右仆射"，亦其证也。以上足证孝建三年闰月，刘遵考转任丹阳尹前所任必尚书右仆射无疑。此作"左仆射"者，乃形近而致讹也。

勔与琰书，并以琰兄瑗子邈书与之。（卷一百三十一《宋纪十三·明帝泰始二年》）

按：《宋书》卷八十七《殷琰传》云："太宗知琰逼迫土人，事不获已，犹欲羁縻之。以琰兄前中书郎瑗为司徒右长史，子邈为山阳王休祐骠骑参军。"则瑗为琰之兄，邈为琰之子。《殷琰传》此后又载刘勔《与殷琰书》有云："贤兄长史，阶升清列，贤子参军，亦塞国网。""长史"，即指琰兄瑗，"参军"，即指琰子邈。《与殷琰书》又云："王御史昨至，主人敕、骠骑教、贤兄贤子书，今悉遣送。"皆其明证。今标点如此，则易使人误以为邈乃琰兄瑗之子，故欠妥。应于"瑗"后益顿号，标作："勔与琰书，并以琰兄瑗、子邈书与之。"

闰月，戊子，以辅师将军孟阳为兖州刺史。（卷一百三十二《宋纪十四·明帝泰始五年》）

按："孟阳"，应作"孟次阳"，此佚"次"字。孟次阳事迹，附见《宋书》卷九十四《恩倖·阮佃夫传》，云："次阳字崇基，平阳安丘人也。泰始初，为山阳王休佑骠骑参军。……以功封攸县子，食邑三百户。历右军、骠骑参军。六年，出为辅师将军、兖州刺史，戍淮阴，立北兖州，自此始也。进号冠军将军。元徽四年，卒。"《宋书》卷九《后废帝纪》、卷八十七《殷琰传》、《南史》卷七十七《恩倖传》亦皆作"孟次阳"。《宋书》卷八

《明帝纪》载是年闰月戊子，“辅师将军孟次阳为兖州刺史”，中华书局点校本校勘记云：“各本并脱‘次’字，据《阮佃夫传》《殷琰传》补。”《通鉴》之误，盖据《宋书·明帝纪》而未察其失，应补正。

秋七月，……丙申，以道成为司空、录尚书事、骠骑大将军，袁粲迁中书监，褚渊加开府仪同三司，刘秉迁尚书令，加中领军。（卷一百三十四《宋纪十六·顺帝昇明元年》）

按：《宋书》卷十《顺帝纪》云昇明元年七月丙申，“抚军将军刘秉为尚书令，加中军将军”，记刘秉是时所加乃中军将军，与此作“中领军”者异。据《宋书》卷四十《百官志下》，是时中军将军与中领军各一人而司职不同，二者不能混淆。

考《宋书》卷九《后废帝纪》云：“（元徽二年）六月庚子，以平南将军齐王为中领军、镇军将军、南兖州刺史。”《宋书》卷十《顺帝纪》又云：“（昇明元年七月丙申）尚书左仆射、中领军、镇军将军、南兖州刺史齐王为司空、录尚书事、骠骑大将军、刺史如故。……右卫将军刘韫为中领军。”是昇明元年七月丙申前中领军乃萧道成所任，萧道成离中领军任后乃由刘韫继之。刘韫，刘秉从弟，《宋书》卷五十一《宗室·长沙景王道怜传附刘韫传》云韫，“又改领左卫将军、散骑常侍、中领军。昇明元年，谋反伏诛。”《南史》卷十三《宋宗室及诸王传上·长沙景王道怜传附刘韫传》亦云：“韫字彦文，位雍州刺史，侍中，领右卫将军、领军将军，昇明元年，被齐高帝诛。”又考之《宋书·宗室传·长沙景王道怜传附刘秉传》云：“时齐王辅政（按：指昇明元年），四海属心，秉知鼎命有在，密怀异图。袁粲镇石头，不识天命，沈攸之举兵反，齐王入屯朝堂。粲潜与秉及诸大将黄回等谋欲作乱。……从弟中领军韫，直在省内，与直阁将军卜伯兴谋，其夜共攻齐王。”《宋书·顺帝纪》云：“（昇明元年十二月）中领军刘韫、直阁将军卜伯兴在殿内同谋，录公齐王诛韫等于省内。”《南齐书》卷一《齐高帝上》云：“秉从弟领军韫及直阁将军卜伯兴等严兵为内应。”皆明记是时中领军为刘韫而非刘秉。且《宋书》刘秉本传云刘韫“直在省内”者，与其任中领军而掌内军者亦正相合。由是，是时刘秉所任必不为中领军，《通鉴》误。

据《南史》卷三《宋本纪下》云昇明元年七月，“刘彦节为尚书令，加中军将军”，《建康实录》卷十四云昇明元年七月丙申，“以抚军将军刘彦节为尚书令，加中军将军”。彦节，刘秉字，所载与《宋书·顺帝纪》正相合。是《通鉴》之“中领军”为“中军将军”之误必矣。

二月，辛巳，以征虏将军杨炅为沙州刺史、阴平王。（卷一百三十五《齐纪一·武帝永明元年》）

按：“二月辛巳”，《南齐书》卷三《武帝纪》所载同，《南史》卷四《齐本纪上》则作“二月庚寅”。考是年二月庚辰朔，辛巳为月之初二日，庚寅为月之十一日。考下文又云是月“辛丑，以宕昌王梁弥机为河、凉二州刺史”，为月之二十二日，与“辛巳”、“庚寅”皆相合，二者未知孰是。

冬十月，丁酉，解严。以宣城公鸾为太傅、领大将军、扬州牧、都督中外诸军事，加殊礼，进爵为王。……戊戌，杀桂阳王铄、衡阳王钧、江夏王锋、建安王子真、巴陵王王伦。……癸卯，以宁朔将军萧遥欣为豫州刺史、黄门郎萧遥昌为郢州刺史，辅国将军萧诞为司州刺史。……甲辰，魏以太尉东阳王丕为太傅、录尚书事，留守平城。（卷一百三十九《齐纪五·明帝建武元年》）

按：是年十月壬寅朔，无丁酉、戊戌，癸卯为月之初二日，甲辰为月之初三日。下文又记魏主于是月戊申亲告太庙事，为月之初七日。是上文所记月日有误。颇疑上文所记十月丁酉及戊戌事或在是年九月，自癸卯起始在十月也，考是年九月壬申朔，丁酉为二十六日，戊戌为二十七日，与此前所载之是年九月“壬午，魏主临朝堂，黜陟百官”，为月之十一日；“乙酉，杀锐；又杀郢州刺史晋熙王銶、南豫州刺史宜都王铿”，为月之十四日；“丁亥，以庐陵王子卿为司徒”，为月之十六日，时间皆相合。《建康实录》卷十五云：“（延兴元年九月）丁酉，进宣城公鸾为太傅，加殊礼，进为王，而尽诛诸王为藩镇者。”齐海陵王延兴元年即明帝建武元年，所记是其证也。由此，上文乃有错简。即“冬十月”三字当移置“癸卯”前。《通鉴》之误，盖沿《南齐书》卷五《海陵王纪》、《南史》卷五《齐本纪下》之误而未察也。

点校本《建康实录》卷十一校读札记

《建康实录》(以下简作"实录")是唐许嵩所撰记载六朝事迹的重要历史著作,所记史实,起于东汉献帝兴平元年(194)迄于南朝陈后主祯明三年(589)。此书旁采遗文,征引广博,史料"多出正史之外"(《四库全书总目》),许嵩于该书序中自谓其具有"周览而不烦,约而无失"的优点,是一部研究魏晋南北朝史不可或缺的历史文献。近年来,此书日益得到广大学者的重视,同时有中华书局点校本(1986 年 10 月版,以下简作"书局本")和上海古籍出版社点校本(1986 年 10 月版,以下简作"古籍本")问世,二种点校本用力颇勤,而尤以书局本之校勘为精审,诚许氏之功臣。然百密一疏,就中尚不免有一二未惬人意之处。今就二种校本之第十一卷读后所录,作此札记,分数类而为一篇,以供六朝史的研究者参考。

一、标点札记

(一) 二种点校本皆误者

遂斩弘,收其众济江。义军将克京城。初,王元德率扈兴等亦预参议谋……(书局本 364 页 1—5 行,古籍本 272 页倒 1—2 行)

按:"弘",古籍本作"宏"。寻《晋书》《宋书》《南齐书》《南史》各纪传俱作"弘"。桓弘,桓修之弟,《通鉴》亦作桓弘,古籍本作"宏"者,非是。

又按:“京城”,指京口,非指京都建康,此观上下文自可知。《宋书》《南书》《实录》凡京口或称京城,亦简作“京”,而称建康则称京邑、京师、京都。如《宋书·孟怀玉传》云怀玉“豫义旗,从平京城,进定京邑”,是其例。是时刘裕等始于京口(今江苏镇江)及广陵(今江苏扬州)起事,已克京口而尚未往攻京都建康,故不得云“将克”建康也。校点者疏忽而以京都视京城,不加地名号,非是。王鸣盛《十七史商榷》卷五十四云:“《宋书·武帝纪》……及叙至与何无忌等斩桓修之下乃云:‘义军初克京城。’又叙至刘毅抅隙事则云:‘毅自谓京城、广陵功足相抗。’京城即京口也。修乃桓玄之从兄,以抚军将军镇丹徒,帝与无忌等斩修,故云‘克京城’;而刘毅斩桓弘于广陵,故以为与刘裕斩桓修之功相抗。但本是京口,忽又变作京城,观者能无混目手!”所说是也。此“京城”应加地名号。

又,“义军将克京城”以下数句,乃倒叙刘裕等于京口起事之前事,谓王元德与刘裕预谋,欲于刘裕平定京口之日,于石头城起事而攻桓玄也。今于“京城”后标以句号,割裂文意,亦非是,应易此句号为逗号。

三月戊午,逆破皇甫敷等于罗落桥,进败桓谦将于覆舟山。玄出自西掖门,策马石头城,轻舟南逸。(书局本365页4—5行)

(元兴三年)三月戊午,逆破皇甫敷等于罗落桥,进败桓谦将于覆舟山,玄出自西掖门,策马石头城,轻舟南逸。(古籍本第273页倒6—5行)

按:据《宋书·武帝纪》、《南史·宋武帝纪》、《通鉴》卷一百十三,刘裕破桓玄将皇甫敷在此年三月戊午,而破桓谦则在次日(即乙未日),又《实录》卷十亦载三月戊午日皇甫敷等败后,桓玄方使桓谦等次陵口及覆舟山,至乙未日,桓谦等溃败。今二种点校本皆于“罗洛桥”后作逗号,则成桓谦等败亦在戊午日矣,故误。此处应易“罗落桥”后之逗号为句号。

又,《南史·宋武帝纪》云:“(桓玄)闻谦败,轻舟南逸。”(据中华书局1975年版点校本)《通鉴》卷一百十三云:“玄……闻谦等败,帅亲信数千人,声言赴战,遂将其子昇、兄子濬出南掖门。”是桓谦败而桓玄奔走，二者不可分割，此《实录》卷十亦可为证。今书局本于“覆舟山”后作句号，亦非是，此应据古籍本作逗号。由此，上文应改标作：“三月戊午，逆破皇甫敷等于罗落桥。进败桓谦将于覆舟山，玄出自西掖门，策马石头城，轻舟南逸。”

帝东征卢循，谓季恭议，欲往会稽收其兵，讨桓玄。靖以千里之外难用急，未若畿内动可集事，帝然之。（书局本366页倒7—6行）

帝东征卢循，谓季恭议欲往会稽收其兵讨桓玄。靖以千里之外难用急，未若畿内，动可集事，帝然之。（古籍本274页倒1行—275页1行）

按：以上乃倒叙元兴二年（403）春刘裕奉桓玄之命攻卢循时事，意谓刘裕是时语孔靖（字季恭），谓谋议欲往会稽收季恭兵以讨桓玄，季恭则对以不便，故刘裕从其言而止也。《宋书》载其事颇详，卷一《武帝纪上》云：“先是高祖东征孙恩，何无忌随至山阴，劝于会稽举义。高祖以为玄未据极位，且会稽遥远，事济为难，俟其篡逆事著，徐于京口图之，不忧不克。”卷五十四《孔季恭传》云：“高祖东征孙恩，屡至会稽，季恭曲意礼接，赡给甚厚。高祖后讨孙恩，时桓玄篡形已著，欲于山阴建义讨之。季恭以为山阴去京邑路远，且玄未居极位，不如待其篡形已著，衅成恶稔，徐于京口图之，不忧不克。高祖亦谓为然。”即上文“议”者，乃指何无忌等之议论也。今书局本于“议”后加逗号，则文意大变；古籍本与“谓季恭”连作一句，则文意殊不可解，皆非是。此应于“季恭”后益逗号，改标作：“帝东征卢循，谓季恭，议欲往会稽收其兵讨桓玄。靖以千里之外难用急，未若畿内动可集事，帝然之。”

（元兴三年五月）己卯，桓玄自江陵逃汉中，荆州别驾王康产、南郡相王腾之奉天子入南郡。（书局本366页倒2—1行）

己卯桓玄自江陵逃汉中。荆州别驾王康产、南郡相王腾之奉天子入南郡。（古籍本275页4—5行）

按：据本书卷十，王康产、王腾之奉晋安帝入南郡在五月辛巳，与己卯日桓玄自江陵逃汉中非同日事，书局本于“汉中”后以逗号隔，则成二事皆在己卯日矣，非是。此应据古籍本于“汉中”后标以句号。而古籍本“己卯”后则应益逗号。

今大难既夷，君臣俱泰，此诚渐无事宜，大宁治民。然蜀贼宜平，六合宜一，非不然也。（书局本 368 页 8—9 行）

今大难既夷，君臣俱泰，此诚渐无事，宜大宁治民，然蜀贼宜平，六合宜一，非不然也。（古籍本 276 页倒 6 行）

按：以上乃义熙三年刘裕遣军伐蜀时，国子博士周祗所上书中之语，意谓现今国家太平，宜以治民为要。周祗之上书，《宋书・刘敬宣传》载之较详，其云：“今大难既已夷，君臣俱泰。顷五谷转丰，民无饥苦，劫盗之患，亦为弭息，此诚渐足无事，宜大宁治本。”《实录》所载，乃《宋书》之省也。今书局本于“事宜”后断句，则文意大变。即此应从古籍本于“事”后断句。

又，“然蜀贼宜平”以下数句，与上文无涉，古籍本于“大宁治民”后作逗号，亦欠妥.应据书局本作句号。由此，上文当改标作：“今大难既夷，君臣俱泰，此诚渐无事，宜大宁治民。然蜀贼宜平，六合宜一，非不然也。”

秋七月，加帝北青、冀二州刺史。或荐北海王镇恶，召入与语悦，因留宿。（书局本 370 页倒 2 行）

（义熙五年）秋七月，加帝北青、冀二州刺史。或荐北海王镇恶，召入与语，悦，因留宿。（古籍本 278 页）

按：是时晋安帝加刘裕为北青州及冀州刺史，《宋书・武帝纪》、《通鉴》卷一百十五皆可为证。今古籍本仅於“青冀”分别加地名，非是。应于“北青”及“冀”分别加地名号。

又，书局本以“召入与语悦”作一句，于文义有碍。此处应据古籍本于“语”后断句，标作：“或荐北海王镇恶，召入与语，悦，因留宿。”

（义熙六年）冬十月，高祖率刘藩、檀韶等舟师南伐卢循，留别将范崇戍南陵，王仲德破之。（书局本 373 页倒 5 行，古籍本 280 页倒 3—2 行）

按：书局本《校勘记》云：“‘范崇’，《宋书・武帝纪上》、《王懿传》、

《蒯恩传》、《刘钟传》及《通鉴》一一五皆作‘范崇民’,此避唐讳省‘民’字”。局本校是。古籍本未出校,疏矣。

又,考《宋书·高帝纪上》云是年“十月,率兖州刺史刘藩、宁朔将军檀韶等舟师南伐。……循初自蔡州南走,留其亲党范崇民五千人,高舰百余,戍南陵。王仲德……乃进攻之。十一月,大破崇民军。”《宋书·王懿传》、《通鉴》卷一百十五所载皆同。即范崇民乃卢循部将,卢循败退时留以戍南陵以抵御刘裕大军者。今二种校本之标点则似范崇民乃刘裕所留矣,大误。即上文应于“南伐”后点断,改标作:“冬十月,高祖率刘藩、檀韶等舟师南伐,卢循留别将范崇戍南陵,王仲德破之。”

疾召胡藩人来,至,将斩,以励众。(书局本 378 页 6 行)

疾召胡蕃入来,至,将斩以励众。(古籍本 284 页倒 6 行)

按:“胡藩”,刘裕部将,《宋书》《南史》各纪传、《通鉴》皆作“胡藩”,古籍本作“胡蕃”,非是。而书局本“人来”,又当是“入来”之误。寻《实录》于下文续云:“藩谓使者曰:‘正欲击贼,不得奉命。’因以刀头穿岸傍,劣容脚指,乃腾而上岸,众从之,大破贼。”《通鉴》卷一百十七载此事亦云:“裕呼藩使登,藩有疑色。裕命左右录来,欲斩之。藩顾曰:‘正欲击贼,不得奉教。’乃以刀头穿岸,劣容足指,腾之而上。”则是时胡藩虽被刘裕所召而其实未至,今标点于“至”后点断并标以逗号,则成胡藩被召而至刘裕处,且将被斩矣,文意大变,非是。此应去“至”后之逗号,改标作:“疾召胡藩入来,至将斩以励众。”

进帝太傅,……加前后部羽葆、鼓吹,置左右长史、从事中郎四人。(书局本 378 页倒 2 行、古籍本 285 页 3 行)

按:据《晋书·职官志》《宋书·百官志》,是时刘裕所置佐史,为左右长史各一人,从事中郎四人。今标点于“长史”后作顿号,则成置左右长史及从事中郎各四人矣,非是。此应易“长史”后之顿号为逗号,改标作:“加前后部羽葆、鼓吹,置左、右长史,从事中郎四人。”

昔中原殄冠,道尽于时,四海争秦,岂徒系晋得实,存乎大义,故能

遂荒南土，其兴也勃焉。（书局本378页倒5—6行）

昔中原殄寇，道尽于时，四海争秦，岂徒系晋，得实存乎大义，故能遂荒南土，其兴也勃焉。（古籍本284页倒2—1行）

按：书局本以“岂徒系晋得实”相连续为一句，于文意不顺，误。应于“系晋”后断句，以“得实存乎大义”作一句，此自问自答句式也。以上意谓五胡乱华之时，中原争事苻秦，非仅系心晋室，然大义在晋，故能于南土得兴耳。古籍本断句虽是，然“系晋”后作逗号则欠妥，应易逗号为问号，文意始显。即上文应标作：“四海争秦，岂徒系晋？得实存乎大义，故能遂荒南土，其兴也勃焉。”

十二年春正月，以帝领兖州刺史，加平北将军，增都督南秦二十二州诸军事。（书局本379页2行）

（义熙）十二年春正月，以帝领兖州刺史、加平北将军、增都督南秦二十二州诸军事。（古籍本285页6行）

按：刘裕前此已都督扬、徐等二十一州诸军事，见本书上文及《宋书·武帝纪中》、《南史·宋武帝纪》，义熙十二年则又增都督南秦州军事，并前凡都督二十二州耳。寻《宋书·武帝纪中》云：“增都督南秦，凡二十二州。”《通鉴》卷一百十七云：“加太尉裕兖州刺史，都督南秦州，凡都督二十二州。”皆可为证。今标点以“增都督南秦二十二州诸军事”为一句，则文意大变，似乎除前二十一州之外，又复增都督二十二州军事矣。即二种校本此处标点皆非是，应于“南秦”后以逗号隔。又古籍本于“领兖州刺史”与“加平北将军”后皆作顿号，又误。此二处应据书局本，易顿号为逗号。综上，上文应改标作：“十二年春正月，以帝领兖州刺史，加平北将军，增都督南秦，二十二州诸军事。”

癸巳，诏帝受雍州刺史，前后部羽葆、鼓吹、班剑为四十人。（书局本第379页4—5行）

癸巳，诏帝受雍州刺史、前后部羽葆、鼓吹，班剑为四十人。（古籍本第285页7—8行）

按：古籍本于“诏帝受雍州刺史”后作顿号，误。盖“前后部羽葆、鼓吹”应为“加”而不容作“受”，今标以顿号，则成受刺史及羽葆、鼓吹矣。是应据书局本改作逗号。而书局本于“鼓吹”后标以顿号，亦欠妥，应据古籍本改作逗号。

附按：书局本《校勘记》云：“‘雍州’，《宋书·武帝纪中》、《南史·宋本纪上》及《通鉴》卷一一七皆作‘北雍州’。胡注云：‘晋初置雍州於长安，永嘉之乱，没於刘、石。苻秦之乱，雍州流民南出樊沔，孝武始於襄阳侨立雍州。今裕欲取长安，故领北雍州刺史，以别襄阳之雍州也。’据此，当作‘北雍州’为是。”此校是，古籍本未出校，疏矣。

十三年春正月，追赠帝祖靖太常，父翘特进、左光禄大夫绂绶。（书局本 383 页 1 行）。

十三年春正月，追赠高祖靖太常，父翘特进左光禄大夫，绂绶。（古籍本 288 页倒 7 行）

按：古籍本以“特进左光禄大夫”相连续，非是。特进与左光禄大夫乃二职，同时追赠刘裕之父者，此应据书局本于“特进”后点断，以顿号隔。

又，书局本以“左光禄大夫绂绶”相连续，亦非是。“左光禄大夫”后应标以逗号。

附按：书局本《校勘记》云：“‘帝’原作‘高’，今据库本改。徐钞本‘高祖’下重一‘祖’字，亦通。”福林按：《宋书·武帝纪》、《南史·宋本纪》，刘靖乃刘裕之祖，非高祖，书局本校改是也。

穆之……及居东府，副上相，帝任内则穆之，外则谢晦，然二人素不相叶。及穆之卒，谢晦喜形于色，自是朝廷大政皆谘受，帝小事则决之于徐羡之。（书局本 385 页 5—7 行）

及居东府，副上相帝任，内则穆之、外则谢晦。然二人素不相叶，及穆之卒，谢晦喜形于色，自是朝廷大政，皆谘受帝，小事则决之于徐羡之。（古籍本 290 页 6—8 行）

按：古籍本于“帝任”后断句，则“副上相帝任”意殊难解。合上文观之，前数句意谓刘穆之自义熙十二年为尚书左仆射入居东府后，乃为宰相刘裕之副，刘裕之任事，内则赖穆之，外则赖谢晦也。可见古籍本于“帝任”后断句之非，应据书局本于“上相”后句绝，以“帝任”下属。又古籍本于“外则谢晦”后作句号，以“然二人素不相叶”属下，于文意亦颇有碍，又应据书局本以“素不相叶”后作句号。

又，书局本于“大政皆谘受”后断句，非是。此乃谓穆之卒后谢晦乃喜，而刘裕则失心腹臂助，原由穆之处治之朝廷大政皆须谘禀刘裕，由裕自决，小事方由代刘穆之处理政务之徐羡之决之也。书局本标点则成朝廷大事皆谘受谢晦，文意大变。考谢晦是时随刘裕在外征战，并未有在京执政事。故此应据古籍本之标点，于“帝”后断句。

由是，上文当标作：“及居东府，副上相，帝任内则穆之，外则谢晦，然二人素不相叶。及穆之卒，谢晦喜形于色，自是朝廷大政皆谘受帝，小事则决之于徐羡之。”

（景平元年正月）己未，诏征豫章太守蔡廓为吏部尚书。廓至，谓尚书傅隆曰：“选皆出我乎？”隆言执政，徐羡之云：“黄门已下专以委蔡，已上众参也。”。（书局本391页倒7—6行）

己未，诏征豫章太守蔡廓为吏部尚书。廓至，谓尚书傅隆曰：“选皆出我乎？”隆言：“执政徐羡之云黄门已下，专以委蔡；已上，众参也。”（古籍本295页倒5行）

按：古籍本以“隆言”以下数句为傅隆对蔡廓所言之语，非是。盖傅隆对蔡廓之答语，不应有“专以委蔡”之言。“专以委蔡”者，当是傅隆转述他人之言也。寻《宋书》卷五十七《蔡廓传》载此事云：“征为吏部尚书。廓因北地傅隆问亮，‘选事若悉以见付，不论；不然，不能拜也。’亮以语录尚书徐羡之，羡之曰：‘黄门以下，悉以委蔡，吾徒不复厝怀；自此以上，故宜与参同异。’”“亮”即“傅亮”，“执政”乃指徐羡之，可为傅隆所言乃转述徐羡之所言之明证。即书局本标点于“执政”后点断，是也。

又，书局本以“黄门已下专以委蔡”连续作一句，以“已上众参也”作一句，于文意亦有碍。此当据古籍本标点于“已下”及“已上”分别益逗号。

综上，上文应改标作：己未，诏征豫章太守蔡廓为吏部尚书。廓至，谓尚书傅隆曰：“选皆出我乎？”隆言执政，徐羡之云：“黄门已下，专以委蔡;已上,众参也。"

伏愿上考前代兴亡之由,中存武皇缔构之业,下顾苍生颙颙之望,时关内田宥冒死诣阙,惟愿丹诚,一经天听,退就斧镬,无愧地下。(书局本 393 页倒 6—4 行)

伏愿上考前代兴亡之由,中存武皇帝缔构之业,下顾苍生颙颙之望。时关内田宥,冒死诣阙,惟愿丹诚,一经天听,退就斧镬,无愧地下。(古籍本 297 页 4—5 行)

按:以上乃宋少帝景平元年正月徐羡之、傅亮等废庐陵王义真时,吉阳令张约上书中所言,据下文所载张约此书上后,"执政徙约之梁州,道追杀之"可知,书中所谓"冒死诣阙"者,乃张约本人自谓也。今书局本以"时关内田宥冒死诣阙"连续作一句,并于"关"及"田宥"下分别加专名号,则成冒死诣阙者乃关内田宥矣,误。此古籍本《校勘记》云:"'时关内田宥'《宋书》卷六十一此句作'时开曲宥'。又:徐本'田'作'曲'。《元龟》五四一'时'作'特'。"今考《宋书》卷六十一《武三王·庐陵王义真传》载张约上书云:"特愿……上考前代兴亡之由,中存武皇缔构之业,下顾苍生颙颙之望,时开曲宥,反王都邑。……谨昧死诣阙,伏地以闻,惟愿丹诚,一经天听,退就斧镬,无愧地下矣。"中华书局点校本《校勘记》云:"'时'《元龟》五四一作'特'。"则《实录》所载,乃《宋书》之省也,即上文"时关内田宥"当为"时开曲宥"之讹。寻《宋文纪》卷八、四库全书本《建康实录》正作"时开曲宥",是也。《册府元龟》作"特开曲寡"者,"特"当为"时"字之误。书局本所见未及此,故误会文意而有此标点之误耳。而古籍本虽出校,然则于"下顾苍生颙颙之望"后作句号,又于"时关内田宥"后作逗号,则文意亦殊不可解。又,"武皇",指宋武帝刘裕,刘裕卒后谥武皇帝,乃有此称。古籍本于"武皇"下未加专名号,亦非是。

综上,上文应改标作:"伏愿上考前代兴亡之由,中存武皇缔构之业,下顾苍生颙颙之望,时关内田宥。冒死诣阙,惟愿丹诚,一经天听,退就斧镬,无愧地下。"

徐、傅等将废帝，讽王弘、檀道济求赴国许，弘等来朝。谢晦移家出镇军府，将治府舍，而实伏甲士出于外屋。（书局本395页5—6行）

徐、傅等将废帝，讽王弘、檀道济求赴国，许弘等来朝。谢晦移家出镇军府，将治府舍，而实伏甲士，出于外屋。（古籍本298页7—8行）

按：古籍本于"求赴国"后断句，于事实不符。寻是时王弘以华容县公为江州刺史，檀道济以永修县公为南兖州刺史，见本书上文及《宋书》之《武帝纪下》《王弘传》《檀道济传》及《南史》之《宋武帝纪》《王弘传》《檀道济》传。此云"求赴国"者，似为二人求赴华容及永修封地，然此既云"弘等来朝"，则并非求赴封地可知，其实乃指二人赴京耳。此处书局本《校勘记》云："'国许'，《宋书·少帝纪》作'国讣'，王懋竑《读书记疑》以'国讣'为是。"可见此"国许"应是"国讣"之误，形近而讹也。古籍本亦应出校并于"国许"后断句。

又，书局本以"而实伏甲士出于外屋"作一句，于文意欠明。寻《宋书·徐羡之传》云："时谢晦为领军，以府舍内屋败应治，悉移家人出宅，聚将士於府内。"《实录》删减文字过当，以致文意窒碍难解。此应于"实伏甲士"后断句，意谓谢晦以治府舍为名移家出府，实则暗伏甲士于家中以图废少帝耳。由此，上文应改标作："徐、傅等将废帝，讽王弘、檀道济求赴国许，弘等来朝。谢晦移家出镇军府，将治府舍，而实伏甲士，出于外屋。"

夫木击折轴，水戾破舟，不以水木而过，工匠者，何本其所以然也。（书局本396页8—7行）

夫木击折轴，水戾破舟，不以水木而过工匠者，何本其所以然也。（古籍本299页8—7行）

按："过"，犹"尤"，责备之意，工匠乃"过"之对象。书局本于"过"后断句，割裂文意，非是。应删"过"后之逗号。

又，以上乃自问自答句式，"本其所以然也"，乃答语。今二种校本皆于"工匠者"后断句，则"何本其所以然也"意乃殊不可解。是应去"工匠者"后之逗号，于"何"后句绝作问号，改标作："不以水木而过工匠者何？本其所以然也。"

（二）古籍本误而书局本不误者

唯琅邪王谧独深敬重之。（古籍本270页倒1行）

按：标点于“琅邪王”与“谧”分别加专名号，乃指琅邪王司马谧，如熟悉晋史，应知晋宗室中无此人。此“谧”，乃王谧也。王谧重刘裕事，《晋》、《宋》二史皆有较详之记载。《晋书·王导传附王谧传》云：“初，刘裕为布衣，众未之识也，惟谧独奇之。”谧，琅邪临沂人，因其郡望故称“琅邪王谧”。书局本于“琅邪”与“王谧”分别加专名号，是也。

元兴元年……玄以从兄修为抚军大将军，镇京口，帝为中军参军、太守如故。（古籍本272页4行）

按：“中军参军”后以顿号隔，欠妥，盖刘裕未为桓修参军时已为下邳太守，故此乃云“太守”如故耳。此应据书局本作逗号。

玄惊封迈为重安侯。（古籍本273页3行）

按：此乃晋安帝元兴三年刘裕起兵反桓玄时事。刘裕等未发时，因刘毅兄刘迈有宠于桓玄，故密使刘迈于京都为内应，迈惧而告玄，玄原不知裕等谋，因得刘迈之报，遂惊，因封迈为重安侯以酬其功耳。《通鉴》卷一百十三作于此云：“玄大惊.封迈为重安侯。”益一“大”字，文意遂显，是此处当标作：“玄惊，封迈为重安侯。”

曾未及旬，荡清京邑，号令群后长驱江汉。（古籍本274页4行）

按：上文“号令群后”之后应以逗号隔。此裴子野语，四六文体所为者也。

帝发自广固，将镇下邳以经营司、雍。卢循寇逼朝廷，征还。（古籍本279页倒5—4行）

按：上事《宋书》卷一《武帝纪上》载云：“卢循……乃率众过岭。是月（按指义熙六年二月），寇南康、庐陵、豫章，诸郡守皆委任奔走。于是平齐问未至，即驰使征公。公之初克齐也，欲停镇下邳，清荡河、洛，既而被征使至，即日班师。镇南将军何无忌与徐道覆战于豫章，败绩，无忌被害。”《通鉴》卷一百一十五亦载刘裕引兵还乃在何无忌战死之后，即刘裕被征旋师之时，卢循大军尚在豫章（今江西南昌），尚不得谓“寇逼朝廷”。玩味文意，上文乃谓刘裕本欲镇下邳以图收复北方失地，因卢循势盛，故朝廷征之使还也。今标点以“寇逼朝廷”相连，则文意大变，非是。应据书局本改标作：“帝发自广固，……卢循寇逼，朝廷征还。”

在昔盛世，民无迁业，故有井田之制。三代以降，秦革斯政，汉遂不改，富强兼并，于是为弊。（古籍本 282 页倒 5—4 行）

按：标点于“井田之制”后作句号属上，则成因民无迁业故有井田之制，因果倒置，误，应易作逗号。又标点于“三代以降”后作逗号属下，则文意不顺，又误，应易作句号。由此，上文应改标作：“在昔盛世，民无迁业，故有井田之制，三代以降（此“降”乃“隆”之形讹，说见下）。秦革斯政，汉遂不改，富强兼并，于是为弊。”

永嘉不竞，四夷擅威，五都倾荡，园陵幽辱，祖宗怀没世之愤，遗氓有匪风之思。（古籍本 286 页倒 1 行—287 页 1 行）

按：“匪风”，指《诗经·桧风·匪风》篇，《集传》云：“周室衰微，贤人忧叹而作此诗。……特顾瞻周道而思王室之陵迟，故中心为之怛然耳。”与此正相应，即此应于“匪风”加书名号。

虽文命之东渐西被，咎繇之迈予种德。（古籍本 287 页 5 行）

按：“文命”，乃夏禹名，见《史记·夏本纪》。“文命”与“咎繇”相对成文。古籍本不悉此，乃于“文”加专名号，非是，此亦应据书局本于“文命”加人名号。

蒲城坚卒未可下，攻之伤众，守之引日。王镇恶孤军无依，势危力少，潼关天险必争之地，若姚绍据之，则难图也。（古籍本 288 页倒 4—3 行）

按：以上乃义熙十三年刘裕伐姚秦命檀道济等众将攻蒲坂时，沈林子说檀道济之语，意谓蒲坂坚固难攻，不若弃之就王镇恶合力攻潼关也。“卒”通“猝”，意谓蒲城坚固，一时之间难以攻克耳，此观上下文自明。《宋书·自序》叙此时云：“林子谓道济曰：‘今蒲坂城坚池深，不可旬日而克，攻之则士卒伤，守之则引日久，不如弃之，还援潼关。”可以为证。即上文应于“蒲城坚”后益逗号。

又，“潼关天险必争之地”作一句亦欠妥，应于“天险”后益逗号。是上文应据书局本改标作：“蒲城坚，卒未可下，攻之伤众，守之引日。王镇恶孤军无依，势危力少，潼关天险，必争之地，若姚绍据之，则难图也。”

济曰：“不可。师入敌境，于我观义，惧之以威力，则人自为守。且国及伐，其人何罪？食而遣之！”于是周秦保壁，襁负而至。（古籍本 288 页倒 1 行—289 页 2 行）

按：此为义熙十三年檀道济破姚绍并虏其众时事。上文云：“或谓济曰：‘宜枭之以筑京观。’”盖谓应戮俘以示威惧敌，故道济有此语。观道济之语，应至“其人何罪”止。“食而遣之”者，乃语后所为也。《宋书·檀道济传》于此云：“道济曰：‘伐罪吊民，正在今日。’皆释而遣之。”于义为显，可以证之。即此应参照书局本标点改标作：“济曰：‘不可。师入敌境，于我观义，惧之以威力，则人自为守，且国及伐，其人何罪？’食而遣之。”

又，“周秦保壁”，乃指原周、秦之地保壁而居者，今标点于“秦”加专名号，则成全秦之保壁矣。时道济军攻秦始破潼关，何得有全秦之众襁负而至耶？见此应于“周秦”分别加专名号。书局本标点是也。

又，局本改“国”为“固”，改“食”为“释”，校改是。古籍本亦应出校。

敢忘四代之高纵横，作天人之至望。（古籍本 292 页 1 行）

按：“四代之高纵横”，文意不顺。《宋书·武帝纪》于此作：“念四代之高义，稽天人之至望。”即是此亦应据书局本于“纵”后点断。标作：“敢忘四代之高纵，横作天人之至望。”此“纵”，通“综”，《汉书·萧何传》：“发纵指示兽处者人也。”是其例，“高纵”与“高义”意近，《汉书·杨雄传》:“蹑三皇之高综。”可证。

爰自书契,降逮三、五,莫不以上圣君四海,以止戈定大业。(古籍本 292 页 4 行)

按:“三五”,指三皇五帝。此前二句乃谓自有文字之始,直至三皇五帝耳。是此“三五”应分别加专名号。

太史令骆达奏曰:……《易传》曰:“冬龙见,天子亡社稷,大人受命。冀州道人释法,称告其弟子曰:嵩神言江东有刘将军,汉家苗裔,当受天命,吾以璧三十二,镇金一饼与之,刘氏卜世之数也。后汉建武至建末一百九十六年,而禅魏。……三代揖让,咸穷于六。”(古籍本 292 页倒 2 行—293 页 5 行)

按:上文载晋元熙二年(即宋永初元年,420)六月,晋宋禅让之际太史令骆达劝进表,“《易传》曰”云云,亦为骆达表中语,则“冬龙见”前之双引号当易为单引号。标点又少一引号,骆达所引《易传》之语,当至“大人受命”止,即“大人受命”后当益一单引号。

又,骆达所引《易传》中数语,乃谓冬日如有龙出现,则社稷将亡,新君即将登位,盖因冬天龙出则非时也。即此当于“冬”后益逗号。

又,“道人”,即后世之僧人,以“释”为姓,法称乃道人之名。今标点于“释法”加人名号,并于“法”后断句作逗号,亦非是,此应删“法”后之逗号,并于“释法称”加人名号。

又,“嵩神言江东有刘将军”至“刘氏卜世之数也”数句,乃骆达转言释法称之语。“后汉建武”以下,则又为骆达之议论。是又应于“嵩神”前及“卜世之数也”后加引号。中华书局点校本《南史·宋本纪上》之标点是,可以参看。

上瘳,封仇池公杨盛为武都王。(古籍本 293 页 3 行)

按:据《宋书·武帝纪》、《南史·宋武帝纪》、《通鉴》卷一百十九,刘裕疾瘳在永初三年三月,封杨盛为武都王则在四月,二者既不同时,又无因果关系。今标点如此,则成刘裕因疾瘳而封杨盛矣,故误。应易

"上瘳"逗号为句号，标作："上廖。封仇池公杨盛为武都王。"书局本标点是也。

后有人献石床寝之，极以为佳。（古籍本 294 页 8—7 行）

按：此乃言有人献石床于刘裕，刘裕寝之而以为佳。佳者，乃谓疗刘裕热病之佳，而非谓石床之佳也。是此亦应据书局本标点，作："后有人献石床，寝之，极以为佳。"

（景平元年）夏四月，檀道济北征，次临朐，虏焚攻具去。青州孙琳为御史中丞，以事忤徐羡之，羡之遣琳弟璩自释。（古籍本 296 页 2—3 行）

按："孙琳"，乃"孔琳"之讹，说另见。寻孔氏世居会稽山阴，琳之曾祖孔群，孔群从兄孔愉，《晋书》卷七十八《孔愉传》："孔愉字敬康，会稽山阴人也。其先世居梁国，曾祖潜，太子少傅，汉末避地会稽，因家焉。"《宋书》卷五十六《孔琳之传》："孔琳之字彦琳，会稽山阴人。祖沈，晋丞相掾。"今标点作"青州孙琳"，大误。据《宋书》卷四十三《檀道济传》云："景平元年，虏围青州刺史竺夔于东阳城，夔告急。加道济使持节、监征讨诸军事，与王仲德救东阳。未及至，虏烧营焚攻具遁走。"则檀道济率众救东阳时，虏乃焚攻具而撤青州之围。由此，上文应据书局本于"青州"后点断，改标作："檀道济北征，次临朐，虏焚攻具去青州。孙琳为御史中丞。"

王答书，使召见。傅亮哭甚哀，既而问二主薨故，悲感呜咽，左右掩泣，莫能仰视。亮流汗不能答。（古籍本 299 页倒 2—1 行）

按："王"即宋文帝，时为宜都王。是时徐羡之等执政大臣废杀少帝刘义符，并使傅亮至江陵迎宜都王刘义隆入京为帝，即被召见者，乃傅亮，而"哭甚哀，既而问"及"悲感呜咽"者，乃宜都王刘义隆。因是宜都王问傅亮，故其后乃有"亮流汗不能答"之事。《宋书》卷四十三《傅亮传》记其事云："太祖将下，引见亮，哭恸甚，哀动左右。既而问义真及少帝薨废本末，悲号呜咽，侍侧者莫能仰视。亮流汗沾背，不能答。"《通鉴》卷一百二十所载同，与《实录》可以相互印证。今标点如此，则成傅亮哭并问，大误。当去“召见”后之逗号，并于“傅亮”后句绝作逗号。改标作：“王答书，使召见傅亮，哭甚哀，既而问二主薨故，悲感呜咽，左右掩泣，莫能仰视。亮流汗不能答。”

王曰：“君复为吾宋昌也。”（古籍本300页4行）

按：“宋昌”，汉文帝代邸中尉，见《汉书》卷四《文帝纪》。是时刘义隆镇西司马王华力说义隆入京，事同汉时宋昌力说刘恒入京继统，故义隆乃有此赞王华语。点校者不察，乃于“宋”加专名号，文意大变，非是。应据书局本于“宋昌”加人名号。

（三）书局本误而古籍本不误者

帝生神光照室，甘露降墓树。（书局本361页2行）

按：此乃意谓刘裕出生时有神光照室及甘露降墓树之异瑞，今标点则易使人误会为刘裕生时所生之神光照室。此“帝生”后应益以逗号。

帝尝与经墓问之曰。（书局本361页倒3行）

按：“经墓”后应以逗号隔。

帝会将士出其不意复攻贼。（书局本362页）

按：上文意为刘裕召集将士，出敌不备而攻孙恩。今连续作一句，于文意有碍。应改标作：“帝会将士，出其不意，复攻贼。”

以帝为使持节、都督徐兖青冀幽并八州诸军事、镇军将军、徐州刺史，镇石头；刘毅冠军将军、青州刺史；广陵相何无忌辅国将军、琅邪内史；魏咏之建威将军、豫州刺史，镇历阳。（书局本365页6—8行）

按：以上为晋安帝元兴三年（404）三月刘裕击破桓玄，进入京都建康后事。据《晋书》卷八十五《何无忌传》，何无忌在随刘裕起义讨桓玄之前并无官职，则此云“广陵相何无忌”，颇为可疑。此广陵相要当为刘毅所任，时青州刺史治广陵（今江苏扬州），故刘毅任青州刺史乃带广陵相也。即此处应据古籍本标作：“刘毅冠军将军、青州刺史、广陵相。何无忌辅国将军、琅邪内史……"

(元兴三年三月)丁卯,帝迁镇东府,……命刘穆之斟酌宪章,旬日而典礼毕,举既以之严简,又躬自俭素,贵贱莫敢犯者。(书局本366页)

按:以上指刘裕入京都建康执政后,命刘穆之改定晋末及桓玄时制度,旬日之间,穆之所定制度即毕备。今标点于"典礼毕"后断句,以"举"字下属,非是。此"毕举"二字应相连续,意谓毕备也。《通鉴》卷一百十三云:"裕始至建康,诸大处分毕委于刘穆之,仓猝立定,无不允惬,……穆之斟酌时宜,随方矫正;……不盈旬日,风俗顿改。"可以为证。由此,上又应标改作:"命刘穆之斟酌宪章,旬日而典礼毕举,既以之严简,又躬自俭素,贵贱莫敢犯者。"

超曰:"引使过岘,我出铁骑蹦之成擒耳。"(书局本369页倒3—2行)

按:"我出铁骑蹦之成擒耳"相连续作一句,于文意不明,此"蹦之"后应益逗号,标作:"引使过岘,我出铁骑蹦之,成擒耳。"

(义熙五年)六月,燕主令贺剌卢等拒临朐去城四十里,先据巨蔑水。(书局本370页5行)

按:《宋书·武帝纪上》云:"慕容超遣五楼及广宁王贺赖卢先据临朐城。……临朐有巨蔑水,去城四十里。超告五楼曰:'急往据之,晋军得水,则难击也。'"今标点以"燕主令贺剌卢等拒临朐去城四十里"作一句,易使人误会文意。应于"临朐"后益逗号,标作:"燕主令贺剌卢等据临朐,去城四十里,先据巨蔑水。"

大军有车四千辆分两翼,方轨徐行。(书局本370页6行)

按:"大军有车四千辆分两翼"连续作一句,语意欠明。应改标作:"大军有车四千辆,分两翼,方轨徐行。"

道覆遣乘胜乃下,贼众十余万,舳舻且千里楼船百余只,败,军归,尤言其盛。(书局本372页7—6行)

按：以上乃记晋安帝义熙六年(410)刘裕与卢循、徐道覆攻战时事，“舳舻且千里楼船百余只”连续作一句，文意不明，当于“千里”后益逗号，乃言徐道覆军势之盛耳。

又，寻上文云：“刘毅表南征，帝止之，毅不从，果败于桑落洲，众皆没，毅登岸走免。卢循闻帝之归，恐，欲以董兵寻阳，西取荆、雍。”则此言“败”者，刘毅之军也。《宋书》卷一《武帝纪上》载此事云：“贼既破江、豫二镇，战士十余万，舟车百里不绝，奔败还者，并言其雄盛。”乃其明证。今标点于“败”后作逗号，则成徐道覆之军败矣，非是，应以“败军归”作一句，即《宋书》之“奔败还者”也。由此，上文应改标作：“道覆遣乘胜乃下，贼众十余万，舳舻且千里，楼船百余只，败军归，尤言其盛。”

国之将亡，必隆妖孽，不有悖主，则有乱臣。若天欲荡震，斯疾使之不殄；尽乱极凶，然后王者兴焉。(书局本372页)

按：“斯疾使之不殄”，于文意不顺。“斯疾”乃“荡震”之宾语，应属上，以“使之不殄”独立成句，谓使国不绝灭也。即此处应改标作：“若天欲荡震斯疾，使之不殄，尽乱极凶，然后王者兴焉。”

将班师，长安父老谓帝曰：“残民不见王师百年，于兹矣始睹衣冠，人人相贺。长安十陵是公家坟垅，千门万户是公家府殿，舍此欲安归乎！”(书局本384页7—5行)

按：上事《通鉴》卷一百一十八载云：“(义熙十三年十一月)三秦父老闻裕将还，诣门流涕诉曰：‘残民不沾王化，于今百年，始睹衣冠，人人相贺。长安十陵是公家坟墓，咸阳宫殿是公家室宅，舍此欲何之乎！’”因长安长期沦陷于外族，故长安父老乃自谓不见王师至今已百年之久，始睹衣冠之时则人人相贺耳。《实录》之“百年于兹”，即《通鉴》之“于今百年”，今标点于“百年”后点断，又以“于兹矣始睹衣冠”作一句，则文意有变，非是。此应改标作：“将班师，长安父老谓帝曰：‘残民不见王师，百年于兹矣，始睹衣冠，人人相贺。’”

(义熙十三年)十二月，旋长安自洛入河，开汴河以归。(书局本385

页 8 行）

按：上文乃谓刘裕自长安还师，自洛阳入黄河南返。今标点以“旋长安自洛入河”作一句，于文意有碍。应于“长安”后断句，标作：“十二月，旋长安，自洛入河，开汴河以归。”

虏虽暂退，众还复合拓跋嗣，又遣安平涉归寇青州。（书局本 391 页倒 7 行）

按：书局本《校勘记》云：“‘安平’原作‘平安’。涉归即叔孙建，《魏书》、《北史》皆有传，魏道武帝时，赐爵安平公，此‘平安’当为‘安平’之误，今乙正。又其下亦脱‘公’字。”寻上文所记，乃宋少帝景平元年（北魏明元帝拓跋嗣泰常八年，423）春，北魏攻宋将毛德祖于虎牢事。据《魏书》卷三《太宗明元帝纪》、《北史》卷二《魏本纪》、《通鉴》卷一百一十九，其年春正月至三月，拓跋嗣乃在邺城（今河北临漳），与虎牢（今河南荥阳汜水）相距甚远，是北魏虎牢之败军必不可能复合魏主于邺城。今标点以“众还复合拓跋嗣”连续作一句，与事实不合，且下文“又遣”云云，亦不知主者为何人，乃当有误。据上下文意，上文乃谓北魏军虽为毛德祖击败而暂时退却，然则元气未伤，旋复聚合，而拓跋嗣则于此时又遣安平公涉归军寇掠青州也。《宋书》卷九十五《索虏传》载此事云：“德祖于城内穴地，入七丈，二道，出城外，又分作六道，出虏阵后。募敢死之士四百人，……出贼围外，掩袭其后，虏阵扰乱，斩首数百级，焚烧攻具。虏虽退散，随复更合。虏又遣楚兵将军徐州刺史安平公涉归幡能健……东击青州。”可为明证。是上文应改标作：“虏虽暂退，众还复合。拓跋嗣又遣安平涉归寇青州。”

夏五月，江州刺史王弘、南兖州刺史檀道济来朝执政，讽之。（书局本 394 页 8 行）

按：方镇大臣入京见执政，不得称“来朝”，又且“讽之”者为何人，亦不得而知。标点于事理既不符，于文意又不协，非是。此乃谓王弘、檀道济入朝，而执政徐羡之讽二人以废帝耳。《宋书·徐羡之传》云：“镇北将军、南兖州刺史檀道济先朝旧将，威服殿省，且有兵众，召使入朝，告之以谋。”可以为证。即此应据古籍本之标点，于“来朝”后点断，以“执政讽之”作一句，标作：“江州刺史王弘、南兖州刺史檀道济来朝，执政讽之。”

昔汉武为卫武太子，置博望园，延异能之士，而长安阙下，竟有流血之衅。（书局本 395 页倒 2 行）

按：“卫武太子”，乃指汉武帝戾太子刘据，标点于“卫武”加专名号，则文意大变，非是。《汉书·武五子·戾太子据传》云：“上为立博望苑，使通宾客，故多以异端进者。”博望园即博望苑，乃汉武帝为戾太子所置。今标点于“卫武太子”后断句，则成汉武帝为太子时所置矣，又误。是上文应据古籍本于“卫武太子”加专名号并删“卫武太子”后之逗号。

兴置太子太傅，而无师保其他职掌，率由旧章，诸王无相，置师一人，多耆大夫领之。（书局本 396 页 5—6 行）

按：此意谓刘宋时为太子置太傅，而无太师大保之设，其他职掌，则据旧章也。今标点以“而无师保其他职掌”为一句，则文义大变。应于“师保”后益逗号。

又，自“兴置太子太傅”至“率由旧章”，乃就太子属官而言，以下则就藩王言，今标点于“旧章”后作逗号，亦欠妥，应易作句号。即上文应标改作：“兴置太子太傅，而无师保，其他职掌，率由旧章。诸王无相，置师一人，多耆大夫领之。”

王临州，则长史行，宣通教令。（书局本 396 页 6 行）

按：此乃裴子野所论宋世之弊政，《通鉴》卷一百二十引裴子野语云：“幼王临州，长史行事；宣传教命，又有典签；往往专恣，窃弄威权。”乃指宋世往往以年幼之藩王为刺史出镇，因王年少不能治事，故又以长史代行刺史之事，加之典签之宣传教命，从而导致专恣之弊政也。即此处应删去“行”后之逗号，标作：“王临州，则长史行宣通教令。”六朝时，“行”往往有代理义（参见拙作《试论“兼”、“行”的代理义》，载《中华文史论丛》1984 年 1 辑），此乃谓王临州为刺史，而长史则代王宣通教令也。

二、校勘札记

晋隆安三年冬十一月,妖贼孙恩寇会稽。……遣卫将军谢琰、前将军刘牢之东讨,请帝为参军事。(书局本 362 页 3—4 行;古籍本"东讨"后作句号,271 页 3—4 行)

按:刘裕一人不能同时任谢琰及刘牢之二人军府参军。古籍本于"东讨"后作句号,则"请帝为参军事"乃无所属,即上文颇有疑问。寻《宋书·武帝纪》、《南史·宋武帝纪》载上事俱云:"卫将军谢琰、前将军刘牢之东讨。牢之请高祖参府军事。"则请刘裕为参军者,乃刘牢之。《通鉴》卷一百一十云:"刘牢之击孙恩,引裕参军事。"《晋书》卷八十四《刘牢之传》云:"恩复攻破吴兴……牢之使参军刘裕讨之。"皆可为证。即此于"东讨"后乃佚"牢之"二字。

(隆安五年)夏四月,恩浮海入江至京口,锐卒十万,舟船千余。(书局本 362 页倒 2 行)

夏四月,恩浮海入江,至京口。锐卒十万,舟船千余。(古籍本 271 页倒 4—3 行)

按:据《宋书·高帝纪上》、《南史·宋武帝纪》、《通鉴》卷一百十二,晋安帝隆安五年五月,孙恩始破沪渎,杀吴国(治今江苏吴县)内史袁山松,此后乃乘胜率众浮海,其年六月始至京口。《通鉴》:"隆安五年……五月……孙恩陷沪渎,杀吴国内史袁山松,死者四千人。……六月甲戌,孙恩浮海,奄至丹徒,战士十余万,楼船千余艘,建康震骇。"丹徒,即京口也。寻《实录》卷十亦云:"(隆安五年)夏五月,孙恩转破以东诸郡,吴国内史袁山松死之。……六月甲戌,孙恩奄至丹徒,遣军袭破广陵,京师大震。"与《通鉴》正相应,即此"夏四月",乃"夏六月"之误必矣。

元兴元年春,荆州刺史桓玄举兵东下,扬州刺史司马元显南讨,……(帝)屡谏牢之令击玄,牢之不从,使其子敬宣诣玄请和。入京师,牢之镇广陵,怏怏曰:"人情去矣!"(书局本 363 页 3—6 行)

荆州刺史桓玄举兵东下，扬州刺史司马元显南讨，……（帝）屡谏牢之令击玄，牢之不从，使其子敬宣诣玄请和。入京师，牢之镇广陵。快快，曰："人情去矣。"（古籍本272页2—4行）

按："入京师"，文意不明，据上文文意，乃谓桓玄击破司马元显后而入京师也。《宋书·武帝纪上》云："玄克京邑，杀元显，以牢之为会稽内史。"是其事。即此于"入京师"前乃佚"玄"字。

由《宋书·武帝纪上》，桓玄入京师后，遂以刘牢之为会稽太守，而镇广陵者，乃高雅之，此《南史·宋武帝纪》、《通鉴》所载皆同。《通鉴》卷一百一十二云："玄入京师，……以刘牢之为会稽内史。牢之曰：'始尔，便夺我兵，祸其至矣。'……敬宣劝牢之袭玄，牢之犹豫不决，移屯班渎，私告刘裕曰：'今当北就高雅之于广陵，举兵以匡社稷，卿能从我去乎？'"是其事。证之《实录》卷十亦云："牢之……又背国依桓玄，玄得志用为会稽内史，牢之快快不平，欲自班渎走据江北拒玄。"则此"广陵"者，乃"会稽"之误也。

玄以从兄修为抚军大将军，镇京口。帝为中军参军，太守如故。（书局本363页6—7行，古籍本"镇京口"后作逗号，272页4行）

按：据《晋书》卷二十四《职官志》、《宋书》卷三十九《百官志上》，时军府有谘议、记室、中兵、外兵等曹参军，而无中军参军，史称"中军参军"者，乃指中军将军府之参军也。然桓修军号既为抚军，刘裕为其军府佐，则当为抚军参军，即此云"中军参军"者，必误。考《南史·宋武帝纪》云："桓玄从兄修以抚军将军镇丹徒，以高祖为中兵参军，军、郡如故。"《宋书·武帝纪》亦云刘裕是时为桓修中兵参军。即此"中军"乃"中兵"之讹必矣。《通鉴》卷一百一十二记是年"五月，卢循自东海入东阳，太尉玄遣抚军中兵参军刘裕将兵击之"，乃其证也。

（元兴三年二月）乙卯，帝因游猎，会何无忌、魏咏之、檀凭之、刘毅、毅弟藩、檀韶、韶弟祗、孟昶、昶弟怀玉、刘道规、诸葛长民同谋者二十七人，愿从者百十人。丙辰，平旦，城门开，驰入，称有诏，遂擒桓修，斩之以徇。（书局本363页倒2行—364页1行，古籍本"丙辰平旦"连续作

一句,"驰入称有诏"作一句,372 页倒 6—4 行)

按:刘藩为刘毅从弟,孟怀玉为孟昶族弟,见《晋书》及《宋书》、《南史》。《宋书·高帝纪》、《南史·宋高帝纪》载此俱作"毅从弟藩","昶族弟怀玉",此径作"弟",非是。

又按,考《南史·宋武帝纪》云是年"二月乙卯,帝托游猎,与无忌、咏之、凭之,毅从弟藩,凭之从子韶、祗、隆、道济,昶族弟怀玉等,集义徒凡二十七人,愿从者百余人。丙辰,候城门开,无忌等……即斩修以徇"。记是时预斩桓修者无刘毅、孟昶、刘道规、诸葛长民,与此所载异,二者孰是孰非,当须作进一步考察。据《晋书》卷八十五《何无忌传》云:"袭京口,无忌伪著传诏服,称敕使,城中无敢动者。"《晋书》卷八十五《檀凭之传》云:"转桓修长流参军,领东莞太守……裕将义举也,尝与何无忌、魏咏之同会凭之所。"《宋书》卷四十五《檀韶传》云:"高祖建义,韶及弟祗、道济等从平京城。"《宋书》卷四十七《孟怀玉传》云:"豫义旗,从平京城,进定京邑。"是何无忌、魏咏之、檀凭之、檀韶、孟怀玉诸人其时皆在京口,故刘裕得托以游猎而聚之,至次日平旦而斩桓修也。又考《宋书·武帝纪》载此前事云:"时桓修弟弘为征虏将军、青州刺史,镇广陵,道规为弘中兵参军,昶为州主簿。乃令(刘)毅潜往就昶,聚徒于江北,谋起兵杀弘。"又于斩桓修后记云:"孟昶劝弘其日出猎,未明开门,出猎人,昶、道规、毅等率壮士五六十人因开门直入。弘方啖粥,即斩之,因收众济江。"见其时京口、广陵于同日举兵,一斩桓修,一斩桓弘,即刘毅、刘道规、孟昶皆在江北之广陵而不在江南之京口也。《宋书》卷五十一《宗室·临川武王道规传》云:"高祖克京城,道规亦以其日与刘毅、孟昶共斩弘,收众济江。"亦可为证。即《南史》所载,为得其实,而《实录》载聚义京口斩桓修之二十七人中有刘毅、孟昶、刘道规三人者,必误。

又,《宋书·武帝纪》于此前又载是时"(诸葛)长民为豫州刺史刁逵左军府参军,谋拒历阳相应。……并克期齐发"。即诸葛长民其时乃在豫州之历阳,与京口相去甚远。《宋书·武帝纪》、《南史·宋武帝纪》载刘裕斩桓修后之讨桓玄檄文有"扬武将军诸葛长民收集义士,已据历阳"之语,亦其证也。可见此记预京口聚义斩桓修诸人中有诸葛长民者，又误。

要之，即上文于“刘毅”后佚“从”字，衍“毅”字；于“孟昶”后佚“从”字，衍“昶”字；又衍“刘道规诸葛长民”七字也。

毅兄迈有宠于桓玄，玄以为襄阳太守，尚在建康。（书局本364页5—6行）

毅兄迈有宠于桓玄，玄以为襄阳太守，尚在建康。（古籍本272页倒1行）

按：《宋书·武帝纪上》、《南史·宋武帝纪》、《通鉴》卷一百一十三皆记是时桓玄“以迈为竟陵太守”，《晋书》卷八十五《刘毅传附刘迈传》亦云：“迈诣门称谒，……玄甚喜，以为刑狱参军，后为竟陵太守，及毅与刘裕等同谋起义，迈将应之，事泄为玄所害。”是其证。又且是时襄阳太守例由雍州刺史所兼任，刘迈又不应单为襄阳太守。即此“襄阳”，乃“竟陵”之讹。

迈将谓玄已知其谋，晨起白之。（书局本364页8行）

迈将谓玄已知其谋，晨起白之。（古籍本273页2行）

按：“迈将谓玄已知其谋”，《宋书·武帝纪上》、《南史·宋武帝纪》、《通鉴》卷一百一十三、《册府元龟》卷四百五十三皆作“迈谓玄已知其谋”，乃谓刘迈以为桓玄已知其与刘裕等共谋袭桓玄之事，故惧而白桓玄耳。此增一“将”字，则不成文意。此“将”字恐是衍文。

玄曰：“不然，此兵轻狷，皆出万死，若我偏师失利，则更成其气。”（书局本364页倒6—5行）

玄曰：“不然，此兵轻狷，皆出万死，若我偏师失利，则更成其气。”（古籍本273页4行）

按：古籍本《校勘记》云：“徐本‘此’作‘北’。”寻“北兵”者，北府兵之谓也，北府兵向以骁勇善战著称，而其时起兵谋桓玄者，多为北府兵旧将，故桓玄乃有此称。四库本《实录》亦作“北兵”，是也。

(元兴三年)三月戊午,逆破皇甫敷等于罗落桥,进败桓谦将于覆舟山。玄出自西掖门,策马石头城,轻舟南逸。(书局本 365 页 4—5 行)

三月戊午,逆破皇甫敷等于罗落桥,进败桓谦将于覆舟山,玄出自西掖门,策马石头城,轻舟南逸。(古籍本第 273 页倒 6—5 行)

按:"西掖门"《晋书》卷九十九《桓玄传》、《通鉴》卷一百十三俱作"南掖门",二者有异。今考之《实录》卷十亦云:"闻谦等败,帅亲信数千人,声言赴战,……出南掖门,……西趋石头,与仲文等浮江南走。"亦作"南掖门"。证之以《宋书》卷五十《胡藩传》云:"义旗起,玄战败将奔,藩于南掖门捉玄马控曰:'今羽林射手,犹有八百,皆是义故西人,一旦舍此,欲归可復得乎?'玄直以马鞭指天而已。"则此"西掖门"必为"南掖门"之误无疑。二种校本皆未出校,非是。

(元兴三年三月)丁卯,帝迁镇东府,焚桓温神主于宣阳,作晋主于太庙。(书局本 366 页 6 行,古籍本 274 页 3 行)

按:是时刘裕率众克京都而逐桓玄,当焚桓温神主于京都建康,盖桓玄篡晋,定都于建康,其建宗庙,立其父桓温神主,必在建康也。即此云焚桓温神主于宣阳者,于情理不合。寻《宋书·武帝纪》、《南史·宋武帝纪》、《通鉴》卷一百一十三皆云是时"焚桓温神主于宣阳门外",又证之《实录》卷十亦云其时"焚桓温神主于宣阳门"。宣阳门,京都建康之城门耳。则此于"宣阳"后佚"门"字必矣。

(义熙二年)秋九月戊戌,以征北将军魏咏之为荆州刺史。(书局本 368 页 3 行)

秋九月戊戌,以征北将军魏咏之为荆州刺史。(古籍本 276 页 6 行)

按:据《晋书》卷三十七《宗室·谯刚王逊传附休之传》,义熙二年三月,荆州刺史司马休之为桓振所袭,军败,乃被朝廷征还并以豫州刺史魏咏之代为荆州刺史。据《晋书》卷十《安帝纪》,司马休之兵败在是年三月。《通鉴》卷一百一十四即记魏咏之代司马休之为荆州刺史在其年三月。此"九月",或"三月"之讹。

一时相推,非有妥体心腹,宿昔定分也。(书局本369页4行,古籍本277页4行)

按:书局本未出校,古籍本校云:"妥体心腹,'妥',徐本作'委'。"今考"妥体心腹",语意费解,《宋书》卷四十二《刘穆之传》、《通鉴》卷一百一十四载此皆作"委体心腹"。"委体",犹"托体",谓托付驱体之心腹。《后汉书》卷八《灵帝纪》"赞曰:灵帝负乘,委体宦孳",是其例,徐本是也。

(义熙)五年春正月乙未,夫人臧氏薨。伪燕王慕容超大掠淮北,孟昶曰:"师往必克,公其行。"四月己巳,帝抗表北伐,舟师发自京师,从淮入泗,次于下邳,舍舟步进。(书局本369页倒6—4行,古籍本277页倒6—5行)

按:臧氏,刘裕之妻,《宋书》卷四十一《后妃·武敬臧皇后传》云其"义熙四年正月甲午,殂于东城,时年四十"。二者未知孰是。

又,《宋书》卷一《武帝纪上》记是年二月,燕将慕容兴宗侵寇晋宿豫;三月,刘裕帅师北伐;四月,大军发京师,自淮入泗;五月,至下邳。《南史》所载同《宋书》。《通鉴》卷一百一十五亦云是年"二月,慕容超将慕容兴宗、斛谷提、公孙归等帅骑寇宿豫。……三月,刘裕抗表伐南燕。……夏四月……己巳,刘裕发建康,帅舟师自淮入泗"。记上事颇详而与《实录》所载燕将正月寇宿豫,刘裕四月抗表伐燕有异。今复检之《实录》卷十载云:"(义熙五年)二月,南燕慕容超寇淮北。……(三月)刘裕表伐南燕。……四月,帝饯裕于西堂。己巳,舟师发京邑,自淮入泗。"是为内证。可见燕寇晋淮北乃在是年二月,非正月;刘裕表伐南燕在三月,而非四月。《实录》此处所载之"四月己巳",其实非刘裕抗表北伐之时间,而为大军发自京师之时也。由此见上文乃误大军发京都之四月己巳为表伐南燕之日耳。

帝曰:"此兵机也,非子所及。羌若来救,不有先声,今逆诈言,是自强也。"(书局本371页6—7行)

帝曰:"此兵机也,非子所及。羌若来救,不有先声,今逆□言,是自

强也。"(古籍本 278 倒 1 行—279 页 1 行)

按：书局本《校勘记》云："'诈'字原缺，库本作'诈'，宋本残缺，仅存左偏旁'言'字，亦当为'诈'字也，今据改。"今考上事《通鉴》卷一百一十五作："裕笑曰：'此是兵机，非卿所解，故不相语耳。夫兵贵神速，彼若审能相救，必畏我知，宁容先遣信命。逆设此言，是自强大之辞也。'""逆设此言"者，反设此言也，于文义为优。宋本存左边旁"言"字，亦可能为"设"之边旁，库本后出，或因宋本之"言"而臆为"诈"字。书局本据库本而补为"诈"，恐欠审慎。

(义熙六年春二月)是月，卢循举兵过岭寇诸郡。何无忌起寻阳之师，南救诸镇。镇南将军殷间进说无忌曰。(书局本 372 页 1—2 行，古籍本"过岭"后点断作逗号，279 页 7—8 行)

按：古籍本未出校，书局本《校勘记》云："'殷间'，《晋书·殷仲文传》、《通鉴》一一五并作'殷阐'。"今考《晋书·安帝纪》载是年三月，"壬申，镇南将军，江州刺史何无忌及循战于豫章，王师败绩，无忌死之。"《宋书·武帝纪上》、《南史·宋武帝纪》亦载是时无忌所任乃镇南将军、江州刺史。又据《晋书·职官志》、《宋书·百官志》，其时镇南将军乃任总一方之重要军职，仅以一人任之。何无忌与刘裕同谋复晋，功勋卓著，故得有此任。可见此"镇南将军殷间"必误。又考之《通鉴》卷一百一十五记是时何无忌引兵拒卢循，有"参军殷阐"进谏之事，参之《晋书》卷九十九《殷仲文传》亦有"无忌令府中文人殷阐、孔宁子之徒撰义构文"之记载，见是时何无忌镇南将军府中有参军殷阐。寻《江西通志》卷二十九载何无忌拒卢循时部下有"参军殷阐"，与《晋书》适相合。即此"镇南将军殷间"乃"镇南参军殷阐"之讹必矣。

(义熙六年)夏四月乙未，至京师，戒严息甲。(书局本 372 页 8 行，古籍本 279 页倒 3 行)

按："四月乙未"，《宋书·高帝纪上》、《通鉴》卷一百一十五俱作"四月癸未"。今考义熙六年四月壬午朔，乙未为月之十四日，癸未为月之初二日。揆之时事，刘裕北伐南燕而卢循乘机兴兵，败杀何无忌，大军将临京都城下，故刘裕乃于下邳卷甲昼夜驰归；三月，刘裕单船过江，至京口。事见《宋书·武帝纪上》、《通鉴》卷一百一十五。京口至建康仅百里之遥，京师事急，刘裕必不得迁延至四月中旬始至建康，即此云“乙未”者，乃“癸未”之误。《实录》卷十亦云其年“四月癸未”刘裕至京师，是其证也。

(义熙)九年春，以西陵太守朱龄石为益州刺史，率宁朔将军臧熹及下邳太守刘钟等众二万，自江陵伐蜀。(书局本375页1—2行，古籍本282页2—3行)

按：朱龄石为益州刺史，《晋书》卷十《安帝纪》、卷十三《天文志下》、《宋书·武帝纪中》、《南史·宋武帝纪》、《通鉴》卷一百十六、《实录》卷十皆记在义熙八年十二月。此记作“九年春”者，与事实稍有出入。或龄石受命在十二月，而率众伐蜀则在次年春也。

又按：据《晋书》卷十四《地理志》、《宋书》卷三十七《州郡志三》，晋宋时但有西陵县而无西陵郡，即此云“西陵太守朱龄石”者，必误。考《宋书·武帝纪中》云：“以西阳太守朱龄石为益州刺史，率众伐蜀。”《宋书》卷四十八《朱龄石传》云：“卢循平，以为宁远将军、宁蛮校尉、西阳太守。”《通鉴》卷一百十六云：“太尉裕谋伐蜀，……以西阳太守朱龄石既有武干，又练吏职，欲用之。”《南史》卷十六《朱龄石传》、《晋书》卷一百《谯纵传》亦皆记朱龄石为益州刺史前所任乃西阳太守。又考之《实录》卷十亦云义熙八年十二月“以西阳太宋朱龄石为建威将军、益州刺史”，皆可证“西陵”乃“西阳”之讹。西阳郡时属豫州，见《宋书·州郡志三》。

在昔盛世，民无迁业，故有井田之制，三代以降。秦革斯政，汉遂不改，富强兼并，于是为弊。(书局本375倒1行—376页1行)

在昔盛世，民无迁业，故有井田之制。三代以降，秦革斯政，汉遂不改，富强兼并，于是为弊。(古籍本282页倒5—4行)

按：“三代以降，秦革斯政”云云，文意欠明。寻以上乃晋安帝义熙九年刘裕所上土断疏中之语，《宋书·武帝纪》载此云：“在昔盛世，人无迁业，故井田之制，三代以隆。秦革斯政，富强兼并，於是为弊。”意谓因古有井田之制，故三代得以兴盛，民无迁业，而自秦革除井田之制之后乃造成日后富强兼并之弊耳。《册府元龟》卷四百八十六、《宋文纪》卷一亦皆作"三代以隆"，是也。同此"降"，显为"隆"字之形讹。

进帝太傅，……加前后部羽檏、鼓吹，置左右长史、从事中郎四人。（书局本378页倒2行，古籍本285页3—4行）

按："加前后部羽葆、鼓吹"，《宋书·武帝纪》《南史·宋武帝纪》俱作"加前部羽葆、鼓吹"，与此有异。今考之《南史·宋武帝纪》及《实录》卷十一，载义熙十二年五月又有加刘裕"前后部羽葆、鼓吹"事，则义熙十一年时所加应是"前部羽葆、鼓吹"，此乃衍"后"一字。

贼臣乘衅，荡覆王室，越在南鄙，迁于九江。宗祀绝飨，人臣无位，提挈群凶，寄命江浦。（书局本379页倒2—1行，古籍本"荡覆王室"后作句号，285页倒2—1行）

按：此为义熙十二年十一月晋安帝册封刘裕为宋公诏中语，"宗祀绝飨"后续以"人臣无位"，与上下文意不相合，欠妥。寻《宋书》卷二《武帝纪中》、《南史·宋武帝纪》皆作"宗祀绝飨，人神无位"，于理为允。考诏文此后又有"大歼群慝，克复王室，奉歆神祇"之语，则《宋书》、《南史》作"人神无位"是也。《艺文类聚》卷五十三载宋傅亮《宋文帝九锡文》正作"人神无位"，可以为证。

虽文命之东渐西被，咎繇之迈予种德。（古籍本287页5行）

按："迈予种德"，意颇费解，书局本改"予"为"于"，《校勘记》云："'于'原作'予'，今据甘抄本、徐抄本改。《宋书·武帝纪中》《南史·宋本纪上》亦作'于'。"局本是，古籍本未出校，疏。

（义熙十四年二月）以中军将军刘义符为荆州刺史，中军议郎张节谏曰："储贰至重，四海所系，古来冢子在外，未有为国福者。"乃止。（书局本385页倒2—1行，古籍本290页倒3—2行）

按：其时刘裕以世子刘义符为荆州刺史，故有此谏。寻"中军议郎"

者，应即中军将军府之议郎也。然据《晋书·职官制》、《宋书·百官志》，军府佐吏无议郎之置，即此“中军议郎张节”者必误。考《通鉴》卷一百一十八云：“裕欲以世子义符镇荆州，……中军谘议张邵谏曰：‘储贰之重，四海所系，不宜处外。’”记谏者乃中军谘议张邵，“中军谘议”者，中军谘议参军也。今考之《宋书》卷四十六《张邵传》云：“（义熙）九年，世子始开征虏府，补邵录事参军，转号中军，迁谘议参军，领记室。……十四年，以世子镇荆州，邵谏曰。”《南史》卷三十二《张邵传》载同。由此见上文“中军议郎张节”者，乃“中军谘议张邵”之讹也。

（景平元年）夏四月，檀道济北征，次临朐，虏焚攻具去。青州孙琳为御史中丞，以事忤徐羡之，羡之遣琳弟璩自释。（古籍本296页2—3行）

按：书局本《校勘记》云：“孙琳，《宋书》、《南史》《孔琳之传》并作孔琳之。”今考时未见孙琳其人，而孔琳之弟孔璩之为扬州治中，乃扬州刺史徐羡之之属吏，故羡之乃使璩之解释于琳之耳。是此“孙琳”必“孔琳之”之讹，书局本是也。

（景平元年）十二月丙寅，省宁州之江阳为建安郡。（书局本393页1行，古籍本296页倒5行）

按：书局本《校勘记》云：“十二月癸巳朔，无丙寅。”局本校是，古籍本亦应出校。

又，建安郡时属江州，地在闽越，与地处今广西之宁州相去甚远。即此“省宁州之江阳为建安郡”颇有疑问。考《宋书·州郡志》未有省宁州江阳郡之记载，而《宋书》卷四《少帝纪》则云是时“省宁州之江阳、犍为、安上三郡，合为宋昌郡”。又考《南齐书》卷十五《州郡志下》载宁州宋昌郡领江阳、犍为、安上三县，当即为宋初省三郡而为宋昌之三县者。即此“建安”乃“宋昌”之讹，且又于“江阳”后佚“犍为安上”四字。

谢晦移家出镇军府，将治府舍，而实伏甲士出于外屋。（书局本395页5—6行）

谢晦移家出镇军府，将治府舍，而实伏甲士，出于外屋。（古籍本

298 页 7—8 行)

按:寻《宋书》卷三《武帝纪下》、卷四十四《谢晦传》、《南史》卷一《武帝纪》卷十四《谢晦传》及《通鉴》卷一百一十九,是时谢晦所任为领军将军而非镇军将军,此谓“谢晦移家出镇军府”于事实不符,此“镇军”应是“领军”之误。

徐羡之使邢安泰杀营阳王于金昌亭,……南郡太守江夷临哭尽哀。(书局本 395 页倒 5—3 行,古籍本 298 页倒 4—2 行)

按:宋少帝刘义符被废为营阳王后幽于吴郡之吴县,被杀于吴县金昌亭,见《宋书·少帝纪》、《南史·宋少帝纪》。而南郡为荆州州治,距吴县数千里,江夷既为南郡太守,何得擅离职守而至千里外之吴县临哭尽哀耶?考《宋书》卷五十三《江夷传》云江夷“为吴郡太守,营阳王于吴县见害,夷临哭尽礼。”《南史》卷三十六《江夷传》同。因江夷为吴郡太守,少帝被杀于其治所,故其乃得临哭尽哀也。即此“南郡”乃“吴郡”之讹必矣。

王答书,使召见傅亮,哭甚哀。既而问二主薨故,悲感呜咽。(书局本 396 页倒 2—1 行,古籍本 299 页倒 2 行)

按:“王”,指宋文帝刘义隆,时为宜都王。既而“问”之对象,乃刘义真及刘义符,《宋书》卷四十三《傅亮传》于此作“既而问义真及少帝薨废本末”,可为明证。刘义真为文帝兄,封庐陵王,文帝问义真薨故,不得称“主”。文中“二主”当为“二王”之形讹。因义真封庐陵王,而少帝义符被废后降为营阳王,故此乃云既而问“二王”薨故耳。二种校本皆未出校,亦不无遗憾。

《资治通鉴》校读札记

羡之等又遣使者杀前庐陵王义真于新安。(《考异》曰:《宋》《南史》本纪,二月废义真徙新安之下,即云“执政使使者诛义真于新安”。《宋·义真传》:“六月癸未,羡之等遣使杀义真于徙所。”《羡之传》亦云:“废帝后,杀义真于新安,杀帝于吴县。”)(卷一百二十《宋纪二·文帝元嘉元年》,第3769页1—3行)

按:上文之“废帝后”三字,乃非《宋书》卷四十三《徐羡之传》中之语,《宋书·徐羡之传》及《南史》卷十五《徐羡之传》是为明证。标点以“废帝后”入引号内,非是。当改标作:“《羡之传》亦云废帝后,‘杀义真于新安,杀帝于吴县。’”

冬十月,以竟陵王义宣为南徐州刺史,犹戍石头。(卷一百二十一《宋纪三·文帝元嘉七年》,第3821页8行)

按:《宋书》卷五《文帝纪》载:元嘉七年冬十月“以左将军竟陵王义宣为徐州刺史”,《宋书》卷六十八《武二王·南郡王义宣传》记义宣事亦云:“仍拜左将军,镇石头。七年,迁使持节、都督徐兖青冀幽五州诸军事、徐州刺史,将军如故,犹戍石头。”皆以义宣于元嘉七年十月所任为徐州刺史,与此云义宣为南徐州刺史者异,二者之间当有一误。

寻《宋书·文帝纪》云:元嘉六年春正月,“癸丑,以骠骑将军、荆州刺史彭城王义康为司徒、录尚书事,领平北将军、南徐州刺史”。(中华书局点校本校勘记云:“各本并脱‘南’字,按《彭城王义康传》、《建康实录》、《通鉴》并作南徐州刺史，今据补”。）又云：元嘉九年六月，“戊寅，司徒、南徐州刺史彭城王义康改领扬州刺史。”又据《宋书》卷六十八《武二王·彭城王义康传》云：“（元嘉）六年，司徒王弘表义康宜还入辅，征侍中、都督扬南徐兖三州诸军事、司徒、录尚书事、领平北将军、南徐州刺史。”《南史》及《通鉴》卷一二一、一二二所载义康事与之同。由此，知元嘉六年（429）正月至元嘉九年（432）六月之间，南徐州刺史一直为彭城王义康所任，亦即元嘉七年十月，竟陵王义宣必不得有任南徐州刺史事。此作“南徐州刺史”者，必误。“南”字衍文，当删。

是时，徐州刺史例都督徐、兖、青、冀等州诸军事，而南徐州刺史则例都督南徐、南兖等州，《宋书》义宣本传既云是时义宣“都督徐兖青冀幽五州诸军事”，则义宣是时所任必为徐州刺史。前此，义宣为左将军，镇石头城，以拱卫京都。而元嘉七年任徐州刺史并未成行，仍以皇弟留卫京都，故云“犹戍石头”也。宋时诸王多有因年幼或因腹心之重虽出任外州刺史而不之镇者，如《宋书》卷六《孝武帝纪》记孝武帝刘骏为武陵王时，“（元嘉）十七年，迁使持节、都督南豫豫司雍并五州诸军事、南豫州刺史，将军如故，犹戍石头”，《宋书》卷七十九《文九王传》记南平王刘铄，“元嘉十七年，都督湘州诸军事、冠军将军、湘州刺史，不之镇，领石头戍事”，皆其例也。《通鉴》不悟其义，因见义宣戍石头而臆增一“南”字。胡三省注更释之曰：“义宣先戍石头，而南徐州镇京口，盖带刺史而犹戍石头也。”曲为之解，则误之尤甚也。

安颉与龙骧将军陆俟进攻虎牢，辛巳，拔之；尹冲及荥阳太守清河崔模降魏。（卷一百二十一《宋纪三·文帝元嘉七年》，第3822页5—6行）

按：《通鉴考异》云：《宋书》云：“‘模抗节不降，投堑死。’按《后魏书》，模仕魏为武城男，《宋书》误也。”今考《宋书》卷九十五《索虏传》云是时：“尹冲及司马荥阳太守崔模抗节不降，投堑死。”据《魏书》卷二十四《崔玄伯传》、《北史》卷二十四《崔逞传》，崔模于是年滑台之役降于北魏，后赐爵武城男。是崔模于是役实降于魏，《通鉴考异》辨《宋书·索虏传》之误，是也。然《魏书》卷四上《世祖纪上》载魏神䴥三年“冬十月……辛巳，安颉平虎牢，义隆司州刺史尹冲坠城死。”魏神䴥三年即宋元嘉七年,是尹冲实未降于魏。《魏书》卷三十《安同传附安颉传》云:“世祖西征赫连定,以颉为冠军将军督诸军击彦之。……进攻虎牢,虎牢溃,义隆司州刺史尹冲坠城死。”《魏书》卷九十七《岛夷刘裕传》云:“寻诏冠军将军安颉等自盟津渡,攻金墉,义隆建武将军杜骥出奔,遂乘胜进攻虎牢,陷之,斩其司州刺史尹冲。”皆足证尹冲必于虎牢之役抗节不屈,力竭投城而死。《宋书·索虏传》云尹冲与崔模俱抗节不降,固误,然《通鉴》未予深考,竟至载二人皆降,遂使千古忠魂,几遭百世之冤,岂不令人废卷长叹也。设使《魏书》佚失,则尹冲之忠魂又何以得申耶!良史如司马光,犹尚有此失,他人作史,又安能不慎之又慎哉!

夏四月,己巳,帝加景仁中书令、中护军,即家为府。(卷一百二十二《宋纪四·文帝元嘉十二年》,第3856页7行)

按:是年夏四月丁亥朔,无己巳。《宋书·文帝纪》云是年“夏四月乙酉,尚书仆射殷景仁加中护军”,与此所记为一事而简言之也。中华书局点校本《宋书》校勘记云:“按是月丁亥朔,无乙酉。二十三日己酉,‘乙酉’或‘己酉’之讹。”寻《建康实录》卷十二乃云是年,“夏四月乙巳,以殷景仁为中书令、护军,以家为府”。乙巳为月之十九日。是“己巳”或“乙巳”之形讹。《宋书·文帝纪》作“乙酉”固误,然中华书局本《宋书》校勘记臆断为“己酉”,亦非是,此误盖未见《建康实录》所载之故也。

冬,十月,戊申,收刘湛付廷尉,下诏暴其罪恶,就狱诛之。并诛其子黯、亮、俨及其党刘斌、刘敬文、孔胤秀等八人。(卷一百二十三《宋纪五·文帝元嘉十七年》,第3886页4—5行)

按:是年十月丙辰朔,无戊申日。《宋书·文帝纪》、《南史·宋文帝纪》则记刘湛及其同党被杀在是年十月戊午,为月之初三日。《建康实录》卷十二记上事在是年“十一月戊午日”。考是年十一月乙酉朔,无戊午。且由上下文视之,刘湛之被杀必不十一月,即《建康实录》作十一月亦误,然则记在戊午日者则与《宋书》、《南史》相合,亦可为刘湛被杀在是月戊午之佐证。

五月，裴方明等至汉中，与刘真道等分兵攻武兴、下辩、白水，皆取之。(胡注："'下辩'，《汉书》作'下辨'。")……方明与弘祖战于浊水，大破之，斩弘祖。……难当以其子虎为益州刺史，守阴平，闻难当走，引兵还，到下辨，方明使其子肃之邀击之，擒虎，送建康，斩之；仇池平。(卷一百二十四《宋纪六·文帝元嘉十九年》，第3896页倒5—3897页2行)

按：以上记裴方明破氐帅杨难当，斩苻弘祖及擒杨虎等事皆在元嘉十九年五月，此盖据《宋书·文帝纪》所载是年"五月庚寅，梁秦二州刺史刘真道、龙骧将军裴方明破氐帅杨难当"而记也。然则《宋书》卷九十八《氐胡传》记其事则云："十九年正月，太祖遣龙骧将军裴方明、太子左积弩将军刘康祖、后军参军梁坦甲士三千人，又发荆、雍二州兵讨难当，受刘道眞节度。五月，方明等至汉中，长驱而进。道眞到武兴，攻伪建忠将军苻隆，克之。安西参军韦俊、建武将军姜道盛别向下辩。道眞又遣司马夏侯穆季西取白水，难当子雍州刺史顺、建忠将军杨亮拒之，并望风奔走。闰月，方明至兰皋，难当镇北将军苻义德、建节将军苻宏祖万余人列阵拒战，方明击破之，斩宏祖，杀二千余人，义德遁去。天水任愈之率部曲归顺。难当世子抚军大将军和据修城，方明又遣军率愈之攻和，大破之。于是难当将妻子奔索虏，死于虏中。安西参军鲁尚期追难当出寒峡，生禽建节将军杨保炽、安昌侯杨虎头。初，难当遣第二子虎为鎭南将军、益州刺史，守阴平。闻父走，逃还，至下辩。方明使子肃之要之，生禽虎，传送京师，斩于建康市。仇池平。"详记裴方明破仇池之经过，载裴方明破苻弘祖、擒杨虎等乃在是年闰五月而非五月。又考之《魏书》卷四下《世祖太武帝纪》云：太平真君三年，"闰月，刘义隆龙骧将军方明、梁州刺史刘康祖寇南秦，南秦王杨难当败，奔于上邽"。魏太平真君三年闰月即宋元嘉十九年闰五月，与《宋书·氐胡传》所载相合。是《宋书·文帝纪》所载实有可疑。

又考《建康实录》卷十二载元嘉十九年事云："五月……京师大水，使使赈赐。刘真道征仇池，正月至此月，始克之。"寻是年征仇池，以裴方明为首功，而裴方明又受刘真道节制，故《建康实录》乃记刘真道征仇池也。然是年京都大水及遣使赈赐事，《宋书·文帝纪》、《南史·宋本纪》皆记在其年闰五月，《建康实录》记在五月者，盖佚一"闰"字耳。刘真道、裴方明征仇池在其后，亦在闰五月。以上足证《宋书·文帝纪》记事在五月者误。《通鉴》从之，乃非是。

（夏四月）癸丑，武陵王军于鹊头。宣城太守王僧达得武陵王檄，……僧达乃自候道南奔。（卷一百二十七《宋纪九·文帝元嘉三十年》，第1999页5—9行）

按：《宋书》卷七十五《王僧达传》载王僧达南奔武陵王刘骏之前事云："元嘉二十八年春，索虏寇逼，都邑危惧，僧达求入卫京师，见许。贼退，又除宣城太守，顷之，徙任义兴。三十年，元凶弑立，世祖入讨，普檄诸州郡，又符郡发兵。……僧达乃自候道南奔，逢世祖于鹊头。"记王僧达于元嘉三十年宋孝武帝（时为武陵王）讨元凶刘劭时所任乃义兴太守，亦即王僧达自候道南奔时所任乃为义兴太守也。与此所载"宣城太守王僧达"者，当有一误。

考《宋书·王僧达传》载僧达于孝武帝孝建三年（456）所上《求解职表》述其经历云："赐莅宣城，极其穷踬。仲春移任，方冬便值虏南侵。臣忝同肺腑，情为义动，苦求还都，侍卫辇毂，至止之日，戎旗已搴。在郡虽浅，而贪得分了，方拂衣衣，还事耕牧，宣城民庶，诣阙见请。尔时敕亡从兄僧绰宣见留之旨。阐疾寡任，野心素积，仍附启苦乞且旋任。还务未期，亡兄臣锡奄见弃背，启解奔赴，赐带郡还都，曾未淹积，复除义兴。"吴丕绩《鲍照年谱》据之曰："僧达再莅宣城在元嘉二十八年，表云：'还务未期'，则去任在二十九年。则僧达为义兴当自今岁（福林按：指元嘉二十九年）始，至明年（福林按：指元嘉三十年）元凶弑逆，世祖入讨时奔世祖止。"所说是也。又考刘宋诗人鲍照有《学陶彭泽体》及《和王义兴七夕》诗各一首，皆为与王僧唱和之作，吴丕绩《鲍照年谱》、钱仲联《鲍照年表》皆以为二诗乃元嘉二十九年秋作于王僧达为义兴太守时，钱仲联《鲍参军集注》于《学陶彭泽体》诗题注亦云："僧达为义兴，当自二十九年始，至次年二月元凶弑逆，世祖入讨时奔世祖止。"所说是也。是王僧达于元嘉三十年春南奔时所任必为义兴太守而非宣城太守，亦即是时僧达乃由义兴而奔鹊头，《宋书·王僧达传》所载是。即《通鉴》所谓"宣城太守王僧达"者，乃"义兴太守王僧达"之误。

又据地理位置而言，鹊头即鹊洲之头，时属宣城郡，地处宣城之西北，即今安徽铜陵西南长江边之鹊头山。僧达若由宣城奔鹊头，当不得谓之南奔。而义兴时治阳羡，即今江苏宜兴，鹊头地在义兴之西南，由义兴奔鹊头，正与“自候道南奔”者相合。以上皆足证《通鉴》所载之失。

闰月，戊午，以尚书左仆射刘遵考为丹阳尹。（卷一百二十八《宋纪十·孝武帝孝建三年》，第4026页7行）

按：孝武帝孝建三年闰三月，此“闰月”者，闰三月也。据《宋书·孝武帝纪》云：“（孝建二年）五月戊戌，以湘州刺史刘遵考为尚书右仆射。”“（三年）闰月戊午，尚书右候射刘遵考迁职。”记刘遵考迁职之前所任乃尚书右仆射，其所迁之职当即丹阳尹也。与此作尚书左仆射者异，二者之间当有一误。

据《宋书》卷五十一《宗室·刘遵考传》云：“明年（按指孝建二年），征为湘州刺史，未行，迁尚书左仆射。三年，转丹阳尹，加散骑常侍。复为尚书右仆射，领太子右卫率。明年，又除领军将军，加散骑常侍。五年（按指大明五年），复迁尚书右仆射、金紫光禄大夫，常侍如故。”既云遵考于任丹阳尹之后“复为尚书右仆射”，又云“复迁尚书右仆射”，则此前其所任亦当为尚书右仆射。且是时左仆射位高于右仆射，遵考是时甚受孝武帝信任，前此若任左仆射，则大明五年时又必不得降为右仆射。是《宋书·刘遵考传》云孝建二年时遵考由湘州刺史迁左仆射者误。

考《宋书·孝武帝纪》云：“（元嘉三十年秋七月）己亥，尚书左仆射建平王宏加中书监、中军将军。”“孝建二年冬十月壬午，中书监、尚书左仆射、中军将军建平王宏为尚书令。”是孝建二年五月时尚书左仆射乃建平王宏所任，亦即刘遵考是时必不为左仆射。《通鉴》卷一二八又载孝建二年“五月戊戌，以湘州刺史刘遵考为尚书右仆射”，亦其证也。以上足证孝建三年闰月，刘遵考转任丹阳尹前所任必尚书右仆射无疑。此作“左仆射”者，乃形近而致讹也。

及即位，皆以为南台侍御史兼中书通事舍人。（卷一百二十八《宋纪十·孝武帝孝建元年》，第4040页倒2—1行）

按：六朝时用于官职之“兼”，皆有代理之义，与身兼二职之义无涉。如《南齐书》卷三十四《庾杲之传》云：“世祖令对虏使，兼侍中。上每叹其风器之美，王俭在坐，曰：‘杲之为蝉冕所照，更生风采，陛下故当与其即真。’”杲之兼侍中，王俭奏请“与其即真”，可明见“兼”之代理义。故钱大昕《廿二史考异》云：“此‘兼’字当读去声，盖假借未真授之称，与一人兼两职之‘兼’有别。”是时之中书舍人，据《宋书·百官志》、《宋书·恩倖传》、《南齐书·倖臣传》，乃九品之职，品位虽低，然则为帝之耳目所寄之近臣，权力极大，故往往由他官所兼，即代理也。《通鉴》所载，乃谓孝武帝即位后，以戴法兴等人为南台侍御史及兼中书舍人二职耳。今标点如此，则易使人误以为是时戴法兴等乃以南台侍御史而兼任中书舍人，故欠妥。即上文应于“南台侍御史”后益顿号，文义方显。

勔与琰书，并以琰兄瑗子邈书与之。（卷一百三十一《宋纪十三·明帝泰始二年》，第4113页倒7—6行）

按：《宋书》卷八十七《殷琰传》云：“太宗知琰逼迫土人，事不获已，犹欲羁縻之。以琰兄前中书郎瑗为司徒右长史，子邈为山阳王休祐骠骑参军。”则瑗为琰之兄，邈为琰之子。《殷琰传》此后又载刘勔《与殷琰书》有云：“贤兄长史，阶升清列，贤子参军，亦塞国网。”“长史”，即指琰兄瑗，“参军”，即指琰子邈。《与殷琰书》又云：“王御史昨至，主人敕、骠骑教、贤兄贤子书，今悉遣送。”皆其明证。今标点如此，则易使人误以为邈乃琰兄瑗之子，故欠妥。应于“瑗”后益顿号，标作：“勔与琰书，并以琰兄瑗、子邈书与之。”

闰月，戊子，以辅师将军孟阳为兖州刺史。（卷一百三十二《宋纪十四·明帝泰始五年》，第4149页倒2行）

按：“孟阳”，应作“孟次阳”，此佚“次”字。孟次阳事迹，附见《宋书》卷九十四《恩倖·阮佃夫传》，云：“次阳字崇基，平阳安丘人也。泰始初，为山阳王休佑骠骑参军。……以功封攸县子，食邑三百户。历右军、骠骑参军。六年，出为辅师将军、兖州刺史，戍淮阴，立北兖州，自此始也。进号冠军将军。元徽四年，卒。”《宋书》卷九《后废帝纪》、卷八十七《殷琰传》、《南史》卷七十七《恩倖传》亦皆作“孟次阳”。《宋书》卷八《明帝纪》载是年闰月戊子，“辅师将军孟次阳为兖州刺史”，中华书局点校本校勘记云：“各本并脱‘次’字，据《阮佃夫传》、《殷琰传》补。”《通鉴》之误，盖据《宋书·明帝纪》而未察其失，应补正。

秋七月，……丙申，以道成为司空、录尚书事、骠骑大将军，袁粲迁中书监，褚渊加开府仪同三司，刘秉迁尚书令，加中领军。（卷一百三十四《宋纪十六·顺帝昇明元年》，第4199页4—5行）

按：《宋书》卷十《顺帝纪》云：昇明元年七月丙申，“抚军将军刘秉为尚书令，加中军将军”，记刘秉是时所加乃中军将军，与此作“中领军”者异。据《宋书》卷四十《百官志下》，是时中军将军与中领军各一人而司职不同，二者不能混淆。

考《宋书》卷九《后废帝纪》云：“（元徽二年）六月庚子，以平南将军齐王为中领军、镇军将军、南兖州刺史。”《宋书》卷十《顺帝纪》又云：“（昇明元年七月丙申）尚书左仆射、中领军、镇军将军、南兖州刺史齐王为司空、录尚书事、骠骑大将军、刺史如故。……右卫将军刘韫为中领军。”是昇明元年七月丙申前中领军乃萧道成所任，萧道成离中领军任后乃由刘韫继之。刘韫，刘秉从弟，《宋书》卷五十一《宗室·长沙景王道怜传附刘韫传》云韫，“又改领左卫将军、散骑常侍、中领军。昇明元年，谋反伏诛。”《南史》卷十三《宋宗室及诸王传上·长沙景王道怜传附刘韫传》亦云：“韫字彦文，位雍州刺史，侍中，领右卫将军、领军将军，昇明元年，被齐高帝诛。”又考之《宋书·宗室传·长沙景王道怜传附刘秉传》云：“时齐王辅政（按指昇明元年），四海属心，秉知鼎命有在，密怀异图。袁粲镇石头，不识天命，沈攸之举兵反，齐王入屯朝堂。粲潜与秉及诸大将黄回等谋欲作乱。……从弟中领军韫，直在省内，与直阁将军卜伯兴谋，其夜共攻齐王。”《宋书·顺帝纪》云：“（昇明元年十二月）中领军刘韫、直阁将军卜伯兴在殿内同谋，录公齐王诛韫等于省内。”《南齐书》卷一《齐高帝上》云：“秉从弟领军韫及直阁将军卜伯兴等严兵为内应。”皆明记是时中领军为刘韫而非刘秉。且《宋书》刘秉本传云刘韫“直在省内”者，与其任中领军而掌内军者亦正相合。由是，是时刘秉所任必不为中领军,《通鉴》误。

据《南史》卷三《宋本纪下》云:昇明元年七月,“刘彦节为尚书令,加中军将军”,《建康实录》卷十四云昇明元年七月丙申,“以抚军将军刘彦节为尚书令,加中军将军”。彦节,刘秉字,所载与《宋书·顺帝纪》正相合。是《通鉴》之“中领军”为“中军将军”之误必矣。

二月,辛巳,以征虏将军杨炅为沙州刺史、阴平王。(卷一三十五《齐纪一·武帝永明元年》,第4252页1行)

按:“二月辛巳”,《南齐书》卷三《武帝纪》所载同,《南史》卷四《齐本纪上》则作“二月庚寅”。考是年二月庚辰朔,辛巳为月之初二日,庚寅为月之十一日。考下文又云是月“辛丑,以宕昌王梁弥机为河、凉二州刺史”,为月之二十二日,与“辛巳”,“庚寅”皆相合,二者未知孰是。

冬十月,丁酉,解严。以宣城公鸾为太傅、领大将军、扬州牧、都督中外诸军事,加殊礼,进爵为王。……戊戌,杀桂阳王铄、衡阳王钧、江夏王锋、建安王子真、巴陵王子伦……癸卯,以宁朔将军萧遥欣为豫州刺史、黄门郎萧遥昌为郢州刺史,辅国将军萧诞为司州刺史。……甲辰,魏以太尉东阳王丕为太傅、录尚书事,留守平城。(卷一百三十九《齐纪五·明帝建武元年》,第4363页倒6—5行,4364页7行,4367页3—5行)

按:是年十月壬寅朔,无丁酉、戊戌,癸卯为月之初二日,甲辰为月之初三日。下文又记魏主于是月戊申亲告太庙事,为月之初七日。是上文所记月日有误。颇疑上文所记十月丁酉及戊戌事或在是年九月,自癸卯起始在十月也,考是年九月壬申朔,丁酉为二十六日,戊戌为二十七日,与此前所载之是年九月“壬午,魏主临朝堂,黜陟百官”,为月之十一日;“乙酉,杀锐;又杀郢州刺史晋熙王銶、南豫州刺史宜都王铿”,为月之十四日;“丁亥,以庐陵王子卿为司徒”,为月之十六日,时间皆相合。《建康实录》卷十五云:“(延兴元年九月)丁酉,进宣城公鸾为太傅,加殊礼,进为王,而尽诛诸王为藩镇者。”齐海陵王延兴元年即明帝建武元年,所记是其证也。由此,上文乃有错简。即“冬十月”三字当移置“癸卯”前。《通鉴》之误,盖沿《南齐书》卷五《海陵王纪》、《南史》卷五《齐本纪下》之误而未察也。

论两晋南北朝的士族称谓及高低级士族称谓之区分

士，本为四民之一，《汉书》卷二十四上《食货志》所谓“士、农、工、商，四民有业。学以居位曰士”者也。至魏文帝曹丕立九品中正制以后，士这一阶层由于成了统治阶级官僚机构的骨干，他们的子孙也往往因之而致身显贵。此后，汉代以来的一些地主官僚家庭逐渐发展成了以血缘相联系的，以家族为基础的宗族家庭组织。形成了维持两晋南北朝统治基础的，具有各种政治经济特权的士族阶级。《文选》卷五十载沈约《宋书·恩倖传论》云：

> 且士子居朝，咸有职业。虽七叶珥貂，见崇西汉，而侍中身奉奏事，又分掌御服。东方朔为黄门侍郎，执戟殿下。郡县掾吏，并出豪家；负戈宿卫，皆由势族。非若晚代，分为二途者也。

李善注：“二途謂士庶也。言仕子不居贱职，庶族不涉清阶。”就很好地说明了汉至南北朝时期士族阶层的这一发展变化过程。《宋书》卷四十二《王弘传》载元嘉时载尚书左丞江奥议刑法时云：

> 至于士庶之际，实自天隔，舍藏之罪，无以相关。

这就是说，在当时士族与庶族乃是两个在各个方面都有着巨大差别的阶层。但是，由于士族与庶族具有各种各样名目繁多的不同称谓，因而也就给后人在理解上造成了较大的困难，以致形成了相当多的混淆，令人莫衷一是。笔者于晋及南北朝诸史中逐一检索，草就此篇，以就教于大方之家焉。

一、两晋南北朝士族之泛称

士族又称作旧族。士族以先世官宦为荣耀，以门第相标榜，故乃有此称。如《南齐书》卷二十二《豫章文献王嶷传》：

> 其夏于南蛮园东南开馆立学，上表言状。置生四十人，取旧族父祖位正佐台郎，年二十五以下十五以上补之。

以上载齐豫章王萧嶷于建元二年开馆立学时，上表建议国学所置学生，当取士族中父祖任至正台郎或佐台郎者之子弟，年在十五至二十五岁者。《梁书》卷四十八《儒林·卢广传》：

> 卢广，范阳涿人，自云晋司空从事中郎谌之后也。谌没死冉闵之乱，晋中原旧族，谌有后焉。

此谓卢广乃晋中原士族卢谌之后裔。《南史》卷二十三《王华传附王琨传》云：

> 宋武帝初为桓修参军，修待帝厚，后帝以事计图修，犹怀昔顾，使王华访素门，嫁其二女。华为琨娶大女，以小女适颍川庾敬度，亦是旧族。

宋武帝刘裕原为桓修军府参军，其后虽诛桓修而犹怀旧日情谊，故使王华嫁其二女于士族之家，以报桓修之旧恩耳。

旧族亦称旧门。《晋书》卷三十二《后妃传下·简文宣郑太后传》云：

帝因从容谓刘隗曰："郑氏二妹，卿可为求佳对，使不失旧。"隗举其从子佣娶第三者，以小者适汉中李氏，皆得旧门。

郑太后祖籍河南荥阳，为著名之世家大族，故简文帝使刘隗为郑氏二妹择偶于士族子弟，而所得二婿刘隗之从子及汉中李氏，亦皆士族也。《晋书》卷一百二十五《冯跋载记附冯素弗传》：

尝谓韩业曰："君前既不顾，今将自取，何如?"业拜而陈谢。素弗曰："既往之事，岂复与君计之。"然待业弥厚，好存亡继绝，申拔旧门。

谓冯素弗能存亡继绝，申拔士人也。

一些论者以为旧族、旧门乃指高级士族而言，如以上数例中，《梁书·儒林传》所载之卢广，为范阳卢氏；《南史·王华传》所载之王琨，乃琅邪王氏，庾敬度乃颍川庾氏，皆时之高级士族。然而在一般情况下，旧族、旧门则不能简单地理解为高级士族，以下举数例以释之。如《魏书》卷三十三《公孙表传》：

初，表与渤海封恺友善，后为子求恺从女，恺不许，表甚衔之。及封氏为司马国璠所逮，太宗以旧族欲原之。表固证其罪，乃诛封氏。

《魏书》卷四十三《毛修之传》：

又以修之收三堡功多，迁特进、抚军大将军、金紫光禄大夫，位次崔浩之下。浩以其中国旧门，虽学不博洽，而犹涉猎书传，每推重之，与共论说。

按：以上前一例，公孙表以封恺拒婚而怀恨，及封恺有罪，魏太宗明元帝拓跋嗣以恺士族而欲原之，公孙表则因旧憾而固证恺之罪耳。但渤海封氏则非高级士族，不能同等于范阳卢氏、琅邪王氏。后一例，毛修之荥阳阳武人，也并非高级士族。又如《晋书》卷一百六《石季龙载记上》云：

> 镇远王擢表雍、秦二州望族，自东徙已来，遂在戍役之例，既衣冠华胄，宜蒙优免，从之。自是皇甫、胡、梁、韦、杜、牛、辛等十有七姓蠲其兵贯，一同旧族。随才诠叙，思欲分还桑梓者听之。其非此等，不得为例。

《南齐书》卷三十三《王僧虔传》云：

> 佃夫言于宋明帝，使御史中丞孙敻奏："僧虔前莅吴兴，多有谬命，检到郡至迁，凡用功曹五官主簿至二礼吏署三传及度与弟子，合四百四十八人。又听民何系先等一百十家为旧门，委州检削。"坐免官。

按：以上前一例乃载后赵主石勒从其镇远将军王擢建议，蠲免原晋之雍、秦二州士族兵役之事。然蠲皇甫、胡、梁等十七姓而同于旧族，则此旧族者，必非高级士族可知。后一例谓王僧虔因得罪宋明帝倖臣阮佃夫，故帝乃使御史中丞孙敻奏劾之，其所劾罪状之一，即僧虔任吴兴太守时，使何系先等一百十家由庶民改籍而为士族。然则一郡而改一百十家为旧门，则此旧门者，亦必非高级士族也甚明。是旧族、旧门为士族之泛指，而非专指高级士族者。

士族又称世族。此乃因世代官宦，而有此称。其例如《晋书》卷六十五《王导传》载王导与琅邪王语云：

> 自魏氏以来，迄于太康之际，公卿世族，豪侈相高，政教陵迟，不遵法度，群公卿士，皆餍于安息，遂使奸人乘衅，有亏至道。

《晋书》卷九十三《外戚传序》云：

爰及江左，未改覆车。庾亮世族羽仪，王恭高门领袖，既而职兼出纳，任切股肱。孝伯竟以亡身，元规几于败国，岂不哀哉！

《南齐书》卷五十四《高逸·何求传附何点传》云：

建元中，褚渊、王俭为宰相，点谓人曰："我作《齐书》已竟，赞云：渊既世族，俭亦国华。不赖舅氏，遑恤外家。"

士族又称势族。盖因家族势力强盛之故，其例如《宋书》卷八十二《周朗传》载周朗于宋孝武帝时上书有云：

凡吏皆宜每详其能，每厚其秩，为县不得复用恩家之贫，为郡不得复选势族之老。

《晋书》卷四十五《刘毅传》载刘毅于晋武帝时上言有云：

今之中正，不精才实，务依党利；不均称尺，务随爱憎。所欲与者，获虚以成誉；所欲下者，吹毛以求疵。……是以上品无寒门，下品无势族，暨时有之，皆曲有故。慢主罔时，实为乱源。损政之道一也。

按：《晋书》卷四十八《段灼传》载段灼《陈五事疏》云："台阁选举，徒塞耳目，九品访人，唯问中正。故据上品者，非公侯之子孙，则当涂之昆弟也。"《宋书》卷九十四《恩倖传》云："汉末丧乱，魏武始基，军中仓卒，权立九品，盖以论人才优劣，非谓世族高望，因此相混，遂为成法。"据此而论，一些学者又往往以为世族、势族亦专指高级士族而言。但这种认识也是错误的，因为世族或势族在特定的情况下才能理解为高级士族，而在一般情况下，世族或势族亦泛指士族而言。如《南齐书》卷四十《武十七王·竟陵王子良传》云：

夫狱讼惟平，画一在制，虽恩家得罪，必宜申宪，鼎姓诒愆，最合从网。若罚典惟加贱下，辟书必蠲世族，惧非先王立理之本。

上文子良启云"辟书必蠲世族"者，则此"世族"，必非高级士族，盖是时无论为高级士族抑或为低级士族，皆在有罪蠲免之列，即此"世族"者，亦泛指也。《周书》卷三十八《薛澄传》云：

薛澄字景猷，河东汾阴人也。曾祖弘敞，值赫连之乱，率宗人避地襄阳。……江表取人，多以世族。澄既羁旅，不被擢用。

此谓"江表取人，多以世族"，是此"世族"，亦非高级士族，因为是时江左用人，低级的事务性官职，乃由低级士族任之，亦并非仅用高级士族也。《梁书》卷二十八《韦放传》云：

初，放与吴郡张率皆有侧室怀孕，因指为婚姻。其后各产男女，未及成长而率亡，遗嗣孤弱，放常赡恤之。及为北徐州，时有势族请姻者，放曰：'吾不失信於故友。'乃以息岐娶率女，又以女适率子，时称放能笃旧。

此云"势族请姻"而为韦放所拒，此"势族"既不著姓名，又不标地望，亦明显非高级士族，而仅为一般士族耳。

综上，凡称旧族、旧门、世族、势族者，虽然有时指高级士族，但一般情况下，则泛指士族而言，这与某些专指高级士族的称谓是有本质的区别的。

士族中人称士人。即先世官宦家族之成员，《晋书》卷四十二《唐彬传》：

元康初，拜使持节、前将军、领西戎校尉、雍州刺史。下教曰："此州名都，士人林薮。处士皇甫申叔、严舒龙、姜茂时、梁子远等，并志节清妙，履行高洁。"

谓是时雍州之众士族中，皇甫申叔等皆志节清妙之高士。《宋书》卷四十二《王弘传》载王弘与八座丞郎疏曰：

同伍犯法，无士人不罪之科，然每至诘谪，辄有请诉。若垂恩宥，则法废不可行，依事纠责，则物以为苦怨。宜更为其制，使得优苦之衷也。（中华书局点校本《校勘记》："优"，各本作"忧"，据《元龟》六一五改正。）

王弘等疏乃谓同伍犯法，士人本应治罪，然现制则不予治罪，使执法者难为，故宜更为其制耳。《宋书》卷五十四《羊玄保传附羊希传》云：

会瑀出为益州，夺士人妻为妾，宏使羊希弹之，瑀坐免官。

谓刘瑀因夺士人妻为妾，乃为羊希弹劾而免官。然所夺若非士人妻，则未必有免官之事也。《宋书》卷五十七《蔡廓传附蔡兴宗传》：

元嘉初，中书舍人秋当诣太子詹事王昙首，不敢坐。其后中书舍人王弘为太祖所爱遇，上谓曰："卿欲作士人，得就王球坐，乃当判耳。殷、刘并杂，无所知也。"

谓中书舍人秋当非士族出身，若欲改变身份，则当得到王球等人之许可。北朝的情况如《魏书》卷五十九《刘昶传》载孝文帝于太极殿大选时有云：

高祖曰："……我今八族以上，士人品第有九，九品之外，小人之官复有七等。"

谓北魏时分士族中人为九品，九品之外则为小人（即庶民），而小人之官位乃又有七等。《北史》卷五十五《孙搴传》云：

孙搴字彦举，乐安人，世寒贱，少励志勤学。……（神武）赐妻韦氏，既士人子女，又兼色貌，时人荣之。

出身寒贱的孙搴因为受到北齐神武帝高欢的任寄，得以娶士族中人女为妻，以致被当时人以为荣耀之事。

士人又称士大夫。《晋书》卷二十九《五行志下》：

自咸宁太康之后，男宠大兴，甚於女色。士大夫莫不尚之，天下相仿效，或至夫妇离绝，多生怨旷。

《宋书》卷七十四《沈攸之传》：

为政刻暴，或鞭士大夫，上佐以下有忤意，辄面加詈辱。

《南齐书》卷一《高帝纪上》：

（袁）粲位任虽重，无经世之略，疏放好酒，步屧白杨郊野间，道遇一士大夫，便呼与酣饮。明日，此人谓被知顾，到门求通，粲曰："昨饮酒无偶，聊相要耳。"竟不与相见。

《南史》卷三十六《江夷传附江敩传》：

先是中书舍人纪僧真幸于武帝，稍历军校，容表有士风。谓帝曰："臣小人，出自本县武吏，邀逢圣时，阶荣至此。为儿昏，得荀昭光女，即时无复所须，唯就陛下乞作士大夫。"帝曰："由江敩、谢瀹，我不得措此意，可自诣之。"

《魏书》卷三十三《公孙表传附公孙同庆传》:

钜鹿太守祖季真,多识北方人物,每云:“士大夫当须好婚亲,二公孙同堂兄弟耳,吉凶会集,便有士庶之异。”

士人有时又称作人士。《晋书》卷三十六《卫瓘传》载卫瓘欲改九品中正制而上疏,其中有云:

魏氏承颠覆之运,起丧乱之后,人士流移,考详无地,故立九品之制,粗具为一时选用之本耳。

谓魏承战乱之后,士人流移,郡望无从得知,故魏文帝曹丕乃权立九品中正制,以为选举之凭借耳。《晋书》卷四十九《谢鲲传》云:

周颉、戴若思,南北人士之望,明公举而用之,群情帖然矣。

谓周、戴二人乃南北士人中之卓著声望者,若能举而用之,则人情自安也。《宋书》卷七十九《薛安都传》云:

从弟道生,亦以军功为大司马参军,犯罪,为秣陵令庾淑之所鞭。安都大怒,乃乘马从数十人,令左右执矛,欲往杀淑之,行至朱雀航,逢柳元景。……因责让之曰:“卿从弟服章言论,与寒细不异,虽复人士,庾淑之亦何由得知?且人身犯法,理应加罚。……”因载之俱归,安都乃止。

以上柳元景所言,乃谓安都从弟道生轻佻少威仪,故即使其为士人,而庾淑之亦不得知,故误以为寒人而鞭之也。《南齐书》卷五十六《倖臣·吕文度传》云:

永明中，敕亲近不得辄有申荐，人士免官，寒人鞭一百。

以上谓士人与寒人因政治地位不同，其因犯禁而受到的处罚亦有差异。《魏书》卷十六《道武七王·阳平王熙传附法寿传》云：

法寿弟法僧，自太尉行参军稍转通直郎，宁远将军，司徒、司马掾，龙骧将军、益州刺史。素无治干，加以贪虐，杀戮自任，威怒无恒。王、贾诸姓，州内人士，法僧皆召为卒伍，无所假纵。于是合境皆反，招引外寇。

此乃谓是时士人本不必服兵役，而法僧为益州刺史时因任意召士人为卒伍，故招致了合境皆反之严重后果耳。

二、两晋南北朝高级士族之称谓

魏晋南北朝之士族由于出身之高低不同，因而各自的地位有着显著的差异，其所享有的特权亦有相当大的区别。陈寅恪先生《金明馆丛稿初编》以为当时士族分为高等、次等与低等三类，范文澜先生《中国通史》第二编第一节《西晋的政治概况》据此说而以为当时士族有高级、中级和下级之分。这种分类，按照九品中正制的九品论人法固然是合理的。但从现有的史料来看，似乎还找不到当时士族分上、中、下三等的确切根据。一般来说，当时的士族应该分为二等，即高级士族与低级士族两类。《晋书》卷四十八《段灼传》载段灼上疏有云：

今台阁选举，涂塞耳目，九品访人，唯问中正。故据上品者，非公侯之子孙，则当途之昆弟也。二者苟然，则荜门蓬户之俊，安得不有陆沉者哉！

可见凡被中正定为上品者即公侯之子孙与当途之昆弟，皆为高级士族，而列为下品者，则为低级士族。

高级士族称作著姓士族。《新唐书》卷一百九十九《儒学中·柳冲传》载柳芳上表有云：

> 魏氏立九品，置中正，尊世胄，卑寒士，权归右姓已。其州大中正、主簿，郡中正、功曹，皆取著姓士族为之，以定门胄，品藻人物。晋、宋因之，始尚姓已。然其别贵贱，分士庶，不可易也。于时有司选举，必稽谱籍而考其真伪。故官有世胄，谱有世官，贾氏、王氏，谱学出焉。

是时大小中正及州之主簿、郡功曹乃品评人物，主选举之要职，故乃以高级士族担任，即这里“著姓士族”即高级士族之意乃是十分明显的。

著姓士族又简称作著姓。《晋书》卷七十七《蔡谟传》云：

> 蔡谟字道明，陈留考城人也。世为著姓。曾祖睦，魏尚书。祖德，乐平太守。

按：考城蔡氏乃是时之著名士族，蔡谟曾孙蔡廓，《宋书》卷五十七《蔡廓传附蔡兴宗传》记载蔡廓少子蔡兴宗于泰始末自荆州刺史任还都后的一则佚事云：

> 时右军将军王道隆任参内政，权重一时，蹑履到前，不敢就席，良久方去，竟不呼坐。

乃足见考城蔡氏族姓之高。《隋书》卷五十七《李孝贞传》云：

> 李孝贞，字元操，赵郡柏人人也。父希礼，齐信州刺史，世为著姓。

《隋书》卷七十四《酷吏·燕荣传》云：

> 荣性严酷，有威容，长史见者，莫不惶惧自失。范阳卢氏，代为著姓，荣皆署为吏卒以屈辱之。

《隋书》卷七十六《文学·崔儦传》：

> 崔儦字岐叔，清河武城人也。祖休，魏青州刺史，父仲文，齐高阳太守。世为著姓。

按：以上数例中，赵郡李氏、范阳卢氏、清河崔氏，亦北方之高级士族。《新唐书·柳冲传》云："山东则为郡姓，王、崔、卢、李、郑为大。"乃是明证。边荣以卢氏为吏卒以屈辱之，盖欲以增其威势。史传载此，则以边荣为酷吏之证耳。

但是，某些称为著姓的例子，则与上文所载有着较大的区别，如：《梁书》卷十《杨公则传》云：

> 湘俗单家以赂求州职，公则至，悉断之，所辟引皆州郡著姓，高祖班下诸州以为法。

按：杨公则任湘州刺史时，改变了原来湘州单家以赂而求得州职的积弊，而以州郡著姓之子弟为僚佐，故梁武帝乃嘉之，并班下诸州以为法则。但州职人数不少，所需之州郡子弟亦颇众，若州郡著姓皆为高级士族，则高级士族又不当如此之多也。则此所谓"州郡著姓"者，又不可能皆为高级士族矣。《晋书》卷九十一《儒林·杜夷传》：

> 杜夷字行齐，庐江灊人也。世以儒学称，为郡著姓。

庐江杜氏于世不显，仅"世以儒学称"，则庐江杜氏应该也并不是高级士族。《陈书》卷八《侯安都传》云：

> 侯安都字成师，始兴曲江人也。世为郡著姓。父文捍，少仕州

郡，以忠谨称，安都贵后，官至光禄大夫、始兴内史，秩中二千石。

按：始兴(郡治今广东曲江)于南土之地位乃属僻远之地，《新唐书·柳冲传》云："东南则为吴姓，朱、张、顾、陆为大。"朱、张、顾、陆于南方虽然地位显赫，但却为北土所轻贱。始兴侯氏在南土之地位又远逊于朱、张、顾、陆，则始兴侯氏于是时并非高级士族乃是颇为明显的。类似的例子又如《魏书》卷五十二《胡叟传》：

胡叟字伦许，安定临泾人也。世有冠冕，为西夏著姓。

《周书》卷三十五《薛端传》：

薛端字仁直，河东汾阴人也。本名沙陁。魏雍州刺史、汾阴侯辨之六世孙。代为河东著姓。

《周书》卷三十九《辛庆之传》：

辛庆之字庆之，陇西狄道人也。世为陇右著姓。

《周书》卷三十九《梁昕传》：

梁昕字元明，安定乌氏人也。世为关中著姓。

按：以上胡叟为西夏著姓，薛端为河东著姓，辛庆之为陇右著姓，梁昕为关中著姓，他们都有一共同特点，即皆为某一地方之著姓，与上文所载之清河崔氏、赵郡李氏、范阳卢氏等不同，因此，这些地方著姓往往也并非高级士族。因此，在特定的情况下，即某一地方之著姓，虽然可能是高级士族，但却并非一定为高级士族。

高级士族又称作高族。《三国志》卷十四《魏志·刘晔传》云：

扬士多轻侠狡桀，有郑宝、张多、许乾之属，各拥部曲。宝最骁果，才力过人，一方所惮。欲驱略百姓越赴江表。以晔高族名人，欲强逼晔使唱导此谋。

按：刘晔淮南人，为汉光武帝刘秀之子阜陵王刘延之后，其时自是高级士族无疑，故尔郑宝等欲驱略百姓越赴江表时，为号召计，乃欲强逼之，使唱导此谋耳。又如《宋书》卷六十五《杜骥传》云：

兄坦，颇涉史传。高祖征长安，席卷随从南还。太祖元嘉中，任遇甚厚，历后军将军，龙骧将军、青冀二州刺史、南平王铄右将军司马。晚渡北人，朝廷常以伧荒遇之，虽复人才可施，每为清途所隔，坦以此慨然。尝与太祖言及史籍，上曰："金日磾忠孝淳深，汉朝莫及，恨今世无复如此辈人。"坦曰："日磾之美，诚如圣诏，假使生乎今世，养马不暇，岂办见知。"上变色曰："卿何量朝廷之薄也。"坦曰："请以臣言之，臣本中华高族，亡曾祖晋氏丧乱，播迁凉土，世叶相承，不殒其旧，直以南度不早，便以荒伧赐隔。日磾胡人，身为牧圉，便超入内侍，齿列名贤。圣朝虽复拔才，臣恐未必能也。"上默然。

按：杜坦，京兆杜陵人，晋征南将军杜预之后，乃北方著名的高级士族，故其乃自称本中华高族耳。

高级士族又称作盛族。如《宋书》卷九十一《孝义·郭世道传附郭原平传》云：

会稽贵重望计及望孝，盛族出身，不减秘、著。

按："秘、著"，指秘书郎及著作郎，乃是时高级士族出身之子弟始出仕时所任，《颜氏家训》卷上云："梁朝全盛之时，贵游子弟多无学术，至于谚云：'上车不落则著作，体中何如则秘书。'"虽然说的是萧梁时期，但却也是整个南朝高级士族子弟仕宦状况的写照。以上乃谓会稽郡重视望计及望孝之人选，不亚于朝廷秘书郎及著作郎之人选，故乃以高级士族出身之士人任之也。《梁书》卷二十一《王瞻王志等传论》云：

史臣曰：王氏自姬姓已降，及乎秦汉，继有英哲。洎东晋王茂弘经纶江左，时人方之管仲。其后蝉冕交映，台衮相袭，勒名帝籍，庆流子孙，斯为盛族矣。王瞻等承藉兹基，国华是贵，子有才行，可得而称。

按：此传所载王瞻、王志、王峻等皆琅邪临沂人，为南朝第一高门，这里的盛族所指，乃高级士族也是无疑的。《周书》卷三十《窦炽传》云：

炽事亲孝，奉诸兄以悌顺闻。及其位望隆重，而子孙皆处列位，遂为当时盛族。

按：《窦炽传》上文云炽先世"避窦武之难，亡奔匈奴，遂为部落大人。后魏南徙，子孙因家于代，赐姓纥豆陵氏。累世仕魏，皆至大官"。及至炽，又"位望隆重，子孙皆处列位"，是窦氏于北朝必为高级士族也。《北史》卷五十九《李贤传论》：

李贤和兄弟属乱离之际，居戎马之间，志略从横，忠勇奋发，频摧劲敌，屡涉艰危。及逢时遇主，策名委质，荷生成之恩，蒙国士之遇，俱縻好爵，各著勋庸。遂得任兼文武，声彰出内，位高望重，光国荣家，跗萼连晖，椒聊繁衍，冠冕之盛，当时莫与比焉。自周迄隋，郁为西京盛族，虽金、张在汉，不之尚也。

按：李贤（字贤和）陇西成纪人，汉名将李广之后。李贤兄弟于北朝屡立殊勋，位极人臣。《北史》本传所谓"自周迄隋，郁为西京盛族"者，是其族姓自周而后以至于隋，乃为高级士族也。

高级士族又称望族。《南齐书》卷二十八《崔祖思刘善明等传论》云：

> 史臣曰：太祖作牧淮、兖，始基霸业，恩威北被，感动三齐，青、冀豪右，崔、刘望族，先睹人雄，希风结义。

按：崔祖思，清河东武城人，崔諲之孙。清河崔氏世为中原著姓，乃王、崔、卢、李、郑五姓之一。《宋书》卷六十五《申恬传》："先是，清河崔諲亦以将吏见知高祖，永初末，为振威将军、东莱太守。"刘善民，平原人，刘怀珍族弟，《南齐书》卷二十七《刘怀珍传》："祖昶，宋武帝平齐，以为青州刺史。"是崔諲与刘昶当为刘裕平齐时投奔刘裕，即此云"崔、刘望族"者，亦必高级士族也。《周书》卷三十九《韦瑱传》：

> 顷之，征拜鸿胪卿。以望族，兼领乡兵，加帅都督。

《南史》卷四十九《庾杲之传》：

> 初，荜为西楚望族，兄子杲之又有宠于齐武帝，荜早历显官。

按：韦瑱，京兆杜陵人，《新唐书・柳冲传》："关中亦号郡姓，韦、裴、柳、薛、杨、杜首之。"亦北方之著姓。庾荜，新野人，亦中原著姓，其父深之，位至雍州刺史。是韦瑱、庾荜亦皆是时之高级士族者也。

高级士族又称作冠族。《晋书》卷三十二《后妃下・简文宣郑太后传》：

> 简文宣郑太后讳阿春，河南荥阳人也。世为冠族。祖合，临济令。父恺。字祖元，安丰太守。

按：河南郑氏世为中原著姓，乃王、崔、卢、李、郑五姓之一，故此乃云简

文宣郑太后“世为冠族”也。《晋书》卷三十二《后妃下·简文顺王皇后》:

简文顺王皇后讳简姬,太原晋阳人也。父遐,见《外戚传》。后以冠族,初为会稽王妃,生子道生,为世子。

按:太原王氏世为中原著姓,故此亦谓之冠族。《晋书》卷八十一《羊鉴传》:

羊鉴字景期,太山人也。父济,匈奴中郎将。兄炜,历太仆,兖、徐二州刺史。鉴为东阳太守,累迁太子左卫率。时徐龛反叛,司徒王导以鉴是龛州里冠族,必能制之,请遣北讨。

按:泰山羊氏亦时之著名士族,因徐龛为羊鉴乡人,故王导乃遣羊鉴平叛,以泰山羊氏于州郡望重,必能制徐龛者也。《宋书》卷一《武帝纪上》:

尚书左仆射王愉,愉子荆州刺史绥等,江左冠族。绥少有重名,以高祖起自布衣,甚相凌忽。

按:王愉亦太原人,自是高级士族也。《北齐书》卷二十二《卢文伟传》:

卢文伟,字休族,范阳涿人也。为北州冠族。

《魏书》卷四十五《韦阆传》:

韦阆,字友观,京兆杜陵人。世为三辅冠族。祖楷,晋建威将军、长乐清河二郡太守。父达,慕容垂吏部郎,大长秋卿。

《周书》卷四十《王轨传》:

王轨，太原祁人也，小名沙门，汉司徒允之后。世为州郡冠族。

按：以上范阳卢氏为山东王、崔、卢、李、郑五大高族之一，已见前。《新唐书·柳冲传》云："关中亦号郡姓，韦、裴、柳、薛、杨、杜首之。"是京兆韦氏亦必在高级士族之列，而太原王氏则更为高级士族无疑。

需要指出的是，与上文所论及的著姓一样，盛族、望族、冠族在冠以地方或州郡的情况下虽然有时也指高级士族，但大多只是士族的泛称，而并非专指高级士族。如《晋书》卷九十二《文苑·应贞传》：

应贞字吉甫，汝南南顿人，魏侍中璩之子也。自汉至魏，世以文章显。轩冕相袭，为郡盛族。

按：汝南应氏自应璩之后，虽世世以文章显，然则未有致高位者，虽为郡盛族，然则未必为时之高级士族。《晋书》卷一百六《石季龙载记上》：

镇远王擢表雍、秦二州望族，自东徙已来，遂在戍役之例，既衣冠华胄，宜蒙优免，从之。自是皇甫、胡、梁、韦、杜、牛、辛等十有七姓蠲其兵贯，一同旧族，随才诠叙，思欲分还桑梓者听之，其非此等，不得为例。

按：石勒蠲皇甫、胡等十有七姓之兵贯，使其"一同旧族"。由以上所论，旧族乃泛指士族，即此所谓"二州望族"者，乃泛指士族耳。如指高级士族，则高级士族又不当如此之多也。《宋书》卷九十五《索虏传》：

今更发三千兵，假别驾崔勋之振威将军，领所发队，并二州望族，从盖柳津直冲中山。

按：高级士族自不应从军陷阵，且为崔勋之所领二州望族，数量亦复不少。是此"二州望族"者，亦泛指士族必矣。《南史》卷六十三《王神念传附王僧辩传》：

时有安成望族刘敬躬者，田间得白蛆化为金龟，将销之，龟生光照室。敬躬以为神而祷之。

《周书》卷三十九《梁昕传》：

太祖迎魏孝武，军次雍州。昕以三辅望族上谒。太祖见昕容貌瑰伟，深赏异之。即授右府长流参军。

按：以上安成望族刘敬躬，三辅望族梁昕，乃地方望族，则未必为高级士族。《宋书》卷七十七《柳元景传》：

加元景建威将军，总统群帅。后军外兵参军庞季明年已七十三，秦之冠族，羌人多附之，求入长安，招怀关、陕。

按：庞季明年七十三而仍在军中冲锋陷阵，则其并非高级士族乃是颇为明显的。《周书》卷二十九《侯植传》：

侯植字仁干，上谷人也。燕散骑常侍龛之八世孙。高祖恕，魏北地郡守。子孙因家于北地之三水，遂为州郡冠族。

上谷侯氏于其时，族姓不显，亦非高级士族者也。

高级士族又称贵门。如《晋书》卷九十六《烈女·王浑妻钟氏》云：

王浑妻钟氏，字琰，颍川人，魏太傅繇曾孙也。……浑弟湛妻郝氏亦有德行，琰虽贵门，与郝雅相亲重，郝不以贱下琰，琰不以贵陵郝，时人称钟夫人之礼，郝夫人之法云。

按：颍川钟氏自钟繇为魏之太傅始，其子孙世世贵显，而郝氏既得以嫁太原王湛为妻，则亦非庶族之比。传云琰贵而郝贱，盖虽同为士族出身，然则门第高下又自有别。见此云琰为贵门者，必谓琰乃高级士族之出身也。

高级士族又称作高门。如《晋书》卷三十一《后妃上·惠羊皇后传》：

> 后曰："……妾生于高门，常谓世间男子皆然。自奉巾栉以来，始知天下有丈夫耳。"

按：泰山羊氏为时之著姓士族，已见上文，故羊后乃自称"生于高门"也。《晋书》卷六十八《顾荣纪瞻等传论》：

> 史臣曰：元帝树基淮海，百度权舆，梦想群材，共康庶绩。顾、纪、贺、薛等并南金东箭，世胄高门，委质霸朝，豫闻邦政。

按：顾、纪、贺、薛皆东南之著姓。顾荣为吴郡吴人，祖雍，吴丞相，父穆，宜都太守。纪瞻为丹阳秣陵人，祖亮，吴尚书令，父陟，光禄大夫。贺循为会稽山阴人，族高祖纯，汉安帝时为侍中，祖景，吴灭贼校尉，父邵，中书令。薛兼乃丹阳人，祖综，吴尚书仆射，父莹，晋散骑常侍。数姓于东南皆累世占据高位。故史论乃谓此数人"南金东箭，世胄高门"也。《晋书》卷九十《良吏传序》：

> 莅职者为身择利，铨综者为人择官，下僚多英俊之才，势位必高门之胄，遂使良能之绩仅存焉。

按：此势位，乃谓高位，其时欲据高位，非高级士族者乃不能也。《晋书》卷九十三《外戚传序》：

> 庾亮世族羽仪，王恭高门领袖，既而职兼出纳，任切股肱。

《宋书》卷九十一《孝义·郭世道传附郭原平传》:

太宗泰始七年,兴宗欲举山阴孔仲智长子为望计,原平次息为望孝。仲智会土高门,原平一邦至行,欲以相敌。

按:王恭,太原晋阳人,为中原著姓士族,已见前。故此乃谓王恭"高门领袖"耳。会稽山阴孔氏,则为南土之著姓士族,故蔡兴宗乃举孔仲智长子为望计,以会土高门而敌郭原平之一邦至行也。《魏书》卷六十三《宋弁传》:

未几,以弁兼黄门,寻即正,兼司徒左长史。时大选内外群官,并定四海士族,弁专参铨量之任,事多称旨。然好言人之阴短,高门大族意所不便者,弁因毁之,至於旧族沦滞人非可忌者,又申达之。

按:高门大族为宋弁所忌,故乃毁之,而虽为士族现今官位不达者,则对宋弁构不成威胁,故又申拔之,是此高门大族之所指,亦必为高级士族也。《北史》卷三十一《高允传》:

学生取郡中清望,人行修谨,堪循名教者,先尽高门,次及中等。

按:此"先尽高门,次及中等"者,乃谓所取学生,以高级士族为先,而后方及地位稍次之士族耳。《史通》卷五《邑里第十九》:

且自世重高门,人轻寒族,竞以姓望所出,邑里相矜。若仲远之寻郑玄,先云汝南应劭;文举之对曹操,自谓鲁国孔融是也。

按:此以高门与寒族对举,则此高门为高级士族之意又相当明显,盖"寒族"者,低级士族也。(说详下文)

综上所述,是时凡称为著姓士族、著姓、高族、盛族、望族、冠族、高门者，一般而言乃是士族中地位较高者，即高级士族。然而在高级士族中，各自的地位高低又有较大的差别。

高级士族中地位最高者或称甲族。如《南齐书》卷三十三《王僧虔传》：

> 寻迁豫章内史。入为侍中，迁御史中丞，领骁骑将军。甲族向来多不居宪台，王氏分枝居乌衣者，位官微减。僧虔为此官，乃曰："此是乌衣诸郎坐处，我亦可试为耳。"

按："宪台"，即御史台，御史中丞乃掌奏劾不法之事务性官职，晋江左以来士族中之地位尤高者往往不愿意任之。《景定建康志》卷十六："乌衣巷在秦淮南，晋南渡，王谢诸名族居此。时谓其子弟为乌衣诸郎。"《考证》："《丹阳记》曰：'乌衣之起吴时乌衣营处所也。'《晋记》：'江左初，立琅邪诸王居乌衣巷。'"东晋后期，乌衣诸王稍衰，而诸王居马粪巷者贵显。《太平寰宇记》卷九十所谓"乌衣巷，晋代王氏居乌衣巷者，位望微减，多居宪台"者是也。据《南史》卷二十二《王昙首传附王志传》云："志善藁隶，当时以为楷法。齐游击将军徐希秀亦号能书，常谓志为书圣。志家居建康禁中里马粪巷。"王志乃僧虔之子，是僧虔乃琅邪王氏之居马粪巷者，故其被任为御史中丞时，以"此乃乌衣诸郎坐处"自我解嘲耳。即此甲族之所指，义乃自明。《梁书》卷三十四《张缅传附张缵传》云：

> 起家秘书郎，时年十七。身长七尺四寸，眉目疏朗，神采爽发。高祖异之。尝曰："张壮武云'后八叶有逮吾者'，其此子乎！"缵好学，兄缅有书万余卷，昼夜披读，殆不辍手。秘书郎有四员，宋、齐以来为甲族起家之选，待次入补，其居职，例数十百日便迁任。缵固求不徙，欲遍观阁内图籍。尝执四部书目曰："若读此毕，乃可言优仕矣。"如此数载，方迁太子舍人。

按:秘书郎及著作郎乃魏晋六朝时之清职。颜之推《颜氏家训·勉学第八》云:“梁朝全盛之时,貴游子弟多无学术,至於谚云:‘上车不落则著作,体中何如则秘书。’无不熏衣剃面,傅粉施朱,驾长簷车,蹑高齿屐,坐棋子方褥,凭斑丝隐囊,列器玩於左右,从容出入,望若神仙。”《隋书》卷三十三《经籍志二》:云:“故梁世谚曰:‘上车不落则著作,体中何如则秘书。’於是尸素之俦,盱衡延阁之上,立言之士,挥翰蓬茨之下。”是高级士族中地位尤高者之子弟始仕之时,乃得有秘书郎或著作郎之任耳。据《宋书》卷四十《百官志下》,秘书郎仅置四人,故任秘书郎而不得久居其位,例数百十日便迁任也。据《南史》卷五十六《张弘策传》,张缵,范阳方城人,其出身虽然本非一流高门,然其父弘策乃梁武帝之母文献皇后之从父弟,以外戚之故,梁时乃得跻身一流士族之列。缵时因欲遍观秘阁图书,故求留任而不愿迁职耳。《梁书》卷四十九《文学上·庾於陵传》云:

> 庾於陵,字子介,散骑常侍黔娄之弟也。……出为湘州别驾,迁骠骑录事参军,兼中书通事舍人。俄领南郡邑中正。拜太子洗马,舍人如故。旧事,东宫官属,通为清选,洗马掌文翰,尤其清者。近世用人,皆取甲族有才望,时於陵与周舍并擢充职。高祖曰:“官以人而清,岂限以甲族。”时论以为美。俄迁散骑侍郎,改领荆州大中正。

按:据《南齐书》卷五十四《高逸传》、《梁书》卷四十七《孝行传》,庾於陵新野人,曾祖玫,巴郡太守,祖道骥,安西参军,父易,连征不至。则新野庾氏亦时之高级士族,故於陵得先任南郡中正,而后又任荆州大中正。又据《梁书》卷二十五《周舍传》,周舍,汝南安城人,晋左光禄大夫周顗之八世孙也。父颙,齐中书侍郎。亦时著姓士族。然是时庾於陵与周舍于高级士族中地位皆不算太高,故二人任太子洗马时,梁武帝乃有“官以人而清,岂限以甲族”之语,谓官之清浊乃因人而异,清选之太子洗马并不一定要以甲族之人任之也。则此“甲族”之意,也是非常明显的。《梁书》卷五十一《处士·何点传》云:

家本甲族，亲姻多贵仕，点虽不入城府，而遨游人世，不簪不带，或驾柴车，蹑草屩，恣心所适，致醉而归，士大夫多慕从之，时人号为“通隐”。

按：何点，庐江人。祖尚之，宋司空。父铄，宜都太守。为时之士族中地位之尤其高者。故本传乃云“家本甲族，亲姻多贵仕”。《元和郡县志》卷二十东武城县：

东武城县，本七国时赵邑。《史记》曰：赵平原君胜封东武城。即此地也。盖以定襄有武城，同属赵，故此加东字以辨之。属清河郡。隋开皇三年改。属贝州，皇朝因之。自后魏以来，山东贵族清河诸崔即此邑人也。为甲族天下上，西南至州四十二里。

《元和郡县志》：卷二十一获鹿县：

鹿泉出井陉口南山下，皇唐贵族有土门崔家，为天下甲族。今土门诸崔是也。源出博陵安平。

清河崔氏与博陵崔氏皆魏晋南北朝时士族中之地位最高者，故而称“为甲族天下上”、“天下甲族”也。

甲族或称膏腴。如《晋书》卷七十五《王湛传附王国宝传》云：

国宝少无士操，不修廉隅。妇父谢安恶其倾侧，每抑而不用。除尚书郎。国宝以中兴膏腴之族，惟作吏部，不为余曹郎，甚怨望，固辞不拜。

《南齐书》卷二十五《张敬儿传》云：

昇明元年冬，沈攸之反。……时攸之遗太祖书曰：……凡废立大事，不可广谋，但袁、褚遗寄，刘又国之近戚，数臣地籍实为膏腴，人位并居时望，若此不与议，复谁可得共披心胸者哉。

《梁书》卷四十一《王承传》云：

王承字安期，仆射暕子。历……太子中舍人，以父忧去职，服阕，复为中舍人，累迁中书黄门侍郎，兼国子博士。时膏腴贵游，咸以文学相尚，罕以经术为业，惟承独好之。

按：在以上数例中，王国宝，太原王浑之后。《张敬儿传》所云之袁，谓袁粲，陈郡阳夏人，太尉袁淑兄子；褚，谓褚渊，河南阳翟人，祖秀之，宋太常，父湛之，尚书仆射；刘，指刘秉，为宋高祖刘裕之弟长沙王道怜之孙。王承则为琅邪王氏，与王羲之、王悦为王氏三少。以上数人皆时之一流高门，得以称作膏腴耳。《魏书》卷六十三《宋弁传》云：

宋弁，字义和，广平列人人也。……弁性好矜伐，自许膏腴。高祖以郭祚晋魏名门，从容谓弁曰："卿固应推郭祚之门也。"弁笑曰："臣家未肯推祚。"高祖曰："卿自汉魏以来，既无高官，又无俊秀，何得不推?"弁曰："臣清素自立，要尔不推。"

按：上文载宋弁之祖宋愔，"世祖时，历位中书博士，员外散骑常侍。使江南，赐爵列人子，还拜广平太守。兴安五年卒，赠安远将军、相州刺史，谥曰惠"。是宋弁虽属高级士族，却非一流高门，故北魏文帝乃谓弁家自汉魏以来，既无高官，又无俊秀，弁也只能"自许膏腴"，则其膏腴之意亦自明。

甲族或称膏粱。如《宋书》卷六十《荀伯之传》云：

伯子常自矜荫籍之美，谓弘曰："天下膏粱，唯使君与下官耳。宣明之徒，不足数也。"迁散骑常侍，本邑大中正。

按："弘"，指王弘，为琅邪王氏在宋初之代表人物。"宣明"，谢晦字，陈郡谢氏之秀。荀伯之，颍川颍阴人，其先世为魏太尉荀彧。颍川荀氏自荀彧而后，公侯世世不绝。荀伯之自以郡望与琅邪王氏相当，而陈郡谢氏后起，其盛乃在晋之中叶，故荀伯之乃谓已与王弘为天下膏粱，陈郡谢晦则不足数也。《宋书》卷六十三《王昙首传》云：

王昙首，琅邪临沂人，太保弘少弟也。幼有业尚，除著作郎，不就。兄弟分财，昙首唯取图书而已。辟琅邪王大司马属，从府公修复洛阳园陵。与从弟球俱诣高祖，时谢晦在坐，高祖曰："此君并膏粱盛德，乃能屈志戎旅。"

按：王昙首，王弘之少弟，刘裕北伐姚秦之时，昙首与从弟王球诣刘裕，故刘裕乃大喜过望，谓其"并膏粱盛德"，盖赞其为甲族中之有德行者。《南齐书》卷三十三《王僧虔传附王寂传》：

建武初，欲献《中兴颂》，兄志谓之曰："汝膏粱年少，何患不达，不镇之以静，将恐贻讥。"寂乃止。

按：王志，王僧虔之子，琅邪王氏，已见上文。故王志乃自谓膏粱，不患不达，而不必仿效他人以献赋颂而进身也。《魏书》卷六十《韩骐驎传附韩显宗传》载显宗上言有云：

朝廷每选举人士，则校其一婚一宦，以为升降，何其密也。至於开伎作宦途，得与膏粱华望接阁连甍，何其略也。

按：韩显宗上言，以极卑贱者与极高贵者相对举，以证实时制之不妥，是亦可见此"膏粱"，乃甲族之意。

甲族偶尔亦称作高流官序。《宋书》卷五十九《江智渊传》云：

及为随王诞佐，在襄阳，诞待之甚厚。时谘议参军谢庄、府主簿沈怀文并与智渊友善。怀文每称之曰："人所应有尽有，人所应无尽无者，其江智渊乎。"元嘉末，除尚书库部郎。时高流官序，不为台郎，智渊门孤援寡，独有此选，意甚不说。固辞不肯拜。

按：江智渊，济阳考城人，江夷从子，亦是时高级士族中地位尤高者，故智渊始仕即为著作郎。智渊父僧安虽仕至太子中庶子，然名声不显，其门祚乃渐趋衰落，江夷之子江湛又待之不厚，故无援于朝列。是时尚书诸台郎除吏部郎而外，其余尚书台诸郎皆事务性官职，甲族子弟皆不屑为，故智渊被任为尚书库部郎而不悦，固辞而不肯拜也。此例乃同于东晋王国宝之辞尚书郎。

三、两晋南北朝低级士族之称谓

低级士族称作次门。《宋书》卷八十三《宗越传》：

宗越，南阳叶人也。本河南人，晋乱，徙南阳宛县，又土断属叶。本为南阳次门。安北将军赵伦之镇襄阳，襄阳多杂姓，伦之使长史范觊之条次氏族，辨其高卑，觊之点越为役门。出身补郡吏。父为蛮所杀。杀其父者尝出郡，越於市中刺杀之，太守夏侯穆嘉其意，擢为队主。蛮有为寇盗者，常使越讨伐，往辄有功。家贫无以市马，常刀盾步出，单身挺战，众莫能当。每一捷，郡将辄赏钱五千，因此得市马。后被召，出州为队主。世祖镇襄阳，以为扬武将军，领台队。元嘉二十四年，启太祖求复次门，移户属冠军县，许之。

按：吕思勉《魏晋南北朝史》第十八章第一节《门阀制度上》释此云："所谓次门，盖尚克邀免役之宽典者也。"《通典》卷三《食货典·乡党》载沈约于梁代上议云："臣又以为巧伪既多，并称人士，百役不及，高卧私门，致令公私阙乏，是事不举。"沈约所言乃针对当时非士族之庶民多以财物贿赂而得以冒充士族，使之享受到本不应享受的免去租税徭役之特权，故乃有公私阙乏之语。是“克邀免役之宽典”之次门，即为士族之明证。然宗越由南阳次门黜为役门，其后又由役门求复次门，则次门又必为低级士族矣。

次门又称后门。《晋书》卷一百一《刘元海载记》云：

太康末，拜北部都尉，明刑法，禁奸邪，轻财好施，推诚接物。五部俊杰无不至者。幽冀名儒，后门秀士，不远千里，亦皆游焉。

按：上文谓刘渊轻财好施，推诚接物，故使幽、冀二州之人士皆往投之。“后门秀士”，盖后门中才秀之士，即后门亦士族之门，仅门第稍低而已。《晋书》卷一百七《石季龙载记附冉闵载记》云：

闵至自苍亭，行饮至之礼。清定九流，准才受任，儒学后门多蒙显进。

按：此谓冉闵因清定九流，准才受官，而不仅凭门第之高低，故使儒学后门多所显进，此“后门”也明显为低级士族之意。《梁书》卷二《武帝纪中》：

（天监八年）五月壬午，诏曰：“……其有能通一经、始末无倦者，策实之后，选可量加叙录。虽复牛监羊肆，寒品后门，并随才试吏，勿有遗隔。”

《梁书》卷三十四《张缅传附张缵传》：

大同二年，征为吏部尚书。缵居选，其后门寒素，有一介皆见引拔，不为贵要屈意，人士翕然称之。

按:以上前一例“寒品后门”相连,寒品,乃九品中之品第低下者。而当时之得以入品者,又非庶族所能企及。后一例谓张缵为吏部尚书掌选举事,用人并非仅依据门第。而人士翕然称之者,以其能依据才能用人也。《梁书》卷一《武帝纪上》

且闻中间立格,甲族以二十登仕,后门以过立试吏,求之愚怀,抑有未达。

按:后门过立而得以试吏,自是一种特权,虽然这种特权与二十得以登仕之甲族相较,不免相形见绌,然要非庶族所能有。是时不仅士庶之间,高级士族与低级士族之间隔限极严,即高级士族之间亦颇以门第相互裁抑。《南齐书》卷四十四《沈文季传》:“文季风采稜岸,善于进止。司徒褚渊当世贵望,颇以门户裁之,文季不为之屈。世祖在东宫,于玄圃宴会朝臣。文季数举酒劝渊,渊甚不平,启世祖曰:‘沈文季谓渊经为其郡,数加渊酒。’文季曰:‘惟桑与梓,心恭敬止。岂如明府亡国失土,不识枌榆。’遂言及虏动,渊曰:‘陈显达、沈文季当今将略,足委以边事。’文季讳称将门,因是发怒。”考沈文季,“吴兴吴康人,父庆之,宋司空”,妻王氏,琅邪王锡之女。虽为时之高级士族,然吴兴沈氏世世为将,且为南士,地位自不如北士为高,故褚渊乃以门户裁之也。与上文所引荀伯之之轻谢晦皆是其例。可见此“后门”,亦为士族,仅门第与高级士族相比,又有明显不及而已。一些论者以为此“后门”,乃指一般百姓而言,其实是不能成立的。因为在门阀制度极为严格的魏晋南北朝时期,高级士族与一般平民百姓之间在为官试吏上,绝不会仅仅是年龄上的这一点差异。

低级士族又称寒门。关于这一点,历来学者对此看法不一,分歧颇大。唐长孺先生《九品中正制度试释》(载唐长孺《魏晋南北朝史论丛》,三联书店 1955 年版)一文中云:

不论高门寒门,基本上都是统治阶级。

范文澜《中国通史》第二编第四章第四节(人民出版社1978年版)《十六国大乱》中,则云:

> 那些没有势力的士族,称为寒门或后门,即使有才能,也要被评为下品,永无富贵的希望。

也就是说,他们认为出身寒门者虽然门第不高,但也属于士族之列。然而这个结论似乎并没有引起大多数学者的重视,在现今流行的史学著作与有关学术论文中,多以为“寒门”乃指庶族而言,如韩国磐先生说:“高门士族既不忠于某一王朝,因而王朝功臣大将多出自低级士族或寒门。再则政府机要部门,也都为寒族所掌握。”(见《魏晋南北朝史纲》第三编第五章第一节,人民出版社1983年版)又说:“再则士族在经济上也享有许多特权,寒族望尘莫及。……许多寒门庶族势力力图冒充士族,力求分享免役特权即其目的之一。……(南朝)士族又大修谱学,禁止士庶通婚以及交往、同坐等,严防庶族寒门混入士族行列。”(同书第三编第一节“萧齐政权和当时的政局变化”)以寒门和寒族为低级士族以下的一个阶层;王仲荦先生说:“世族、寒门两者身份高下不同。”又说:“世家大族……为了不使混淆所谓‘士庶天隔’的界限,他们就必须不与寒门庶族通婚。”(见《魏晋南北朝史》第六章第二节,上海人民出版社1979年版)以世族与寒门对举,又以寒门与庶族相连,即他们乃以寒门为庶族阶层。然而,这个说法显然是不能成立的。

《晋书》卷四十五《刘毅传》载刘毅上疏有云:

> 是以上品无寒门,下品无势族。暨时有之,皆曲有故。慢主罔时,实为乱源,损政之道一。

按:是时中正定人士为九品而分上、中、下三等,然所得以入品者,当皆为士人也。故此云“上品无寒门”,也就是说寒门中人不能得到上品的品第,即此“寒门”,又必为低级士族矣。至若庶族,又岂有入品之机会邪?《晋书》卷四十八《阎缵传》载阎缵为愍怀太子之冤而上书中有云:

置游谈文学，皆选寒门孤宦以学行自立者，及取服勤吏事、涉履艰难、事君事亲、名行素闻者，使与共处。使严御史监护其家，绝贵戚子弟、轻薄宾客。如此，左右前後，莫非正人。……臣素寒门，无力仕宦，不经东宫，情不私遹。

按：此例前一“寒门”与孤宦相连，则寒门亦自在士族之列，若为庶族，又岂能轻易入仕。且又言“绝贵戚子弟”，则又非高级士族。而后阎缵之自言“寒门”，据本传，“阎缵字续伯，巴西安汉人也。祖圃，为张鲁功曹，劝鲁降魏，封平乐乡侯。父璞，嗣爵，仕吴至牂牁太守”。是时州郡之主簿，功曹掌选举事，所选皆甚重门第，已见上文。阎缵祖父阎圃得为张鲁功曹，自非庶族之比可知。又据本传上文载：“父卒，继母不慈，缵恭事弥谨。而母疾之愈甚，乃诬缵盗父时金宝，讼于有司。遂被清议十余年，缵无怨色。孝谨不怠。母后意解，更移中正，乃得复品。”阎缵得被清议，其自是士大夫无疑；其被清议后，更移中正而得复品，则缵本又为有品第之人，即阎缵必非庶族之列也。《晋书》卷六十七《郗鉴传附郗超传》云：

凡超所交友，皆一时秀美，虽寒门后进，亦拔而友之。

按：高平郗氏乃当世贵望，与王、谢分庭抗礼，若寒门为庶族，则东晋门第等级森严之时，郗超又岂能拔且友之耶。《晋书》卷九十《良吏·窦允传》云：

窦允字雅，始平人也。出自寒门，清尚自修。少仕县，稍迁郡主簿。察孝廉，除浩亹长。

按：窦允少而仕县，又迁县主簿，且能察孝廉。《太平御览》卷四百九十六载汉桓灵时童谣云：“举秀才，不知书，察孝廉，父别居，寒素清白浊如泥，高第良将將怯如蝇。”父别居而能察孝廉者，盖有家世凭借之故也。是窦允之出自寒门，又必非庶族可知矣。《南史》卷五十六《张弘策传附张缵传》云：

> (大同)五年，武帝诏曰："缵外氏英华，朝中领袖，司空已后，名冠范阳。可尚书仆射。"缵本寒门，以外戚显重，高自拟伦，而诏有"司空范阳"之言，深用为狭。以朱异草诏，与异不平。

按：张缵，范阳方城人，晋司空张华之后。据《晋书》卷三十六《张华传》，张华父平，魏渔阳太守，"华学业优博，辞藻温丽，朗赡多通，图纬方伎之书莫不详览"，初仕即为太常博士，是张华绝非庶族之列。然"华少孤贫，自牧羊"，父祖仕宦又不贵显，即其出身又非高族。故《晋书》张华本传云："华名重一世，众所推服，……当时诏诰皆所草定，声誉益盛，有台辅之望焉。而荀勖自以大族，恃帝恩深，憎疾之，每伺间隙，欲出华外镇。"乃其证也。张华数世而后，传至张缵之父弘策，乃梁武帝之母文献皇后之从父弟，故梁时乃得跻身一流士族之列，然则缵又深讳其先世之族望。今朱异草诏言及其先张华及范阳故里，虽似褒而实贬，故张缵乃"深用为狭"，且"与异不平"耳。即此云"缵本寒门"者，盖谓其本低级士族也。《南史》六十一《陈庆之传》云：

> 梁世寒门达者，唯庆之与俞药，药初为武帝左右，帝谓曰："俞氏无先贤，世人云'俞钱'非君子所宜，改姓喻。"药曰："当令姓自於臣。"历位云旗将军、安州刺史。

按：陈庆之，义阳国山人，初为梁武主书，"散财聚士，恒思立效"，虽非高级士族，然要亦非庶族之比耳。傅药不愿更姓，盖其自有门第凭借，其后仕至州刺史，又自非庶族所能得。

寒门又称寒族。《晋书》卷五十二《华谭传》云：

> 又举寒族周访为孝廉，访果立功名，时以谭为知人。

按：据《晋书》卷五十八《周访传》："访字士达，本汝南安城人也。汉末避地江南，至访四世，吴平，因家庐江寻阳焉。祖纂，吴威远将军。父敏，左中郎将。"考周访始为县功曹，后又"察孝廉，除郎中、上甲令"，即周访必非庶族，然又非高级士族。即此"寒族"者，亦"寒门"也。

低级士族又称卑门。《宋书》卷五十四《羊玄保传附羊希传》载羊希：

> 泰始三年，出为宁朔将军、广州刺史，希初请女夫征北中兵参军萧惠徽为长史，带南海太守，太宗不许。又请为东莞太守。希既到镇，长史、南海太守陆法真丧官，希又请惠徽补任。诏曰："希卑门寒士，累世无闻。轻薄多衅。备彰列职，徒以清刻一介，擢授岭南，干上逞欲，求许不已，可降号横野将军。"

按：羊希泰山南城人，曾祖楷，尚书都官郎；祖绥，中书侍郎；叔父玄保，起家楚台太常博士，历任名郡，后为光禄大夫。泰山羊氏，世代显宦，亦为高级士族可知。而宋明帝诏称"希卑门寒士"云云，则是因希求欲无已而故作抑退之辞以泄怒耳，但这里"卑门"为低级士族意思也是十分清楚的。

寒门又称门寒，或称门寒微。《晋书》卷四十五《郭奕传》云：

> 咸宁初，迁雍州刺史、鹰扬将军。……时亭长李含有俊才，而门寒为豪族所排，奕用为别驾，含后果有名位，时以奕为知人。

据《晋书》卷六十《李含传》云："李含字世容，陇西狄道人也。侨居始平。少有才干，两郡并举孝廉。安定皇甫商州里年少，少恃豪族，以含门寒微，欲与结交，含拒而不纳，商恨焉，遂讽州以短檄召含为门亭长。会州刺史郭奕素闻其贤，下车擢含为别驾，遂处群僚之右。寻举秀才，荐之公府，自太保掾转秦国郎中令。司徒选含领始平中正。"李含能举为秀才，且司徒又选其为始平郡之中正，则李含为士族也必矣。《晋书》卷四十九《光逸传》：

> 后举孝廉，为州从事，弃官投辅之，辅之时为太傅越从事中郎，荐逸於越，越以门寒而不召。

按：光逸得以“举孝廉，为州从事”，自非庶族所能有，说已见前。然其此前“初为博昌小吏”，“后为门亭长”，则又必非高级士族，是必为低级士族无疑。《晋书》卷八十九《忠义·易雄传》云：

> 举孝廉，为州主簿，迁别驾。自以门寒，不宜久处上纲，谢职还家。后为春陵令。

按：本传又云：“易雄字兴长，长沙浏阳人也。少为县吏，自念卑贱，无由自达，乃脱帻挂县门而去。因习律令及施行故事，交结豪右，州里稍称之。仕郡，为主簿。”易雄先为郡主簿，可见并非庶族，是时其并不以为有何不当之处。而后为州主簿，别驾之时，乃自以门寒，不宜久处上纲而谢职还家，盖以州之主簿，一般乃须高级族为之，说见下条。即易雄“自以门寒”者，乃自以其出身低级士族也。《宋书》卷九十一《孝义·吴逵传》云：

> 吴逵，吴兴乌程人也。……太守王韶之擢补功曹史，逵以门寒，固辞不就，举为孝廉。

按：郡之主簿、功曹虽为郡吏，然则主郡之选举大事，所系甚重，故为“乡选高第”（见《魏书》卷五十三《李孝伯传》），故时多以高级士族为之。《晋书》卷四十五《刘毅传》：“刘毅……侨居平阳，太守杜恕请为功曹，沙汰郡吏百余人，三魏称焉。为之语曰：‘但闻刘功曹，不闻杜府君。’”刘毅后为州之大中正，乃高级士族可知。《新唐书》卷一百九十九《儒学中·柳冲传》载柳芳著论有云：“魏氏立九品，置中正，尊世胄，卑寒士，权归右姓已。其州大中正、主簿、郡中正、功曹,皆取著姓士族为之,以定门胄,品藻人物。晋宋因之,始尚姓已。然其别贵贱,分士庶,不可易也。"见时功曹地位之高,故吴兴太守王韶之以吴逵为郡功曹时,逵自以出身寒门,乃低级士族,因固辞不就耳。

《晋书·李含传》载傅咸上表有云:

> 臣州秦国郎中令始平李含,忠公清正,才经世务,实有史鱼秉直之风。……二郡并举孝廉异行。尚书郭奕临州,含寒门少年,而奕超为别驾。

按:傅咸表称李含为"寒门少年",与传称其"门寒"、"门寒微"者适相合,是"门寒"即"寒门"、"门寒微"之明证。

需要指出的是,寒门或寒族与寒人乃是两个不同的概念,寒人乃指庶族中人,二者不能混为一谈。关于这一问题,笔者当另文予以论述。

史称"门族寒陋"者,亦即"门寒"。《北史》卷八十三《文苑·樊逊传》云:

> (天保)八年,减东西二省官,更定选,员不过三百,参者二三千人。杨愔言於众曰:"后生清俊,莫过卢思道;文章成就,莫过樊孝谦;几案断割,莫过崔成之。"遂以思道长兼员外郎,三人并员外将军。孝谦辞曰:"门族寒陋,访第必不成,乞补员外司马督。"愔曰:"才高不依常例。"特奏用之。

按:据《北史》卷三十《卢玄传》,卢思道,范阳涿人,卢谌之后。范阳卢氏世代官宦,为北方著姓士族。今杨愔奏用樊逊,以其与卢思道、崔成之并为员外将军,可见樊逊当非庶族。且樊逊尝为县主簿,又数次被举为秀才,亦可为其并非庶族之证。至若樊逊父祖不经仕宦,并不妨碍其士族出身。樊逊寓居邺中,为临漳小吏,亦不得已之举。传云樊逊被举而请辞,盖以北朝员外将军当以高级士族为之,如卢思道辈是也,而己则出身不及，若访以门第，必不能成也。故杨愔乃云“才高不依常例”耳。

门寒又作地寒。《魏书》卷二十一上《献文六王·高阳王雍传》云：

元妃卢氏薨后，更纳博陵崔显妹，甚有色宠，欲以为妃。世宗初以崔氏世号“东崔”，地寒望劣，难之，久乃听许。

按：此谓博陵崔氏郡望不及，不足为王妃，故魏世宗难之。然则博陵崔氏虽远不如清河崔氏之贵，而要亦在士族之列也。《魏书》卷七十八《张普惠传》：

初，澄嘉赏普惠，临薨，启为尚书右丞。灵太后既深悼澄，览启从之。诏行之后，尚书诸郎以普惠地寒，不应便居管辖。相与为约，并欲不复上省，纷纭多日乃息。

按：张普惠字洪赈，常山九门人，“父晔，为齐州中水令”，普惠初为主书，带制局监，转尚书都令史，则普惠亦必非庶族。尚书诸郎以普惠地寒，不愿受其管辖者，盖以其乃低级士族也。《北齐书》卷三十八《赵彦深传》：

赵彦深，……本名隐，避齐庙讳，改以字行。……初为尚书令司马子如贱客，供写书。……神武在晋阳，索二史，子如举彦深。后拜子如开府参军，超拜水部郎。及文襄为尚书令摄选，沙汰诸曹郎，隐以地寒被出为沧州别驾，辞不行。

按：彦深高祖父赵难，为清河太守。父奉伯，仕魏为中书舍人，行洛阳令。则彦深应非庶族。本传云彦深“初为尚书令司马子如贱客，供写书”，虽为客而贱，然要亦是客耳，更非贱役之比，当非庶族所能有。而后子如又“用为书令史，月余，补正令史”，据唐长孺《九品中正制度试释》之考证，尚书令史一般由品位四品至六七品之人士充任，是彦深于时又为有品第之人，乃为士族之明证。则其以地寒被出为沧州别驾者，盖其姓望不足为尚书郎也。《北史》卷五十五《陈元康传》云：

> 左卫将军郭琼以罪死，子妇范阳卢道虔女也，没官，神武启以赐元康为妻。元康地寒，时以为殊赏。元康遂弃故妻李氏，识者非之。

按："陈元康字长猷，广宗人也。父宗德，魏济阴内史"。则陈元康非庶族可知。据《魏书》卷四十七及《北史》卷三十之《卢玄传》，道虔为卢玄曾孙，晋卢谌之后。范阳卢氏自晋后于北朝世世为高官贵显，为时之著姓士族，与陈元康地位有明显的高下之别。故北齐神武帝高欢赐卢道虔罪女与元康为妻，当时乃以为殊赏也。《北史》卷七十《吕思礼传》：

> 十九，举秀才，对策高第，除相州功曹参军。葛荣围邺，思礼有守御勋，赐爵平陆县伯，除栾城令。普泰中，仆射司马子如荐为尚书二千石郎中，寻以地寒被出，兼国子博士。乃求为关西大行台郎中，与姚幼瑜、茹文就俱入关，为行台贺拔岳所重，专掌机密，甚得时誉。

按：吕思礼年十九而能被举为秀才，且以对策高第而授相州功曹参军，其非庶族也甚明，然其于尚书二千石郎中任以地寒被出者，盖以其时北朝尚书郎中例以高级士族子弟所任也。以上皆明确地证明了地寒亦即门寒之意。

寒门出身之人称为"寒士"。《晋书》卷九十五《艺术·淳于智传》云：

> 上党鲍瑗家多丧病贫苦，或谓之曰："淳于叔平神人也，君何不试就卜，知祸所在？"瑗性质直，不信卜筮，曰："人生有命，岂卜筮所

移。”会智来，应詹谓曰：“此君寒士，每多屯虞，君有通灵之思，可为一卦。”

按：汉时上党鲍氏多贵显，故上党为鲍氏郡望之所在，东汉鲍德由上党迁徙至东海而后渐趋衰落，此云“上党鲍瑗”，明标郡望，则鲍瑗应非庶族。然鲍瑗家庭不显，又绝非高级士族，是应詹乃谓之“寒士”，即低级士族也。《晋书》卷九十九《桓玄传》云：

> 佺期为人骄悍，常自谓承籍华胄，江表莫比，而玄每以寒士裁之，佺期甚憾，即欲于坛所袭玄。

按：《晋书》卷八十四《杨佺期传》：“杨佺期，弘农华阴人，汉太尉震之后也。曾祖准，太常。自震至准，七世有名德。”弘农杨氏本为中原高族，佺期亦“自云门户承籍，江表莫比，有以其门地比王珣者，犹恚恨”，然而“时人以其晚过江，婚宦失类，每排抑之”。传云“每排抑之”者，盖佺期本高级士族，而时人每不以其为高级士族视之耳，桓玄以寒士裁之，即一例也。《魏书》卷二十四《崔玄伯传附崔道固传》云：

> 显祖时，有崔道固，字季坚，琰八世孙也。祖琼，慕容垂车骑属。父辑，南徙青州，为泰山太守。道固贱出，嫡母兄攸之、目连等轻侮之。辑谓攸之曰：“此儿姿识如此，或能兴人门户，汝等何以轻之？”攸之等遇之弥薄，略无兄弟之礼。时刘义隆子骏为徐兖二州刺史，得辟他州民为从事。辑乃资给道固，令其南仕，既至彭城，骏以为从事。道固美形容，善举止，便弓马，好武事。骏稍嘉之。会青州刺史新除，过彭城，骏谓之曰：“崔道固人身如此，岂可为寒士至老乎？而世人以其偏庶，便相陵侮，可为叹息。”

按：清河崔琰之后，自是中原高族。而道固贱出，当即婢妾所生，即刘骏所谓“偏庶”者，地位于其嫡母兄弟自是有别，乃为兄弟及时人所轻侮，不得厕身于高族之列。故刘骏叹息其“岂可为寒士至老”也。《魏书》卷八十八《良吏·窦瑗传》云：

除大宗正卿，寻加卫将军。宗室以其寒士，相与轻之。

按：本传，窦瑗辽阳辽西人，“自言本扶风平陵人，汉大将军窦武之曾孙崇为辽西太守，子孙遂家焉”，则其郡望未定，故其为大宗正卿而宗室以其寒士而轻之也。

需要指出的是，某些高级士族出身之人士，被称为寒士或寒门，大致有两种原因。一是为其自谦之辞，如《宋书》卷八十四《邓琬传》云：

琬曰：“身南土寒士，蒙先帝殊恩，以爱子见托，岂得惜门户百口，其当以死报效。”

按：本传云“邓琬字元琬，豫章南昌人也。高祖混，曾祖玄，并为晋尚书吏部郎。祖潜之，镇南长史。父胤之，世祖镇虏长史，吏部郎，彭城王义康大将军长史、豫章太守，光禄勋”，邓琬又尝为本州大中正。据唐长孺《九品中正制试释》，魏晋南北朝时，州之大中正，须品第二品身份之士人任之。则豫章邓氏虽非甲族，然亦当属高级士族之列。其自云“身南土寒士”者，自谦之辞也。又如《宋书》卷四十一《后妃·孝武文穆王皇后传》云：

左光禄大夫江湛孙敩当尚世祖女，上乃使人为敩作表让婚。曰：“伏承诏旨，当以临海公主降嫔，荣出望表，恩加典外。顾审辎蔽，伏用忧惶。臣寒门悴族，人凡质陋，闾阎有对，本隔天姻。如臣素流，室贫业寡，年近将冠，皆已有室，荆钗布裙，足得成礼。”

按：帝室无嫁公主于低级士族之理，且江敩祖湛，宋左光禄大夫，父恁，著作郎，母则宋文帝女淮阳公主，敩又曾为本州大中正，乃时之膏粱甲族。宋明帝使人代江敩作让表让婚，自称“寒门悴族”，乃为让婚而故为自谦之辞耳。

另一种以高级士族而称寒门或寒士之原因则是故为贬抑之辞，如上文所举《宋书》卷五十四《羊玄保传附羊希传》载宋明帝称羊希“卑门寒士”之语即是典型的一例。又如《南齐书》卷三十一《江谧传》云：

> 敕曰：“江谧寒士，诚当不得竞等华侪，然甚有才干，堪为委遇，可迁掌吏部。”

按：济阳江氏本中华膏腴之族，但江谧一支，南渡后渐趋衰落。本传：“江谧字令和，济阳考城人也。祖秉[之]，临海太守，宋世清吏，父徽，尚书都官郎，吴令，为太初所杀。”是江谧父祖官宦不显，而江谧迁任之吏部尚书，为时之要职，一般情况而言，乃以甲族任之。齐高祖萧道成敕称“江谧寒士”者，亦贬抑之辞，示其以吏部尚书授江谧之超拔耳。又如《南齐书》卷三十六《刘祥传》云：

> 祥少好文学，性韵刚疏，轻言肆行，不避高下。司徒褚渊入朝，以腰扇鄣日，祥从侧过，曰：“作如此举止，羞面见人，扇彰何益？”渊曰：“寒士不逊。”祥曰：“不能杀袁、刘，安得免寒士。”

按：刘祥字显徽，东莞莒人也。祖式之，吴郡太守。父敳，太宰从事中郎。祥兄整，广州刺史。刘祥门第虽不及袁、褚等甲族，然要亦在高级士族之列，而传载褚渊称其寒士，乃自以门第高于刘祥而故为贬抑之，为受讥讽后之泄愤及困窘时应急之语耳。《南史》卷二十三《王华传》云：

> 文帝将入奉大统，以少帝见害，不敢下。华曰：“先帝有大功於天下，四海所服。虽嗣主不纲，人望未改。徐羡之中才寒士，傅亮布衣诸生，非有晋宣帝、王大将军之心明矣。”

按：据《宋书》卷四十三《徐羡之传》，徐羡之，东海郯人，祖宁，尚书吏部郎，江州刺史；父祚之，上虞令。羡之“少为王雅太子少傅主簿，刘牢之镇北功曹，尚书祠部郎”，则徐羡之门第虽不及王、谢等甲族，但亦应属高级士族之列。本传又载徐羡之事云：“初，高祖议欲北伐，朝士多谏，唯羡之默然。或问何独不言，羡之曰：‘吾位至二品，官为二千石，志愿久充。今二方已平，拓地万里，唯有小羌未定，而公寝食不忘。意量乖殊，何可轻豫。’”徐羡之所云之“吾位至二品”，乃指九品论人中之二品品第，羡之品第二品，且官居二千石，颇为自得，乃有“志愿久充”之语。(参见拙著《宋书校议》，上海古籍出版社 2002 年版)可为徐羡之乃高级士族之明证。而王华乃琅邪王氏之代表人物王弘从祖弟，族姓为当时第一，门第又高于羡之。王华称羡之为“寒士”，盖在指出羡之门第低微，无篡位之根基，用以打消文帝之顾虑，促成其入京继位耳。是此“寒士”亦明显乃故为贬抑之辞也。但是，即便在上述情况下，“寒士”为低级士族之含义仍然没有改变。

寒士又称衰陵士人。《宋书》卷四十二《王弘传》载王弘论刑法的一段议论有云：

> 如衰陵士人，实与里巷关通，相知情状，乃当于冠带小民。今谓之士人，便无小人之坐，署为小民，辄受士人之罚。于情于法，不其颇欤。

这里的“衰陵士人”，明显与冠带小民即庶人有别，只是因为其门第已经衰陵，为士族中之下层，故乃“与里巷相通”耳。这种门第的衰陵，其原因之一即是因为南渡较迟所致，即如《宋书》卷六十五《杜骥传附杜坦传》所载：“晚度北人，朝廷常以伧荒遇之，虽复人才可施，每为清途所隔。坦以此慨然，尝与太祖言及史籍，上曰：‘金日磾忠孝淳深，汉朝莫及，恨今世无复如此辈人。’坦曰：‘日磾之美，诚如圣诏，假使生乎今世，养马不暇，岂办见知。’上变色曰：‘卿何量朝廷之薄也。’坦曰：‘请以臣言之，臣本中华高族，亡曾祖晋氏丧乱，播迁凉土，世叶相承，不殒其旧，直以南度不早，便以荒伧赐隔。”刘宋诗人鲍照的《拜侍郎上疏》说：“臣北州衰沦，身地孤贱。”鲍照所说的北州衰沦，与王弘所说的衰陵人士，其含意乃是一致的。盖东海鲍氏本为上党旧姓，在南朝虽然已经衰落，并非高门，但也必非庶族之列。近代一些学者于鲍照出身究竟是士族还是庶族这一问题上争论不休。其实鲍照自己说得已相当清楚，他的出身士族乃是无需争论的事实。

论两晋南北朝中正品第及士族等级

中正最早为秦末陈胜自立为楚王时所置,以纠察群臣之过失。《史记》卷四八《陈涉世家》:“陈王以朱房为中正,胡武为司过,主司群臣。”至三国魏乃立中正,以品藻人物。《资治通鉴》卷六十九云:“尚书陈群,以天朝选用,不尽人才,乃立九品官人之法,州郡皆置中正,以定其选,择州郡之贤有识鉴者为之,区别人物,第其高下。”州之中正称大中正,《太平御览》卷二百六十五引司马懿《州置大中正议》有云:“案九品之状,诸中正既未能料究人才,以为可除九品制,州置大中正。”中正之职掌与古代都士相近,故州大中正初时又称“都士”,《周礼·秋官·序官》:“都士:中士二人,下士四人。”郑玄注:“都家之士,主治都家吏民之狱訟以告方士者也。”孙诒让正义:“都士主治大都、小都、王子弟、公卿采地之狱讼。”《太平御览》卷二百六十五又引应璩《新论》云:“百郡立中正,九州置都士.”可以为证。都士又称州都,即《宋书》卷九十四《恩倖传序》所谓“州都郡正,以才品人”者。《晋书》卷四十五《刘毅传》亦云:“置州都者,取州里清议,咸所归服,将以镇异同,一言议。”但是,中正与古代的都士的职掌毕竟有所不同,所以在绝大多数情况下,当时州之中正仍称为大中正或州中正。

《三国志》卷二十三《魏志·常林传》裴松之注引《魏略·清介吉茂传》云:“先是,国家始制九品,各使诸郡选置中正,差叙自公卿以下,至于郎吏功德才行所在。”各郡所选置的中正即为郡中正,郡中正又称小中正,《晋书》卷四十七《傅玄传附傅咸传》云:“豫州大中正夏侯骏上言,鲁国小中正司空司马孔毓，四移病所，不能接宾，求以尚书郎曹馥代毓。”关于当时士人品第究竟如何划分以及几品的士人才能担任中正之职，则是历来论者所关心的问题。《晋书》卷六十六《陶侃传》记载云：“（黄庆）后为吏部令史，举侃补武冈令，与太守吕岳有嫌，弃官归，为郡小中正。”《世说新语》刘孝标注引王隐《晋书》亦云：“（陶）侃母既截发供客，闻者叹曰：‘非此母不生此子。’乃进之于张夔。羊晫亦简之，后晫为十郡中正，举侃为鄱阳小中正，始得上品也。”唐长孺先生《九品中正制度试释》（载《魏晋南北朝史论丛》三联书店 1955 年版）一文据此论之云：

> 王隐《晋书》说陶侃为小中正始得上品，这是因为中正自身必须是二品。

但是，由于史书中并没有记载过有人得到过一品品第，唐长孺先生因而以为在魏晋南北朝时期事实上并没有得到一品品第的士人，《九品中正制度试释》又云：

> 品第虽有九等，类别却只有二。一品徒有其名，无人能得到，所以二品就算最高。如果照古今人表之法，三品似乎也在上品之列，西晋初期似尚如此，但当时三品已不受尊重，以后便一律算卑品了。沈约在《宋书》卷九四《恩倖传序》中云：‘凡厥衣冠，莫非二品，自此以还，遂成卑庶。’说明只有二品才是上品。《晋书》卷六七《温峤传》峤奏军国要务六条，第六条云：‘使命愈远，益宜得才，宣扬王化，延誉四方，人情不乐，遂取卑品之人，亏辱国命，生长患害，故宜重其选，不可减二千石见居二品者。’温峤所云二品也是指九品论人中的二品，可证三品以下都是卑品。……事实上并没有一品。

并进而云：

二品中的优等可以就二品上加以美称，却决不说是一品。

唐先生以上所论，有三点颇有令人怀疑之处，其一是当时有没有一品品第的士人，其二是当时的中正中是否必须是二品的士人才能担任，其三是三品算不算上品。以下拟就这几个问题分别加以论述。

一、魏晋南北朝时期一品并非徒有虚名

《三国志》卷二十三《魏志·常林传》裴松之注引《魏略·清介吉茂传》云："先是，国家始制九品，各使诸郡选置中正，差叙自公卿以下，至于郎吏功德才行所在。"是九品中正制之设立，乃是置中正以品评官员"才行功德"之等第，即自中正设立之始，一般百姓即庶民就不在被品评的范围之内，当然也就没有品第可言。《魏书》卷五十九《刘昶传》云："高祖临光极堂大选曰：'……我今八族以上，士人品第有九，九品之外，小人之官，復有七等，若苟有其人，可起家为三公，正恐贤才难得，不可止为一人，浑我典制，故令班镜九流，清一朝轨。'"北魏高祖所谓的"士人品第有九"，即指九品中正制的九品。《文苑英华》卷七百六十引《寒素论》云："服冕之家，流品之人，视寒素之子，轻若仆隶，易如草芥，曾不以之为伍。"《晋书》卷六十四《简文三子·会稽文孝王道子传》载许荣上疏亦云："今台府局吏，直卫武官，及仆隶婢儿，取母之姓者，本臧获之徒，无乡邑品第，皆得命议，用为郡守县令，并带职在内，委事于小吏手中，僧尼乳母，竞进亲党，又受货赂，辄临官领众。无卫霍之才，而比方古人，为患一也。"皆为九品中正制乃是时士族内部分别高下制度之明证。这也就是说，只要出身士族就有获得九品品第的资格，即凡入流品者皆为士族。故《魏书》卷四十一《源贺传附源怀传》云：

景明二年，征为尚书仆射，加特进。时有诏，以奸吏犯罪，每多逃窜，因眚乃出，并皆释然。自今已后，犯罪不问轻重，而藏窜者悉远流。若永避不出，兄弟代徙。……怀重奏曰："臣以为法贵经通，治尚简要，刑宪之设，所以网罗罪人。苟理之所备，不在繁典；行之

可通，岂容峻制。此乃古今之达政，救世之恒规。伏寻条制，勋品已下，罪发逃亡，遇恩不宥，仍流妻子。虽欲抑绝奸途，匪为通式。谨按事条，侵官败法，专据流外，岂九品已上，人皆贞白也？其诸州守宰，职任清流，至有贪浊，事发逃窜，而遇恩免罪，勋品已下，独乖斯例。如此则宽纵上流，法切下吏，育物有差，惠罚不等。又谋逆滔天，轻恩尚免，吏犯微罪，独不蒙赦。使大宥之经不通，开生之路致壅，进违古典，退乖今律，辄率愚见，以为宜停。"书奏，世宗纳之。

以上源怀所奏，乃为入流品之人与不入流品之人法律之不同而发，正因为凡有品第之人皆为士族，所以源怀乃发出"岂九品以上，人皆贞白也"之感慨，并希望朝廷能停止这一不平等之法令。

既然凡入流品者皆为士族，则士人等级的高低也就取决于中正对他的品第的品评。《太平御览》卷二百五十六引《孙楚集》云："九品汉氏本无，班固著《汉书》，序先往代贤哲，以九品条，此盖记鬼录次第耳，而陈群依之以品生人。又魏武拔奇，决于胸臆，收人才不问阶次，岂赖九品而后得人，今可令长、守为大小中正，各自品其编户也。"班固《汉书·古今人表》据九品论古人，分上中下三等，每等之中又分而为三。陈群首倡九品中正制，则据九品而品评今人，故孙楚云"陈群依之以品生人"也。由此，似乎九品官人法中之九品仍然分为上中下三等以论人，但是根据现有的材料，似乎还找不出有力的证据以证明九品官人法三等论人的存在。而最为可能的则是当时的士族大体上乃分为两类，即高级士族与低级士族。除了某些特例以外，一般而言，士人所取得的品第主要由其家族的地位所决定，与本人的才行并没有特别大的关系，即取得高品者的身份绝大多数为高级士族，而中下品者则为低级士族。

《太平御览》卷二百六十五引《傅子》云：

魏司空陈群，始立九品之制，郡置中正，平次人才之高下，各为阶目。州置州都，而总其察议。

同卷引晋宣帝《除九品州置大中正議》又云：

案九品之状,诸中正既未能料究人才,以为可除九品制,州置大中正。

是时州大中正及郡中正既然是评定士人等第者,则他们本身必为上品无疑。

《太平御览》二百六十五引《晋书》亦云:

杨晫、陶侃共载诣顾荣,州大中正温雅责晫与小人共载,州大中正温雅责晫与小人共载。……杨晫代雅为大中正,举侃为鄱阳小中正。

按:杨晫即羊晫,据《晋书》卷十五《地理志下》,晋惠帝元康元年,“割扬州之豫章、鄱阳、庐陵、临川、南康、建安、晋安,荆州之武昌、桂阳、安成,合十郡,因江水之名而置江州”。故王隐《晋书》所谓之“十郡中正”与《晋书》所说的“州大中正”其实是一致的。陶侃本鄱阳人,徙家庐江之寻阳,父丹,吴扬武将军。侃早孤贫,尝为县吏。由是观之,陶侃的出身乃是低级士族,其品第本非上品,由于被羊晫所赏识,举为郡中正后,乃得上品,从此陶侃也就进入了高级士族的行列。

既然中正应该由上品之士人所担任,那么,究竟品第为几品才能算得上是上品,则是本文必须要解决的问题。以下,我们首先考察一下一品的情况。如果仅仅凭借史书上并没有人有过一品品第的记载,就认定当时没有人得到过一品的品第,甚至根本就没有一品,笔者以为证据显然是不足的。

为此,我们不妨考察一下《宋书》卷九十四《恩倖传序》的以下一段议论:

汉末丧乱,魏武始基,军中仓卒,权立九品,盖以论人才优劣,非为世族高卑。因此相沿,遂为成法。自魏至晋,莫之能改,州都郡正,以才品人,而举世人才,升降盖寡。徒以凭借世资,用相凌驾，都正俗士，斟酌时宜，品目少多，随事俯仰，刘毅所云“下品无高门，上品无贱族”者也。岁月迁讹，斯风渐笃，凡厥衣冠，莫非二品，自此以还，遂成卑庶。

文中说“凡厥衣冠，莫非二品”，其目的乃在于指出刘宋时期被评为二品品第士人人数的众多，表现士人品级之滥。但这段话却从侧面表明了一品品第的存在，因为既然一般的士人都能得到二品品第，那么，如果当时没有一品的话，则北方的崔、卢、郑、王和南方的王、谢等一流士族，岂不就等同于一般士族，这在情理上是无论如何也说不通的。事实上，当时的一品乃是确实存在的。为此我们不妨考察一下《晋书》卷四《惠帝纪》的以下一段记载：

（太安二年）十一月辛巳，星昼陨，声如雷。王师攻方（指张方）垒，不利。方决千金堨，水碓皆涸。乃发王公奴婢手舂给兵廪，一品已下不从征者，男子十三以上皆从役。又发奴助兵，号为四部司马。

以上乃谓是年西晋政府攻张方而挫败之后，兵力、役力皆不足，故乃命一品以下不从征役家庭的十三岁以上男子皆服徭役耳。至于这“一品以下”中的“一品”，究竟是指官品还是士人的品第，则需要作更进一步的考察。考《晋书·职官志》并没有官员品级的记载，而《宋书》卷四十《百官志下》则记一品的官员为太傅，太保，太宰，太尉，司徒，司空，大司马，大将军，以及诸位从公。二品则为特进，骠骑将军，车骑将军、卫将军，诸大将军，诸持节都督。杜佑《通典》卷三十六《职官十八》记载曹魏官置九品，其第一品为黄钺大将军、三公、诸国王、公、侯、伯、子、男五等爵者、大丞相。第二品为诸四征（按指征东、征西、征南、征北四将军）、四镇（指镇东、镇南、镇西、镇北四将军）、车骑将军、骠骑将军，诸大将军。《通典》卷三十七《职官十九》记载晋时官员第一品为公，诸位从公，开国郡公，县公爵；第二品则为特进，骠骑将军，车骑将军，卫将军，诸大将军，诸持节都督，开国县侯、伯、子、男爵；第三品则为侍中，散骑常侍，中常侍，尚书令，仆射，尚书，中书监、令等。由此可见，当时官员中位居一二品者乃极其寥寥。这也就是说，《晋书·惠帝纪》中所说的“一品已下不从征者”中的“一品”，所指乃是九品中正制中一品品第之人士。这是因为，如果以二品官员诸如骠骑将军，车骑将军，卫将军，诸大将军家中年十三岁以上的男子皆服兵役而上战场，乃是绝无可能的。至于二品品第的家族则相对较多，诚如《宋书·恩倖传序》所说的“岁月延讹，斯风渐笃，凡厥衣冠，莫非二品，自此以还，遂成卑庶”者也，因此在特殊情况下，二品品第及其以下人士家中年十三岁以上的男子能够参与服役作战。这也就是说，至少在晋惠帝时代，一品的士人乃无疑是存在的。

其实，二品品第的逐渐泛滥，在晋时已经非常普遍，并非要到刘宋时期。以下以唐先生在《九品中正制度试释》一文中所列举的二品人士为例，以考察他们的出身状况。其一为霍原，《晋书》卷九十四《隐逸·霍原传》云：

> 燕国广阳人也。少有志力，叔父坐法当死，原入狱讼之，楚毒备加，终免叔父。……贵游子弟闻而重之，欲与相见，以其名微，不欲昼往，乃夜共造焉。

按：上文云霍原入狱为叔父讼冤而备受楚毒，故而名声大振，贵游子弟慕其名，虽欲与之相交但却只能在夜间私下造访，以免被他人看到而有辱门第。可见霍原虽然属于士族的行列，但家庭出身却相当低微。

其二为石鉴，《晋书》卷四十四《石鉴传》云：

> 石鉴字林伯，乐陵厌次人也，出自寒素，雅志公亮。

按：此云石鉴出自寒素，可见也并非高级士族出身。

其三其四是被举为“灼然二品”的邓攸和温峤，《晋书》卷九十《良吏·邓攸传》云：

邓攸字伯道，平阳襄陵人也。祖殷，亮直强正，钟会伐蜀，奇其才，自黾池令召为主簿。……果迁汝阴太守，后为中庶子。攸七岁丧父，寻丧母及祖母，居丧九年，以孝致称。……举灼然二品。

《晋书》卷六十七《温峤传》云：

温峤字太真，司徒羡弟之子也。父憺，河东太守。峤性聪敏，有识量，博学能属文。少以孝弟称于邦族。风仪秀整，美于谈论，见者皆受悦之。……后举秀才，灼然。

按：平阳邓氏的门第并不高，邓攸的祖父出仅任至汝阴太守，中庶子，这一类的中级官员。邓攸的被举为“灼然二品”，乃是因为居丧以孝致称，当然他也并非膏腴甲族。《温峤传》中的“灼然”，唐长孺先生以为就是“灼然二品”的简称，这应该十分正确的。温峤为太原祁人，虽为高门，但与当时北方的膏腴甲族琅邪王氏等相比，地位则相去甚远。因此，他们的品第为“灼然二品”，不但不能作为当时没有一品的例证，反而从侧面说明了当时很可能还有品第为一品的士人。因为当时的一等世族，如北方的崔、卢、郑、王，南方的王、谢，其家世地位又要远过于太原温氏与平阳邓氏，既然邓攸和温峤能举为“灼然二品”，则琅邪王氏及陈郡谢氏等世家大族的代表人物被举为一品的等第也就极为可能了。

其五是被称为“二品之精”的张轨，《晋书》卷八十六《张轨传》：

张轨字士彦，安定乌氏人，汉常山景王耳十七代孙也。家世孝廉，以儒学显。父温为大官令。……中书监张华与轨论经义及政事损益，甚器之，谓安定中正为蔽善抑才，乃美为之谈，以为二品之精。

按：张华因为与张轨论经义，从而器重张轨，目之为“二品之精”，盖以其为二品人士中之精英耳，说明了当时张轨的品第就是二品。另一方面，张华又以为安定郡中正压制了张轨的品第，也就是说，张华以为张轨的品第应该不止二品，本来他是应该得到一品品第的。张轨既然品第已是二品，如果说当时没有一品品第存在的话，那么张华又如何可以说“安定中正为蔽善抑才”呢？

下文我们再考察《宋书》卷四十三《徐羡之传》的一段记载：

> 初，高祖议欲北伐，朝士多谏，唯羡之默然。或问何独不言，羡之曰：“吾位至二品，官为二千石，志愿久充。今二方已平，拓地万里，唯有小羌未定，而公寝食不忘，意量乖殊，何可轻豫。”

中华书局点校本《校勘记》云：“张森楷《校勘记》云：‘案羡之时以鹰扬将军、琅邪内史，仍为大司马从事中郎，转太尉左司马。据《百官志》，无一官在二品者，而鹰扬之号及内史并第五品，疑二品是五品之误。’”福林按这里张森楷《校勘记》所说存在着明显的漏洞，并不正确。《徐羡之传》中所谓的“吾位至二品”，其实乃指九品品第中的第二品，而并非指官品。其一以官品自矜，非时人之所尚。是时人之所重，乃在族姓之贵贱，而非官品之高低。如《南史》卷二十五《到彦之传》载到彦之官至护军将军，封建昌县公，曾孙到溉为吏部尚书，官高位重，而世家大族何敬容则谓人曰：“到溉尚有余臭，遂学作贵人。”乃讥到彦之初以担粪自给也。其二是是时所言品位者，多指九品中正制之品位而言，与《徐羡之传》相同的例子如《晋书》卷六七《温峤传》载温峤奏表有云：“使命愈远，益宜得才，宣扬王化，延誉四方。人情不乐，遂取卑品之人，亏辱国命，生长患害。故宜重其选，不可减二千石见居二品者。”可为徐羡之所云之二品，乃士人品第之明证。《南史》卷二十三《王华传》载徐羡之等人废宋少帝刘义符后，使傅亮至荆州奉迎宜都王刘义隆为帝，刘义隆以少帝见害，不敢下，王华乃云：“先帝有大功有天下，四海所服。虽嗣主不纲，人望未改。徐羡之中才寒士，傅亮布衣诸生，非有晋宣帝、王大将军之心明矣。畏庐陵严断，将来必不自容。殿下宽睿慈仁，天下所知，已且越次奉迎，冀以见德，悠悠之论，殆必不然。”按徐羡之字宗文，东海郯人。祖宁，尝先后任尚书吏部郎，江州刺史；父祚之，曾任上虞令。且徐羡之又得二品之品第，则他亦必在高级士族之列，然而王华却目其为寒士，盖王华乃琅邪王氏，太保王弘之从祖弟，门第当时第一之故。就此点而言，说当时没有一品似乎也是难以令人置信的。

二、论三品属于上品及郡中正可由三品人士担任

当时无论是一品抑或是二品等第之士人，应该都属于上品之列，这是毫无疑问的。而三品是否是上品，则还需要作进一步的考察。《晋书》卷七十一《陈頵传》云：

> 会解结代杨准为刺史，韬以河间王颙属结。结至大会，……又问僚佐曰："河北白壤膏梁，何故少人士，每以三品为中正?"

据此，唐长孺先生于《九品中正制度试释》进一步阐发以他所认为的三品即为下品的观点：

> 三品为中正是河北的特例，所以解结要问其故。他以"少人士"和三品对举，可知三品就不算人士，由此也可以证明陶侃之得上品，就是二品。

但是，笔者以为唐先生的"少人士和三品对举，可知三品就不算人士，由此也可以证明陶侃之得上品，就是二品"的结论似乎理由并不充分。据《晋书》陈頵本传，陈頵，豫州陈郡苦人，为州部从事，劾案沛王韬狱，未竟。会解结代扬准为豫州刺史，故王韬乃"因河间王颙属结"，因此解结到任之初，乃于大会时以河北少人士，"每以三品为中正"以讥讽陈頵，因不便直斥，乃有此言也。传此后载陈頵答解结云："老子、庄周生于陈、梁，伏羲、傅说、师旷、大项出于阳夏，汉魏二祖起于沛、谯，准之众州，莫之与比。"按陈、梁、沛、谯皆豫州之属郡，阳夏则梁郡之县，陈頵历数老庄等先哲，盖欲彰显豫土英才贤俊之众多，以驳斥解结河北"少人士"之语耳。因此，笔者以为，这一例子并不能作为"三品就不算人士"，和"陶侃之得上品，就是二品"的例证，同样也不能证明品第为三品者就

不是上品。相反的是,“每以三品为中正”,则正说明了一个事实,当时三品成为中正的并不在少数,至少在河北一带是如此。盖“每”者,常也。《诗·小雅·皇皇者华》:“駪駪征夫,每怀靡及。”朱熹《集传》:“此駪駪然之征夫,则其所怀思,常若有所不及矣。”曹操《求言令》云:“吾充重任,每惧失中。”是其例,这也就是说,河北地方在当时以三品士人为中正乃是常有之事。如此,其他地方在某些时候或在某些情况下以三品的士人担任中正也就很正常。既然决定士人品第的中正可以由三品品第之人出任,那么三品属于上品之列乃是无疑的。这一理解,我们还可以通过具体史例予以证实。《晋书》卷七十六《王廙传附王彪之传》云:

> 简文有命用秣陵令曲安远补句容令,殿中侍御史奚郎补湘东郡。彪之执不从,曰:“秣陵令三品县耳,殿下昔用安远,谈者纷然。句容近畿,三品佳邑,岂可处卜术之人,无才用者邪。”

据《宋书》卷四十《百官志下》,县令秩千石者第六品,则王彪之所云之“三品县”、“三品佳邑”,乃指士人九品品第中的三品。这就说明了当时近畿大县例以品第第三品之士人担任,简文帝先用曲安远,品第不及,已为破例之举,故王彪之云“谈者纷然”,今再改授句容,较秣陵更优,是彪之乃执不从也。可见三品当属上品之列,不尔,如句容、秣陵这样的近畿佳县,下品之人又如何可以有资格担任其县令呢?《晋书》卷六十六《刘弘传》云:

> 时荆部守宰多缺,弘请补选,帝从之。弘乃叙功诠德,随才补授,甚为论者所称。乃表曰:“……南郡廉吏仇勃,母老疾困,贼至守卫不移,以致拷掠,几至殒命。尚书令史郭贞,张昌以为尚书郎,欲访以朝议,遁逃不出,昌质其妻子,避之弥远。勃孝笃著于临危,贞忠厉于强暴,虽各四品,皆可以训奖臣子,长益风教。臣辄以勃为归乡令,贞为信陵令。”

按:刘弘表中所谓之"四品",亦为九中论人中的品第。因为据《宋书·百官志》,其时郡国太守,内史及不领兵之刺史官皆四品,而仇勃仅为南郡小吏,郭贞为尚书郎,自然不可能有四品之职。因为当时大县例由三品之人所担任,而仇勃、郭贞皆为四品人士,品第不及,只能担任尚书令史之类的属吏,所以刘弘在欲破例提拔他们担任归乡和信陵的县令时,乃上表以求得皇帝之许可。《北堂书钞》卷六十八引晋镇东大将军司马伷表云:

从事中郎缺用第三品,中散大夫山简清精履正,才识通济,品议第三也。

按:从事中郎例由三品品第之人所任,山简适为三品,品位相当,故司马伷表荐之。山简"清精履正,才识通济",品第与行状相当。三品的山简可以做到从事中郎这样的清官,而三品以下则不然,《晋书》卷三十六《张华传附刘卞传》云:

卞后从令至洛,得入太学试经,为台四品吏。

由这一事例再结合《晋书·刘弘传》所载仇勃为"南郡廉吏",郭贞为"尚书令史"之史实,是四品品第之士人只能做台吏、令史这样的属吏了。这些都足以证明三品即是上品,三品之士人乃属于高级士族之列,而四品之仇勃及郭贞当然也就是低级士族了。

以下我们不妨再看四品品第人士的情况,《魏书》卷九十九《私署凉州牧张寔传》载张祚:

禁四品以下不得衣缯帛,庶人不得畜奴婢,乘车马。

这里"四品",明显是九品品第中的第四品。因为如果指官品,一般情况,县令为六品,太守则为四品或五品之职,而禁止太守或县令这样的官员不得衣缯帛是绝无可能的。所以传文说四品以下不得衣缯帛,也就是说三品以上之士人可以衣之;说庶人不得畜奴婢,乘车马,也就是说士人可以畜奴婢,乘车马。传文中明显地将时人分为三个等级,即一至三品的士人为第一等级,四至九品的士人为第二等级,庶民则为一个等级。三品与四品虽仅仅相差一个品第,但二者之间的地位却有着高下悬殊的区别,不可同日而语。

既然三品乃是上品,那么在某些情况下,郡小中正就可以由三品的人士担任。上文所举的《晋书·陈頵传》所载解结所谓:"河北白壤膏粱,何故少人士,每以三品为中正。"其实就是很好的说明。因此,我们可以说陶侃在担任了鄱阳小中正以后即由下品士人升为上品士人,从而成了高级士族,却并不能因为陶侃因此就成了二品士人。根据陶侃的家庭出身状况,他当时在升品以后,最为可能的还是三品。

根据以上的分析,大致可以说,当时凡有着等级品评资格之人皆为士族,他们有着与普通百姓不同的特权与待遇。而在士族内部,一般情况下,又以三品以及三品品第以上者为上品,处四品以下者则为下品,这就是当时区别不同阶级,不同阶层的一个界限和标志。而一品虽然并不多见,但却是实实在在存在的,至于担任中正的士人,则至少应该是三品。

论两晋南朝的庶族、庶民以及素族、素门、庶士和素士

一、两晋南朝的庶族、庶民

关于庶族的含义，论者多指与士族相对立的庶民家族，凡史书中所见“庶族”一词，皆作如是观。如吕思勉先生《魏晋南北朝史》第二十二章第四节云：“《魏书·肃宗纪》：‘熙平元年(516)八月，诏庶族子弟年未十五，不听入仕。’则北方子弟，虽庶族亦习于早，而贵胄尤甚。”吕先生在理解《魏书》这段文字时，以“庶族”与“贵胄”对举，明显视庶族为士族以外的一个等级。但是，吕先生的这一理解其实并不完全切合《魏书》的本意，因为魏肃宗(孝明帝)此诏之意，乃在于限制元魏皇族之外的异姓家族子弟的入仕年龄，此“庶族”，其实与士族相对的族姓无关，而是泛指皇族以外的一切族姓而言，并不得与贵胄相对立。对于这一问题，陈琳国先生于《庶族、素族和寒门》(载《中国史研究》1984 年 1 期)提出了新的看法，以为：

> 庶族应当是庶姓之族的意思。

庶族是庶姓之族，盖以指皇族以外的异姓之族。对于庶族的这一含义，今复以一例以证之，《宋书》卷四十二《王弘传》：

(元嘉)六年,弘又上表曰:"臣闻异姓为后,宗周之明义;亲不在外,有国之所先。故鲁长滕君,《春秋》所美,楚出弃疾,前史垂诫。矧乃茂亲明德,道光一时,述职侯甸,朝政弗及,而以庶族庸陋浮华之臣,超逾先典,居中赞契,岂所以宪章古式,缉熙治道?骠骑将军臣义康,徽猷远邈,明德弥劭,敷政江汉,化被荆南,缙绅属情,想乐当务,周旦之寄,不谋同词,分陕虽重,比此为轻。"

是时王弘为避免猜忌,欲辞去所任之扬州刺史、录尚书事,以宋文帝之弟骠骑将军彭城王刘义康代己辅政,故上此表。表中援引古例,说明应以皇族子弟辅政,而以异姓大臣辅佐之。弘,琅邪临沂人,晋王导之曾孙,乃南朝第一高门大族,自称"庶族庸陋浮华之臣",盖以区别皇族耳,可为是时"庶族"之所指,乃皇室之外的庶姓之族之明证。

《诗经·小雅·伐木》:"兄弟无远。"孔颖达疏:"庶姓,与王无亲者。"《左传·隐公十一年》"薛,庶姓也。"注:"庶姓,非周之同姓。"是帝王之外的姓氏为庶姓。《资治通鉴》卷一百三十一:"宋明帝泰始二年,魏丞相太原王乙浑专制朝权,多所诛杀。安远将军贾秀掌吏曹事,浑屡言于秀,为其妻求称公主,秀曰:'公主岂庶姓所宜称,秀宁取死今日,不可取笑后世。'"胡三省注曰:"凡非国之同姓,皆谓之庶姓。"非国之同姓,即与皇室不同姓者。《宋书》卷八十五《王景文传》:"景文屡辞内授,上手譬之曰:'尚书左仆射,卿已经此官,东宫詹事,用人虽美,职次正可比中书令耳。庶姓作扬州,徐干木、王休元、殷铁并处之不辞,卿清令才望,何愧休元;毗赞中兴,岂谢干木;绸缪相与,何后殷铁邪?'"徐干木,徐羡之字;王休元,王弘字;殷铁,殷景仁字。三人于宋初,先后为扬州刺史,故帝援三人例而譬景文。徐、王、殷皆士族,宋明帝称为庶姓,其含义不言自明。故"庶族"指皇室以外之族姓也就比较容易理解了。

然而,陈先生却忽略了一点,即并非所有的"庶族"都指庶姓之族,在某些情况下,庶族又指与士族相对的族姓,《晋书》卷三十五《裴秀传附裴頠传》云:

(頠)又表云:"咎繇谟虞,伊尹相商,吕望翊周,萧、张佐汉,咸播功化，光格四极。暨于继体，咎单、傅说，祖已、樊仲，亦隆中兴，或明扬侧陋，或起自庶族，岂非尚德之举，以臻斯美哉！”

按：裴颜所举之咎繇、伊尹、吕望、萧何、张良以及咎单、傅说、祖己、樊仲等人，无一人是皇族中人，如果传文中的“庶族”指庶姓之族，即皇族以外之族姓，则不应该说以上诸人“或起自庶族”。即裴颜所谓“庶族”者，明显指与士族相对之庶民家族矣。《魏书》卷七《高祖孝文帝纪》载：

太和十七年(493)九月，又诏厮养之户，不得与士民婚，有文武之才，积劳应进者，同庶族例。

按：厮养之户乃贱役，当时属奴隶阶级，故诏乃禁止其与非奴隶阶级之人通婚，而其中有文武之才，积功劳而应进者，则不在此例。这里的“庶族”，则不得理解为除皇族以外的异姓家族，这是因为奴隶阶级与士族地位悬殊，其中蒙受特殊照顾者，通婚之待遇虽可同于一般之庶民，却绝不可以与士族相提并论。

萧梁时东海士族王源，嫁女于富阳满璋之子满，尚书令沈约乃上书弹劾，《文选》卷四十所载沈约《奏弹王源表》云：

风闻东海王源，嫁女于富阳满氏，源虽人品庸陋，胄实参华，曾祖雅，位登八命；祖少卿，内侍帷幄；父溶，升采储帷，亦居清显。……吴郡满璋之，相承云是高平旧族，宠奋胤胄，……窃寻璋之姓族，士庶莫辨，满奋身殒西朝，胤嗣殄殁，武秋之后，无闻东晋。其为虚托，不言自显，王满连姻，实骇物听，……岂有公卿之胄，纳女于管库之人，……请以见事免源所居官，禁锢终身。

见士族与庶族之间，婚姻不通，故王满士族，嫁女于不辨士族与庶族的富阳满氏，即为非法，甚而须受到免官并加禁锢终身之处罚。

唐代以后，一般而言，人们大多将“庶族”一词理解为与士族相对的庶民家族，如《新唐书》卷一百九十九《儒学中·柳冲传》载柳芳上言云：

汉高帝兴徒步，有天下，命官以贤，诏爵以功。誓曰：‘非刘氏王、无功侯者，天下共诛之。先王公卿之胄，才则用，不才弃之，不辨士与庶族。

《文选》沈约《宋书·恩倖传论》："且士子居朝，咸有职业。虽七叶珥貂，见崇西汉，而侍中身奉奏事，又分掌御服。东方朔为黄门侍郎，执戟殿下。郡县掾吏，並出豪家；负戈宿卫，皆由势族。非若晚代，分为二途者也。"李善注：

二途谓士庶也。言仕子不居贱职，庶族不涉清阶。

以上柳芳与李善皆以士族与庶族相对举，又明显指与士族相对应的族姓了。

由于庶族在两晋南北朝时的含义一般乃指庶姓之族，即指皇族以外的族姓，其中既包含有士族，也包含有一般的百姓。因此，举凡当时史料中所载，"士庶"一词连称之时，其中的"庶"，多指庶民而言，并不得混淆为庶族，以致造成对庶族一词的误解。《晋书》卷六十五《王导传》：

元帝为琅邪王，……及徙居建康，吴人不附。居月余，士庶莫有至者。导患之。

《晋书》卷七十五《王湛传附王峤传》：

王敦请为参军，爵九原县公。敦在石头，欲禁私伐蔡洲荻，以问群下。时王师新败，士庶震惧，莫敢异议。

《宋书》卷八十一《顾觊之传》：

吴郡吴人也，……(子)绰私产甚丰，乡里士庶，多负其责。

《宋书》卷六十七《谢灵运传》:

(灵运)每有一诗至都邑,贵贱莫不竞写,宿昔之间,士庶皆遍。远近钦慕,名动京师。

《宋书》卷九十四《恩倖传》:

周汉之道,以智役愚,台隶参差,用成等级。魏晋以来,以贵役贱,士庶之科,较然有辨。

《宋书》卷五十三《谢方明传》:

前后征伐,每兵运不充,悉发倩士庶,事既宁息,皆使还本。

《宋书》卷八十二《沈怀文传》:

竟陵王诞据广陵反,及城陷,士庶皆裸身鞭面,然后加刑。

《南齐书》卷二十六《王敬则传》:

会土边带湖海,民丁无士庶皆保塘役。

《南史》卷七十七《恩倖·沈客卿传》:

客卿每立异端,唯以刻削百姓为事,奏请不问士庶,皆责关市之估。

《魏书》卷七下《高祖孝文帝纪》载孝文帝太和十九年十月诏云:

> 州郡诸有士庶,经行修敏,文思遒逸,才长吏治,堪干政事者,以时发遣。

以上数例中之"士庶"相连,皆明显指士人与庶人而言,而不可理解为庶族,否则,则会造成歧义。

自西晋太康以后,士族与庶族乃成为两大等级极其明显的阶层,隔限相当严格。《魏书》卷六十《韩骐骥传附韩显宗传》载孝文帝迁都洛阳时显宗上言有云:

> 仰惟太祖道武皇帝创基拨乱,日不暇给,然犹分别士庶,不令杂居,伎作屠估,各有攸处。

谓是时士人与庶人各有所居之处,不得混杂。《晋书》卷九十《良吏·王宏传》:

> 太康中,代刘毅为司隶校尉,检察士庶,使车服异制,庶人不得衣紫绛及绮绣锦缋。

见当时士庶在服饰车马不得混淆,以使一望而可知也。《南史》卷二十三《王惠传附王球传》:

> 球字倩玉,司徒谧之子,……时中书舍人徐爰有宠于上,上尝命球及殷景仁与之相知,球辞曰:"士庶区别,国之章也,臣不敢奉诏。"

谓是时士人与庶人贵贱有别,不相往还,庶人虽显贵,然士族中人犹不屑与之往来也。《南齐书》卷七《东昏侯纪》:

> 每三四更中,鼓声四出,幡戟横路,百姓喧走相随,士庶莫辨。

谓士人与庶人服饰本有区别，但因东昏夜游，黑暗之中，乃不能辨别耳。

《颜氏家训·音辞》云：

> 易服而谈，南方士庶数言可辨，隔垣而听其声。北方朝野终日难分。

乃记当时江南士人与庶人所操之言语亦自有别耳。因晋室南渡，江南士族渐慕北风而用北音，以区别于庶人，故南方士族与庶人交谈，数言即可辨其士庶，而北方则士庶乃皆操北音不变，故北方士庶之间隔垣交谈，不见其服饰之异，终日亦难以辨其士与庶族矣。《南齐书》卷二十六《王敬则传》：

> 敬则名位虽达，不以富贵自遇，危拱傍遑，略不衿裾，接士庶皆吴语，而殷勤周悉，世祖御坐赋诗，敬则执纸曰："臣几落此奴度内。"世祖问："此何言？"敬则曰："臣若知书，不过作尚书都令史耳，那得今日。"

陈寅恪先生于《金明馆丛稿》二编《东晋南朝之吴语》一文中云：

> 敬则原籍临淮，后徙晋陵，其先世本来是否北人，姑不必考，但其居晋陵既久，时操吴语，则不容疑。据《敬则传》，有二事可注意者，东晋南朝官吏接士人则用北语，庶人则用吴语，是士人皆北语阶级，而庶人皆吴语阶级，得以推知。此点可与《颜氏家训·音辞篇》所言者参证。此其一也。敬则属于庶人阶级，故交接士庶概用吴语，故亦不能作诗。若张融者，虽为吴人，但属于士族阶级，故将死犹作北诗，至于王俭，则本为北人，又为士族，纵屡世侨居江东，谅亦能以吴语接待庶族，而其赋诗，不依吴音押韵，断然可知，此其二也。

谓当时士人与庶人之间，语言又各有所不同也。

据《宋书》卷五《文帝纪》及卷四十二《王弘传》，元嘉六年，朝廷曾就士庶犯罪的处罚进行过一次讨论，王弘本传云：

> 左丞江奥议："……至于士庶之际，实自天隔，舍藏之罪，无以相关。……"右丞孔默之议："……士庶虽殊，而理有闻察，譬百司居上，所以下不必躬亲而后同坐。……"尚书王准之议："昔为山阴令，士人在伍，谓之押符。同伍有愆，得不及坐，士人有愆，符伍纠之。此非士庶殊制，实是即刑当罪耳。……且士庶异制，意所不同。"殿中郎谢元议谓："区别士庶，于义为美。盗制，按左丞议，士人既终不为兵革，幸可同宽宥之惠，不必依旧律，于议咸允。"吏部郎何尚之议："……既许士庶缅隔，则闻察处难，不宜以难知之事，定必知之法。……"弘议曰："寻律令既不分别士庶，又士人坐同伍罹罪谪者，无处无之，多为时恩所宥，故不尽亲谪耳。……诸议云士庶缅绝，不相参知，则士人犯法，庶民得不知。若庶民不许不知，何许士人不知。……既众议纠纷，将不如其已，若呼不应停寝，谓宜集议奏闻，决之圣旨。"

以上王弘所议，以"士人"与"庶民"对举，是上文"士庶"连称时之"庶"，乃指庶民之明证。

必须指出的是，若非"士庶"连称，此"庶"则不能理解成庶民，而是庶族之义。不尔，则会造成概念的混淆。《宋书》卷九十二《良吏传序》云："高祖起自匹庶。"按刘裕出身士族，前已有论，则此"匹庶"者，盖指门户孤单之庶族，而非庶民可知。

庶民又称作"庶人"。《晋书》卷九十《良吏传》：

> 王宏太康中代刘毅为司隶校尉，检察士庶，使车服异制，庶人不得衣绮绣锦缋。

乃为最明显的庶人即庶民之意。以下以成书于唐前的《宋书》为例。

《宋书》卷四《少帝纪》：

(景平)二年春正月癸巳朔,日有蚀之.废南豫州刺史庐陵王义真为庶人,徙新安郡。

《宋书》卷十八《礼志五》:

案《书》称朽索御六马,逸礼《王度记》曰:"天子驾六,诸侯驾五,卿驾四,大夫三,士二,庶人一。"

《宋书》卷三十二《五行志三》:

四年冬,委而南出,至五年春,薨于此城,石勒邀其众,围而射之,王公以下至庶人,死者十余万人。

《宋书》卷六十六《王敬弘传》:

太祖尝问为政得失,敬弘对曰:"天下有道,庶人不议。"上高其言。

《宋书》卷八十二《周朗传》:

今士大夫以下,父母在而兄弟异计,十家而七矣。庶人父子殊产亦八家而五矣。

庶民称寒人。《宋书》卷六十二《羊欣传》:

会稽王世子元显每使欣书,常辞不奉命,元显怒,乃以为其后军府舍人。此职本用寒人,欣意貌恬然,不以高卑見色,论者称焉。

《南史》卷五《齐本纪下·废帝郁林王纪》:

> 武帝以暨阳县寒人给事中綦毋珍之代仁祖，剡县寒人马澄代天翼。

《宋书》卷七十七《颜师伯传》：

> 师伯子举周旋寒人张奇为公车令，上以奇资品不当，使兼市买丞，以蔡道惠代之。

《宋书》卷九十四《恩倖·杨运长传》：

> 运长质木廉正，治身甚清，不事园宅，不受饷遗，而凡鄙无识知，唯与寒人潘智、徐文盛厚善，动止施为，必与二人量议。

皆是其例。《宋书》卷九十三《隐逸·朱百年传》云：

> 时山阴又有寒人姚吟，亦有高趣，为衣冠所重，义阳王昶临州，辟为文学从事，不起。竣饷吟米二百斛，吟亦辞之。

因姚吟非士人，其有高趣，故衣冠即士人乃重之耳。然庶民又非奴隶阶级，是又有被征召之机会。《南齐书》卷六《明帝纪》：

> 帝明审有吏才，持法无所借，制御亲信，臣下肃清，驱使寒人不得用四幅伞。

与《晋书·良吏传》所记"庶人不得衣紫绛及绮绣锦缋"，性质实同，是寒人即庶人也。《南齐书》卷五十六《倖臣传》：

> 永明中，敕亲近不得辄有申荐，人士免官，寒人鞭一百。

记齐明帝时士人与寒人所当之刑罚乃有不同。是寒人为庶民之证。《魏书》卷七十一《裴叔业传附魏承祖传》:

> 承祖,广陵寒人也。依随叔业,为趋走左右。壮健善事人,叔业待之甚厚。及出为州,以为防阁。善抚士卒,兼有将用,自景明以后,常为统军,南北征伐,累有战功。历太原太守,至光禄大夫、安南将军。

《南史》卷七十七《恩倖传序》:

> 领武官有制局监、外监,领器仗兵役,亦用寒人。爰及梁陈,斯风未改。

以上亦寒人为庶民的典型例子。

寒人又称寒细。《宋书》卷八十八《薛安都传》:

> 河东汾阴人也,世为强族,同姓有三千家,父广为宗豪,高祖定关河,以为上党太守。……从弟道生,亦以军功为大司马参军,犯罪为秣陵令庾淑之所鞭,安都大怒,……欲往杀淑之,……(元景)因责让之曰:"卿从弟服章言论,与寒细不异,虽复人士,庾淑之何由得知?且人生犯罪,理应加罚。"

按:薛安都世为河东强族,其高祖尝为上党太守,虽非高级士族,但当属于士族之列,然其与从弟道生皆以军功出身,粗人耳,自然为出身高门的庾淑之所不屑,乃因事而鞭之。柳元景以道生平日服章言论与寒细不异,以为庾淑之辩护,见此"寒细"者,即寒人也。

庶民有时又称小人,《晋书》卷三十七《宗室·谯刚王逊传附忠王尚之传》云:

> 元显宠幸张法顺,每宴会,坐起无别。尚之入朝,正色谓元显

曰:“张法顺驱走小人,有何才异,而暴被拔擢,当今圣世,不宜如此。”元显默然。

《晋书》卷九十《良吏·曹摅传》:

狱有死囚,岁夕,摅行狱,愍之,曰:“卿等不幸致此非所,如何?新岁人情所重,岂不欲暂见家邪?”众囚皆涕泣曰:“若得暂归,死无恨也。”摅悉开狱出之,克日令还。掾吏固争,咸谓不可。摅曰:“此虽小人,义不见负,自为诸君任之。”至日,相率而还,并无违者,一县叹服。

《晋书》卷一百二《刘聪载记》云:

曜及宾六须战于汾东,曜坠马,中流矢,身被七创。讨虏传武以马授曜,曜曰:“当今危亡之极,人各思免。吾创已重,自分死此矣。”武泣曰:“武小人,蒙大王识拔,以至于是,常思效命,今其时矣。且皇室始基,大难未弭,天下何可一日无大王也。”

《宋书》卷六十六《何尚之传》:

时又造华林园,并盛暑役人工,尚之又谏宜加休息,上不许,曰:“小人常自暴背,此不足为劳。”

盛暑时为华林园劳作之苦力,当然也应该是普通的庶民。《宋书》卷八十三《吴喜传》:

自喜以下,迨至小将,人人重载,莫不兼资。喜本小人,多被使役,经由水陆,州郡殆遍,所至之处,辄结物情,妄窃善称,声满天下。密怀奸恶,人莫之知。

据《宋书》吴喜本传,吴喜“本名喜公,太宗减为喜。初出身为领军府白衣吏”，自是寒人出身也。《魏书》卷五十九《刘昶传》：

十月，昶朝于京师，高祖临光极堂大选，高祖曰：“……君子小人。名品无别，此殊为不可。我今八族以上，士人品第有九，九品之外，小人之官，复有七等，若苟有其人，可起家为三公，正恐贤才难得，不可止为一人浑我典制。故令班镜九流，清一朝轨，使千载之后，我得仿像唐虞，卿等依稀元凯。”

士人品第之外的小人之官有七等，是小人必非士族，然则亦非奴婢，则当为庶民也。

庶民因为不享受任何政治特权，必须交纳租税及服徭役兵役等，故庶民又称“役门”。《宋书》卷八十三《宗越传》：

本为南阳次门，安北将军赵伦之镇襄阳，……伦之使长史范觊之条次氏族，辨其高卑，觊之点越为役门。

役门又称“课户”。役门中人则称役民，《南齐书》卷四十六《陆慧晓传》云：

永明六年，为随王东中郎长史、行会稽郡事，……宪之议曰：“……山阴一县，课户二万，其民资不满三千者，殆将居半。……有资者多是士人复除，其贫极者，悉皆露户役民。”

课户即有纳税丁口的民户，因为他们承担了繁重的赋税徭役，所以极其贫穷，至资产不满三千，而凡有资产者，则为复除课税的士人。

役民又称役人，《南史》卷五《齐本纪下·废帝东昏侯纪》云：

又先是诸郡役人，多依人士为附隶，谓之“属名”。又东境役苦，百姓多注籍诈病，遣外医巫，在所检占诸属名，并取病身。凡属名多不合役，止避小小假，并是役荫之家。

福林按：传文之“人士”即士人，役人既依士人为附隶，即役人即役民耳。因为受不了当时繁重的赋税徭役，故依附士人而为附隶，以及注籍诈病，以逃避之。

役门又称三五门，《资治通鉴》卷一百二十五载宋元嘉二十七年，“又以兵力不足，悉发青、冀、徐、豫、二兖六州三五民，请使暂行”。胡三省注曰：“‘三五’者，三丁发其一，五丁发其二。”役门从役之定例，向以三丁发一，五丁发二为准，故有此称。《宋书》卷八十三《宗越传》：

> 武念，新野人也，本三五门，出身郡将。

是“三五门”者，亦非奴隶，盖奴隶无人身之自由，自当人人从役，而不需三丁发一，五丁发二也。

凡庶民皆编入户籍，故又称编户，编户中人则称为编民。庶民之称编民，由来已久，《汉书》卷六十七《梅福传》：“孙氏子孙，不免编民。”颜师古注：“列为庶人也。”两晋南北朝时，编户与编民之称仍旧大量地存在着。《晋书》卷七十七《何充传》：“充领扬州，先是庾翼悉发江、荆二州编户奴以充兵役，士庶嗷然。”《南史》卷六《梁武帝纪》：“（天监十七年）八月，诏以兵驺奴婢男年六十六，女年五十，免为编户。”皆是其例。

需要指出的是，是时又有“百姓”这一词汇，有些论者以为亦指庶民而言，其实，这一看法也是不准确的。《南齐书·东昏侯纪》：“帝每四更中，鼓声四出，幡戟横路，百姓相随，士庶莫辨。”此谓“百姓相随，士庶莫辨”者，则“百姓”之所指，必为士庶相杂，即既有士人，亦有庶民矣。由此可见，“百姓”一词，当泛指那些并未出仕者，这其中既包含有士族，也包含有庶民。《宋书》卷五十一《宗室·衡阳王义季传》云：“岂唯大乖，应赴之宜，实孤百姓之望。”此所谓“孤百姓之望”者，亦即孤所有人之期望，其中当然包括有庶民，也包括有士族。《梁书·侯景传》云：“景又遣仪同于子悦张大黑率兵入吴，……多自调发，逼掠子女，毒虐百姓，吴人莫不怨愤，于是各立城栅拒守。”季侯景作乱，纵兵暴掠，则乱兵所至，玉石俱焚矣。《宋书》卷七十九《文五王·桂阳王休范传》：“明年五月，遂举兵反，虏发百姓船乘，使军队称力请受，付以榜解板，合手装治，二三日间，便悉整办。”按休范举兵于非常时期，所征发船乘，亦必不至仅于庶民，而应是所有荆州之士民必矣。

《晋书》卷一百五《石勒载记下》云：

> 禁州郡诸祠堂非正典者皆除之，其能兴云致雨，有益于百姓者，郡县更为立祠堂，殖嘉树。

《宋书》卷七十九《文五王·竟陵王诞传》：

> 大明二年，发民筑治广陵城，诞循行，有人干舆扬声大骂曰：“大兵寻至，何以辛苦百姓。”

《魏书》卷九十八《岛夷萧衍传》：

> 故其牧守，在官皆竞事聚敛，劫剥细民，以自封殖，多伎妾粱肉金绮。百姓怨苦，咸不聊生。

很明显，以上所谓“百姓”，也必然包括士族在内。

《晋书》卷六十九《戴若思传》：

> 出为征西将军，……调扬州百姓家奴万人为兵配之，以散骑常侍王遐为军司，镇寿阳。

戴若思所发百姓家奴为兵，亦应是士族与庶民中富有者之家奴共发之耳。盖庶民富有者甚少，家奴又必不如此之多也。《晋书》卷一百三《刘曜载记》：

> 曜大惧，于是躬亲二郊，饰缮神祠，望秩山川，靡不周及。大赦殊死已下，复百姓租税之半。

以上之“百姓”，似乎又专指庶民而言，因为士族享有免交租税的特权，本来就没有租税，所以也就不必复除。然而，考察一下当时刘汉时的具体情况，我们即可以得出相反的结论。刘曜以匈奴立国，入主中原，并不优待士族，其统治以官位为高低，《刘曜载记》又云：“曜始禁无官者不听乘马，禄八百石已上妇女乃得衣锦绣。”即无官职者以及有官而俸禄在八百石以下者，又多有原西晋之士族则是肯定的。刘曜既然不优待士族，则士族也必然与庶民同样需要交纳租税，服徭役兵役。即所谓此“百姓”者，其实也包括原西晋之士族在内。同样，《刘曜载记》所云：“曜立太学于长乐宫东，小学于未央宫西，简百姓年二十五已下十三已上，神志可教者千五百人，选朝贤宿儒明经笃学以教之。”其中之“百姓”，亦包括原西晋之士族在内。即“百姓”一词，并非专指庶民而言。

二、素族、素门、庶士和素士

素族一词，乃专指皇室以外之族姓，《南齐书》卷四十二《王晏传》：

> 时尚书令王俭虽贵而疏，晏既领选，权行台阁，与俭颇不平。俭卒，礼官议谥，上欲依王导谥为“文献”，晏启上曰：“导乃得此谥，但宋以来，不加素族。”

《南齐书》卷十六《百官志》：

> 四中郎将。晋世荀羡，王胡之并居此官。宋齐以来，唯处诸王，素族无为者。

按：前一例齐武帝欲以“文献”谥王俭，而晏以为非素族所宜有；后一例以诸王与素族相对，而是时凡封王者概为帝之宗室，皆足见素族为皇室以外之族姓。又，《南齐书》卷二《齐高帝下》载齐高帝萧道成临终曰：

> 吾本布衣素族，念不到此，因籍时来，遂隆大业。

盖谓其本非刘宋皇族中人，未曾望到一国之主耳。《南史》卷六十八《刘师知传》：

> 刘师知，沛国相人也，家本素族。祖奚之，齐淮南太守，以善政闻，父景彦，梁司农卿。

此称刘师知"家本素族"者，盖以区别刘宋皇室，以免混淆耳。

一般而言，素族一词与庶族在皇室以外之族姓这一义项上又有着较大的区别，这是因为素族乃多指高级士族而言，典型的例子如《宋书》卷七十九《文五王·桂阳王休范传》所云：

> 及太宗晏驾，主幼时艰，素族当权，近习秉政。休范自谓宗戚莫二，应居宰辅。事既不至，怨愤弥结。

《资治通鉴》卷一百三十三也有近似的一段记载，胡三省注曰："素族，谓袁、褚也。近习，谓阮佃夫、王道隆、杨运长也。"按：苍梧王即宋后废帝刘昱，胡注所云袁，指袁粲；褚，指褚渊，后废帝即位后分别以尚书令及护军将军辅政。河南褚氏，陈郡袁氏，皆为当时的高级士族。

素门即素族之门，亦与皇室相对而言，《宋书》卷四十一《后妃·孝懿萧皇后传》：

> 景平元年，崩于显阳殿，时年八十一。遗令曰："孝皇背世，五十余年，……孝皇陵坟本用素门之礼，与王者制度奢俭不同，妇人礼有所从，可一遵往式。"

按：孝皇即刘裕父翘，永初元年刘裕即帝位后追赠为孝穆皇帝。萧皇后乃翘继室，刘裕继母。萧氏卒于景平元年(423)，遗令云孝皇背世五十余年，则刘翘当卒于晋孝武帝宁康元年(373)前后，翘仕晋为郡功曹，虽位任清要，然则于晋则为素族，故葬时乃用素门之礼，遗令乃云“与王者制度奢俭不同也”。《南史》卷二十三《王华传附王琨传》：

> 琨，华从父弟也。……宋武帝初为桓修参军，修待帝厚。后帝以事计图修，犹怀昔顾，使王华访素门，嫁其二女。华为琨取大女，以小女适颍川庾敬度，亦是旧族。

《宋书》卷五十七《蔡廓传附蔡兴宗传》：

> 义恭上表曰：（兴宗）辞择适情，起自庶族，逮佐北蕃，尤无欣荷。……兴宗曰：“吾素门平进，与主上甚疏，未容有患，宫省内外，人不自保，会应有变。若内难得弭，外衅未必可量，汝欲在外求全，我欲居内免祸，各行所见，不亦善乎。”

按：以上二例中王华、王琨乃琅邪王氏，为当世第一高门，颍川庾氏、济阳蔡氏，亦高级士族。故史云王琨、庾敬度“亦是旧族”。蔡兴宗自言“素门平进”，与江夏王义恭称其“起自庶族”相对，则素门之义不言而自明。

一般而言，素门亦多以指高级士族，如以上所举数例皆是。即如宋武帝刘裕，虽则家贫，但其祖父靖，为晋东安太守，其父翘，为郡功曹。《新唐书》卷一百九十九《儒学中·柳冲传》载柳芳上表有云：“魏氏立九品，置中正，尊世胄，卑寒士，权归右姓已。其州大中正、主簿，郡中正、功曹，皆取著姓士族为之，以定门胄，品藻人物。晋、宋因之，始尚姓已。然其别贵贱，分士庶，不可易也。于时有司选举，必稽谱籍而考其真伪。故官有世胄，谱有世官，贾氏、王氏，谱学出焉。”可见功曹地位之高，盖以功曹主郡之选举大事，所系甚重之故，是刘裕出身亦为高级士族之明证，而论者以刘裕曾樵渔山泽，伐获新洲，而以为他出身低级士族甚或庶族的说法，其实并不符合事实。

但是，素族与素门在某些特定的时候又泛指皇室以外的所有族姓，如《南史》卷七十七《恩倖·吕文显传》：

> 长王临藩,素族出镇,莫不皆出内教命,刺史不得专其任也。

以长王与素族相对,按是时出为方镇者,除帝室宗亲以及凭借门荫之高级士族之外,又有一些以军功出身的低级士族,甚至于非士族出身者。如《宋书》卷八十三《宗越传附蔡那传》云:“蔡那,南阳冠军人也。家素富,而那兄局善接待宾客,客至无少多,皆资给之,以此为郡县所优异,蠲其调役。那始为建福戍主,……泰豫元年,以本号为益州刺史、宋宁太守,未拜,卒。”《南齐书》卷二十五《张敬儿传》云:“张敬儿,南阳冠军人也。本名苟儿,宋明帝以其名鄙,改焉。……乃以敬儿为持节、督雍梁二州郢司二郡军事、雍州刺史,将军如故,封襄阳县侯,二千户。”蔡那兄善接宾客而为郡县所称之后,始“蠲其调役”,敬儿本名苟儿,其弟恭儿,本名猪儿,则蔡那、张敬儿必非士族,二人皆位至大州刺史,镇抚一方,即此“素族出镇”之“素族”,乃为泛指也。但这只是素族含义的个别现象,绝大多数情况下,素族还是指高级士族而言。

论两晋南北朝的奴隶阶级和阶级关系

一、两晋南北朝的奴隶阶级

在两晋南北朝时期，奴隶社会的残留形式仍然较多地存在着，其主要的表现就是在当时仍然存在着大量的奴隶，并且成为当时社会上一支不可忽视的群体。

《魏书》卷七下《高祖孝文帝纪》载太和十九年十月诏有云："诸有士庶，经行修敏，文思遒逸，才长吏治，堪干政事者，以时发遣。"可见庶民在当时虽然不享有任何政治特权，但在某种特定的情况下，仍然有着进身的机会，而这种机会，奴隶是没有的，他们只有在因为各种原因脱离奴隶的身份而成为庶民以后，才能取得一定的人身自由，争取到一些做人的资格。

《魏书》卷二十一上《献文六王上·高阳王雍传》云：

> 灵太后临朝，……雍表请：王公以下贱妾，悉不听用织成锦绣、金玉、珠玑，违者以违旨论。奴婢悉不得衣绫绮缬，止于缦缯而已，奴则布服，并不得以金银为钗带，犯者鞭一百。太后从之，而不能久行也。

魏高阳王雍表中所提到的贱妾、奴婢和奴，即是奴隶阶级中的男女奴隶。《魏书》卷六十五《邢峦传》云：

> 峦之初至汉中，从容风雅，……岁余之后，颇因百姓去就，诛灭齐民，籍为奴婢者二百余口。兼商贩聚敛，清论鄙之。

《晋书》卷六十一《荀晞传》云：

> 晞出于孤微，位至上将，志颇盈满，奴婢将千人，侍妾数十，终日累夜不出户庭，刑政苛虐，纵情肆欲。

《晋书》卷六十九《刁协传附刁逵传》云：

> （逵）兄弟子侄并不拘名行，以货殖为务，有田万顷，奴婢数千人，余资称是。

《晋书》卷四十六《李重传》载李重任尚书郎时奏中有云：

> 人之田宅，既无定限，则奴婢不宜偏制其数。

《梁书》卷五十六《侯景传》：

> （景）于是矫诏赦北人为奴婢者，冀收其力用焉。

以上这些记载都确凿地说明了在当时有大量的奴隶的存在。

奴隶中的男性简称“奴”，即魏高阳王元雍表中所提到的“布服”者。《晋书》卷七十七《何充传》云：

> 庾翼将北伐，……于是征充入为都督扬豫徐州之琅邪诸军事、假节，领扬州刺史，将军如故。先是，翼悉发江、荆二州编户奴以充兵役，士庶嗷然，充复欲发扬州奴以均其谤。

《宋书》卷九十九《二凶传》云：

初，东阳主有奴陈天兴，鹦鹉养以为子，而与之淫通。鹦鹉、天兴及宁州所献黄门庆国并预巫蛊事。劭以天兴补队主，……上后知天兴领队，遣阉人奚承祖诘让劭曰："……汝间用主、副，并是奴邪？"

奴又称"奴仆"，《北史》卷五十四《斛律金传斛律光附传》云：

得枣子枝二十束，拟奴仆与人斗者，不问曲折，即以杖之一百。

《晋书》卷一百七《石季龙载记下》云：

儁立闵而问之曰："汝奴仆下才何自妄称天子？"闵曰："天下大乱，尔曹夷狄人面兽心，尚欲篡逆，我一时英雄，何为不可作帝王邪。"

是其例。奴又称奴客，《晋书》卷卷六十九《刁协传》云：

刁氏素殷富，奴客纵横，固吝山泽，为京之蠹。

《晋书》卷一百《王机传》云：

会广州人背刺史郭讷迎机为刺史，机遂将奴客门生千余人入广州。

《宋书》卷四十五《向靖传附向弥传》云：

弥弟劭永初中为宣城太守，劭弟子亮以私忿杀弥妻施氏，托云

> 奴客所杀，劭辄于墓所杀亮及弥妾，并奴婢七八人。

向亮杀向弥之妻施氏而委过于奴客，向劭乃杀向亮并奴婢七八人，其中被杀之“奴”，当即为被向亮所委过的奴客，说明了所谓奴客也就是男性奴隶。

由于奴隶当时属于奴隶主个人所拥有的私有财产，所以奴又称家奴，《晋书》卷六十九《戴若思传》云：

> 出为征西将军……调扬州百姓家奴万人为兵配之，以散骑常侍王遐为军司，镇寿阳。

《梁书》卷五十四《南海诸国·林邑国传》云：

> 文本日南西卷县夷帅范稚家奴，常牧牛於山涧，得鳢鱼二头，化而为铁。

《魏书》卷七十六《卢同传》云：

> 同频遣使人，皆为贼害，乃遣贼家口三十人，并免家奴为良。

奴有时亦直称奴隶，《魏书》卷十九上《景穆十二王·济阴王小新成传》云：

> 诞既袭爵，除齐州刺史。在州贪暴，大为人患，牛马骡驴，无不逼夺，家之奴隶，悉迫取良人为妇。

《周书》卷三十五《裴侠传》云：

> 帝矜其贫苦，乃为起宅，并赐良田十顷，奴隶、耕牛、粮粟，莫不备足。

皆为其例。奴仆之年少者则称奴童，由于奴童年富力强，价值较之一般奴隶要高出许多，所以在说到某人家产时，往往要提到奴童的数量，如《北齐书》卷十七《斛律金传附斛律光传》云：

> 会丞相府佐封士让密启云："光前西讨还，敕令放兵散，光令军逼帝京，将行不轨，事不果而止。家藏弩甲，奴童千数，每遣使丰乐、武都处，阴谋往来，若不早图，恐事不可测。"

《宋书》卷七十七《沈庆之传》云：

> 身享大国，家素富厚，产业累万金，奴童千计。

《宋书》卷六十七《谢灵运传》云：

> 灵运因父祖之资，生业甚厚。奴童既众，义故门生数百，凿山浚湖，功役无已。

奴童又称"童隶"，《晋书》卷一百十三《晋书·苻坚载记上》云：

> 坚以关中水旱不时，议依郑白故事，发其王侯已下及豪望富室僮隶三万人，开泾水上源，凿山起堤，通渠引渎，以溉冈卤之田。

奴童又称"僮仆"，《宋书》卷五十八《谢弘微传》云：

> 公主以混家私委之弘微。混仍世宰辅，一门两封，田业十余处，僮仆千人。

都清楚地说明了奴童乃是奴隶主的重要财产之一，以及他们对于奴隶主的重要性。

奴隶中的女性则称“婢”，《晋书》卷九十八《王敦传》云：

石崇以奢豪矜物，厕上常有十余婢侍立，皆有容色，置甲煎粉、沈香汁，有如厕者，皆易新衣而出。客多羞脱衣，而敦脱故著新，意色无怍。群婢相谓曰：“此客必能作贼。”

《宋书》卷九十九《二凶传》云：

上（文帝）初不信，试使掩录，得其二婢，……乃使京口以船送道育二婢，须至检覈，废劭，赐濬死。

在某种特定的情况之下，奴婢则专指女奴而言，如《魏书》卷八十三上《外戚上·冯熙传》云：

熙为州，因事取人子女为奴婢，有容色者幸之为妾。

《晋书》卷四《孝惠帝纪》云：

（太安）二年……十一月辛巳，星昼陨，声如雷，五师攻方（按指张方）垒，不利。方决千金堨，水碓皆涸。乃发王公奴婢手舂给兵廪。……又发奴助兵，号为四部司马。

前一例中，被“幸之为妾”的奴婢，当然不可能是男性。后一例中，与“发奴助兵”的“奴”相对，则“手舂给兵廪”的奴婢，也必然是女奴无疑。但是在绝大多数情况下，“奴婢”则是对男女奴隶的泛指。

与婢身份相近的又有女伎和侍妾等，《晋书》卷九十八《王敦传》云：

时王恺、石崇以豪侈相尚，恺尝置酒，敦与导俱在坐，有女伎吹笛小失声韵，恺便驱杀之，一坐改容，敦神色自若。他日，又造恺，恺使美人行酒，以客饮不尽，辄杀之。酒至敦、导所，敦故不肯持，美人悲惧失色，而敦傲然不视。

这种在宴会场所为客人行酒和吹笛弹琴的女伎、美人等，其实也就是失去人身自由的女奴。正因为如此，王恺才能随意抠杀。《北齐书》卷二十二《卢文伟传附卢宗道传》云：

怀道弟宗道，性粗率，重任侠。……尝于晋阳置酒，宾游满坐。中书舍人马士达目其弹箜篌女妓云："手甚纤素。"宗道即以此婢遗士达，士达固辞，宗道便命家人将解其腕，士达不得已而受之。

乃直以女妓称婢，是为其明证。《晋书》卷九十八《桓温传》载桓温：

于北方得一巧作老婢，访之，乃琨伎女也，一见温，便潸然而泣。温问其故，答曰："公甚似刘司空。"

《宋书》卷七十七《沈庆之传》载庆之：

妓妾数十人，并美容工艺。

以上数例，充分说明了女伎及侍妾皆在女奴之列，只不过这些伎妾与那些粗作女奴又有所区别，乃是近身之婢妾而已，但她们与其他女奴一样也失去了基本的人身自由，故而在她们的主人对她们稍不满意时，就可以随意将她们或杀死或断腕。而在主人高兴时又可以随意将她们放走，使之成为有相对人身自由的庶民。《晋书·王敦传》载王敦：

又尝荒姿于色，体为之弊，左右谏之，敦曰："此甚易耳。"乃开后阁，驱诸婢妾数十人并放之，时人叹异焉。

男女奴婢而外，身份相当于奴隶阶级的又有军户，《宋书》卷六《孝武帝纪》载大明二年正月诏云：

先帝灵命初兴，龙飞西楚，岁纪浸远，感往缠心。……吏身可赐一级，军户免为平民。

诏中的军户实际上就是专门用于战争的奴隶。他们与家奴的根本不同之处在于家奴的所有权属于个人，而军户的所有权则属于国家及军队的统帅。因此，国家及地方政府在他们认为适合时，可以大批免除他们的军户身份，从而使其成为平民，也就是庶民。上文所载刘宋孝武帝大明二年诏免军户为平民即是一例。又如《宋书》卷三十五《州郡志一》云：

南徐州刺史……南彭城太守……蕃令，义旗初，免军户立遂城县，武帝永初元年，改从旧名。薛令，义旗初，免军户为建熙县，永初元年，改从旧名。

《宋书》卷九十九《二凶传》云：

自永初元年以前，相国府入斋、传教、给使，免军户，属南彭城薛县。

以上皆为政府大规模地免军户为庶民之例。《宋书》卷四十五《刘粹传附刘道济传》云：

蜀土侨旧，翕然并反，道济惶惧，乃免吴兵三十六营以为平民，分立宋兴、宋宁二郡。

刘道济所免之三十六营吴兵应即为军户，这种大规模地免军户为平民的情况，与晋末刘裕之免军户为蕃、薛二县民的性质大致相同，都是在战争形势十分紧张激烈的情况下为得到军户作战之死力而向军户的妥协。除了大规模地免除军户的情况而外，也有个别军户身份的士兵因为立有军功而被免为庶民的，如《宋书》卷八十三《黄回传》云：

黄回，竟陵郡军人也，出身充郡府杂役，稍至传教。臧质为郡，转斋帅，及去职，将回自随，质为雍州，回复为斋帅，质讨元凶，回随从有功，免军户。

黄回因军功而免，即免其家之军户身份为庶民耳。军户的户籍与民籍不同，属于营部管理而不属于郡县。《晋书》卷一百十五《苻登载记》云：

及关中乱，去县归毛兴，同成言于兴，请以登为司马，常在营部。

《南齐书》卷三《武帝纪》云：

建元四年三月壬戌，太祖崩，上即位，大赦。征镇州郡令长军屯营部，各行丧三日，不得擅离任。

上文的所谓营部，即是管理军户的机构。因此，在军户身份被免而成为自由民以后，他们随即被划归地方政府管理，或就军户所在地而新立郡县以管理之。《宋书》卷三十八《州郡志四》云：

益州刺史……宋宁太守，文帝元嘉十年，免吴营侨立。……宋兴太守，文帝元嘉十年，免建平营立。

即在元嘉十年免去益州吴营和建平营的军籍以后，乃立宋宁郡及宋兴郡以治理之也。因为军户属于营部管理，故军户又称营户。《晋书》卷一百十七《姚兴载记》云：

太元十九年，潜即帝位於槐里，大赦境内，改元曰皇初，遂如安定。先是，苻登使弟广守雍，子崇屯胡空堡，闻登败，各弃守走登，无所投据，遂奔平凉，率其余众入马毛山。兴自安定如泾阳，与登战于山南，斩登，散其部众，归复农业，徙阴密三万户于长安，分大营户为四，置四军以领之。

《宋书》卷七十七《沈庆之传》云：

庆之前后获蛮，并移京邑，以为营户。

《魏书》卷四《世祖纪下》云：

五月丁酉，行幸阴山之北。六月，北部民杀立义将军，衡阳公莫孤率五千余落北走，追击于漠南，杀其渠帅，余徙居冀、相、定三州为营户。

《魏书》卷八《世宗纪》云：

乙卯，免寿春营户为扬州民。

军户因为世代为政府承担守疆拓土、冲锋陷阵的职责，故用以表示军户身份的叫“军籍”或“兵籍”。《宋书》卷九十九《二凶传》云：

劭并焚京都军籍，置立郡县，悉属司隶为民。

《宋书》卷四十四《谢晦传》云：

晦欲焚南蛮兵籍，率见力决战，士人多劝发兵，乃立幡戒严。

《宋书》卷七十九《文五王·广陵王诞传》：

诞已列兵登陴，自在门上斩蒋成，焚兵籍，赦作部徒系囚，开门遣腹心率壮士击明宝等，破之。

以上皆为在战争紧急之时，为能得军户之死力，故免之为庶民，并焚其军籍，以示永无改悔，一如刘道济之免军户耳。军籍，即军户之户籍也。

需要指出的是，并不是所有的军人都是军籍，在战争时期兵力不足的情况下，政府还可以征发奴婢从军。如上文所举《晋书·何充传》所载庾翼发荆、江二州编户奴从军，《晋书·戴若思传》所载戴若思调扬州百姓家奴为兵等，皆在战争状态之下临时征调奴婢从军之例。在军情紧急的情况之下，政府还可以强行征发庶民甚或一部分士族中的男子从军。如《梁书》卷五十一《沈颉传》云：

天监四年，大举北伐，订民丁，吴兴太守柳恽以颉从役，扬州别驾陆任以书责之，恽大惭，厚礼而遣之。

按：沈颉，吴兴武康人，为南方士族，而太守柳恽乃任意征其为民丁，故陆任以书责之。沈颉因为在当地有一定的影响，在这次征兵中得到陆任的帮助而幸免从役，但当时征集庶民从军时波及到一些地位并不很算高的士族人士也是肯定的。这就充分说明了当时并不是所有的军人都是军户，即奴隶身份。奴隶身份乃是整个军队的最为重要的组成部分，在并不是大规模的战争时期，军队的组成绝大多数乃是军户身份。所以，《梁书》卷二《武帝纪中》载天监十七年秋八月诏有云："兵驺奴婢，男年登六十，女年登五十，免为平民。"可见兵驺与奴婢的地位乃是一致的，而梁武帝的男年六十，女年五十，即可免兵驺奴婢的身份而使之成为平民，也不过是特殊时期和特殊情况之下的短期政策，事实上这种免兵驺奴婢为民的政策，即使在梁武帝时期也不可能真正得到实行。

军户与奴婢虽然皆是奴隶身份，但他们的地位又有高下的区别。在当时，奴婢可以被当作货物与牲畜一般在市场买卖，或被用作赏赐的物品以及作为礼物馈赠他人。所以《隋书》卷二十四《食货志》云："晋自过江，凡货卖奴婢，马牛、田宅，有文券，率钱一万，输估四百入官，卖者三百，买者一百。无文券者，随物所堪，亦百分收四，各为散估，历宋、齐、梁、陈，如此以为常。”则记载了奴婢在东晋南朝时期不仅可以合法地随便买卖，而且在买卖时还有着具体的税收规定。《南齐书》卷三十八《萧景先传》载萧景先临终遗言云有：

三处田，勤作，自足供衣食。力少，更随宜买粗猥奴婢充使。不须余营生。

《北齐书》卷三十二《陆法和传》云：

文宣宴法和及其徒属于昭阳殿，赐法和钱百万、物千段、甲第一区、田一百顷、奴婢二百人、生资杂物称是。

都很好地说明了这一问题。《昭明文选》卷四十载任昉《弹奏刘整表》中叙刘整兄弟分家析财时，以奴当伯作价七千，则是男奴在萧梁的具体价格。但是，军户这一类型的奴隶因为是国家战争的主要力量，所以不可以随意买卖。从这一点来说，军户在奴隶当中的地位又要稍高于奴婢。

军户和奴婢这两个奴隶阶级基本组成部分的来源主要有两个方面，其一是战俘，如上文所举的姚兴所徙于长安的三万余户阴密民众以及沈庆之以所俘获的蛮户为营户是也。又如《宋书》卷一百《自序》载沈璞云：

贼之残害，古今之未有，屠剥之刑，众所共见，其中有福者，不过得驱还北国作奴婢耳。

都是其典型的例子。《魏书》卷四上《世祖纪上》载始光四年夏四月，“以(赫连)昌宫人及生口、金银、珍玩、布帛班赍将士各有差”；卷四下《世祖纪下》载太平真君十一年夏四月，“赐从者及留台郎吏已上生口各有差”，这些被班赐将士和从者的生口，即是战争中所擒获的俘虏，他们被赐予将士当然是作为奴婢。《周书》卷十五《于谨传》载于谨破梁元帝于江陵后，“虏其男女十余万人，收其府库珍宝，……太祖亲至其第，宴语极欢，赏谨奴婢一千口及梁之宝物，并金石丝竹乐一部”，《隋书》卷七十八《艺术·庾季才传》载“周太祖一见季才，深加优礼，令参掌太史，每有征讨，恒预侍从。赐宅一区、水田十顷，并奴婢牛羊什物等，……因出令免梁俘为奴婢者千口”。乃直以战俘称奴婢矣。《南史》卷九《陈本纪上》载陈霸先大破齐军于建康玄武湖十万余众之后云：

是时以赏俘贸酒者，一人裁得一醉。

一名战俘用以换酒只能得到一醉，则是特定情况之下的价格，在正常情况下，奴婢的价格则当远不至于如此之低贱。

奴婢的另一主要来源则是百姓因为生活贫困而卖身者，《晋书》卷八十九《忠义·王育传》云：

王育字伯春，京兆人也。少孤贫，为人佣牧羊，每过小学，必歔欷流涕。时有暇，即折蒲学书，忘而失羊，为羊主所责，育将鬻己以偿之。同郡许子章，敏达之士也，闻而嘉之，代育偿羊。

《南齐书》卷五十五《孝义·公孙僧远传》云：

公孙僧远，会稽剡人也，……兄姊未婚嫁，乃自卖为之成礼。名闻郡县……建元三年，表列僧远等二十三人，诏并表门闾，蠲租税。

同卷《吴达之传》云：

吴达之，义兴人也，嫂亡无以葬，自卖为十夫客，以营冢椁。从祖弟敬伯夫妻荒年被略卖江北，达之有田十亩，货以赎之，与之同产共宅。

《晋书》卷三十一《后妃传上·惠贾皇后传》：

临海公主先封清河，洛阳之乱，为人所略，传卖吴兴钱温，温以送女，女遇主甚酷。

福林按：自卖为奴虽然在当时是较为普遍的现象，但却只是个别人的买卖，涉及面并不广，如王育之“欲鬻已以自偿”，公孙僧远之自卖，以为兄弟成礼是其比。而如吴敬伯夫妻于荒年之被略卖至江北，晋清河公主于洛阳城破之时被略卖至吴兴，则是被强制或诱骗之下大规模的变自由民为奴婢的行动。这种情况大多发生在饥荒或大规模的战争年代，《晋书》卷一百四《石勒载记上》载：

太安中，并州饥乱，勒与诸小胡亡散，乃自雁门还依宁驱，北泽都尉刘监欲缚卖之，驱匿之，获免。……路逢郭敬，……勒谓敬曰：“今者大饿，不可守穷，诸胡饥甚，宜诱将冀州就谷，因执卖之，可以两济。”敬深然之。会建威将军阎粹说并州刺史、东嬴公腾执诸胡于山东卖充军实，腾使将军郭阳、张隆虏群胡将诣冀州，两胡一枷。勒时年二十余，亦在其中。……既而卖于茌平人师欢为奴。

即记载了大规模的变自由民为奴隶的情况。由于被略卖的奴婢规模和数量巨大，所以这时候奴婢的价值当然也就特别的低贱，以至于出现贸酒之时，“一人裁得一醉”的情况。两晋南北朝时期，尽管奴隶制度对整个国家来说已经不佔主导地位，但根据史料的记载，当时的一般士人甚至普通庶民都有着数量不等的奴隶。如《晋书》卷九十四《隐逸·陶潜传》载陶渊明在《五柳先生传》中自述其家贫的情况云：“环堵萧然，不蔽风日，短褐穿结，箪瓢屡空。”但他居乡时，尝旦“令一门生二儿共轝之至州”，传中所说的“儿”，实际上也就是僮仆一类的奴隶，所以传中又载其“不营生业，家务悉委之儿仆”，可见陶潜当时家中不仅有奴仆，而且人数还不是一个二个。《梁书》卷五十一《处士·阮孝绪传》云：

阮孝绪，陈留尉氏人也，父彦之，宋太尉从事中郎，……家贫，

> 无以爨，僮妾窃邻人樵以继火。

阮孝绪家贫居然到了无以为炊的地步，但尚有奴婢可供驱使。以上陶潜和阮孝绪都是士族，以下我们不妨再考察一下庶民的情况，《晋书》卷七十七《何充传》记载云：

> 先是，（庾）翼悉发江、荆二州编户奴以充兵役，士庶嗷然。

可见当时不仅士族家中有奴仆，而且一些庶民家中也有着数量不等的奴仆，否则如果庾翼所征发的仅仅是士族中奴，则又必不可能有"士庶嗷然"之事。我们从史书所记载的世家大族的奴婢动辄数千人，以及征发奴隶从军的数量往往有上万人的情况来看，当时奴隶的数量还是相当可观的。至于刘整之奴当伯仅质钱七千和贸奴仅得一醉的情况，表现了奴隶价格之低贱和奴隶之易得，则间接地说明了当时奴隶数量之众多。

由于奴隶人数众多，而且生活在社会的最低层，任人宰割，历尽人间苦难，因此他们又往往具有强烈的反抗意愿和急切的变身为自由民的愿望，战斗力极强，由于这一特征，使他们成了当时不可忽视的有时甚至是举足轻重的力量。所以在战争的紧急关头，战争的双方往往会大批地免除军户为庶民，并且招募奴婢，以求得他们的全力支持，以取得战争的胜利。《南史》卷八十《贼臣·侯景传》载侯景反梁时云：

> 初，景至便望克定建邺，号令甚明，不犯百姓。既攻不下，人心离沮，又恐援军总集，众必溃散，乃纵兵杀掠，交尸塞路。……又募北人先为奴者，并令自拔，赏以不次。朱异家黥奴乃与其侪逾城投贼，景以为仪同，使至阙下以诱城内，乘马披锦袍诟曰："朱异五十年仕宦，方得中领军，我始事侯王，已为仪同。"于是奴僮竞出，尽皆得志。

侯景攻梁都城建康，屡攻不克，人心离散，最后得奴隶死力，兵力复振，终于顺利攻入建康，充分说明了奴隶这一阶层在战争时期地位的重要。

二、两晋南北朝的阶级关系

两晋南北朝时期实际上可以说是具有相当浓重的奴隶制残余的封建社会，在这个社会中，主要由享有各种特权的士族，保持着一定自由和独立地位的自由民即庶民，以及完全丧失自由的奴隶组成。在这三者之中，奴隶身份低下，庶民也少有人身的保障，毫无疑问是属于被统治者，颇有疑义的乃是士族这一阶层。有的论者以为凡是士族就是统治者和剥削者，这乃是片面的，是对当时现实未作深入考察而造成的误解。笔者以为，士族这一阶层比较复杂，他们的属性必须予以具体的分析，因为士族发展到两晋南北朝时期，已形成了以血缘相联系的宗族家庭组织，所以当时往往以郡望相标榜，以姓氏为分，以宗族为别。《晋书》卷八十八《孝友·庾衮传》云：

> 齐王冏之唱义也，张泓等肆掠于阳翟，衮乃率其同族及庶姓保于禹山。

大姓聚族而居是当时的一个重要特点，而聚族而居的人数则往往又相当可观。《北史》卷三十三《李灵传附李显甫传》云："悦祖弟显祖，豪侠知名，集诸李数千家于殷州西山，开李鱼川方五六十里居之，显甫为其宗主。"是赵郡李氏人户数量至少在数千家以上。《晋书》卷一百三《刘曜载记》记刘曜攻破长安之后，"徙秦州大姓杨、姜诸族二千余户于长安"，则杨、姜诸族至少亦族有数百户。所以，《晋书》卷一百二十七《慕容德载记》记尚书韩绰上书有"或百室合户，或千丁共籍"的说法，这种百室千丁聚族而居，并共有一个户籍的族人，实际上都属于士族阶层，他们遇到适当的时机即可以有出仕的机会，《三国志·吴志·朱治传》即有"公族子弟及吴四姓多出仕郡，郡吏常以千数"之说。同时，这些属于士族的人众，表面上又皆可获得种种的特权，以下列举数例以说明之。如《晋书》卷一百六《石季龙载记上》云：

镇远王擢表雍、秦二州望族，自东徙以来，遂在戍役之例，既衣冠华胄，宜蒙优免，从之。自是皇甫、胡、梁、韦、杜、牛、辛等十有七姓，蠲其兵贯，一同旧族。

可见是时所蠲免者，凡属十七姓中之人皆得以预之。《梁书》卷五十三《沈瑀传》云：

起为振武将军、余姚令。县大姓虞氏千余家，请谒如市，前后令长莫能绝。自瑀到，非讼所通，其有至者，悉立之阶下，以法绳之。

按：余姚虞氏为会稽四姓之一，乃江东士族中之高门，所以他们可以随意请谒县令，而前后令长不能绝，因虞氏家族有千余户之众，故请谒之时乃"如市"也。以上数例，又足见当时士族人数之众多，所以那些属于士族但在本族中门祚衰微的贫困者即多沉沦于家而不得出。《太平御览》卷二百六十五引傅畅《自叙》云："时请定九品，以余为中正。……余以少年，复为此任，故至于上品，以宿年为先，是以乡里素滞屈者渐得叙也。"即可为证。因为士人有免除兵役和徭役的特权，因此也就造成了宋齐以后富人以贿赂而除去旧日卑籍而更为新籍，以冒充士族这一现象的大量出现。据《南齐书》卷四十六《陆慧晓传附顾宪之传》载顾宪之议有云：

山阴一县，课户二万，其民资不满三千者，殆将居半，刻之又刻，犹且三分余一。凡有资者，多是士人复除。其贫极者，悉皆露户役民。

顾宪之所说的"凡有资者"，其中虽然有因贿赂而冒充的士人，但不可否认的事实是，山阴县符合当时免除课税条件的士人相当惊人。因为根据《宋书》卷八十一《顾琛传》所记载，当时山阴县当时有"民户三万"，现课户则仅有二万，这也就是说，当时山阴有几近三分之一的居民享有免除兵役徭役的特权，这样，承担政府繁重赋税的就成了那些极贫的“露户役民”了。《南齐书》卷五十二《文学·贾渊传》云：

贾渊字希镜，平阳襄陵人也。……建武初，渊迁长水校尉，荒伧人王泰宝买袭琅邪谱，尚书令王晏以启高宗，渊坐被收，当极法，子栖长谢罪，稽颡流血，朝廷哀之，免渊罪。

北方到南方避难的王泰宝举不出他是琅邪王氏的证据，当然不属于士族，但当他买通了当时主管谱籍的贾渊以后，情况也就随之发生了根本的变化，自然地成了士族的一员，也就取得了免除徭役课税的优待，所以当这件事暴露以后，买卖双方自然要受到严厉的制裁。《南齐书·文学·王智深传》云：

王智深字云才，琅邪临沂人也。少从陈郡谢超宗学属文。好饮酒，拙涩乏风仪。宋建平王景素为南徐州，作《观法篇》，智深和之，见赏，辟为西曹书佐。贫无衣，未到职而景素败。后解褐为州祭酒。……家贫无人事，尝饿五日不得食，掘苋根食，司空王僧虔及子志分其衣食。

王智深为琅邪临沂人，而其父祖事迹无存，史传亦不载其名讳，家贫到衣食无着的状况，但是他一释褐即能做到州祭酒这样的官职，可见他一定是拥有仕宦特权的士族。以上都足以证明凡士人之同族者皆属于士族这一阶层。

世家大族聚族而居，多者数千户，少者数百户，对外，这些人似乎都是士人，享有种种特权。但士族中真正掌握权力及富有钱财的应该只是极少数，而极大多数人则不仅是徒有其名，还要受到族中有钱有势的掌权族人的欺压和剥削。实际上，我们今天在史籍中所见到的被称作是士族的人，大多指那些士姓宗族中掌权者的亲枝近派，而绝大多数的疏族则是颇为穷困的被压迫和被剥削者。这种情况，无论是高级士族抑或是低级士族，皆是如此。如《魏书》卷八十五《文苑·裴伯茂传》载：

伯茂先出后其伯仲规，与兄景融别居。景融贫窘，伯茂了无振恤，殆同行路。世以此贬薄之。

《南史》卷二十六《袁粲传》云：

粲幼孤，祖哀之，名之曰愍孙，伯叔并当世荣显，而愍孙饥寒不足。

裴景融为司空中郎裴叔义之子，其弟伯茂任中书侍郎，知名当世，而景融则生活贫窘；袁粲出身高级士族，其母为琅邪王诞之女，他的情况尚且如此，则士族阶层内部剥削与压迫的残酷程度可想而知。《南齐书》卷五十四《高逸·顾欢传》载顾欢：

家贫，父使驱田中雀，欢作《黄雀赋》而归，雀食过半，父怒，欲挞之，见赋乃止。乡中有学舍，欢贫无以受业，于舍壁后倚听，无遗忘者。……躬耕诵书，夜则燃糠自照。

顾欢为吴郡四姓之一，南方之高级士族，而其生活则相当贫困。《宋书》卷八十三《宗越传》云：

本为南阳次门，……出身补郡吏，……蛮有为寇盗者，常使越讨伐，往辄有功，家贫无以市马，常刀盾步出，单身挺战，众莫能当，每一捷，郡将辄赏钱五千，因此得市马。

宗越出身次门，乃属低级士族之列，他的生活状况是相当贫困的。《魏书》卷九十七《岛夷刘裕传》云：

裕家本寒微，住在京口，恒以卖履为业。意气粗剌，仅识文字，樗蒲倾产，为时贱薄。尝负骠骑谘议刁逵社钱三万，经时不还。逵以其无行，录而征责。

《南史》卷一《宋本纪上》亦称刘裕尝"伐荻新洲"。刘裕为彭城刘氏之一支，其祖刘靖任至东安太守，父刘翘亦曾任郡功曹，门第虽不算很高，属于士族则是无疑的，但他却贫困到以卖履为生和自身采薪伐荻的地步。而吴逵的情况则更惨，《晋书》卷八十八《孝友·吴逵传》载其：

家极贫窘，冬无衣被，昼则佣赁，夜烧砖甓，昼夜在山，未尝休止。

像刘裕、袁粲、宗越等人后来因为功名而致显赫，但却是极为个别的现象，也不可能经常出现，而终身贫困的士人应该不可胜数，他们当中并不是每个人都有做官的希望。因此，并不能说所有的士族都属于统治阶级。就山阴县一县有"民户三万"，而课户却仅有二万的情况而言，，在一万户左右表面上享有免税特权的人户之中，必然会受到宗主的严酷盘剥。《宋书》本传载顾觊之第三子顾绰，"私产甚丰，乡里士庶，多负其责，觊之每禁之不能止"，于是"觊之悉焚烧，宣语远近：'负三郎责，皆不须还，凡券书悉烧之矣。'"可见受顾绰高利贷盘剥的人中有许多人属于士族阶层，即所谓士人。传说"乡里士庶，多负其责"，则受顾绰盘剥的士庶之中，较多的则又是本族的顾姓士人。

士族的贫富悬殊，庶民中之贫富则更是如此，绝大多数的庶民诚如《周朗传》所说的，"贫者但供吏。死者弗望埋，鳏居不愿娶，生子每不敢举。又戍淹徭久，妻老嗣绝"。但是庶民中仍有极少数人却富有钱财，《宋书·宗越传附武念传》云：

武念，新野人也，本三五门，出身郡将。……后大府以念有健名，且家富有马，召出为将。

同卷《宗越传附蔡那传》云：

蔡那，南阳冠军人也。家素富，而那兄局善接待宾客，客至无少多，皆资给之，以此为郡县所优异，蠲其调役。

武念、蔡那皆以庶人而富于钱财，武念家中多马，比起出身虽是低级士族的宗越因屡立战功得到赏赐而市马的状况要优越得多。《宋书》卷九十一《孝义·张进之传》云：

张进之，永嘉安固人也。为郡大族，少有志行，历郡五官主簿，永宁、安固二县领校尉。家世富足，经荒年，散其财救赡乡里，遂以贫罄。……元嘉初，诏在所蠲其徭役。

张进之家世富足，需要得到皇上诏书的蠲免才能享受免役的特权，可见其身分也必然属于庶民阶层。《宋书》卷九十五《索虏传》载元嘉二十七年：

军旅大起，王公妃主及朝士牧守，各献金帛等物，以助国用，下及富室小民，亦有献私产至数十万者。

献私产至数十万的"富室小民"，其中绝大多数应是拥有资财的庶民。《梁书》卷三十八《贺琛传》云：

又歌姬舞女，本有品制，二八之锡，良待和戎。今畜妓之夫，无有等秩，虽复庶贱微人，皆盛姬姜，务在贪污，争饰罗绮。（中华书局点校本《校勘记》："'畜'各本讹'言'，据《通鉴》梁武帝大同十一年及《册府元龟》五二九改。"）

即记载了庶民中富户荒淫奢侈的状况，他们所拥有的大量钱财，当然就是对贫苦人民压榨所得。《晋书》卷一百十三《苻坚载记上》云：

时商人赵掇，丁妃，邹瓮等皆家累千金，车服之盛，拟则王侯，

> 坚之诸公竞引之为国二卿。黄门侍郎程宪言于坚曰:"赵掇等皆商贩丑竖,市郭小人,车马衣服僭同王者,官齐君子,为藩国列卿,伤风败俗,有尘圣化,宜肃明典法,使清浊显分。"坚于是推检引掇等为国卿者,降其爵。乃下制:"非命士已上,不得乘车马于都城百里之内。金银锦绣,工商、皂隶、妇女不得服之,犯者弃市。"

商人赵掇等作为庶人,他们的社会地位本极为低下,但是他们却因为富比王侯,所以当权的达官贵人为了经济利益而愿意与之交往,并引用他们担任藩国之卿。对此,苻坚为了维护士族的尊严而接受了程宪的建议,从而严惩了赵掇和引用赵掇的王公贵人。而正因为为了维护士族的尊严,沈约也要弹奏与富有钱财的庶族满璋连姻的王源。

赵掇等人应该就是上文所说的拥有奴婢的庶民,他们的社会地位虽然非常低,但他们却可以利用手中的钱财,一方面结交权贵,收买名声,另一方面则对广大人民进行盘剥压榨。《南史》卷七十一《儒林·王元规传》:

> 元规八岁而孤。兄弟三人,随母依舅氏往临海郡,时年十二。郡土豪刘瑱者,资财巨万,欲妻以女。母以其兄弟孤弱,欲结强援。元规泣请曰:"因不失亲,古人所重,岂得苟安异壤,辄婚非类。"母感其言而止。

按:王元规,太原王氏,虽属一流高门,但在临海地区却没有影响,而刘瑱这个土豪则虽然社会地位甚低,但在地方上则颇具势力,因此,王元规之母欲结强援而欲与刘氏结为儿女亲家。此事虽然因为王元规的请求而未能成功,但像王元规那样不慕财利的人还是极为少数。所以尽管王元规仕宦不显,在其它方面也并没有多少出色的表现,但沈约依然为之立传,并将此事于传文中大书一笔,予以表彰。因此,我们并不能因为某人出身士族而简单地将其归入统治阶级,他们阶级属性的划分乃是一个复杂的问题,应当根据各人的具体状况而作具体的分析。

东晋南朝的宰相平议

《汉书》卷四十《王陵传》云："宰相者，上佐天子理阴阳，顺四时，下遂万物之宜，外填抚四夷诸侯，内亲附百姓，使卿大夫各得任其职也。"本为掌朝廷政权大臣之泛称，自秦汉而后乃指辅助皇帝、统领群僚、总揽政务的最高行政长官。《汉书》卷十九上《百官公卿表上》云："相国、丞相，皆秦官，金印紫绶，掌丞天子，助理万机。秦有左右，高帝即位，置一丞相，十一年(前196)更名相国，绿绶。孝惠、高后置左右丞相，文帝二年(前178)复置一丞相。……哀帝元寿二年(前1)更名大司徒。"① 《晋书》卷二十四《职官志》云："丞相、相国，并秦官也。晋受魏禅，并不置，自惠帝之后，省置无恒。……为之者，非复寻常人臣之职。"东晋南朝之前，丞相、相国以及古之三公即司徒、司空、司马执政称宰相，故魏咸熙二年(265)八月，司马炎嗣相国、晋王位，王祥乃称其为"魏之宰相"②也。东晋以后，因为丞相、相国及司徒等因为位尊权重，并非寻常人臣之位，所以东晋南朝时期除了东晋之王导、王敦、桓温，刘宋之刘义康、刘义宣等数人曾经担任过丞相、相国以及司徒、司空和太尉等以外，乃极少有人任以上职务而为宰相者，即当时丞相、司徒等职已经成为象征性的职务而并非实际的执政者，如《宋书》卷六十八《武二王·南郡王

① 本文所引，皆据中华书局点校本。

② 《晋书》卷三十三《王祥传》："及武帝为晋王，祥与荀顗往谒。……祥曰：'相国诚为尊贵，然是魏之宰相，吾等魏之三公，公王相去，一阶而已。'"

义宣传》:"世祖即位,……于是改授都督荆湘雍益梁宁南北秦诸军事、荆湘二州刺史,持节,侍中、丞相如故。"《宋书》卷六《孝武帝纪》:"(孝建元年)二月庚午,豫州刺史鲁爽、车骑将军江州刺史臧质、丞相荆州刺史南郡王义宣、兖州刺史徐遗宝举兵反。"按:南郡王义宣以丞相而外镇荆州,则其必非在朝廷执政的宰相也可知。又《宋书》卷八十《孝武十四王·始平孝敬王子鸾传》云:"(大明)六年,丁母忧,……葬毕,诏子鸾摄职,以本官兼司徒,进号抚军、司徒、给鼓吹一部。……八年,加中书令,领司徒。前废帝即位,解中书令,领司徒,加持节之镇。"寻子鸾前废帝永光元年(465)为废帝所杀时年十岁,则其大明六年(462)时年七岁,大明八年时年九岁,可见其时子鸾所任之司徒亦为象征性的荣誉职务,而并非统领群僚,总揽政务之宰相。当时之宰相,乃以总揽政务之其它官职称之,马端临《文献通考》卷四十九《职官考三》云:

> 自魏晋以来,宰相但以它官参掌机密或委知政事者则是矣,无有常官。其相国、丞相或为赠官,或则不置,自为尊崇之位,多非人臣之职,其真为宰相者不必居此官。

正由于当时并无丞相与相国之职,因此后世对于东晋南朝时期哪些职务才能称得上是宰相颇有分歧。一些史学论著以为当时的吏部尚书、侍中、尚书仆射、领军将军等可称作宰相①,新编《辞海》"宰相"条则云:"魏晋以后,以中书监、中书令、侍中、尚书令、尚书仆射以及重要之将军等官执政者为宰相,无定员,亦无定名。"但以上所说乃是对当时宰相的

① 王仲荦《魏晋南北朝史》(上海人民出版社1979年版)第五章第一节云:"司马昱病死,昱子司马曜(孝武帝)继位,(桓)温业已有病,要求加九锡,……宰相谢安、王坦之、王彪之等故意拖延。"第六章第二节云:"太子劭……于元嘉三十年(453)二月,率东宫兵入宫杀文帝及宰相江湛、徐湛之、王缯绰等,自立为帝。"又云:"当时拥护义康最出力的是领军将军刘湛,刘湛也是宰相之一。"福林按:据《晋书》之《孝武帝纪》及桓温、谢安、王坦之、王彪之本传,东晋孝武帝于咸安二年(372)七月即位,次年七月桓温卒,时谢安官吏部尚书、中护军,王彪之官尚书仆射,王坦之官侍中,领左卫将军。又据《宋书·二凶传》及江湛等本传,宋文帝太子刘劭于元嘉三十年二月发动政变时江湛官吏部尚书,徐湛之官尚书仆射,王僧绰官侍中。即王先生以为东晋及刘宋时吏部尚书、侍中、尚书仆射为宰相。

并不准确的理解。

《宋书》卷六十八《武二王·彭城王义康传》云:“南阳刘斌,(刘)湛之宗也,有涉俗才用,为义康所知,……斌等既为义康所宠,又威权尽在宰相,常欲倾移朝廷,使神器有归。”寻彭城王刘义康是时以司徒、录尚书事领扬州刺史,专秉朝权,故传乃称威权尽在宰相。而《宋书》卷六十九《刘湛传》云:

> 明年,景仁转尚书仆射,领选护军将军,湛代为领军将军。十二年,又领詹事。湛与景仁素款,又以其建议征之,甚相感说,及俱被时遇,猜隙渐生。以景仁专管内任,谓为间己。时彭城王义康专秉朝权,而湛昔为上佐,遂以旧情委心自结,欲因宰相之力以回主心,倾黜景仁。

按:上文载刘湛是时所任乃领军将军,而传则云其欲以“宰相之力以回主心”者,即刘湛是时所任之领军将军又必非宰相矣。

《晋书·职官志》云:“侍中……魏晋以来,置四人,别加官者则非数,掌傧赞威仪,大驾出则次直侍中护驾,正直侍中负玺陪乘。……备切问近对,拾遗补阙。”《宋书》卷三十九《百官志上》云:“侍中,四人。掌奏事,直侍左右,应对献替。法驾出,则正直一人负玺陪乘,殿内门下众事皆掌之。”《南齐书》卷十六《百官志》云:“侍中,汉世为亲近之职。魏晋选用,稍增华重,而大意不异。宋文帝元嘉中,王华、王昙首、殷景仁等,并为侍中,情在亲密,与帝接膝共语,貂拂帝手,拔貂置案上,语毕复手插之。”可见侍中在东晋南朝时期虽然亲贵华重,有时甚至执朝廷之权柄,但职掌则与汉时无异。因此,以为侍中乃宰相,又颇令人怀疑。论者以侍中为宰相的最为重要的证据为《宋书》卷六十三《王华传》所载,云:

> 上(按:指宋文帝)即位,以华为侍中,领骁骑将军,未拜,转右卫将军,侍中如故。……(元嘉)三年,诛羡之等,华迁护军,侍中如故。……及王弘辅政,而弟昙首为太祖所任,与华相埒,华尝谓己

力用不尽，每叹息曰："宰相顿有数人，天下何由得治。"……（元嘉）四年，卒。

因此，司马光《资治通鉴》卷一百二十述此时乃云："是时宰相无常官，唯人主所与议论政事，委以机密者，皆宰相也，故华有是言。亦有任侍中而不为宰相者。然尚书令仆、中书监令、侍中、侍郎、给事中，皆时之要官也。"但是，仅据此一例而作出以上这一结论，显然颇为轻率。且"亦有任侍中而不为宰相"云云的本身，也说明了司马光对这一结论并没有足够的信心。寻以上载王华所云"宰相顿有数人"之语，乃在宋文帝即位之后，即元嘉元年(424)至四年(427)之间，《通鉴》乃载在元嘉三年。据《宋书》同卷《殷景仁传》云："太祖即位，委遇弥厚，俄迁侍中，左卫如故。时与侍中右卫将军王华、侍中骁骑将军王昙首、侍中刘湛四人，并为侍中，俱居门下，皆以风力局干，冠冕一时，同升之美，近代莫及。"故王华乃有"宰相顿有数人"之语耳。然《殷景仁传》又云："太子詹事刘湛代为领军，与景仁素善，皆被遇于高祖，俱以宰相许之。"云俱以宰相许之者，即以宰相目之，而并非真宰相可知矣。传云"及王弘辅政，而弟昙首为太祖所任"，也可见当时作为宰相辅政之人乃是王弘，间接地说明了王昙首与王华等人当时只是得到宋文帝的信任而已。王华为人，自视甚高，因所求不得，故乃有此愤激之语，并非真为宰相。因此，王华所谓的"宰相顿有数人"，并不能作为侍中乃是宰相的依据，反而从侧面说明了侍中并非宰相。

而吏部尚书更为诸曹尚书之一，《宋书·百官志》《南齐书·百官志》皆云："吏部尚书领吏部、删定、三公、比部四曹。"掌官吏之任免等事，即如王仲荦先生《魏晋南北朝史》亦以为当时的诸曹尚书相当于秦汉之九卿的地位(见第六章第二节注)。吏部尚书地位虽然较之其他尚书为高，但却并非总领政事之职，由此而言，说吏部尚书为宰相似乎也没有充分的理由。《宋书》卷六十三《沈演之传》云：

（元嘉）二十年，迁侍中，右卫将军如故。太祖谓之曰："侍中领卫，望实优显，此盖宰相便坐，卿其勉之。"……迁国子祭酒，本州大中正。转吏部尚书,领太子右卫率。虽未为宰相,任寄不异也。

按:以上有两点颇值得我们注意,其一,宋文帝谓侍中领右卫将军乃“宰相便坐”,此“便坐”,乃别坐,即非宰相之坐也。乃当时侍中并非宰相之又一证据。其二,沈演之此后迁任吏部尚书,领太子右卫率,传乃谓其“未为宰相”,益见其一生并未有过宰相之任,更说明了当时吏部尚书与侍中同样也并非宰相。由此,在刘宋时期,侍中和吏部尚书并非宰相乃是相当明显的。《南齐书》卷三十三《王僧虔张绪传论》云:

史臣曰:王僧虔……实平世之良相;张绪凝衿素气,自然标格,搢绅端委,朝宗民望。夫如绪之风流者,岂不谓之名臣。

按:萧子显以王僧虔为良相而以张绪为名臣,二者有别,即张绪并非宰相可知。据传文所记载,张绪于齐高帝建元元年(479)为中书令,齐武帝时任吏部尚书,转太子詹事,可见中书令在当时也并不是宰相。笔者以为,东晋南朝的宰相自有其规律,不但有定名而且有定称,并非如一些学者所认为的“无定员,亦无定名”。笔者以为,只有担任以下几种职务者,才可以说是东晋南朝时期真正意义上的宰相。

一、录尚书事

《晋书》卷二十四《职官志》云:“录尚书,案汉武时,左右曹诸吏分平尚书奏事,知枢要者始领尚书事。……和帝时,太尉邓彪为太傅,录尚书事,位上公,在三公上,汉制遂以为常,每少帝立则置太傅录尚书事,犹古冢宰总己之义,薨辄罢之。自魏晋以后,亦公卿权重者为之。”《宋书》卷三十九《百官志上》云:“汉武帝世,使左右曹诸吏分平尚书奏事。昭帝即位,霍光领尚书事;成帝初,王凤录尚书事。汉东京每帝即位,辄置太傅,录尚书事,薨辄省。……录尚书职无不总,王肃注《尚书》‘纳于大麓’曰:‘尧纳舜于尊贤之官,使大录万机之政也。’……宋世祖孝建中,不欲威权外假,省录。大明末复置。此后或置或省。”《南齐书》卷二十三《褚渊传》载王俭于建元四年(482)议亦云:“录尚书品秩不见,而总任弥重。”录尚书事自东晋始,乃成为朝廷执政大臣从而有宰相之号。东晋初,王导、庾冰、何充、司马昱等人为宰相执政,皆录尚书事。惟当时任录尚书事者往往有数人,故谓之分录,其中以地位最高者一人录尚书事为首相。如王导先后以中书监、司空、司徒而录尚书事辅政为首相,王导卒后,乃征庾亮为司徒、录尚书事,辅政为相,庾亮辞不受,乃以其弟庾冰为中书监、录尚书事辅政,故《晋书》卷七十三《庾亮传附庾冰传》载庾冰事云:“既当重任,经纶时务,不舍夙夜,宾礼朝贤,升擢后进,由是朝野注心,咸曰贤相。……成帝疾笃,时有妄为尚书符,敕宫门宰相不得前,左右皆失色,冰神气自若。”乃直称庾冰为宰相。庾冰离任后,何充为中书监、录尚书辅政,《晋书》卷七《康帝纪》云:“建元元年……冬十月辛巳,……以骠骑将军何充为中书监、都督扬豫二州诸军事、扬州刺史、录尚书事,辅政。”《晋书》卷七十七《何充传》云:“冰、翼等寻卒,充专辅幼主。……充居宰相,虽无澄正改革之能,而强力有器局,临朝正色,以社稷为己任。”亦称何充为宰相。何充卒后,又以会稽王司马昱(即其后之简文帝)任抚军大将军、录尚书事辅政,《晋书》卷九《简文帝纪》云:“(永和)二年,骠骑何充卒,崇德太后诏帝专总万机。……初,帝以冲虚简贵,历宰三世,(桓)温素所敬惮。”所谓“历宰三世”者,乃谓司马昱于穆帝、哀帝、废帝海西公三朝为宰相也。司马昱以后,桓温以丞相、大司马、录尚书事执政,《晋书》卷九十八《桓温传》云:“温乃废帝而立简文帝,……复还白石,上疏求归姑孰。……上疏曰:‘……至如臣温位兼将相,加陛下垂布衣之顾。’”桓温卒后,谢安亦以录尚书事执政,《晋书》卷七十九《谢安传附谢石传》云:“(谢)石在职务存文刻,既无他才望,直以宰相弟兼有大勋,遂居清显。”传所谓“宰相”者,即谢安也。谢安卒,又委政于会稽王司马道子,《晋书》卷六十四《武十三王·会稽文孝王道子传》云:“及谢安薨,诏曰:‘琅邪王道子,……可领扬州刺史、录尚书事、假节、都督中外诸军事。’……既为扬州总录,势倾天下。……博平令吴兴闻人奭上疏曰:‘骠骑谘议参军茹千秋辅宰相,起自微贱,窃弄威权,衒买天官。’……时有人为《云中诗》以指斥朝廷曰:‘相王沉醉,轻出教命。辅贼千秋,干豫朝政。’”称司马道子为宰相,又称相王，又益见录尚书事乃宰相也。《宋书》卷一《武帝纪上》云："司徒、录尚书、扬州刺史王谧薨，(义熙)四年正月，征公入辅，授侍中、车骑将军、开府仪同三司、扬州刺史、录尚书，徐兖二州刺史如故。"据《宋书》卷五十二《谢景仁传》云："义熙五年(409)。高祖……将伐鲜卑，……刘毅时镇姑孰，固止高祖，以为'……宰相远出，倾动根本。'"刘毅所谓之"宰相"，当指刘裕也甚明，即刘裕于晋末亦以录尚书事而称宰相。

录尚书事为宰相，一直延续到整个南北朝结束，《宋书》卷四十三《徐羡之传》云：

> 高祖践阼，……羡之迁尚书令、扬州刺史，加散骑常侍，进位司空、录尚书事、常侍、刺史如故。羡之起自布衣，又无术学，直以志力局度，一旦居廊庙，朝野推服，咸谓有宰臣之望。

据《宋书》卷三《武帝纪下》，徐羡之于永初二年(421)春正月迁尚书令，永初三年进位司空、录尚书事。传云朝野咸谓其"有宰臣之望"者，即徐羡之其时所任乃宰相也。梁末，王僧辩为录尚书事，《梁书》卷四十五《王僧辩传》云：

> 史臣曰：僧辩位当将相，义存伊、霍；乃受胁齐师，傍立支庶。苟欲行夫忠义，何忠义之远矣。

寻王僧辩受胁于北齐，立贞阳侯萧渊明为帝事在梁元帝承圣四年(即贞阳侯天成元年，555)，时梁都城江陵为西魏所侵占，梁元帝死难，晋安王萧方智(按：即梁敬帝)以太宰承制。僧辩本传云："及敬帝初即梁主位，僧辩预树立之功，承制进骠骑大将军、中书监、都督中外诸军事、录尚书，与陈霸先参谋讨伐。"则史臣所谓王僧辩"位当将相"者，亦见是时其以录尚书事而为宰相。

自东晋中期以后，录尚书事在极大多数情况下仅置一人，因位高权重，职无不总，谓之总录。王鸣盛《十七史商榷》卷五十八"南朝官录尚书权最重"条云：

> 夫公、师在汉皆宰相也，其职重无比，况三公之太尉，本掌禁军，大将军亦掌武，故每连大司马，可见总统文武。其后权移于尚书、侍中、中书，一切尊官显号，皆为空名矣。驯至南朝，唯录尚书权最重。……《宋·彭城王义康传》，为侍中、司徒、录尚书事、领扬州刺史，既专朝政，事决于己，生杀大事，皆以录命断之。录命者，录公之命也，录权之重久矣。

自宋初徐羡之以后，王弘继任为录尚书事，《宋书》卷四十二《王弘传》云："羡之等诛，征弘为侍中、司徒、扬州刺史、录尚书。……（元嘉）五年春，大旱，弘引咎逊位，曰：'……臣以庸短，自辈凡流，谬逢嘉运，叨恩在昔。陛下忘其不腆，又重之以今任，正位槐鼎，统理神州，珥貂衣衮，总录朝端，内外要重，顿萃微躬，穷极宠贵，人臣莫比。'"据《王弘传附王锡传》云："子锡嗣，少以宰相子，起家为员外散骑。"《宋书》卷六十四《郑鲜之传》云："元嘉三年，王弘入为相，举鲜之为尚书右仆射。"皆称王弘任录尚书事时为宰相。王弘本传又云："（元嘉）六年，诏曰：'……骠骑（按指骠骑大将军彭城王刘义康）亲贤之寄，地均旦、奭，还入内辅。'……义康由是代弘为司徒，与之分录。弘又表曰：'……臣义康总录百揆，毗赞盛化，……相府初建，或有未充。'"是彭城王义康于元嘉六年（429）代王弘为司徒，与王弘并为录尚书事以辅政，《宋书》义康本传："（元嘉）六年，司徒王弘表义康宜还入辅，征侍中、都督扬南徐兖三州诸军事、司徒、录尚书事，……与王弘共辅朝政。……而（刘）斌等既为义康所宠，又威权尽在宰相，常欲倾移朝廷，使神器有归。"《宋书》卷六十八《武二王·南郡王义宣传》："荆州上流形胜，……谢晦平后，以授彭城王义康。义康入相，次江夏王义恭。"亦皆明言彭城王义康于元嘉六年入京后所任乃宰相也。传云"与王弘共辅朝政"者，盖谓义康与王弘二人皆以录尚书事而为宰相，是时义康代王弘为司徒而录尚书，则其地位又超过王弘而为首相。同时置二录尚书事的情况乃是当时的权宜之计，自此而后，直到南朝末，乃不复见。

录尚书为宰相的例子又如《宋书》卷六十一《武三王·江夏文献王

义恭传》云:"(元嘉十七年),征义恭为侍中,都督扬南徐兖三州诸军事、司徒、录尚书,领太子太傅,持节如故。……义恭既小心谨慎,且戒义康之失,虽为总录,奉行文书而已,故太祖安之。相府年给钱二千万,它物倍此,而义恭性奢,用常不足。"按:义恭是时代义康为录尚书事,传既云"相府年给钱二千万",则义恭是时乃以录尚书事而为宰相也。又如《宋书》卷十《顺帝纪》载昇明元年(477)七月,"甲午,镇军将军齐王出镇东城,辅政作相",据《南齐书》卷一《高帝纪上》,昇明元年七月萧道成弑齐后废帝刘昱之前所任为中领军、都督南兖徐兖青冀五州军事、镇军将军、南兖州刺史,弑后废帝之后所任乃侍中、司空、录尚书事、骠骑大将军,即其前所任之中领军及镇军将军并非宰相,而其后乃以录尚书而为宰相也。

需要指出的是,录尚书事为东晋南朝之宰相者,一般情况下乃系首相,其所居在建康之东府城。赵翼《廿二史札记》卷八《晋书札记》"建业有三城"条云:

> 台城之东则有东府,凡宰相录尚书事兼扬州刺史者居之,实甲尝数千人。晋时会稽王道子居之,刘裕秉政亦居此。……宋末后废帝之弑,萧道成移镇东府。

以为凡宰相录尚书事兼扬州刺史者乃居东府城,乃有片面之处。因为自刘宋中期以后,以宰相而兼扬州刺史职权过重,对朝廷容易形成一定的威胁,所以此后录尚书事兼宰相者多不兼任扬州刺史。以宋江夏王刘义恭为例,《宋书》卷六十一《武三王·江夏文献王义恭传》,义恭于元嘉十七年以录尚书事宰相后有云:

> 二十九年冬,还朝,……遭太妃忧,改授大将军、都督扬南徐二州诸军事、南徐州刺史,持节、侍中、录尚书、太子太傅如故,还镇东府。

可见江夏王义恭以录尚书为宰相而居东府城时,并不带扬州刺史。据

《宋书·文帝纪》,是时之扬州刺史乃先后为尚书仆射殷景仁、始兴王刘濬、庐陵王绍、南谯王义宣所任。但赵氏《札记》所言,也从侧面说明了其时乃以录尚书事为首相也。

二、尚书令

除录尚书事而外,南朝为宰相者又有尚书令,《宋书》卷二十五《天文志三》云:"建元二年,车骑将军江州刺史庾冰薨。是时骠骑将军何充居内,冰为次相也。"合之《晋书》卷七《康帝纪》、卷八《穆帝纪》、卷七十三《庾亮传附庾冰传》,是时何充为录尚书事辅政,庾冰为尚书令,故《志》乃谓何充居内,冰为次相耳。《宋书》卷五十六《孔琳之传》云:

> 永初二年,为御史中丞,明宪直法,无所屈挠。奏劾尚书令徐羡之。……羡之领扬州刺史,琳之弟璩之为治中,羡之使璩之解释琳之,停寝此事。琳之不许,璩之固陈,琳之谓曰:"我触忤宰相,正当罪止一身尔,汝必不应从坐,何须勤勤邪!"

据《宋书》卷三《武帝纪下》、卷四十三《徐羡之传》,徐羡之永初二年迁尚书令、扬州刺史,永初三年正月进位司空、录尚书事,扬州刺史如故。琳之本传既载琳之于永初二年奏劾羡之,并云"我触忤宰相",即徐羡之时正以尚书令而称宰相也。又如《宋书》卷七十二《始安王休仁传》云:

> 太宗令书以为使持节、侍中、都督扬南徐二州诸军事、司徒、尚书令、扬州刺史。……上既杀休仁,虑人情惊动,与诸方镇及大臣诏曰:"……休仁身粗有知解,兼为宰相,又吾与其兄弟情昵,特复异常。"

亦可为是时尚书令乃宰相之证。又,《南齐书》卷四十四《沈文季传附沈昭略传》云:

永元元年，始安王遥光起兵东府，拔昭略于城内。……茹法珍等进药酒，昭略怒骂徐孝嗣曰："废昏立明，古今令典，宰相无才，致有今日。"……赞曰：文忠作相，器范先标，有容有止，可以立朝。

福林按：据《南齐书》卷七《东昏侯纪》，齐始安王遥光起兵东府事在永元元年(499)秋八月；又据《南齐书》诸帝纪及卷四十四《徐孝嗣传》，徐孝嗣于齐明帝建武四年(497)二月代王晏为尚书令，任至永元元年冬十月被杀时为止。即沈昭略斥徐孝嗣"宰相无才"者，又见是时孝嗣以尚书令而为宰相也。又且孝嗣于齐和帝时追谥文忠，传文赞曰"文忠作相"，则为尚书令乃时之宰相之明证。又《梁书》卷三十七《何敬容传》云：

(大同)五年，入为尚书令，侍中、将军、参掌、佐吏如故。自晋宋以来，宰相皆以文义自逸，敬容独勤庶务，为世所嗤鄙。

按何敬容为宰相而勤于事务，于其时风尚不合，故为世所嗤鄙，又为尚书令乃宰相之证也。

以上数例，皆充分说明了尚书令为当时之宰相，然而尚书令之称为宰相，乃始于南朝，与录尚书自东晋即称宰相不同。《晋书》卷七十九《谢安传附谢石传》："迁中军将军、尚书令，……石在职务存文刻，既无它才望，直以宰相弟兼有大勋，遂居清显。"谢石乃谢安之弟，传云谢石以宰相弟且立有大勋而居清显，而不云其位居相位或为次相，则其时尚书令尚不得称宰相矣。至刘宋初，徐羡之以尚书令称宰相起，后世乃沿之不变，即尚书令之称宰相，乃至刘宋始也。

南朝时，录尚书事与尚书令虽皆为宰相，然录尚书事乃首相，位又高于尚书令。《宋书·武三王·江夏文献王义恭传》云："史臣曰：……江夏王，高帝宠子，位居上相，大明之世，亲典冠朝。"上相者，首相也。宋末，萧道成总为录尚书事总领朝政，号录公(见《宋书》卷十《顺帝纪》、《南齐书》卷一《高帝纪上》)，为首相。而《南齐书》卷三十三《王僧虔传》云："史臣曰：王僧虔……实平世之良相。"按：王僧虔自宋顺帝昇明二年

(478)任尚书令，建元后去职，改任侍中、抚军将军。即史臣以王僧虔为平世良相，当指其宋末为尚书令时，亦即是时王僧虔所任，乃次相也。《宋书》卷七十七《柳元景》传云："太宗即位，令曰：'故侍中、尚书令、骠骑大将军、巴东郡开国公、新除开府仪同三司、南豫州刺史元景，……方任孚汉辅，业茂殷衡，而蜂豺肆滥，显加礼祸毒。……谥曰忠宪。'"按：上文记载宋明帝令书称元景"任孚汉辅"者，即谓其为宰辅也，即是时柳元景乃以尚书令而为宰相，故本传又谓元景"起自将帅，及当朝理务，虽非所长，而有弘雅之美"。据《宋书》帝纪及《江夏文献王义恭传》，是时江夏王义恭为录尚书事，乃首相，即柳元景其时所任，乃为次相。

需要指出的是，南朝任尚书令者并非皆为次相。自刘宋中叶之后，屡有猜君虐主，录尚书事任总百揆，位高权重，故任录尚书事者为避祸故，乃求解此职。《宋书》卷四十二《王弘传》载王弘于元嘉六年(429)所上表即有"乞解州录，以允民望"之语，"州录"者，即扬州刺史与录尚书事耳。《宋书·江夏文献王义恭传》云："义恭希旨，乃上表省录尚书，曰：'……总录之制，本非旧体，历代相沿，滋乃未革。……宜宪章先代，证文古则，停省条录，以依昔典。'上从其议。"至此以后，南朝乃多有省录尚书而不置者。《宋书》卷八十五《王景文传》载泰始七年(471)宋明帝刘彧答王景文诏有云：

> 令袁粲作仆射领选，而人往往不知有粲，粲迁为令，居之不疑。今既省录，令便居昔日录位，置省事及干童，并依录格。

则在省置录尚书事之后，尚书令便取代了录尚书的职权而成了实际上的首相。《宋书》卷七十二《文九王·始安王休仁传》载明帝杀休仁以后，与诸大臣诏云休仁"粗有知解，兼为宰相"，据《宋书》诸帝纪，是时无录尚书事，而休仁官使持节、侍中、都督扬南徐二州诸军事、司徒、尚书令、扬州刺史，即休仁当时乃以尚书令而为首相，故本传载休仁"任总百揆，亲寄甚隆，朝野四方，莫不辐辏"耳。《南齐书》卷四《郁林王纪》载隆昌元年皇太后令书有云："宰辅忠贤，尽诚奉主，诛锄群小，冀能悛革，曾无克己，更深怨憾。"宰辅，指西昌侯萧鸾，据《南齐书》卷六《明帝纪》，是时无录尚书事,故萧鸾乃以尚书令而为首相,得以专断朝政。以上皆充分说明了南朝时录尚书与尚书令并置时,尚书令为次相,而录尚书省置时则尚书令又代录尚书而成了首相。

三、尚书仆射

《梁书》卷十六《王亮传》云:"建武末,为吏部尚书。……频加通直散骑常侍、太子右卫率,为尚书右仆射、中护军。……义师至新林,内外百僚皆道迎,其未能拔者,亦间路送诚款,亮独不遣。及城内既定,独推亮为首。亮出见高祖,高祖曰:'颠而不扶,安用彼相。'而弗之罪也。"梁武帝萧衍所谓"彼相",即指王亮,即是时王亮又以尚书右仆射而为宰相。《梁书》卷二十一《王暕传附王训传》云:

> 训字怀范,……十六,召见文德殿,应对爽彻。上目送久之,顾谓朱异曰:"可谓相门有相矣。"

按:萧衍所谓之"相门有相",乃指王训生于宰相之家,而王训又有宰相之才耳。王训,王暕之子,王暕本传:"迁尚书右仆射,寻加侍中。复迁左仆射,以母忧去官。起为云麾将军、吴郡太守。还为侍中、尚书左仆射,领国子祭酒。普通四年冬,暴疾卒。"①萧衍以王暕为相,即王暕其时所任之尚书仆射乃宰相也。故钱大昕《廿二史考异》卷三十五《南史考异》于《谢弘微传》"混仍世宰相,一门两封"云:

> 按《南史》诸帝纪,诸王三公而下,惟尚书令、左右仆射拜、罢、卒皆书,盖令仆位居端揆,当时以宰相目之。混祖安石,位正台司,为晋名相;而混父琰,亦尝任尚书左仆射,赠司空;混又为中领军、

① 中华书局点校本《校勘记》云:"'左仆射'各本作'右仆射'。按:上文已迁尚书右仆射,不应复迁右仆射,且下文又谓'还为侍中、尚书左仆射',明'右'是'左'之讹。本书《武帝纪》普通元年亦作'尚书左仆射王暕以母忧去职'。今据改。"

> 尚书左仆射，故云‘仍世宰相’。《南史》所载王俭为左仆射领选，时已称宰相，徐孝嗣、何敬容皆以尚书令仆称宰相，王亮为尚书左仆射，梁武有‘焉用彼相’之讥，则仆射可称宰相矣。

钱氏《考异》所论，明确指出了尚书仆射可称宰相，实为精辟之见，但在大多数情况下，尚书仆射于南朝则并非宰相，如《宋书》卷六十三《殷景仁传》云：

> 殷景仁，陈郡长平人也。……（元嘉）九年，服阕，迁尚书仆射。太子詹事刘湛代为领军，与景仁素善，皆被遇于高祖，俱以宰相许之。湛尚居外任，会王弘、华、昙首相系亡，景仁引湛还朝，共参政事。湛既入，以景仁位遇本不逾己，而一旦居前，意甚愤愤。加太祖信杖景仁，不可移夺，乃深结司徒彭城王义康，欲倚宰相之重以倾之。

传载殷景仁为尚书仆射，刘湛为领军将军被遇于宋文帝，而“俱以宰相许之”者，见二人所任在当时皆非宰相。然而由于为文帝所任遇，故帝乃以宰相目之耳。传又云刘湛“欲倚宰相之重以倾”景仁，则更说明了殷景仁其时所任之尚书仆射并非宰相。而《宋书》卷六十四《郑鲜之传》云：“元嘉三年，王弘入为相，举鲜之为尚书仆射”。郑鲜之为尚书仆射，也并不认为是宰相。《宋书》卷五十三《张茂度庾登之谢方明江夷传论》云：

> 江夷、谢方明、谢弘微、王惠、王球，学义之美，未足以成名，而贞心雅体，廷臣所罕及。

按：寻沈约所论之数人中，江夷于文帝元嘉初任尚书右仆射，王球于元嘉初先为吏部尚书，后代殷景仁为任尚书仆射，今沈约杂于谢方明、谢弘微、王惠等人之中而并论之，谓廷臣所罕及，是江夷与王球二人所任之尚书仆射并非宰相也可知。由此可见，尚书仆射并非在整个南朝时期皆可称宰相。

根据笔者的考察，尚书仆射之称宰相，应在萧齐立国之后，刘宋时期则尚不得称为宰相。今以以上所列举之数例论之，王亮、王暕于齐时为尚书仆射，故乃得有宰相之称，而郑鲜之、殷景仁、江夷、王球等数人皆于刘宋时任尚书仆射，故皆不得称宰相。《宋书》卷七十五《王僧达传》云：

> 上(孝武帝刘骏)即位，以为尚书右仆射，……僧达自负才地，谓当时莫及，上初践阼，即居端右，一二年间，便望宰相。

传文所谓之“端右”，即指尚书右仆射。王僧达以尚书右仆射而望作宰相，则当时所担任之尚书右仆射非宰相也必矣。《宋书》卷八十五《王景文传》云：

> 时上(按指宋明帝)既有疾，而诸弟并已见杀，唯桂阳王休范人才本劣，不见疑。虑一旦晏驾，皇后临朝，则景文自然成宰相，门族强盛，藉元舅之重，岁暮不能为纯臣。……乃遣使送药赐景文死。

据《宋书·明帝纪》，王景文于泰豫元年(472)三月乙未卒时官中书监、散参常侍、尚书左仆射、扬州刺史，领太子太傅，传云明帝虑其晏驾后藉元舅之重而自然成宰相者，同王景文其时所任之尚书左仆射也并非宰相可知。《宋书·顺帝纪》云：

> (昇明元年七月)甲午，镇军将军齐王出镇东城，辅政作相。……(丙申)尚书左仆射、中领军、镇军将军、南兖州刺史齐王为司空、录尚书事、骠骑大将军，刺史如故。

据《宋书》卷九《后废帝纪》及《南齐书》卷一《高帝纪》所载，萧道成于宋顺帝即位之前所任职为尚书左仆射、中领军、镇军将军、南兖州刺史，而上文云萧道成移镇东城而辅政作相时进位司空、录尚书事，可见其于宋后废帝时所任之尚书左仆射并非宰相。

《晋书》卷二十四《职官志》:“仆射,服秩印绶与令同。案汉末置一人,至汉献帝建安四年,以执金吾荣部为尚书左仆射,仆射分置左右,盖自此始。经魏至晋,迄于江左,省置无恒,置二,则为左右仆射,或不两置,但曰尚书仆射。令阙,则左为省主;若左右并缺,则置尚书仆射以主左事。”《南齐书·百官志》:“尚书令,总领尚书台二十曹,为内台主。……无令,左仆射为台主,与令同。”故吕思勉《两晋南北朝史》云:“治理之权,实归台阁,尚书有令仆,令职无不总,仆射副令。”(二十二章第三节)刘宋而后,因录尚书事多省而不置,尚书令得以代录尚书事而为首相,作为尚书令副手的尚书仆射也就得以使尚书令之职权,从而成了宰相。《南齐书》卷三十二《王琨传》云:

> 太祖即位,领武陵王师,加侍中,给亲信二十人。时王俭为宰相,属琨用东海郡迎吏。

同卷《张岱传》云:

> 征侍中,领长水校尉,度支尚书,领左军,迁吏部尚书。王俭为吏部郎,时专断曹事,岱每相违执。及俭为宰相,以此颇〔不〕相善。……寻加散骑常侍。建元元年,出为左将军、吴郡太守。

福林按:由以上二传传文所载,王俭为宰相事,当皆在宋末齐初。据《南齐书》卷二十三《王俭传》云:“太祖为太尉,引为右长史,恩礼隆密,专见任用。转左长史。及太傅之授,俭所唱也。……齐台建,迁右仆射,领吏部,时年二十八。……建元元年,改封南昌县公,食邑二千户。明年,转左仆射,领选如故。”见萧齐立国时王俭先后任尚书左右仆射。寻《南齐书·高帝纪下》,是时无录尚书事,而尚书令乃先后由萧道成次子豫章王嶷及褚渊所任,为首相,故王俭乃以尚书仆射而称宰相耳。又如《梁书·王亮传》载王亮于齐末为尚书右仆射,萧衍乃谓之宰相,据《南齐书》诸帝纪,是时亦无录尚书事,而左仆射沈文季于永元元年(499),

尚书令萧嶷于永元二年(500)先后被东昏侯所杀,由是王亮是时得以为群臣之首而称宰相也。

综上所述,东晋南朝的宰相大致情况如下:东晋中叶之前,乃以录尚书事为宰相,一般情况下,录尚书事有数人,谓之分录,而以位高者如三公或中书监、令等兼任录尚书事为首相。无分录时,录尚书事者亦多领三公等荣职。东晋以后,一般情况下不再有分录,而以录尚书为首相,以尚书令为次相。刘宋中叶以后,由于录尚书事任总百揆,积久而位高权重,故刘宋以后多有省而不置者,录尚书事省置之时,则以尚书令为首相,以尚书仆射代行尚书令的职权,萧齐而后,尚书仆射亦称宰相。尚书仆射一般有左右之分,其无左右时,则单置尚书仆射;录尚书事与尚书令俱缺,则左仆射为首相,右仆射为次相。

试论"兼"、"行"的代理义

在古文献中,"摄"、"兼"、"行"三词皆有代理之义,然在各辞书中除"摄"明确指出有此义之外,"兼"、"行"二词的释义项中此义皆语焉不详。而此二词这个意义的阐明,对研读古文献实较为重要,故笔者拟通过一些实例作一讨论。

"兼"的代理义,前人虽已有指出,然却未引起读史者的重视,在涉及这点时多显得含混乃至有误解,是今以揭出。如《南齐书. 庾杲之传》:

> 世祖令对虏使,兼侍中。上每叹其风器之美,王俭在座,曰:"杲之为蝉冕所照,更生风采,陛下故当与其即真。"

按:庾杲之为兼侍中,王俭奏于帝"与其即真",是"兼"在这里有比较明显的代理意义。所以钱大昕《廿二史考异》论到此时说:"此'兼',字当读去声,盖假职未真授之称,与一人兼两职之'兼'有别。"钱氏所谓的"假职",即暂时代理职务的意思。《汉书·王莽传上》云:"于是群臣奏言:……臣请安汉公(按:指王莽)居摄践祚,服天子韨冕,……郊祀天地,宗祀明堂,共祀宗庙,享祭群神,赞曰'假皇帝',臣民谓之曰'摄皇帝'";"居摄元年(公元 6 年)……五月甲辰,太后诏莽朝见太后称'假皇帝",是"假,"摄"意同,皆有暂时代理之义。钱氏以为此"兼"字,"盖假职未真授之称",即说明了他认为"兼"有代理意义。

"兼"的代理意义,其实早在唐时就已有学者提出过,《汉书·李广苏建列传》:"武(苏武)与副中郎将张胜及假吏常惠等募士斥候百余人俱。"颜师古注曰:"假吏犹言兼吏也,时权为使之吏。"指出了"兼"在代理意义上与"假"、"摄"等的相同之处。与上例同,《宋书·恩倖·徐爰传》载徐爰:

> 孝建初,补尚书水部郎,转为殿中郎,兼右丞。孝建三年(456),索虏寇边,诏问群臣防御之策,爰议曰,……寻即真,迁左丞。

徐爰由尚书殿中郎而兼尚书右丞,不久乃即真,为真右丞,是此处之"兼"亦明显有代理义。

本师段熙仲先生在论及《鲍参军集》卷一之《皇孙诞育上表》时有言:"此表署官称'兼郎中令侍郎臣照言',是明远本官王国侍郎而兼郎中令。考之《宋书·百官志下》,宋世'王国有郎中令、中尉、大农为三卿。大国置左右常侍各三人,省郎中,置侍郎二人',王官三卿官第六品,诸府参军第七品,是郎中令官在侍郎之上,明远当以官品不及故兼郎中令。六朝时'兼'或'长兼'与后来身兼二职不同,其意义犹近世之代理。"①也明确地指出了"兼"的代理意义。近来,笔者在研读古文献时见到"兼"的这个意义用得还是较为普遍的。如《宋书·颜师伯传》:

> 师伯子举周旋寒人张奇为公车令,上以奇资品不当,使兼市买丞,以蔡道惠代之。(按:"师伯子"之"子"字为衍文,说见抽著《宋书校议》,上海古籍出版社2002年版。)

按:以上所载,系刘宋孝武帝大明七年(463)之事。是时权臣颜师伯举荐张奇为公车令,但其时用人颇重门第,张奇乃寒人,论门第地位不当为公车令,故孝武帝乃使之"兼市买丞",张奇并无他职,故"兼市买丞"

① 所引段师语见南京师范学院油印稿,笔者引用时征得了先生同意。

者乃非兼职而是代理。以官品不及而代理的例子六朝时甚多,如《南齐书·王谌传》载王谌于宋明帝刘彧时:

除尚书殿中郎,徙记室参军,正员郎,薛令如故。迁兼中书郎。

按:据《宋书·百官志》,诸府参军官第七品,诸县令六百石者第七品,千石者第六品,而中书侍郎官第五品。所以王谌由记室参军、薛令迁任中书侍郎时有一个代理的过程。这种代理和唐李翱《李文公文集》卷十一《韩吏部行状》所记韩愈"改江陵法曹(参)军,入为权知国子博士,……权知三年,改真博士"的情况是一样的。显然,王谌当时以薛令而迁"兼中书郎"之"兼"亦非一般兼职之兼,而是代理的意思。再如《梁书·萧子显传》:

出为临川内史,还除黄门郎。中大通二年,迁长兼侍中。……三年,……迁国子祭酒,又加侍中。

据马端临《文献通考》卷六十《职官考》,南朝郡国内史、黄门郎,皆官第五品,侍中第三品。子显由黄门郎而迁侍中,品位悬殊,因而其间有一代理的过程。"兼"作为代理义,还有比较充分的例证。《南齐书·庾杲之传》载杲之于齐武帝萧赜时:

迁黄门郎,兼御史中丞,寻即正。

按:据马端临《文献通考·职官考》,南齐时黄门郎官第五品,御史中丞第四品,是御史中丞位在黄门郎上,是庾杲之亦以官品不及而"兼御史中丞"。"寻即正"者,盖不久即由代理而转为正式御史中丞也。这个"兼"的代理意义也是很明显的。又如《宋书·恩倖·徐爰传》:

七年(按:指大明七年,463),爰迁游击将军。其年,世祖南巡,权以本官兼尚书左丞,车驾还宫,罢。

按:徐爰大明七年时本官游击将军,因孝武帝南巡,而使其“权”兼尚书左丞。这里“兼”的代理意义亦较明显,“权”兼亦即是暂时代理,因为是暂时代理,所以当孝武帝南巡结束,车驾还宫后,即罢去此职。又据《宋书·百官志》,徐爰本官游击将军第四品,代理之职尚书左丞官第六品,是尚书左丞位在游击将军下,此又是以高官代理低官之例。类似这种以高官代理低官的例子亦较多,如《南史·恩倖·徐爰传》云:

明帝即位,以黄门侍郎,改领长水校尉,兼尚书左丞。

据《宋书·百官志》,长水校尉亦第四品,高于他所代理的尚书左丞。又如《宋书·恩倖·阮佃夫传》载阮佃夫:

与辅国将军兼骁骑将军孟次阳与二卫参员直。

按:孟次阳其时本官辅国将军第三品,所代理的骁骑将军官第四品。这都是以高官代理低官的例子。

一般说来,六朝时所出现的用于官职的“兼”,都应该读作去声,理解为代理,而与身兼两职之义无关。弄清这点,读六朝有关文献时则可以解除甚多障碍。以《南史·孔休源传》为例:

昭明太子薨,有敕夜召休源入宴居殿,与群公参定谋议,立晋安王纲为皇太子。自公卿珥貂插笔奏决于休源前,休源怡然无愧,时人名为兼天子。

这里“兼天子”之“兼”,如理解为身兼两职之义明显不可通,而作代理解则可。所谓兼天子者,意为“休源代行天子之事,故名”①。与前所引之《汉书》称王莽为“假皇帝”、“摄皇帝”意同,皆有明显的代理意义。

---

① 见台北《中文大辞典》之“兼天子”条,然此辞书于“兼”之释义中亦未指出其代理意义。

南北朝时，皇帝之倖臣中书通事舍人也多由他官所“兼”，此“兼”亦应作代理解。如《南史·恩倖·戴法兴传》载倖臣巢尚之于宋前废帝时：

> 转为抚军谘议参军，太守（按：指淮陵太守）如故。明帝初，复以尚之兼中书通事舍人，南清河太守。

按：宋明帝刘彧即位后，巢尚之于前废帝刘子业时所任职已解去，但其时称其官乃云“兼中书通事舍人，南清河太守”，而不言“南清河太守兼中书通事舍人”者，是此处之“兼”乃明显为代理之义，而非身兼两职之“兼”也。据《南齐书·倖臣传》序云：“晋令，舍人位居九品。”是中书舍人虽为皇帝的“耳目所寄”，“出内王命，由其掌握”①，权力极大，但品位却甚低，也正是因为中书舍人职位重要，故中书舍人官品虽不及郡守而叙官时乃以“兼中书通事舍人”居于南清河太守之前。这也是以高官代理低官的例子，类似情况还较多，试再列数例如下：

> （明帝）即位，除司徒参军，带薛令，兼中书舍人。（《南齐书·王谌传》）
>
> 天监十八年（519），……太后从容谓兼中书舍人杨昱曰。（《资治通鉴》卷一百四十九）
>
> 及陈武帝受禅，为秘书监，兼尚书左丞。寻以本官兼中书舍人。（《南史·江革传子德藻附传》）
>
> 元徽初（宋后废帝元徽元年，473），为奉朝请，兼中书通事舍人、员外郎，……永明初（齐武帝永明元年，483），为右军将军、淮陵太守，兼中书通事舍人。（《南史·恩倖·刘系宗传》）

以上数例中之“兼”，如作代理义时都比较容易理解，而作身兼两职之义解则往往不可通。这些都见出了“兼”一词在官职代理上的普遍用法。

---

① 《宋书》卷九十四《恩倖传序》。

南朝著名文学家鲍照于刘宋时亦任过中书舍人一职，南齐散骑侍郎虞炎《鲍照集序》云："孝武初，除海虞令，迁太学博士，兼中书舍人。"今由"兼"用于官职上的代理义，因此鲍照其时所任之职乃太学博士而代理中书舍人。

需要指出的是，"兼"的这种代理意义仅用于官职的代理上，用于其它情况时则不能作此义解。如：

> 虽居职屡徙，而常留省内，罕得休下。国史诏诰，仪体法律，军旅谋谟，皆兼掌之。(《南史·周朗传附周舍传》)
>
> (朱异)涉猎文史，兼通杂艺。博弈书算，皆其所长。(《南史·朱异传》)
>
> 黄散之职，故须人门兼美。(《陈书·文学·蔡凝传》)

以上数例，因非用于官职之"兼"，所以这种"兼"不能理解为代理义，而应当读平声，作"兼能"、"兼顾"解。

"行"的代理义虽由来已久，但古代直至新近出版的各辞书皆未指出，是今亦予以揭出，以期引起读史者的重视。此义在班固《汉书》中业已有见，《汉书·王莽传》云：

> 泉陵侯刘庆上书言："周成王幼少，称孺子，周公居摄。今帝富于春秋，宜令安汉公行天子事，如周公。"

按：刘庆奏称使安汉公王莽"行天子事"，亦即使莽代理天子之事务，此与前所引之"假皇帝"、"摄皇帝"、"兼天子"等义皆同，是此"行"亦应与"假"、"摄"、"兼"等词同，有明显的代理意义。又《三国志·魏志·武帝纪》云：

> 初平元年春正月，后将军袁术，冀州牧韩馥、豫州刺史孔伷、……济北相鲍信，同时俱起兵，众各数万，推绍为盟主。太祖行奋武将军。

按:以上乃记汉献帝初平元年(190),群雄讨伐董卓的起兵。其时各起兵将领皆汉政府正式任命的将军、刺史、守相,曹操为这次起兵的发起人,由于在此前一年,“卓(按指董卓)表太祖为骁骑校尉,欲与计事,太祖乃变易姓名,间道东归”①,所以,在初平元年群雄聚会讨伐董卓时,曹操并没有正式职务,因而他乃以“行奋武将军”的名义发起这次军事行动,即这里“行”的代理义也是甚为明显的。又如《晋书·孙恩传》云:

> 王询言于会稽王道子,流之(按指孙泰)于广州,广州刺史王怀之以泰行郁林太守,南越亦归之。

按:孙泰因罪被东晋政府流放至广州,时晋广州刺史王怀之在并未得到东晋政府任命的情况下,乃私自以泰为郁林太守。因为未得到政府的正式任命,故孙泰当时的名义是“行郁林太守”,这里“行”也有较为明显的代理意义。又如《宋书·顺帝纪》云:

> (昇明二年)夏四月……辛卯,新除镇北将军、南兖州刺史黄回有罪赐死。甲午,辅国将军、淮南宣城二郡太守萧映行南兖州刺史。……九月……戊申,行南兖州刺史萧映为南兖州刺史。

按:黄回于昇明二年(478)四月被赐死后,萧映由其属下之郡守而继任为州刺史,官品不及,故暂使之代理,而在五个月后的九月戊申,始由“行南兖州刺史”而成为正式刺史,是此处之“行”亦有明显的代理义。同此,如《宋书·孝武帝纪》:

> (孝建)二年(455)。……三月,……壬子,以行征西将军杨文智为征西将军、北秦州刺史。

《南史·梁本纪上》:

① 《三国志》卷一《魏志·武帝纪》。

(天监)六年(507)……冬闰十月乙丑,以开府临川王宏为司徒,以行太子太傅;尚书左仆射沈约为尚书令,以行太子少傅;吏部尚书袁昂为兼尚书右仆射。……十七年(518)……夏六月乙酉,中军将军、中书监临川王宏以本号行司徒。……冬十月乙亥,以行司徒临川王宏即正。

以上之“行”亦有代理义,而临川王宏以行司徒而“即正”,则“行”之代理义又甚明。再如《南齐书·沈冲传》云:

世祖为江州,冲为征虏长史、寻阳太守,甚见委遇。世祖还都,使冲行府、州事。

按:《沈冲传》所载,乃宋顺帝昇明二年事,传中所谓世祖,即后来的南齐武帝萧赜,宋顺帝时曾为江州刺史。离任后,萧赜乃使沈冲“行府、州事”。又据《宋书·顺帝纪》云:“(昇明)二年(478),……八月,……乙未,以江州刺史齐王世子为领军将军、抚军将军。丙申,以领军萧嶷为江州刺史。”可知《沈冲传》中之“使冲行府、州事”者,乃萧赜离任赴京后,萧嶷接任抵达前的暂时代理府、州事务也。此“行”实亦代理义。南北朝时的“行某州事”,“行某郡事”,皆应理解为代理某州某郡事务。又如《宋书·孔觊传》云:

六年(大明六年,462),……为寻阳王子房冠军长史,加宁朔将军,行淮南、宣城二郡事,……永光元年(前废帝永光元年即景和元年,亦即明帝泰始元年,465),……复出为寻阳王子房右军长史,加辅国将军,行会稽郡事。

按:据《宋书·孝武十四王·松滋侯子房传》,寻阳王子房大明六年“改领宣城太守,……前废帝永光元年,迁东扬州刺史,将军如故。景和元年,罢东扬州,子房以本号都督会稽、东阳、新安、临海、永嘉五郡诸军事、会稽太守”，可见孔觊其时所任乃代理寻阳王子房职务。考子房大明四年(460)时，“年五岁”，则当生于孝武帝孝建三年(456)，其于大明六年时年仅七岁，景和元年时，年亦仅十岁，以孝武第六子而得要任，并无实际处理政务能力。因其时孔觊乃代理其职能耳，是此处之“行”，仍应训为代理。再如《南齐书·陆慧晓传》载陆慧晓：

> 隆昌元年(494)，徙为晋熙王冠军长史、江夏内史，行郢州事。

按：隆昌为齐废帝郁林王年号，传中晋熙王即齐高帝萧道成第十八子萧銶，是时为冠军将军、郢州刺史。陆慧晓时任萧銶冠军长史及郢州刺史属下之江夏内史，因萧銶其时年仅十六，亦无实际处理事务之能力，故慧晓乃以江夏内史身分代理郢州事务。这与他在永明十年(492)时：

> 为西阳王左军长史、领会稽郡丞，行郡事。

之情事相仿。西阳王即齐武帝子萧子明，永明十年为会稽太守，时年十四，故陆慧晓乃以郡丞而代理郡守事务也。又如《南史·孔休源传》云：

> 后为晋安王长史、南郡太守，行荆州府、州事。

《宋书·后废帝纪》云：

> 元徽四年(476)，……八月，……乙酉，以行青、冀二州刺史刘善明为青、冀二州刺史。

以上之“行”，亦皆为资品不及时的临时代理。要之，“行”在用于以上情况时，皆应作代理之义解。这样，我们在阅读一些资料时，乃可解除不少障碍。

以上讨论了“兼”、“行”二词的代理意义，然笔者拙于见闻，不足之处，尚祈请前辈专家学者批评指正。

萧子显评传

一、命运坎坷的一代才士

萧子显(489—537),字景阳,南兰陵郡南兰陵县(今江苏常州)人。萧子显的祖先可以追溯到西汉的开国元勋萧何,萧何原居沛郡丰邑(今江苏丰县)。萧何在丰邑更具体的居住之地,《史记》卷五十三《萧相国世家》和《汉书》卷三十九《萧何传》皆没有明确的记载。据《南齐书》卷一《高帝纪上》说,萧何之孙萧彪免侍中之职后,由沛郡丰邑移居于东海兰陵县中都乡中都里(今属山东省苍山县)。晋惠帝元康元年(291),分东海郡兰陵等县另立为兰陵郡。东海萧氏自此成为兰陵萧氏,兰陵也就成了萧氏郡望之所在。西晋永嘉大乱,北方人民纷纷南下避难,中原地区掀起了大规模的移民浪潮。为了适应移民如潮水般涌入的需要,东晋政府陆续在南方为北来流民侨立州、郡、县,以为安置。《宋书》卷三十五《州郡志序》云:

> 自夷狄乱华,司、冀、雍、凉、青、并、兖、豫、幽、平诸州,一时沦没,遗民南渡,并侨置牧司,非旧土也。

《宋书》同卷于"南徐州"条下又云:

> 晋永嘉大乱，幽、冀、青、并、兖州及徐州之淮北流民，相率过淮，亦有过江在晋陵郡界者。晋成帝咸和四年，司空郗鉴又徙流民之在淮南者于晋陵诸县，其徙过江南及留在江北者，并立侨郡县以司牧之。徐、兖二州或治江北，江北又侨立幽、冀、青、并四州。安帝义熙七年，始分淮北为北徐，淮南犹为徐州。后又以幽、冀合徐，青、并合兖。武帝永初二年，加徐州曰南徐，而淮北但曰徐。文帝元嘉八年，更以江北为南兖州，江南为南徐州，治京口。割扬州之晋陵、兖州之九郡侨在江南者属焉。故南徐州备有徐、兖、幽、冀、青、并、扬七州郡邑。

即指出当时北方流民南渡时侨置州郡的情况。王仲荦《魏晋南北朝史》第五章第二节云："谭其骧教授把《宋书·州郡志》中所记载的侨州、郡、县之户口数作为南渡人口（政府的编户齐民）之约数，自永嘉截至刘宋之季，南渡人口（编户齐民）约有九十万，占当时政府编户齐民五百四十万的六分之一。当西晋太康之初，北方诸州及徐州之淮北共有户约百四十万（见《晋书·地理志》），以一户五口计，共有口七百余万，而南渡人口九十万，占北方人口总数的八分之一强。换而言之，亦即晋永嘉以来，北方平均八人之中，有一人迁徙至南方。结果使东晋、南朝所辖境域内，其政府编户齐民中六分之五为本土旧民，六分之一为北来侨民。"即可看出当时移民规模之大，数量之多。王仲荦《魏晋南北朝史》第五章第二节又云：

> 这种随便分合地区，随便侨置郡县的结果，到了后来，以今天常州一地而论，在当时就设有十五六个郡级和六十多个县级的流寓郡县。

大约也就是在永嘉以后这种大规模的移民浪潮中，兰陵萧氏在淮阴县令萧整的率领下，聚族迁徙至江南晋陵郡武进县的东城里（今江苏常州市孟河镇）。《读史方舆纪要》卷二十五《南直七·常州府·武进县》：

兰陵城。府西北六十里。晋太兴初始置南兰陵郡及兰陵县于武进界内,宋因之。亦曰东城。以在武进东也。萧道成高曾以下皆居武进之东城里。因为南兰陵人。

自从萧整率族人移居晋陵武进以后,萧氏虽然称为南兰陵人,但却是实际上的晋陵武进人。在刘宋元嘉四年(427)萧子显的祖父齐高帝萧道成出生时,兰陵萧氏已经在晋陵武进生活了一百二十多年。

萧子显的父亲萧嶷,字宣俨(444—492),生于宋文帝元嘉二十一年(404),卒于齐武帝永明十年(492),为齐高帝萧道成的次子。在刘宋末年,萧嶷先后被封为晋寿县侯、永安县公,任都督江州豫州之新蔡晋熙二郡军事、左将军、江州刺史及都督荆湘雍益梁宁南北秦八州诸军事、镇西将军、荆州刺史等职。萧道成代宋称帝以后,萧嶷被封为豫章郡王,历任都督荆湘雍益梁宁南北秦八州诸军事、南蛮校尉、荆湘二州刺史,都督扬南徐二州诸军事、中书监、司空、扬州刺史等要职。建元四年(482)三月,萧道成去世,太子萧赜继位,萧嶷进位太尉,领太子太傅等职,又进位大司马。永明十年(492)四月,萧嶷因病去世,享年四十九岁。追赠都督中外诸军事、丞相、扬州牧。

萧嶷宽厚谦让,齐高帝建元时期,太子萧赜以事违忤旨意,高帝怒而欲行废立。萧嶷为高帝次子,此时不但没有落井下石,反而对萧赜恭敬有加。所以齐武帝萧赜继位后乃对他格外优待,出幸唯使其陪从。据《南齐书》卷二十二《豫章文献王传》记载,武帝每临幸萧嶷宅,"辄极日尽饮",敕外监曰:"我往大司马第,是还家耳。"萧嶷卒后,萧赜为其素食数十日。并命当时著名文士王融为其作墓誌铭,其中有二句说:"半岳摧峰,中河坠月。"虽是溢美之辞,但武帝见后竟流涕曰:"此正吾所欲言也。"可见武帝对他的器重和信任程度之深。萧嶷晚年深怀止足,常虑盛满,每有谦退之意。永明三年(485),文惠太子萧长懋讲《孝经》毕,萧嶷即请求解去太傅之职。又因宫宴,求解其扬州刺史,以授武帝次子竟陵王子良,但皆未得到武帝的许可。

萧嶷生性仁厚,不喜闻人过失,凡左右有投书相告他人过失者,辄置于靴中,以火焚之,竟不视。宋末,萧嶷在就任荆州刺史之始,一日而释放前刺史在任时以莫须有的罪名而被拘囚的普通民众三千余人。又轻徭薄赋,以税还民,禁止诸市调及苗籍。这一系列的举措,大大减轻了人民的负担。他还重视教育,于南蛮校尉府开立学馆,置生徒四十人,并置儒林参军一人,文学祭酒一人,劝学从事二人,专门负责这一事务。在一系列的措施下,荆州大治。当时尚书仆射王俭与书赞之云:"旧楚萧条,仍岁多故,荒民散亡,实须缉理。公临莅甫尔,英风惟穆,江汉来苏,八州慕义。自庾亮以来,荆楚无复如此美政。古人期月有成,而公旬日致治,岂不休哉!"对此给予了极高的评价。建元二年(480)年末,萧嶷离荆州任还京都之时,男女民众自发相送于江津,为之垂涕者数千人,成为一时之佳话。自宋武帝以来,各州郡地方长官的俸禄及供给并没有一定标准,而是随各地的经济状况自行决定,因而许多官员为聚敛财物,往往请求至地方任职。针对这一弊政,萧嶷在齐武帝永明初,又上表建议制定明确的标准,并得到了武帝的赞同。这一建议,彻底扭转了自刘宋以来施行了六七十年的弊政,对地方官员肆意掠夺民财的举动起到了较大的抑制作用。

齐武帝性奢侈,而萧嶷则崇尚节俭,常戒諸子曰:"凡富贵少不骄奢,以约失之者鲜矣。汉世以来,侯王子弟以骄恣之故,大者灭身丧族,小者削夺邑地,可不戒哉!"永明十年临终之时,萧嶷召诸子交代后事曰:"三日施灵,唯香火、盘水、干饭、酒脯、槟榔而已。朔望菜食一盘,加以甘果,此外悉省。葬后除灵,可施吾常所乘轝扇伞。朔望时节,席地香火、盘水、酒脯、干饭、槟榔便足。虽才愧古人,意懷粗亦有在。不以遗财为累。主衣所余,小弟未婚,诸妹未嫁,凡应此用,本自茫然。当称力及时,率有为办。事事甚多,不复甲乙。棺器及墓中,勿用余物为后患也。朝服之外,惟下铁镮刀一口,作冢勿令深,一一依格,莫过度也。"萧嶷卒后,豫章王府竟然没有现钱,这虽说不上是家无余财,但这在当时皇族极端奢侈的时代,实在是难能可贵的。萧嶷卒时,子显虽然年方五岁,但家风延续,对他日后性格的形成,应该有着重大的影响。

萧嶷凡十七子,长子子廉,卒于齐永明十一年(493),其余十六人皆入梁。据《南史·豫章王嶷传》,其诸子中"有文学者子恪、子质、子显、子云、子晖”，一门多才士，与萧嶷的家风当有着相当大的关系。

萧子显幼年聪慧过人，为其父萧嶷所偏爱。永明十一年(493)七月，齐武帝萧赜病卒，八月，皇太孙萧昭业继位，史称郁林王，当时昭业年始二十岁，未经事务，又好嬉戏，国家大权遂旁落到受遗诏辅政的萧鸾(萧道成侄)手中。第二年七月，萧鸾发动宫廷政变杀萧昭业，改立昭业弟昭文，史称海陵王。同年十月，萧鸾又废萧昭文，自立为帝，是为齐明帝，改元建武，这年的十一月，萧鸾为断绝后患，又杀废帝海陵王萧昭文。齐明帝萧鸾在位的五年之中，齐高帝萧道成共十九子、齐武帝萧赜二十三子，除萧嶷这一支的子恪、子显众兄弟之外，其余皆被萧鸾斩尽杀绝。齐明帝建武元年(494)，年仅六岁的萧子显虽然被萧鸾封为宁都县(今江西宁都)侯，以示优待。但劫后余生所产生的巨大恐惧感和沉重的心理阴影，在幼小的子显心中是永远无法抹去的。这对子显性格的形成和日后《南齐书》的撰写都有着重大的影响。

齐东昏侯永元(499—501)末，子显依王子例，拜给事中。齐和帝中兴二年(502)，子显十四岁时，萧齐王朝为梁武帝萧衍所建立的梁王朝所取代。梁天监初，依禅代之例，子显被降封为宁都县子。东晋南朝易代之际，新统治者往往对前朝的王室和功臣进行大规模的杀戮，如刘裕代晋，先后杀晋中领军谢混和荆州刺史司马休之，异己的北府兵旧将兖州刺史刘藩、荆州刺史刘毅，称帝之后又鸩杀晋恭帝司马德文。萧道成代宋之前，先后杀后废帝刘昱，司徒袁粲，尚书令刘秉，荆州刺史沈攸之，称帝之后又杀宋顺帝刘準。梁武帝萧衍称帝之前，先后杀东昏侯萧宝卷，齐高帝弟始安王道生之孙湘东王萧宝晊、始安王宝览、汝南公萧宏兄弟，齐明帝之子邵陵王宝攸、晋熙王宝嵩、桂阳王宝贞，鄱阳王宝夤被迫逃至北魏，称帝之后又杀齐和帝萧宝融。在萧衍大规模的杀戮中，作为齐高帝之孙的萧子显兄弟虽然又一次幸免于难，但接踵而至的劫后余生的恐惧感在他年轻的心中又一次留下了深深的烙印。

《南史·齐高帝诸子传上》载梁天监初，萧衍曾在文德殿引见子显之兄萧子恪及萧子范，因谓之曰：

夫天下之宝，本是公器，苟无期运，虽有项籍之力，终亦败亡。宋孝武为性猜忌，兄弟粗有令名者，无不因事鸩毒，所遗唯景和。至朝臣之中，疑有天命而致害者，枉滥相继。于时虽疑卿祖，无如之何。如宋明帝本为庸常被免，岂疑得全。又复我于时已年二岁，彼岂知我应有今日。当知有天命者非人所害，害亦不能得。我初平建康城，朝廷内外皆劝我云："'时代革异，物心须一，宜行处分。'我于时依此而行，谁谓不可？政言江左以来，代谢必相诛戮，此是伤于和气，国祚例不灵长。此是一义。二者，齐梁虽曰革代，义异往时，我与卿兄弟宗属未远，卿勿言兄弟是亲，人家兄弟自有周旋者不周旋者，况五服之属邪！齐业之初，亦是甘苦共尝，腹心在我，卿兄弟年少，理当不悉。我与卿兄弟便是情同一家，岂当都不念此，作行路事。此是二义。且建武屠灭卿门，我起义兵，非惟自雪门耻，亦是为卿兄弟报仇。卿若能在建武、永元之时拨乱反正，我虽起樊、邓，岂得不释戈推奉。我今为卿报仇，且时代革异，望卿兄弟尽节报我耳。"

软硬兼施，句句暗含机锋，对子恪兄弟当有着极大的震慑力。子显当时虽然年少，未能亲历这一场景。但可以肯定的是，其兄子恪和子范一定会将萧衍所说之语郑重地宣告诸弟。所以在入梁之后，怀着极其恐惧的心情，在时刻有着性命之忧的心理阴影的笼罩之下，子显兄弟始终采取谨小慎微的态度，处处迎合萧衍的喜腴心理，也就可以理解了。

在梁朝，子显以好学多才，逐渐得到了梁武帝之器重，历任安西外兵参军，仁威记室参军，司徒主簿，太尉录事参军，太子中舍人，中书侍郎，守宗正卿，临川内史，黄门侍郎等职。子显善为文章，甚得当时著名文士之推重。《梁书》卷二五《萧子显传》说他尝著《鸿序赋》，尚书令沈约见后大为赞赏，说："可谓得明道之高致，盖《幽通》之流也。"《幽通赋》是汉代大文学家和史学家班固所创作的著名赋作，《汉书》卷一百上《叙传上》云："（彪）有子曰固，弱冠而孤，作《幽通》之赋，以致命遂志。""幽通"，谓与神灵相遇。沈约的意思是说子显此赋已经达到阐明大道的最高程度，是班固《幽通赋》一类探幽寻道的作品。子显作《鸿序赋》约在梁武帝天监七年(508),这年他年始二十岁,而沈约则已年近七十,又是当时的文坛领袖,官高位显。沈约如此器重子显,将《鸿序赋》推崇到与班固《幽通赋》同等的高度,足见子显的创作才能以及这篇赋作的不同凡响。子显对此赋也自视甚高,他在日后所作的《自序》中说:"每有制作,特寡思功,须其自来,不以力构。少来所为诗赋,则《鸿序》一作,体兼众制,文备多方,颇为好事所传,故虚声易远。"遗憾的是,此赋现今已佚失不存了。

子显有志于史学著作的撰写,入梁以后,尝采众家《后汉书》,撰《后汉书》一百卷。又在檀超、江淹等人所著齐史的基础上,撰成《齐书》(即现今传世的《南齐书》)六十卷,书成上奏,梁武帝下诏付秘阁收藏。萧衍欣赏子显的《齐书》,原因是多方面的。但在客观上,他诏付秘阁收藏的举动,对这一杰出历史著作的保存有着重大贡献。

天监十六年(517)重阳佳节,梁武帝大宴群臣,稠人广坐之中,唯独下旨子显曰:"今云物甚美,卿得不斐然赋诗。"子显即时而就,武帝见之而悦,又降旨曰:"可谓才子。"宴会后子显谓人曰:"一顾之恩,非望而至。遂方贾谊何如哉?未易当也。"一方面表现对萧衍知遇之恩的感激之情,一方面说明了他对自己的才学的高度自信。在这一时期,子显曾担任过萧统的太子中舍人一职,积极参与了以昭明太子萧统为核心的文人集团的活动,与萧统及当时众多名士多有宴饮赋诗之事。著名文士陆倕尝因事离京外出,昭明太子设宴为之饯行,子显参与盛会,作《侍宴饯陆倕应令》诗:

> 储皇饯离送,广命传羽觞。侍游追曲水,开宴等清漳。新泉已激浪,初卉始含芳。雨罢叶增绿,日斜树影长。

普通二年(521),昭明太子萧统往游钟山开善寺,进谒高僧智藏法师,行弟子之礼,并请开讲《大涅般经》,而后游寺外山曲,作《钟山解讲诗》,当时著名文士刘孝绰、刘孝仪、陆倕等纷纷作诗相和,子显也作《奉和昭明太子钟山讲解诗》一首。太子诗云:

清宵出望园，诘晨届钟岭。轮动文学乘，笳鸣宾从静。暾出岩隐光，月落林余影。纠纷八桂密，坡陁再城永。伊予爱丘壑，登高至节景。迢递睹千室，迤逦观万顷。即事已如斯，重兹游胜境。精理既已详，玄言亦兼逞。方知蕙带人，嚣虚成易屏。眺瞻情未终，龙镜忽游骋。非曰乐逸游，意欲识箕颍。

子显诗云：

嵩岳基旧宇，盘岭跨南京。睿心重禅室，游驾陟层城。金辂徐既动，龙骖跃且鸣。途方后尘合，地迥前笳清。逦迤因台榭，参差憩羽旌。高随阆风极，势与元天并。气歇连松远，云升秋野平。徘徊临井邑，表里见淮瀛。祈果尊常住，渴慧在无生。暂留石山轨，欲知芳杜情。鞠躬荷嘉庆，瞻道闻颂声。

萧统诗以魏太子曹丕自比，比子显及刘孝绰、刘孝仪、陆倕等陪从文士为曹魏文学集团中的文士王粲、刘桢等。《梁书》卷八《昭明太子传》云："性宽和容众，喜愠不形于色。引纳才学之士，赏爱无倦。恒自讨论篇籍，或与学士商榷古今，闲则继以文章著述，率以为常。于时东宫有书几三万卷，名才并集，文学之盛，晋宋以来未之有也。"子显诗表现出参与其中的喜悦。显然，子显乃是这一文人集团的积极参与者之一。

梁武帝中大通二年(530)，四十三岁的子显由黄门侍郎迁任长兼侍中。侍中得以出入禁中，是当时职掌枢密机要的亲近之职，《通典》卷二十一《职官三》："宋文帝元嘉中，王华、王昙首、殷景仁等并为侍中，情任亲密。""齐侍中。高功者称侍中祭酒，其朝会多以美姿容者兼官。""梁侍中。高功者在职一年，诏加侍中祭酒。与散骑侍郎高功者一人对掌禁令，此颇为宰相矣。"这一任命，表示萧衍已经接纳子显进入其政治集团的核心，子显长期以来的心理阴影当得到了彻底的消除。由于深爱子显的才干和谈吐时从容的风度，加上自己本身又爱好文学，富于著述，所以梁武帝萧衍对子显特别优遇，每有御筵，即以子显侍坐。《梁书》子显本传记载，一次萧衍曾从容对子显说："我造《通史》，此书若成，众史可废。”《梁书》卷三《武帝纪下》说萧衍“又造《通史》,躬制赞序,凡六百卷”(《隋书》卷三十三《经籍志二》著录梁武帝撰《通史》四百八十卷),萧衍好自夸耀,所以有这一说法。子显应声而对曰:“仲尼赞《易》道,黜《八索》,述职方,除《九丘》,圣制符同,复在兹日。”意思是说孔子赞扬《易经》之道,《八索》一类阐述八卦的典籍就废黜了;论述职方氏所掌管的档案资料,《九丘》一类记载九州地理方物的书籍就消除了。如今皇帝创作《通史》,正与此相符,这一情景,将重新出现在眼前。子显的这一回答,虽然不免有投梁武帝所好,阿谀奉承之嫌,但与萧衍的上句却十分吻合,所以当时被誉为名对。中大通三年(531),萧子显以长兼侍中领国子博士,担负着国子监的讲学任务。国子博士是国子学的最高教官,据《宋书》卷三十九《百官志上》和《南齐书》卷十六《百官志》的记载,宋、齐二代国子博士仅仅只置二人,在南朝官位相袭,梁代国子博士应该也只有二人。萧衍以子显领博士,足见对他学识的信任。在当时,梁衍所创制的经书义理,尚未立入学官,即未作为专门的课程指派专人讲解。子显到任后,即迎合了萧衍喜谀的性格,奏请将萧衍所著的经书义理,置助教一人,生徒十人,专门进行讲授。《梁书》卷三《武帝纪下》云中大通四年(432)“三月庚午,侍中、领国子博士萧子显上表置制旨《孝经》助教一人,生十人,专通高祖所释《孝经》义”,即记载了此事。《隋书》卷三十二《经籍志一》著录有梁武帝所撰的“《周易讲疏》三十五卷”,“《中庸讲疏》一卷”,“《周易大义》二十一卷”,“《周易系辞义疏》一卷”,“《毛诗大义》十一卷”,“《尚书大义》二十卷”,“《礼记大义》十卷”,“《乐社大义》十卷”,“《孝经义疏》十八卷”,这些著作,大概即是这次所增置讲授的内容。随后,子显又奏请编撰《高祖集》。《隋书》卷三十五《经籍志四》著录有“《梁武帝集》二十六卷”,注曰:“梁三十二卷”“《梁武帝诗赋集》二十卷”“《梁武帝杂文集》九卷”“《梁武帝别集》目录二卷”“《梁武帝净业赋》三卷”,应该都是在这时候开始编撰的。此外,他还奏请编撰《普通北伐记》。在梁武帝普通五年(524)六月,萧衍命员外散骑侍郎元树为平北将军、北青兖二州刺史,率众北伐。北伐军一度攻克寿阳、建陵、曲阳、武阳关、岘关等地,北魏司吾、马头、安城、荆山等地并举众降梁。普通六年春,北伐军又攻克魏南乡郡、晋城郡等地。北魏镇东将军、徐州刺史元法僧以彭城降。这次北伐虽然未能取得最终胜利,但对北魏政权还是起到了较大的威慑作用。因此,梁武帝为之而亲祠南郊,并大赦天下。子显所奏请撰写的《普通北伐记》,应该即是这次北伐的记录。萧衍笃信佛教,中大通三年(531)十一月,萧衍亲临同泰寺,升法座,为四部众说《般若经》,子显又为作《御讲摩诃般若经序》,《广弘明集》卷十九现今尚保存此文。这些举动,也更增加了萧衍对他的赏识和信任。

中大通五年(533)十月,子显又以侍中加领吏部尚书。吏部尚书在当时是掌管选举之职,地位相当显要。《资治通鉴》卷一百四十一载齐明帝永泰元年(498)事云:“上赏谢朓之功,迁尚书吏部郎。”胡三省注:“《唐六典》曰:‘吏部郎职在选举,魏晋用人,妙于时选。其诸曹郎功高者迁吏部郎,历代品秩皆高于诸曹郎。”吏部尚书的副手吏部侍郎的地位既如此重要,则吏部尚书可想而知了。萧梁一代,在子显之前任吏部尚书的有范云、王瞻、傅昭、张充、袁昂、徐勉、王暕、谢览、蔡樽、何敬容、子显之兄萧子恪、王泰等人,在子显后任吏部尚书的有张缵、刘孺、褚翔、王褒等人,若非当时著名士族中的代表人物,即是皇帝的亲信大臣。子显得任此职,可以说更是志满意得。在吏部尚书任上,他表现得格外庄重严肃,与往日柔顺的面貌形成了截然不同的对照,《梁书·萧子显传》记载说:

> 及掌选,见九流宾客,不与交言,但举扇一撝而已,衣冠窃恨之。

会见宾客而不与之交谈,仅举扇一挥,当然是高傲的表现。这种情况,与刘宋孝武帝时的吏部尚书颜竣颇为相似。《宋书》卷七十五《颜竣传》云:“孝建元年,转吏部尚书,领骁骑将军。留心选举,自强不息,任遇既隆,奏无不可。其后谢庄代竣领选,意多不行。竣容貌严毅,庄风姿甚美,宾客喧诉,常欢笑答之。时人为之语曰:‘颜竣嗔而与人官,谢庄笑而不与人官。’”《南史》卷七十四《孝义传下·谢蔺传》云:“及丁父忧,昼夜号恸,毁瘠骨立。母阮氏常自守视,譬抑之。服阕,吏部尚书萧子显嘉其至行，擢为王府法曹行参军。”显然，子显之擢拔谢蔺是公正的。其实，颜竣和萧子显的作为中央政府主管官员任用的最高官员，处世严肃不苟，少与他人交往，实在难能可贵。只有如此，才能保证选举的公正而不会任人唯亲。这一方面正如《梁书》本传所说，是他朴实无华的个性，以及对自己的才气极端自负所导致。但笔者以为，更为重要的原因恐怕是他在长期恐惧心理彻底消除以后本性的自然流露。而这种本性的自然流露，如果是萧衍的皇室成员，抑或是如琅邪王氏及陈郡谢氏那样的高门大族，其他人倒也无可奈何，而子显作为一个没落的萧齐皇室成员，一旦掌有大权，即表现出如此目空一切的行为，自然不为当世所容，从而招致了士人的广泛怨恨。同时，也给他日后带来了后患。

但是，当时的太子即后来的简文帝萧纲却独具慧眼，对子显青睐有加，每每招其饮宴。《梁书·萧子显传》记载，在一次宴会中，子显起身更衣，萧纲乃对座中客云：“尝闻异人间出，今日始知是萧尚书。”子显今存有《乌栖曲应令》三首，其云：

幄中清酒马脑钟，裾边杂佩琥珀龙。欲持寄君心不惜，共指三星今何夕？

浓黛轻红点花色，还欲令人不相识。金壶夜水讵能多，莫持赊用比悬河。

芳树归飞聚俦匹，犹有残光半山日。莫惮褰裳不相求，汉皋游女习飞流。

简文帝萧纲有《乌栖曲》四首：

芙蓉作船丝作绊，北斗横天月将落。采莲渡头碍黄河，郎今欲渡畏风波。

浮云似帐月成钩，那能夜夜南陌头。宜城酝酒今行熟，停鞍系马暂栖宿。

青牛丹毂七香车，可怜今夜宿倡家。倡家高树乌欲栖，罗帷翠帐向君低。

> 织成屏风金屈膝，朱唇玉面灯前出。相看气息望君怜，谁能含羞不自前。

湘东王即后来的梁元帝也有《乌栖曲》四首：

> 沙棠作船桂作楫，夜度江南采莲叶。复值西施新浣沙，共向江干眺月华。
>
> 月华似璧星如佩，流影澄明玉堂内。邯郸九枝朝始成，金卮玉盌共君倾。
>
> 交龙成锦斗凤纹，芙蓉为带石榴裙。日下城南两相望，月没参横掩罗帐。
>
> 七彩随珠九华玉，蛺蝶为歌明星曲。兰房椒合夜方开，那知步步香风逐。

三人所作，从意境到声韵等都颇为相似。子显诗题作“应令”，当即为应萧纲或萧绎之令而作。

子显又有《春别诗》四首，《古诗纪》云：“简文，元帝同和。”观萧纲有《和萧侍中子显春别四首》，当是子显作诗而萧纲和之，可见萧纲对子显诗作之欣赏。萧绎也有《春别应令四首》，萧绎诗题注云“和简文”，是萧纲作和诗后意犹未尽，故又命其弟湘东王萧绎和之耳。

中大通六年(534)，子显与皇太子萧纲、湘东王萧绎、御史中丞刘溉、散骑常侍王修等三十多人撰成《法宝联璧》二百二十卷，讲论佛法，萧绎亲自作《梁简文帝法宝联璧序》。《南史》卷四十八《陆杲传附陆罩传》记其事云：“初简文在雍州，撰《法宝联璧》，罩与羣贤并抄掇区分者数岁。中大通六年而书成，命湘东王为序，其作者有侍中国子祭酒南兰陵萧子显等三十人，以比王象、刘邵之《皇览》焉。”《广弘明集》卷二二载萧绎序全文并详细记载同作者姓名，除萧纲外，凡三十八人，子显居首。都可见出子显与萧纲、萧绎兄弟的亲密关系。值得一提的是，同作者之中又有子显次子萧恺，这年子显四十六岁，萧恺二十九岁。父子同聚于太子门下，共预撰述，亦可称得上是文学史的一段佳话了。

梁武帝大同三年(537),子显出为仁威将军、吴兴(今浙江湖州)太守。吴兴虽然是当时的东南大郡,土地肥美,物产丰富。南朝时期由吏部尚书出任像吴兴这样东南大郡的郡守,也并不少见。但从萧子显掌选时“见九流宾客,不与交言,但举扇一扮”的情况看,他是意欲有所作为的。因此当时出为吴兴太守,应该并非其所愿。到吴兴任所不久,子显即因病逝世,终年四十九岁。

子显卒后,梁武帝即下诏为之举哀,赠侍中、中书令。诏云:

> 仁威将军、吴兴太守子显,神韵峻举,宗中佳器。分竹未久。奄到丧殒,恻怆于怀。

对他给予了高度的评价,也对他的逝世表示了深深的哀悼。但到子显葬时请求谥号时,梁武帝却手诏曰:

> 恃才傲物,宜谥曰骄。

《集韵》卷六:“骄,惯骄不可禁之势。”因此,梁武帝加给子显的这一谥号明显带有贬意。从他死后梁武帝所下诏书的高度评价,到及葬请谥时手诏的贬抑,形成了巨大的反差,可以看出萧衍对他的态度有了截然相反的改变。这个中原因,不能不使我们想到他此前在吏部尚书任时的所为。因此,他从吏部尚书出任吴兴太守,以及卒后的谥号,笔者以为乃是窃恨之的衣冠们谗言中伤的结果。

子显卒后,梁张缵作《中书令萧子显墓志》云:

> 君状貌丘墟,风神磊落,闲瞻动于容止,英奕发于流眄。笔锋席上,皆如素蓄,切问近思,见称闲敏。帝尝顾问君曰:“我撰《通史》若成,众史可废。”乃答诏曰:“仲尼赞《易》道,黜《八索》,述职方,除《九丘》,圣制符同,复在兹日。”储君毓德少阳,情协陈阮,亲摅妙思,式表玄石。

赞美子显的风度才华，并对其生年不永深表哀悼。

子显雅好辞藻，勤于著述，据《梁书》和《南书》本传记载，其所著有《后汉书》一百卷，《齐书》六十卷，《普通北伐记》五卷，《贵俭传》三十卷，文集二十卷。此外，《隋书》卷三十二《经籍志一》著录又有子显所撰《孝经义疏》一卷，《孝经敬爱义》一卷。《隋书》卷三十三《经籍志二》著录有子显所撰《晋史草》三十卷。但以上著述除了《南齐书》和少数几篇诗文以外，其他则皆未能流传。

子显有二子，长子名序，次子名恺，二人少年时便并以才学知名于世。萧序（？—549）于梁武帝太清时（547—549）先后任太子家令、太子中庶子，并掌管记。太清二年（548），东魏降将侯景以诛朱异为名举兵叛乱，十月，侯景兵至京都建康城下。据《资治通鉴》记载，自太清二年十月侯景围城始，至太清三年（549）三月城破止，建康城被围一百三十余天，"（侯景）军中乏食，乃纵士卒掠夺民米及金帛子女，是后米一升至七八万钱，人相食，饿死者十五六"（卷一百六十一）。"自景作乱，道路断絶，数月之间，人至相食，犹不免饿死，存者百无一二"（卷一百六十二）。萧序当即于太清三年春饿死于建康城中。

子显次子萧恺（506—549），字元才，生于梁武帝天监五年（506），初为国子生，对策高第，州举为秀才。起家秘书郎，迁太子中舍人，王府主簿，太子洗马。中大同三年（537）以父丧离职。服阙，复任太子洗马，迁太子中舍人，并掌管记。累迁宣城王萧大器文学，中书郎，太子家令，又掌管记。萧恺的才学和声誉，要超过他的兄长，当时士大夫以为与其父子显可谓旗鼓相当，被称为才子。当时的太子简文帝萧纲常引见之，对其赞赏有加。约在太清元年（547）或太清二年（548）侯景叛乱围京都建康前，太子中庶子谢嘏出为建安太守。谢嘏为南期著名文人谢庄曾孙，尚书仆射谢举之子。谢嘏"风神清雅，颇善属文"，乃南朝后期陈郡谢氏的代表人物。谢嘏临行，太子萧纲于宣猷堂设宴为其饯行，并召当时的著名文士以同韵赋诗。众多文士中，萧恺所作不仅最先完成，而且文辞亦美。萧纲见后大喜。在给其弟湘东王萧绎的令书中说："王筠本自旧手，后进有萧恺可称，信为才子。"太学博士顾野王曾奉梁武帝命撰成字书《玉篇》，萧纲嫌此书详略不当，因为萧恺博学多才，于文字尤其精通，乃使之与众学士对《玉篇》进行删改。从《梁书》和《南史》的子显本传这则记载来看,今存顾野王的《字书》三十卷,最后当是经过萧恺等人删改而成。不久,萧恺乃迁任太子中庶子之职,以接替谢嘏,但尚未到任,即改任他为地位更为重要的尚书吏部侍郎。太清二年,萧恺又迁任御史中丞。侯景叛乱,萧恺于危城又升任侍中,大概也就在太清三春建康城破之际,与其兄萧序同饿死于城中,时年四十四。

萧序与萧恺的文集并已佚失,诗文亦无传者。

二、萧子显的史学著作以及《南齐书》的得失

在萧子显之前,就已经有多人以纪传体和编年体的体例分别编撰过东汉一代的历史。纪传体的东汉史除了具有官修性质的东汉刘珍等人所撰的《东观汉纪》以外,属于私人编撰且著录于《隋书·经籍志》的有三国吴谢承的《后汉书》一百三十卷,晋司马彪的《续汉书》八十篇,晋华峤的《后汉书》九十七篇,晋谢沈的《后汉书》一百卷,晋袁山松的《后汉书》九十五卷,晋薛莹的《后汉记》一百卷,晋张莹的《后汉南记》五十五卷,宋范晔的《后汉书》一百卷以及与子显同时代的王韶《后汉书》二百卷。编年体性质的则有晋袁宏《后汉纪》三十卷、張璠《后汉纪》三十卷。子显亦撰成《后汉书》一百卷,《隋书》卷三十三《经籍志二》范晔“汉书缵十八卷”下注云:“梁有萧子显《后汉书》一百卷”,是其证。《梁书·萧子显传》云:“又采众家《后汉》,考正同异,为一家之书。”可见子显尽量搜集了当时多人所撰的《后汉书》,加以考正比对,辨别真伪后进行了自己独立的《后汉书》修撰。此外,《隋书·经籍志二》亦记载子显撰有《晋史草》三十卷。遗憾的是,子显所撰《后汉书》及《晋史草》在唐代魏徵等人修撰《隋书》时已经佚失不存。而其所撰《南齐书》则作为我国的正史之一,得以流传至今。

齐高帝建元二年(480),齐设置史官,萧道成即命檀超撰写国史。檀超于永武帝永明元年(483)被杀,又命江淹续撰。此外梁沈约撰《齐纪》二十卷,吴均撰《齐春秋》三十卷,王逸《齐典》五卷,熊襄撰《齐典》十卷。江淹非史才,又任性文雅,不以著述为怀,故撰齐史最终未能完成。

子显所撰，应该是在檀超、江淹等人史作基础上所完成。书成上奏，武帝下诏付秘阁收藏。

《南齐书》的名称，从《梁书》《南史》的子显本传，以及《隋书·经籍志》、《旧唐书》卷四十六《经籍志上》、《新唐书》卷五十八《艺文志》、唐刘知几《史通》皆称《齐书》，自宋曾巩《南齐书目録序》始称《南齐书》，以别于唐李百药的《北齐书》。《新唐书·艺文志》云"萧子显《南齐书》六十卷"，又云"李北药《北齐书》五十卷"，盖已示区别。然曾巩身处北宋朝，北与辽、金对峙，与南北朝虽未尽同，然颇有相似之处，益一"南"字，或更能说明形势耳。

今存《南齐书》凡五十九卷。《梁书》《南史》子显本传及《隋书·经籍志》、《新唐书·艺文志》、《通志》卷六五《艺文志》皆谓《齐书》为六十卷，这一记载，无疑是可信的。《旧唐书·经籍志上》则谓"《齐书》五十九卷，萧子显撰"，宋高似孙《史略》亦谓："本传为《齐书》六十卷，今但存五十九卷"。宋章如愚《群书考索》卷十四《齐书类》引《馆阁书目》云：

> 梁萧子显撰，六十卷，今存五十九卷，亡其一。初江淹为《齐志》十，沈约又为《齐纪》，子显自表于梁武帝，别为此书，作纪八，志十一，列传四十。

《四库全书总目》卷四十五"南齐书"条亦云：

> 晁公武《读书志》载其《进书表》云："天文事秘，户口不知，不敢私载。"疑原书第六十卷为子显叙传，末附以表，与李延寿《北史》例同。至唐已佚其叙传，而其表至宋犹存，今又并其表佚之，故较本传阙一卷也。

是皆以为原六十卷之《南齐书》，至唐宋时已佚失一卷。而曾巩《南齐书·目录序》则云：

> 《南齐书》八纪，十一志，四十列传，合五十九篇，梁萧子显撰。

始江淹已为十志，沈约又为《齐纪》，而子显自表武帝，别为此书。臣等因校正其讹谬，而叙其篇目。

钱大昕《廿二史考异》卷二十五云：

今本《南齐书》卷十五《州郡志下》、卷三十五《高十二王传》、卷四十四《徐孝嗣传》、卷五十八《高丽传》各阙一叶，卷五十九“史臣论”亦有阙文。曾子固序但云校正讹谬，不云文有脱落，则宋时萧史固完善也。又按《史通·序例篇》云，沈、宋之志序，虽皆以序为名，其实例也。则子显当有序录一篇，刘知几犹及见之，而今失其传矣。《晋书》亦有序例一篇，今本皆无之。

晁公武与钱大昕在《南齐书》序传或序录佚失的时间上有着不同的看法，一说在唐时已佚失，一说在宋时犹存。笔者以为，钱大昕所说当更为可信一些。因为既然曾巩在《南齐书·目录序》中未提及此书的佚失问题，则宋时此书应该还是完整的。至于《旧唐书》云“《齐书》五十九卷”者，盖因《旧唐书》作者劉昫未能见到《南齐书》的完本，而仅见到五十九卷本而已。这是因为《旧唐书》的作者五代后晋的刘昫，要远早于《新唐书》的作者北宋的欧阳修和宋祁，既然《新唐书·艺文志》记载《齐书》为六十卷，则说明欧阳修与宋祁修史时所见之《南齐书》应当还是完整的本子。尽管如此，晁公武与钱大昕二人却有一共同点，即是二人皆认为此书所佚失的一篇，即是序传或序录。这一结论，至少在目前看来，还是可信的。

《四库全书总目》卷四十五云：

今考此书，《良政》《高逸》《孝义》《倖臣》诸传皆有序，而《文学传》独无序，殆亦宋以后所残阙欤？

又云：

自李延寿之史盛行，此书诵习者鲜，日就讹脱，《州郡志》及《桂阳王传》中均有阙文，无从补正。其余字句舛误，如《谢庄传》，《南史》作"诏徙越巂"，此书作"越州"；《崔怀慎传》，《南史》作"臣子两遂"，此书作"两节"者，又不可胜乙。今裒合诸本，参核异同，正其灼然可知者。其或无考，则从阙疑之义焉。

《南齐书》在流传的过程中出现了阙失和文字上的讹误，至于这些阙失是否是宋以后所造成，恐怕还很难下一断言。

《南齐书》卷五十二《文学·檀超传》：

建元二年，初置史官，以超与骠骑记室江淹掌史职。上表立条例，开元纪号，不取宋年。封爵各详本传，无假年表。立十志：《律历》《礼乐》《天文》《五行》《郊祀》《刑法》《艺文》依班固，《朝会》《舆服》依蔡邕、司马彪，《州郡》依徐爰。《百官》依范晔，合《州郡》。班固五星载《天文》，日蚀载《五行》；改日蚀入《天文志》。以建元为始，帝女体自皇宗，立传以备甥舅之重。又立《处士》《列女传》。

齐高帝萧道成乃诏大臣详议，左仆射王俭议云：

金粟之重，八政所先，食货通则国富民实，宜加编录，以崇务本。《朝会志》前史不书，蔡邕称先师胡广说《汉旧仪》，此乃伯喈一家之意，曲碎小仪，无烦录。宜立《食货》，省《朝会》。《洪范》九畴，一曰五行。五行之本，先乎水火之精，是为日月五行之宗也。今宜宪章前轨，无所改革。又立《帝女传》，亦非浅识所安。若有高德异行，自当载在《列女》，若止于常美，则仍旧不书。

最后，萧道成诏云：

> 日月灾隶《天文》,余如俭议。

檀超被杀后,齐史又由江淹续成,《南史》卷五九《江淹传》:"建元二年,始置史官。淹与司徒左长史檀超共掌其任,所为条例,并为王俭所驳,其言不行。淹任性文雅,不以著述在怀,所撰十三篇竟无次序。"又云:"凡所著述,自撰为前后集,并《齐史》十志,并行于世。"《隋书·经籍志二》于"《齐纪》二十卷,沈约撰"后云:"梁有江淹《齐史》十三卷,亡。"这次撰史,虽未完成,但在客观上,还是为萧子显此后《南齐书》的编撰创立了条例,同时也提供了大量的资料。

《南齐书》本纪八卷,记南齐七帝二十三年间之大事。志十一卷八目。计《礼志》二卷,《乐志》一卷,《天文志》二卷,《州郡志》二卷,《百官志》一卷,《舆服志》一卷,《祥瑞志》一卷,《五行志》一卷。《史通》卷十二云:

> 齐史,江淹始受诏著述,以史之所难,无出于志,故先著十志以见其才。

郑樵《通志总序》亦云:

> 江淹有言,修史之难,无出于志。诚以志者宪章之所系,非老于典故者,不能为也。不比纪传,纪则以年包事,传则以事系人,儒学之士,皆能为之,惟有志难。

《梁书·江淹传》说江淹所撰十志行于世。子显卒于侯景作乱之前,江淹所作当不致佚失。因此,子显见过江淹所作,乃是毫无疑问的。江淹十志的具体志目,我们虽然不能得知,但从《南齐书·檀超传》的记载看,还是大致可知。对照《南齐书》八志志目与檀超所立条例,我们可以看出,子显既未完全按照檀超、江淹之主张,亦未完全遵从王俭之意见立目。如檀超所立条例中,律历、郊祀、刑法、艺文、食货皆未立志,日蚀亦不依檀超条例载在《五行志》,而载于《天文志》中。帝女亦未立传,将《处士传》改为《高逸传》,以突出隐士的清高品格。又如王俭议中,以为当立《食货志》及《列女传》,《南齐书》亦未予采纳。以上皆说明萧子显《南齐书》虽然在某种程度上采用了檀超、江淹等前人的体例和史料,但并未完全沿袭前人,而是有所变革和创新。但食货及艺文,对反映当时社会经济文化发展状况关系重大,特别是《食货志》,前史多有记载,如《史记》有《平准书》,《汉书》有《食货志》。王俭议以为"金粟之重,八政所先,食货通则国富民实,宜加编录,以崇务本",其实是非常正确的,未被采纳,当是其较大的失策之处。其后《隋书》虽然予以补足,但经过梁末的侯景之乱,相关史料当已散佚不少,实在是一件遗憾之事。以志目观之,《南齐书》八志,在志目上受沈约《宋书》影响要更大一些,《宋书》八志,《南齐书》亦八志,与《宋书》不同的只是去掉《律历志》,另立《舆服志》,并将《符瑞志》改名为《祥瑞志》而已。它们提供了南齐一代典章制度发展沿革的重要材料,在书中占有重要地位。八志之中,《州郡志》与《百官志》内容较为充实。《州郡志》记载郡县设置、沿革的历史情况,为研究当时的社会制度、行政区划,以及古代的历史地理情况,提供了翔实的材料。《百官志》对于重要官职的职守、设置及变迁作了系统详细的记载,还详记了各职官的人数。总体上记载较《宋书·百官志》为详细,对研究南朝官制有着重要价值。正由于《南齐书》八志所取得的重大成功,历来得到史家的高度赞誉,刘知几《史通》卷三《书志》篇评价《宋书》与《南齐书》的《天文志》时以为"颇觉其非不遵旧例,凡所记録,多合事宜"。甚至以为:

> 寸有所长,贤于班马远矣。

我国的正史,《后汉书》的史论较之《史记》《汉书》有着较大的创新,它由"序"、"论"、"赞"三部分组成,"序"列于《皇后纪》和各列传之前,"论"置于纪传之后,"赞"又置于"论"之后,三部分相互配合,发表作者对历史事件的看法,充分表现了范晔独到的史学观。《南齐书》的史论采用《后汉书》"序"、"论"、"赞"三部分相辅相成的方法,一些传纪的序论往往能打破朝代限制,以探求各个历史事件所发生、发展和终结的整个过程。如卷五十三《良政传》史臣论云："琴瑟不调，必解而更张也。魏晋为吏，稍与汉乖。苛猛之风虽衰，而仁爱之情亦减。局以峻法，限以常条，以必世之仁未及宣理，而期月之望已求治术。先公后私，在己未易，割民奉国，于物非难，期之救过，所利苟免。且目见可欲，嗜好方流，贪以败官，取与违义，吏之不臧，罔非由此。擿奸辩伪，诚俟异识，垂名著绩，唯有廉平。今世之治民，未有出于此也。"并未沿袭《宋书·良吏传》的史论，具有较大的现实意义，也表现出作者进步的史学观。

《南齐书》纪传在叙事上颇有可取之处，其行文简洁，叙事完备，乃其突出之特点。如书中较多使用类叙法来记述各类人物，可谓甚得史法。赵翼《廿二史札记》卷九专列"齐书类叙法最善"条以叙之，云："《齐书》比《宋书》较为简净。《豫章王嶷》及《竟陵王子良》二传过为铺张，此另有他意。他如《刘善明传》所陈十一事，皆隐括其语载之。《张欣泰传》所陈二十事，只载其一条，若《宋书》必全载矣。《孝义传》用类叙法尤为得法。盖人各一传，则不胜传，而不立传，则竟遗之，故每一传辄类叙数人，如《褚澄传》叙其精于医，而类叙徐嗣医术，更精于澄。《韩灵敏传》叙其(兄)妻卓氏守节，而因及吴康之妻赵氏、蒋儁之妻黄氏、倪翼之母丁氏，传不多，而人自备载。"类叙法始创于班固的《汉书》，子显继承之，同时又借鉴沈约《宋书》之代叙法，能于一传中列述较多人物，避免了人各一传不胜其烦的弊病，显示了萧子显在历史表述上的才华。《廿二史札记》中所提到的《刘善明传》《张欣泰传》《孝义传》《褚澄传》可以说皆为典型之例。此外，卷二十三《褚渊传》、卷四十二《王晏传》《萧谌传》《萧坦之传》等传，作者在写这些人物和事件之时，表面上皆未表达作者的观点，但文中却通过前后史事的对比揭示出了人物的品格，因而节省了大量笔墨。赵翼《廿二史札记》卷十"《南史》增《齐书》处"条云："《南史》于《宋书》大概删十之三四，以《宋书》所载章表符檄，本多芜词也。于《齐》不惟不删，且大增补。以两书相较，惟《豫章王嶷》及《竟陵王子良》二传多所删削，其他则各有所增。"《南史》删减《宋书》而增补《南齐书》，本身正说明了《南齐书》的行文叙事的力求简略。但由于子显行文的求简，有时则未免失之太过，再加上他生活在崇高骈俪的齐梁时期，使得子显行文多注重藻饰，二者结合，因而也往往带来了另一弊病，即造成了《南齐书》的蹇滞和艰深，某些地方甚而有欠畅达。刘知几于《史通》卷四《序例》云："子显虽文伤蹇踬，而义甚优长。"于赞扬其义优长之同时，也批评了他行文伤于蹇踬之弊病。曾巩在《南齐书·目录序》中则批评说："子显之于斯文，喜自驰骋，其更改破析，刻雕藻缋之变尤多，而其文益下。"意思是说子显过于注重文章字里行间的修改分析，斟酌雕饰，难免伤害了文章的格调。

萧子显为南齐高帝萧道成之嫡孙，身仕梁朝，而梁武帝之父萧顺之及梁武帝萧衍则先为齐臣，在这种情况下，子显为南齐一朝修史，可以说在我们历史上是绝无仅有。这给他客观地记载历史，必然会带来某种程度上的失实。如在《高帝纪》中，对萧道成的事迹，他一方面为之粉饰夸张，一方面为之曲笔隐讳，这是完全可以理解的。如萧道成使腹心王敬则联络杨玉夫等弑宋后废帝刘昱之事，以"太祖密谋废立"一句带过，仅书杨玉夫与其党陈奉伯等二十五人同谋，以牛刀杀帝之后，将首级送与王敬则，敬则送萧道成。而在《南齐书》卷二十五《王敬则传》云："太祖命敬则于殿内伺机，未有定日。既而杨玉夫等危急殒帝，敬则时在家，玉夫将首投敬则，敬则驰诣太祖。"透露了个中讯息。萧道成代宋，亦仅载九锡文及禅位诏，冠冕堂皇，并不见逼宫痕迹。亦于《王敬则传》云："太祖将受禅，材官荐易太极殿柱，顺帝欲避土，不肯出宫逊位。明日，当临轩，帝又逃宫内。敬则将舆入迎帝，启譬令出。"透露了逼宫情形。又如齐武帝之子萧子响之死，《南齐书》卷四十《武十七王·鱼复侯子响传》云子响杀台使尹略等，"上（齐武帝）又遣丹阳尹萧顺之领兵继至，子响部下恐惧，各逃散，子响乃白服降，赐死"，似乎子响为其父萧赜所杀。《南史》卷四十四《齐武帝诸子传》则云："初，顺之将发，文惠太子素忌子响，密遣不许还，令便为之所。子响及见顺之，欲自申明，顺之不许，于射堂缢之。"则子响实为萧顺之所杀。《通鉴》卷一百三十七从《南史》所载，云："太子长懋素忌子响，顺之之发建康也，太子密谕顺之，使早为之所，勿令得还。子响见顺之，欲自申明，顺之不许，于射堂缢杀之。"《通鉴考异》道出了《南齐书》不载萧顺之杀子响之原因，曰："《齐书》曰：'子响部下恐惧，各逃散，子响乃白服出降，诏赐死。'盖萧子显为顺之讳耳。今从《南史》。"胡三省注："按顺之，梁武帝之父。萧子显者仕梁朝而作《齐书》,故《通鉴》言其为顺之讳。”再如褚渊原为宋室重臣,宋明帝时为尚书右仆射,明帝卒时受遗诏辅幼主。后见萧道成势力渐大,遂投靠萧道成,为萧道成出谋划策,反成为南齐之开国功臣。入齐后褚渊位至司徒,封南康郡公,褚渊弟澄亦仕齐为尚书。《南齐书》中不仅多方隐讳褚渊背恩丧节之事实,反而于史论中又为其背宋之举动辩解,并从而颂扬之。赞曰:“猗欤褚公,德素内充。民誉不爽,家称克隆。从容佐世,贻议匪躬。”在回护颂扬褚渊的同时,《南齐书》甚而至于连褚渊之弟褚澄失节之事亦加以回护。如在宋后废帝元徽二年江州刺史桂阳王刘休范举兵反,率众攻京都东府城。《宋书》卷九《后废帝纪》记云:“抚军典签茅恬开东府纳贼。”《南齐书》卷一《高帝纪上》云:“车骑典签茅恬开东府纳贼。”而《通鉴》卷一百三十三则记作:“抚军长史褚澄开东府门纳南军。”记开东府城门者,一为茅恬,一为褚澄。《通鉴考异》释其原因云:“《宋书》作‘抚军典签茅恬开东府纳贼’,《南齐书》作‘车骑典签茅恬’,盖皆为褚澄讳耳,今从《宋略》。”无疑,《通鉴》根据《宋略》记开东府城门者为褚澄,是完全符合历史史实的。因为《南史》卷二十三《王彧传》有以下记载:“事平,抚军长史褚澄为吴郡太守,司徒左长史萧惠明言于朝曰:‘褚澄开城以纳贼,更为股肱大郡,王蕴被甲死战,弃而不收,赏罚如此,何忧不乱!’褚彦回惭,乃议用蕴为湘州刺史。”即确凿地说明了问题。另外,子显父豫章王萧嶷于《南齐书》入传,虽属正常,但萧嶷作为萧道成次子,据前代修史之惯例,本应与齐高帝诸子合传,而《南齐书》则为其单独立传,编次置于《文惠太子传》之后,则是并不正常之举。且萧嶷为人虽然宽厚谦让,循规蹈矩,亦颇为节俭。在地方官任上,亦有轻徭薄赋,以税还民,禁止诸市调及苗籍等一系列有利于人民的政策措施。但毕竟可传之事迹并不多,而传文竟敷衍粉饰至近万字,极尽推崇之能事。在传末的史论中甚至比其为古代圣人周公,又大为过当。这些,都不免影响了《南齐书》的撰著质量。但是,萧子显以当代人写当代的历史,《南齐书》的史料比较真实可靠。书中的许多史事为作者所亲历目睹,是亲见亲闻的第一手材料。齐梁嬗代,未经战乱,原始档案材料保存完好,萧子显撰史又得到政府许可,所以他的文字材料是完整且又具权威性。《南齐书》成书之时,南齐遗臣大多数都还健在,就是梁武帝萧衍本人，也是身历宋、齐、梁三朝的人物，这些人既可以为撰史提供第一手材料，又可以对《南齐书》的历史记载进行检验、鉴别。《南齐书》经时人认可，才被作为国家典籍收存，可见它的历史记载是大致可靠的。更重要的是，《南齐书》大多能够尊重客观历史事实，保留历史的原来面貌。如对当时最高统治者的暴行不仅有所记载，而且在纪传末的论赞中，加以了较为中肯的分析总结，表达自己的看法。如明帝萧鸾之极行奢戮，尽杀齐高帝、齐武帝子孙，东昏侯萧宝卷推行暴政、恣意杀戮和奢侈淫欲如桀纣般的行为，传记中除了加以记载以外，卷六《明帝纪》史臣论又云："夫戕夷之事，怀抱多端，或出自雄忍，或生乎畏慑。令同财之亲，在我而先弃，进引之爱，量物其必远。疑怯既深，猜似外入，流涕行诛，非云义举，事苟求安，能无内愧。既而自树本根，枝胤孤弱，贻厥不昌，終覆宗社。"卷七《东昏侯纪》亦论曰："东昏侯亡德横流，道归拯乱，躬当翦戮，实启太平，推阉竖之名字，亦天意也。"又赞曰："东昏慢道，匹癸方辛。乃隳典则，乃弃彝伦，玩习兵火，终用焚身。"对野蛮统治所造成的严重后果，有很清醒的认识。又如卷四十二《王晏传》，先叙王晏与齐高帝、齐武帝的密切关系，继而写其在齐武帝死后参与齐明帝密谋，先后废郁林王萧昭业和海陵王萧昭文之事。同卷《萧谌传》先说萧谌受到齐武帝及郁林王之信任，得任卫尉，负责皇宫的安全保卫，而后则写其不仅参与萧鸾的密谋废立，而且在萧鸾夺取郁林王皇位的政变中竟然领兵先入后宫，成为废立的关键人物。同卷《萧坦之传》，先多方渲染萧坦之受郁林王之殊特信任，甚至"得入内见皇后"，后则写他成为废郁林王而拥立萧鸾的最为重要的人物。以上记载作者并未直接发表议论，而是通过前后史事的对比来揭示他们卑下的品质，即顾炎武《日知录》所谓"于序事中寓论断"。此卷卷末之史臣论则云："士死知己，盖有生所共情，虽愚智之品有二，而逢迎之运唯一。夫怀可知之才，受知人之眄，无惭外物，此固天理，其犹藏在中心，銜恩念报。况乎义早蕃僚，道同遇合，踰越胜已，顾迈先流，弃子如遗，曾微旧德，使狗之喻，人致前讥，惭包疚心，我无其事。呜呼！陆机所以赋《豪士》也。"皮里阳秋，讥讽之意相当明显。赵翼《廿二史札记》卷九"《齐书书法用意处》条"论之云："此数传皆同一用意，不著一议，而其人品自见，亦良史也。"

《南齐书》对社会现实也能如实反映，特别是对当时下层人民的痛苦有所记载。如卷四十四《沈文季传》记载唐寓之领导人民起义，揭示人民在残酷的压迫下，奋起反抗斗争，资料珍贵。卷四十《武十七王·竟陵文宣王子良传》叙述追逋租、征赋役、兴水利、垦荒田等情况，反映农业生产、剥削沉重等状况，提供了可贵的材料，可在一定程度上弥补书中无《食货志》的缺憾。《南齐书》所采纳之史料，多加甄别，能尽量做到实事求是。如卷二十五《张敬儿传》云："敬儿始不识书，晚既为方伯，乃习学读《孝经》、《论语》。于新林慈姥庙为妾乞儿祝神，自称三公。然而意知满足。"明确说张敬儿并无篡位之野心。而《南史》卷四十五《张敬儿传》则增以传闻之语，如"性好卜术，信梦尤甚，初征荆州，每见诸将帅，不遑有余计，唯叙梦云：'未贵时，梦居村中，社树忽高数十丈。及在雍州，又梦社树直上至天。'以此诱说部曲，自云贵不可言。由是不自测量，无知。又使于乡里为謡言，使小儿辈歌曰：'天子在何处？宅在赤谷口。天子是阿谁，非猪如是狗。"张敬儿出身贫困，原名苟儿，其弟原名猪儿，"非猪如是狗"，即暗示其有篡位之野心。李延寿所增补的内容，明显为不足征信的传闻之语。所以赵翼《廿二史考异》卷十"《南史》与《齐书》互异处"条云："敬儿本名苟儿，家在赤谷。敬儿少习武事，既从容都下，益不得志云。是明言敬儿有反志，与《齐书》本传不同。盖李延寿好取新奇语入史，既采社树及童谣，则传不能又谓其意存知足也。"批评李延寿因为好取"新奇"之语入史，以致改变了《南齐书》原传的本意。说明了子显下笔的审慎和对客观历史的尊重。此外，《南齐书》列传中立有《蛮传》、《芮芮虏传》、《河南氏羌传》等篇，记载各民族事务，虽很简略，仍能反映出当时的民族状况、民族问题和民族矛盾。子显是一个虔诚的佛教徒，《南齐书》中有很多篇幅对佛教传入中国及与中国传统思想融合的过程作了介绍。卷五十四《高逸传论》即为一篇颂扬佛法之专论，文中他把佛教与儒家、阴阳家、法家、墨家、纵横家、杂家、农家、道家相比，论证佛家是最优胜的。他论述佛法胜过儒家学说："佛法者，理寂乎万古，迹兆乎中世，渊源浩博，无始无边，宇宙之所不知，数量之所不尽，盛乎哉！真大士之立言也。探机扣寂，有感必应，以大苞小，无细不容。若乃儒家之教，仁义礼乐，仁爱义宜，礼顺乐和而已；今则慈悲为本，常乐为宗，施舍唯机，低举成敬。儒家之教，宪章祖述，引古证今，于学易悟；今树以前因，报以后果，业行交酬，连璅相袭。”从《后汉纪》、《宋书》到《南齐书》对佛教宣传的不断升格，我们可以比较清楚地看出佛教势力从魏晋到南朝不断发展，并取得国教地位的历史过程。对于研究传统文化和外来文化的融合与发展，也有着较大的作用。

最后，特别值得一提的是子显为科学家祖冲之立传，在卷五十二《文学・祖冲之传》中，全文记载了祖冲之于宋大明年间的《上新历表》，向世人详细介绍了创制大明新历的指导思想和大明新历的具体特点，为人们研究科技史留下了弥足珍贵的资料。在祖冲之《上新历表》后云：“事奏，孝武令朝士善历者难之，不能屈。会帝崩，不施行。”又云：“文惠太子在东宫，见冲之历法，启世祖施行，文惠寻薨，事又寝。”对祖冲之新历在宋齐二代皆未能施行深表遗憾。此外，传文又记载了祖冲之改造姚兴指南车及制造木牛流马、千里船、水碓磨的过程和机械特点。在记载祖冲之于乐游苑创造水碓磨时，特别加上“世祖亲自临视”一句，表示他这些创造在当时所引起的重视程度。至于子显将祖冲之列入《文学传》中，乃是时代使然。因为在当时，科学技术被视为雕虫小技，并不为士人所重视，这也是我国古代长期以来科学技术落后的主要原因之一。但祖冲之事迹虽然列入《文学传》中加以叙述，可传文记载的却是祖冲之的科学成就。《隋书》卷三十三《经籍志二》著录有祖冲之撰“《述异记》十卷”，《隋书》卷三十五《经籍志四》亦有“長水校尉《祖冲之集》五十一卷，亡”的记载，但在传文中则皆未曾提及。《文学传》中的传主却未见有文学创作的记载，这在我们古代的正史中极其罕见。这一事实，充分表现了子显的卓越见解和良苦用心，以及他对科学技术的高度重视，突现出了他卓越的历史见解和进步的史学观。《新唐书》卷一百三十二《刘知几传》载我国著名史学家刘知几曾云：

史有三长：才、学、识，世罕兼之，故史才少。

诚哉斯言，才学识三长，子显可谓兼之。古之良史，子显当之矣。

三、杰出的文学理论家和新变创作观的提倡者和积极实践者

子显尝作《自序》一篇，其云：

余为邵陵王友，忝还京师，远思前比，即楚之唐、宋，梁之严、邹。追寻平生，颇好辞藻，虽在名无成，求心已足。若乃登高目极，临水送归，风动春朝，月明秋夜，早雁初莺，开花落叶，有来斯应，每不能已也。前世贾、傅、崔、马、邯郸、缪、路之徒，并以文章显。所以屡上歌颂，自比古人。天监十六年，始预九日朝宴，稠人广坐，独受旨云："今云物甚美，卿得不斐然赋诗。"诗既成，又降帝旨曰："可谓才子。"余退谓人曰："一顾之恩，非望而至。遂方贾谊何如哉？未易当也。"每有制作，特寡思功，须其自来，不以力构。少来所为诗赋，则《鸿序》一作，体兼众制，文备多方，颇为好事所传，故虚声易远。

叙述他的经历和创作思想，以及受到梁武帝赏识等情形。文中，他自比古代著名的文学家唐勒、宋玉、贾谊等人，对自己的文学创作才能充满了自信。

较之在史学上的重大贡献，萧子显的文学创作成就虽然并不算很高，但他却是新变文学观的提倡者和积极的实践者，是不断追求变革的文学创作时代的一个推波助澜的人物，也是我国文学史上杰出的文学理论家。他的《南齐书》卷五十二的《文学传论》乃是我国文学批评史上的名篇杰作，无论在当时或是对后世的文学创作都产生了重大的影响。其云：

文章者，盖情性之风标，神明之律吕也。蕴思含毫，游心内运，放言落纸，气韵天成。莫不禀以生灵，迁乎爱嗜，机见殊门，赏悟纷杂。若子桓之品藻人才，仲治之区判文体，陆机辨于《文赋》，李充

论于《翰林》,张眎摘句褒贬,颜延图写情兴,各任怀抱,共为权衡。

属文之道,事出神思,感召无象,变化不穷。俱五声之音响,而出言异句;等万物之情状,而下笔殊形。吟咏规范,本之雅什,流分条散,各以言区。若陈思《代马》群章,王粲《飞鸾》诸制,四言之美,前超后绝。少卿离辞,五言才骨,难与争鹜。桂林湘水,平子之华篇,飞馆玉池,魏文之丽篆,七言之作,非此谁先。卿、云巨丽,升堂冠冕,张、左恢廓,登高不继,赋贵披陈,未或加矣。显宗之述傅毅,简文之摛彦伯,分言制句,多得颂体。裴頠内侍,元规凤池,子章以来,章表之选。孙绰之碑,嗣伯喈之后,谢庄之诔,起安仁之尘,颜延《杨瓒》,自比《马督》。以多称贵,归庄为允。王褒《僮约》,束晳《发蒙》,滑稽之流,亦可奇玮。五言之制,独秀众品。

习玩为理,事久则渎,在乎文章,弥患凡旧。若无新变,不能代雄。建安一体,《典论》短长互出;潘、陆齐名,机、岳之文永异。江左风味,盛道家之言,郭璞举其灵变,许询极其名理,仲文玄气,犹不尽除,谢混情新,得名未盛。颜、谢并起,乃各擅奇,休、鲍后出,咸亦标世。朱蓝共妍,不相祖述。

今之文章,作者虽众,总而为论,略有三体。一则启心闲绎,托辞华旷,虽存巧绮,终致迂回。宜登公宴,本非准的。而疏慢阐缓,膏肓之病,典正可采,酷不入情。此体之源,出灵运而成也。次则缉事比类,非对不发,博物可嘉,职成拘制。或全借古语,用申今情,崎岖牵引,直为偶说。唯睹事例,顿失清采。此则傅咸五经,应璩指事,虽不全似,可以类从。次则发唱惊挺,操调险急,雕藻淫艳,倾炫心魂。亦犹五色之有红紫,八音之有郑、卫。斯鲍照之遗烈也。

三体之外,请试妄谈。若夫委自天机,参之史传,应思悱来,勿先构聚。言尚易了,文憎过意,吐石含金,滋润婉切。杂以风谣,轻唇利吻,不雅不俗,独中胸怀。轮扁斲轮,言之未尽,文人谈士,罕或兼工。非唯识有不周,道实相妨,谈家所习,理胜其辞,就此求文,终然翳夺。故兼之者鲜矣。

赞曰:学亚生知,多识前仁。文成笔下,芬藻丽春。

以上有以下几个方面值得我们重视。其一，提出了“文章者，盖情性之风标，神明之律吕也。蕴思含毫，游心内运，放言落纸，气韵天成”。的见解，强调文学创作中内在精神活动的重要；指出文学创作主体的“各任怀抱”，即作家创作的个性不同，乃由“属文之道，事出于神思”而形成。与子显同时代的刘勰在《文心雕龙》中便专列“神思”一篇，云：“古人云形在江海之上，心存魏阙之下，神思之谓也。文之思也，其神远矣，故寂然凝虑，思接千载，悄焉动容，视通万里。吟咏之间，吐纳珠玉之声，眉睫之前，卷舒风云之色，其思理之致乎。”二者相互呼应，正相契合。

其二，对新兴的五言诗给予了充分的肯定。在文中，子显虽然分别赞美了四言、五言和七言诗的优秀作品，但就诗体的形式而言，他最为肯定的还是新兴的五言诗，所谓“五言之制，独秀众品”者，此前所论之四言、七言不过是作为五言之陪衬耳。这与钟嵘《诗品序》所说“夫四言文约意广，取效风骚，便可多得，每苦文繁而意少，故世罕习焉。五言居文词之要，是众作之有滋味者也”也正相一致，对六朝五言诗的兴盛和发展起到了推波助澜的重要作用。

其三，揭示文学创作经验，强调创作状态的自然性。在《自序》中，子显说他的创作乃是在“登高目极，临水送归，风动春朝，月明秋夜，早雁初莺，开花落叶”的自然景物的激发下所产生，而且在上述自然景物激发下，其创作也就“有来斯应，每不能已也”。创作对象对他形成触动，因而产生感应，出现创作冲动，无法遏止，如泉水般喷涌而出。故其创作乃，“特寡思功，须其自来”。这篇论文则与之相呼应，强调创作“委自天机，参之史传，应思悱来，勿先构聚”。这也就是说，因为创作冲动是由于外物对作家的触动而产生，所以创作应该是一种轻松的精神行为，任何苦思冥想所产生的作品都达不到高超的境界。

其四，他提出了“新变”的文学观，即“习玩为理，事久则渎，在乎文章，弥患凡旧，若无新变。不能代雄”，强调文学创作的变化。以各个不同时代的代表作家在文学创作上的差异说明每一个时代都有各自的创作特色，以说明文学创作中求新求变的重要性和必然性，明确指出了创作只知规矩前人的危害和创新求变的重要。同时又列举了前代文学大师作文求新求变而取得成功之实例，以作为他“新变”观的事实根据。略早于萧子显的文学批评巨匠刘勰于《文心雕龙》专立“通变”一篇，指出了文学创作由质朴而趋于艳丽、由简陋而趋予繁缛的变化过程，乃是时代发展的必然规律，是不可改变的历史潮流。这一观点，既体现了六朝文学求新求变的状况，更表现出了子显文学观的进步。文学创作的求新求变，虽然在南朝文人的创作实践中已成为时代潮流，但刘勰与萧子显将这种创作实践提高到理论阶段，“通变”与“新变”相呼应，则形成了一种创作的理论依据。这一理论，摒弃了保守与凝滞，具有相当的进步意义。

第五，对当时的文学状况进行了客观的分析，指出各个创作流派的特点和不足，并进而提出了他所认为的正确的创作方法和途径。齐梁时期的文坛，受刘宋诗人颜延之、谢灵运、鲍照的影响为最大，诗人争相模仿颜、谢、鲍的创作风格和形式，互为标榜因袭，形成了以颜、谢、鲍三种创作风格的流派，乃至文坛现状每况愈下。钟嵘《诗品序》即批评当时诗坛的这种状况云：“次有轻薄之徒，笑曹、刘为古拙，谓鲍照羲皇上人，谢朓今古独步。而师鲍照，终不及‘日中市朝满’，学谢朓，劣得‘黄鸟度金枝’，徒自弃于高听，无涉于文流矣。”因此，子显在《文学传论》中对这种状况进行分析批评，有着非常积极的意义。

萧子显现存诗歌，逯钦立《先秦汉魏晋南北朝诗》收录十八首。另外，《古诗纪》卷九十五及《古乐苑》卷十五收子显《陌上桑》二首，一曰：“日出秦楼明，条垂露尚盈。蚕饥心自急，开奁妆不成。”一曰：“令月开和景，处处动春心。挂筐须叶满，息倦重枝阴。”此二诗的前一首，《乐府诗集》卷二十八作无名氏作，后一首，《乐府诗集》作梁王台卿作。若《古诗纪》及《古乐苑》所载得实，则子显今存诗当为二十首。二十首中古体诗八首，乐府诗十二首。以诗体而言，则五言诗十一首，七言杂言诗九首。以内容上而言，二十首诗中，《乌栖曲应令三首》、《奉和昭明太子钟山讲解诗》、《侍宴饯陆倕应令》等五首乃奉命而作，与子显“每有制作，特寡思功，须其自来，不以力构”以及“若夫委自天机，参之史传，应思悱来，勿先构聚”的创作主张并不相合，故并无大的特色。而其余数首则可以说乃是在他新变文学观指导下的产物，其中的一些诗作也确实取得了相当的成就并有着一定的影响，如他的《燕歌行》：

风光迟舞出青苹，兰条翠鸟鸣发春。洛阳梨花落如雪，河边细草细如茵。桐生井底叶交枝，今看无端双燕离。五重飞楼入河汉，九华阁道暗清池。遥看白马津上吏，传道黄龙征戍儿。明月金光徒照妾，浮云玉叶君不知。思君昔去柳依依，至今八月避暑归。明珠蚕茧勉登机，郁金香花特香衣，洛阳城头鸡欲曙，丞相府中乌未飞，夜梦征人缝狐貉，私怜织妇裁锦绯。吴九郑绵络，寒闺夜被薄。芳年海上水中凫，日暮寒夜空城雀。

采用杂言歌行体的形式，用典而不滥，切对而不拘，辞藻华美而无刻意堆砌之弊，细腻传神地表现出了思妇秋夜怀人的复杂情感。再看他的《春别诗四首》：

翻莺度燕双比翼，杨柳千条共一色。但看陌上携手归，谁能对此空相忆。

幽宫积草自芳菲，黄鸟芳树情相依。争风竞日常闻响，重花迭叶不通飞。当知此时动妾思，惭使罗袂拂君衣。

江东大道日华春，垂杨挂柳扫轻尘。淇水昨送泪沾巾，红妆宿昔已应新。

衔悲揽涕别心知，桃花李花任风吹。本知人心不似树，何意人别似花离。

采用的依然是与当时文坛所认为的七言俗体，以春景作烘托，描绘女子送别亲人的依恋情深，特别是末首以人心与树的对比，委婉细腻地表现了该女子"一别无见期"的内心痛苦。以上二题五首，既不同于谢灵运诗的辞藻繁密，即所谓"托辞华旷"；也不同于鲍照的俗艳，即"发唱惊挺，操调险急，雕藻淫艳，倾炫心魂"；更不同于颜延之诗的雅丽典奥，即"缉事比类，非对不发"和"唯睹事例，顿失清采"，可谓是"吐石含金，滋润婉切。杂以风谣,轻唇利吻,不雅不俗,独申胸怀”之作,表现了作者深厚的艺术功力。对后代歌行体的发展起到了较大的作用。这一类诗作,还是应该引起我们的重视的。

需要指出的是,在创作风格上,子显虽然并不完全赞同鲍照诗的俗艳,但创作倾向上却比较接近鲍照,受鲍照诗风的影响颇为明显,如他的《咏苑中游人》、《南征曲》、《桃花曲》等短诗就与鲍照的《王昭君》、《采菱歌》、《夜听声》等颇为相似。其《春闺思》云:“金羁游侠子,绮机离妾思。春度人不归,望花尽成叶。”而鲍照的《夜听声》则云:“辞乡不觉远,欢寡忧自萦。何用慰秋望,清烛视夜翻。”二者异曲而同工。但他受鲍照诗影响最为明显的则是七言杂诗体诗歌《春别》四首、《乌栖曲应令》三首、《从军行》以及《燕歌行》。《从军行》云:“左角明王侵汉边,轻薄良家恶少年。纵横向沮泽,凌厉取山田。黄尘不见景,飞蓬恒满天。邀功封浞野,窃宠劫祁连。春风春月将进酒,妖姬舞女乱君前。”不仅在体裁上,而且在结构和声调上都与鲍照的《拟行路难》相近似。其《春别》四首之二云:“幽宫积草自芳菲,黄鸟芳树情相依。争风竞日常闻响,重花叠叶不通飞。当知此时动妾思,惭使罗袂拂君衣。”也显然得力于鲍照的《代白纻舞歌辞》四首之四:“池中赤鲤庖所捐,琴高乘去腾上天。命逢福世丁溢恩,簪金藉绮升曲筵。思君厚德委如山,洁诚洗志期暮年。乌白马角宁足言。”说明了他新变的文学观与鲍照创作的接近。因此,他在评论当时文坛三派时比较的倾向鲍照体,而对谢灵运和颜延之二人提出了较为严厉的批评,也就在情理之中了。

四、关于《南齐书·文学传论》对文坛三派的评价

《文学传论》论谢灵运一派的创作特点云:“启心闲绎,托辞华旷。”这与钟嵘《诗品》论谢灵运诗所谓之“名章迥句,处处间起;丽典新声,络绎奔会”以及《南史》卷三十四《颜延之传》所载“延之尝问鲍照,己与灵运优劣。照曰:‘谢五言如初发芙蓉,自然可爱。’”颇相一致,是对谢灵运诗的赞美之辞。但接着又说“虽存巧绮,终致迂回,宜登公宴,本非准的”,则开始了对学大谢诗派的批评,而后又更指出了此派诗作“疏慢阐

缓”的膏肓之病所造成的“酷不入情”的致命弱点。“情”历来被认为是文学创作的一大关键，刘勰《文心雕龙》即专列《情采》篇以论之，以为“情者文之经”，乃“立文之本源”，又说“繁采寡情，味之必厌”。梁简文帝萧纲在《与湘东王书》中也说：“比见京师文体，懦钝殊常，竞学浮疏，争为阐缓，玄冬修夜，思所不得。既殊比兴，正背风骚。若夫六典三礼，所施则有地；吉凶嘉宾，用之则有所。未闻吟咏情性，反拟《内则》之篇，操笔写志，更慕《酒诰》之作，迟迟春日，翻学《归藏》，湛湛江水，遂同《大传》。”因此，萧子显以为这一派诗人的“典正”之作“酷不入情”，显然是对学大谢诗派提出的相当严厉的批评。事实上，即如谢灵运本人的诗作也确实存在着这种弊病，即便如一些为人传颂之作品亦是如此。如其《于南山往北山经湖中瞻眺》诗，描摹景物，极态尽妍，声色俱现，其“初篁”四句，由静而动，活泼生动地再现了绚丽多彩的春景和大自然的勃勃生机，饶有自然之情趣。陈祚明《采菽堂古诗选》论此诗说：“由‘初’字，‘新’字，得‘苞’字，‘含’字；觉‘绿’字，‘紫’字，鲜翠可餐，‘戏’字，‘弄’字，禽鸟灵动；大妙在‘春岸’、‘和风’情迈。”乃写景诗的上乘之作。但是不可讳言的是，此诗从整体来看又有雕琢冗滞之弊，且难以推测诗人的内在情感。《南史》卷四十三《齐高帝诸子传下·武陵昭王晔传》载武陵王晔“学谢灵运体，以呈高帝。帝报曰：‘见汝二十字，诸儿作中，最为优者。但康乐放荡，作诗不辨有首尾，安仁、士衡深可宗尚，颜延之抑其次也。”萧道成推崇潘岳、陆机而贬抑大谢，固然有其局限，但其论谢诗“不辨有首尾”，却颇有见地。灵运如此，后人学灵运诗者，文才又远逊于谢，造成“阐缓疏慢”典正无情之作，诚有以也。

《文学传论》又论颜延之派诗人的诗作云：“缉事比类，非对不发，博物可嘉，职成拘制。或全借古语，用申今情。”尖锐而准确地道出了这一派诗人诗作之弊，过度地追求对偶和典故，使他们的诗作大多显得板滞而了无生气。此种作文之弊，同时代的批评家已多有指出，钟嵘《诗品》云：“至于吟咏情性。亦何贵于用事？‘思君如流水’，既是即目；‘高台多悲风’，亦惟所见；‘清晨登陇首’，羌无故实；‘明月照积雪’，讵出经史？观古今胜语，多非补假，皆由直寻。颜延、谢庄尤为繁密，于时化之：故大明、泰始中，文章殆同书钞。”近代评论家于此则更多针砭。章太炎《国故论衡》曰："《诗品》云颜延之喜用古事，弥见拘束，任昉博物，动辄用事，所以诗不得奇。寻此诸论，实诗人之药石。但颜、任诸公，足诒书钞之诮。"可见萧子显对颜延之派诗人的这种创作方式颇为不满，批评也是相当激烈的。

《文学传论》针对当时文坛三种创作倾向的分析批评，实际上在某种程度上也代表了萧子显对刘宋文坛三杰谢灵运、颜延之和鲍照的评价。其所论鲍照一派的几句，今人多以为是对鲍照文学创作特别是乐府诗创作的轻视和否定，甚者乃至以为是正统文人对鲍照的诬蔑和诽谤。仅从表面看，萧子显对鲍照的创作确有不满之处，甚至提出了颇为严厉的批评。但仅据此表面的批评而以为萧子显否定或轻视鲍照的创作，却是和子显"新变"的文学创作观背道而驰的错误见解。

首先，笔者以为上述议论对谢灵运、颜延之派的创作提出较之鲍照一派更为严厉的批评。分析了《文学传论》对谢灵运、颜延之的批评以后. 我们已经可以说此文并不是萧子显专对鲍照创作或鲍照一派的攻击，而是从他的文学观出发，对当时文坛三派的客观评价。钟嵘《诗品》论鲍照诗云："骨节强于谢混，驱迈疾于颜延。"许文雨《诗品讲疏》曰："明远之诗，任举其一首. 靡不骨节坚强，如《秋日示休上人》起云：'枯桑叶易零，疲客心易惊。今兹亦何早，已闻络纬鸣。'何其出语之挺拔耶！"萧子显谓鲍照派"发唱惊挺"，应该正指此种风格而说，谓鲍照诗出语惊人挺拔，骨力强劲，具有强烈奔放的感情和激动人心的力量。此与敖器之《诗评》所谓"鲍明远如饥鹰独出，奇矫无前"，陆时雍《诗镜总论》所谓"鲍照材力标举，凌厉当年。如五丁凿山，开人世所未有"，其实正相一致，可说并非对鲍诗的贬抑之辞。鲍照《拟行路难》十八首之四："泻水置平地，各自东西南北流，人生亦有命，安能行叹复坐愁！酌酒以自宽，举杯断绝歌路难：心非木石岂无感，吞声踯躅不敢言。"沈德潜《古诗源》论之云："起手无端而下，如黄河落天走东海也。"其气势如山洪之倾泻，如江河之奔腾，给人以振奋和力量，正是此种风格的代表作。至于"操调险急"这一评论，据《南史》卷三十四《周朗传附周弘正传》云："刘显将之寻阳，朝贤毕祖道。显悬帛十匹，约曰：'险衣来者以赏之。'众人竟改常服，不过长短之间。显曰：'当有甚于此矣。'既而弘正绿丝布袴，绣假种，轩昂而至，折标取帛。”周弘正南朝梁人，与萧子显同时，可见其时对“险”字的理解即为“奇”之意。《太平广记》卷一百九十八引宋庞元英《谈薮·沈约》：“(吴)均又为诗曰：‘秋风泷白水，雁足印黄沙。’沈隐侯约语之曰：‘印黄沙语太险。’”是其证。即萧子显所说“操调险急”之“险”当亦“奇”之义耳。后人乃多有以“奇险”称绝照之诗作的，这就是说“操调险急”乃谓鲍诗之造语新奇和音调的急迫不舒缓。与萧子显同时代的钟嵘在《诗品》中溯及鲍诗渊源时云：“其源出于二张，善制形状写物之词，得景阳之諔诡，含茂先之靡嫚。”“諔诡”，亦即造语奇谲变幻之意。可见时人对鲍照所作“奇”的看法，还是较为一致的。后人于鲍照作品之特色.说得较多的，也是“奇”。钟惺《古诗归》说：“鲍照能以古诗声格作乐府，以五言性情人七言。别有奇响异趣。”何焯《义门读书记》说：“鲍诗中过事夸饰，奇之又奇。”丁福保《八代诗菁华录笺注》说：“明远独俊逸，又时出奇警，所以独步千秋，衣被百世。”皆是其例，且皆为褒扬之语。于光华《文选集评》引孙月峰论鲍照《咏史》诗时以为此诗“与太冲‘济济京城’篇同格，而以险急之调出之，故更觉雄拔劲快”，直以“险急之调”所产生的艺术效果为“雄拔俊快”；黄节《鲍参军诗注序》说：“明远善自造辞，章法奇变.有类楚骚。”甚而以鲍照“奇变”章法之作比之屈原《离骚》等作，可谓赞誉之词，无以复加。因此，无论是从当时看，还是从后世看，萧子显所论鲍照的“操调险急”之语，皆不能看作是对鲍照创作的贬抑或否定。

南朝时期，文学创作上追求辞藻声貌，成了时代的趋势，也是当时批评家相当重视的方面。萧统《文选》选文标准的重点之一即是辞采之华美，《文选序》云：“若其赞论之综缉辞采，序述之错比文华，事出于沈思，义归乎翰藻。故与夫篇什，杂而集之。”钟嵘《诗品序》论诗亦以为“干之以风力，润之以丹采：使味之者无极，闻之者动心，是诗之至也”，至于一般人士，则尤致力于斯，《诗品》在论及齐谢超宗、丘灵鞠、刘祥、檀超、钟宪、颜则、顾则心诸人诗时说：“余从祖正员(福林按：指钟宪)常云：‘大明、泰始中，鲍、休美文，殊已动俗，惟此诸人，傅颜、陆体，用固执不移，颜诸暨最荷家声。’”(据中华书局点校本何文焕辑《历代诗话》)《诗品序》云：“次有轻薄之徒，笑曹、刘为古拙，谓鲍照羲皇上人，谢朓古今独步。而师鲍照,终不及‘日中市朝满’,学谢朓,劣得‘黄鸟度青枝’。徒自弃于高明,无涉于文流矣。”于此,许文雨《诗品讲疏》云:“今观此语.尤见齐梁士俗,尊鲍之甚矣。鲍诗之流为梁代侧艳之词,及此体之风靡一世,均于此觇之。”可见其时文坛对鲍照等人华美文辞之重视,作为那个时代的诗人和批评家,萧子显受此风气之影响乃是相当大的,《南齐书·文学传赞》即有“文成笔下,芬藻丽春”之说。由此看来,子显之所谓“雕藻淫艳,倾炫心魂”者,也并非完全是对鲍的否定和贬抑之辞。当然,雕藻而至于“淫”,自是严重不足,但却不是全盘的否定,更不是恶意攻击,而是由其自身文学观出发而作出之客观评价。

再看萧子显论鲍照作品所云之“亦犹五色之有红紫,八音之有郑卫”,红紫非正色;郑卫乃靡靡之音,非正音。非正则俗.子显的这个看法,正代表了当时文坛批评家对鲍照作品的普遍认识。虞炎于《鲍照集序》说鲍照作品“虽乏精典,而有超丽”,非精典则俗矣。《诗品》论鲍照诗亦谓“颇伤清雅之调,故言险俗者,多以附照”。观时人以鲍照诗为俗之原因,大抵有二点。其一乃指其诗歌的创作内容,另一乃指其诗歌之体裁。就内容而言,鲍照诗作,尤其是乐府诗之创作较多地表现了怀才不遇的愤懑与牢骚,对魏晋以来长期持续的门阀制度予以了尖锐之揭露与猛烈抨击,对处于社会底层之士兵及劳动人民寄以了无限之同情,表现出了与当时士族文人格格不入的感情,而少有颜延之诗常有的“崇闳典则,有海岳殿阁气象”(方东树《昭昧詹言》)的庄重典雅,雍容华贵;也较少谢灵运的一些以悠然自得的局外人的闲适心情所写的山水诗。东晋南朝僻处一隅,可是士大夫却以纵情山水为风雅,因此,模山范水,流连光景之作一时成为士大夫文人追求之目标。《文心雕龙·物色》云:“山林皋壤,实乃文章之奥府。”《世说新语·赏誉》载孙绰讽刺卫君长云:“此子神情都不关山水,而能作文?”所以,谢灵运的山水诗颇符合当时士大夫口味,而鲍照的写景诗作则带有明显的肃杀和艰险的情调,从而导致士大夫之反感,被认为俗也就是颇为自然之事。另一方面,鲍照的诗歌创作,较多以乐府诗,特别是以七言和杂言乐府诗的形式出现,而这却正是当是士族文人所不屑的。《诗品》论宋汤惠休诗云:“惠休淫靡,情过其才,世遂匹之鲍照,恐商、周矣。羊曜璠云:‘是颜公忌鲍之文，故立休、鲍之论。'"《南史·颜延之传》载云："延之每薄汤惠休诗，谓人曰：'惠休制作，委巷中歌谣耳，方当误后生。"汤惠休以委巷中歌谣而遭非议，正指他诗歌创作乐府化倾向而言，"委巷中歌谣"，俗之甚矣。在这一方面，汤惠休和鲍照是一致的。《南齐书》卷三十三《王僧虔传》载僧虔上表云："自顷家竞新哇，人尚谣俗，务在噍杀，不顾音纪，流宕无崖，未知所极，排斥正曲，崇长烦淫。"《南史》卷十八《萧思话传附萧惠基传》云："自宋大明以来，声伎所尚多郑、卫，而雅乐正声，鲜有好者。惠基解音律，尤好魏三祖曲及《相和歌》，每奏辄赏悦不已。"从目前尚保存的南朝诗歌来看，其中七言、杂言乐府诗，宋有谢灵运三首，谢惠连五首，何承天六首，汤惠休四首，谢庄四首，吴迈远一首；齐有陆厥一首，释宝月一首；梁则亦仅有数首。著名士族文人颜延之、谢朓、沈约等则皆无一首，而鲍照则有三十多首。从这一点来说，时人以鲍照诗为俗，以为其诗"亦犹五色之有红紫，八音之有郑卫"，乃是极为自然的，此与《诗品》论鲍诗所谓"颇伤清雅之调，故言险俗者，多以附照"，又颇为一致。而《诗品》论诗仅就五言诗而论，不取七言、杂言的根本原因其实也就是七、杂言诗歌在当时乃被认为是俗体，更何况鲍诗又是用这种诗体来抒写与士大夫们格格不入的思想感情呢？然而，值得注意的是，萧子显虽于鲍诗之俗颇有不满，但他却又不十分反对俗，只是反对过俗而已，所以他在《文学传论》中又力主"不雅不俗，独中胸怀"之作。由上文分析可见，萧子显在《南齐书·文学传论》中对当时盛行文坛之三派皆有批评，而对颜、谢的批评程度之激烈似又明显超过鲍，因而不能看作是对鲍照的否定或贬抑，而是从他的"新变"文学观出发所作出的客观的评价。从另一方面看，《南齐书·文学传论》为萧子显为阐述他文学观点而发，评价当时的文坛三派，乃是为提出自己的创作主张而服务。文中，他提出了"属文之道，事出神思，感召无象，变化不穷。俱五声之音响，而出言异句；等万物之情状，而下笔殊形"的观点，强调文学创作的变化。明确指出了创作只知规矩前人的危害和创新求变的重要。并列举前代文学大师作文求新求变而取得成功之实例，即所谓"朱蓝共妍．不相祖述"而各擅奇者，以作为他"新变"创作观的事实依据。其中有云："休、鲍后出，咸亦标世。"谓汤惠休、鲍照后出，以求新变而标世。

《晋书》卷八十《王羲之传附王桢之传》云:“桓玄为太尉,朝臣毕集,问桢之:‘我何如君亡叔(福林按:指王献之)’在坐咸为气咽。桢之曰:‘亡叔一时之标,公是千载之英。’一坐皆悦。”可见萧子显以汤惠休及鲍照之诗作标世者,乃是溢美之辞也。由此亦可见出,萧子显论文坛三派,并非对鲍照的否定和贬抑是颇为明显的。叶燮《原诗》云:“即如左思去魏未远,其才岂不能为建安诗耶?观其纵横踯躅,睥睨千古,绝无丝毫曹、刘余习。鲍照之才,迥出侪偶,而杜甫称其俊逸,夫俊逸则非建安本色矣。千载后无不击节此两人之诗者,正以其不袭建安也。”正因为左思、鲍照这种不因袭前人,大胆创新,力求变革的文风与萧子显的“新变”文学观相一致,从而导致了他对颜、鲍、谢创作的态度较为倾向鲍照,而不是否定和贬抑鲍照。《梁书·萧子显传》云:“子显性凝简,颇负其才气。”这种恃才傲物的性格正是他对当时文坛现状不满而提出变革主张的内在原因。

再看萧子显所提出的他所认为的适合时代的新文体,首先针对颜延之“全借古语,用申今情”之弊,提出“委自天机,参之史传,应思悱来,勿先构聚”的主张,这是因为他并没有否定用典,而是反对用典过滥所致。接着针对谢灵运“疏慢阐缓”、“终致迂回”之弊而提出“言尚易了,文憎过意,吐金含石,滋润婉切”的主张。由于他不仅不完全反对七、杂言形式的乐府体诗歌,同时反而较多地尝试了民间歌谣体诗歌的创作,所以其后又针对鲍照“雕藻淫艳,倾炫心魂”之“俗”,提出了“杂以风谣,轻唇利吻,不雅不俗,独中胸怀”的主张,反对过俗。力图布新除旧,从而开创出新一代的文风。因此,他对当时文坛三派的批评,并非针对某一派或某一人的攻击,而是代表了当时不满于现状的文人革新文风的积极追求,是改革者的大胆探索。

最后必须指出的是,萧子显的上述文学创作观与当时流行的宫体诗的创作理论有着较大的质的区别,《南史》卷八《梁太宗简文帝纪》云:“雅好赋诗,其自序云:‘七岁有诗僻,长而不倦。’然帝文伤于轻靡,时号‘宫体’。”刘肃《大唐新语》云:“梁简文帝为太子,好作艳诗,境内化之,浸以成俗,谓之‘宫体’。”也就是说萧纲等人所制作的轻靡的宫体诗即为艳诗,用萧纲自己的话来说就是“立身之道与文章异,立身先须谨重,文章且须放荡”(《诫当阳公大心书》),梁元帝萧绎《金楼子·立言》也提出“至如文者,惟须绮縠纷披,宫徵靡曼,唇吻遒会,情灵摇荡”的观点。在这种轻艳文风的笼罩下,萧子显表现出了他过人的见解和特立独行的性格,显示了他既有继承,又有创新的进步文学观。

萧子显年谱

萧子显，字景阳，南兰陵郡兰陵县(今江苏常州)人。

按：子显字景阳，见《梁书》卷三十五及《南史》卷四十二子显本传。

又按：《南史》卷四《齐高帝纪》："齐太祖高皇帝讳道成，字绍伯，小字斗将，姓萧氏。其先本居东海兰陵县中都乡中都里，晋元康元年，惠帝分东海郡为兰陵，故复为兰陵郡人。中朝丧乱，皇高祖淮阴令整，字公齐，过江居晋陵武进县之东城里，寓居江左者，皆侨置本土，加以南名，更为南兰陵人也。"《南齐书》卷一《高帝纪上》："萧何居沛，侍中彪免官居东海兰陵县中都乡中都里。晋元康元年，分东海为兰陵郡。中朝乱，淮阴令整字公齐，过江居晋陵武进县之东城里。寓居江左者，皆侨置本土，加以南名，于是为南兰陵兰陵人也。"子显为齐高帝萧道成之孙，亦南兰陵郡兰陵县人。

齐高帝萧道成孙，豫章王萧嶷子。

按：见《梁书》及《南史》子显本传。

齐武帝永明七年　己巳　(489)　萧子显一岁

按：《梁书》子显本传："大同三年，出为仁威将军、吴兴太守，至都未几，卒，时年四十九。"今自梁武帝大同三年(537)年溯，则子显生于今岁。

齐永明十一年　癸酉　(493)　萧子显五岁

正月,齐文惠太子萧长懋卒。

按:齐文惠太子长懋之卒,《南史》卷四《齐武帝纪》纪在今岁正月乙亥日,《南齐书》卷三《武帝纪》、《通鉴》卷一百三十八记在正月丙子日。据中华书局点校本《南齐书·武帝纪》校勘记,应以乙亥日为是。是月壬子朔,乙亥为二十四日。

四月,立文惠太子萧长懋长子昭业为皇太孙。

按:见《南齐书》卷三《武帝纪》。

七月,齐武帝卒。皇太孙萧昭业即位,史称为郁林王。

按:齐武帝萧赜卒于是月戊寅,为月之三十日,是年五十四岁。萧昭业于武帝卒之同日即位,时年二十一岁。事见《南齐书》卷三《武帝纪》、卷四《郁林王纪》。

今岁,诗人王融卒,时年四十七。

按:见《南齐书》卷四十七《王融传》。

齐明帝建武元年(齐郁林王隆昌元年　海陵王延兴元年)　甲戌(494)　萧子显六岁

正月,改元隆昌。

按:见《南齐书》卷四《郁林王纪》。

二月,齐武帝次子竟陵王子良卒。

按:见《南齐书》卷四《郁林王纪》、卷四十《武十七王·竟陵文宣王子良传》。

七月,西昌侯萧鸾废杀萧昭业,立齐文惠太子萧长懋次子新安王昭文为帝,史称海陵王,改元为延兴。十月,萧鸾以皇太后令废昭文为海陵王。萧鸾即帝位,是为齐明帝,改元建武。十一月,明帝萧鸾弑废帝萧昭文。

按:事见《南齐书》卷四《郁林王纪》、卷五《海陵王纪》、卷六《明帝纪》。

齐明帝建武二年　乙亥　(495)　萧子显七岁

今岁，子显封宁都县侯。

按：《梁书》子显本传："幼聪慧，文献王异之，爱过诸子。七岁，封宁都县侯。"

齐明帝永泰元年(建武五年)戊寅(498)　萧子显十岁

正月，齐明帝萧鸾杀齐高帝、武帝子孙十王，高、武诸子皆尽。

按：见《通鉴》卷一百四十一。

四月，齐明帝改建武为永泰。七月，齐明帝萧鸾卒，太子萧宝卷继位，史称东昏侯。

按：见《南齐书》卷六《明帝纪》、卷七《东昏侯纪》。

齐东昏侯永元元年己卯(499)　萧子显十一岁

正月，东昏侯改元永元。

按：见《南齐书·东昏侯纪》。

今岁，诗人陆厥卒，时年二十八。

按：见《南齐书》卷五十二《文学·陆厥传》。

齐永元二年　庚辰　(500)　萧子显十二岁

三月，齐平西将军崔慧景于南兖州之广陵举兵反，率众攻陷京都建康。四月，豫州刺史萧懿击破崔慧景军，崔慧景被杀。十月，东昏侯杀尚书令萧懿。

按：事见《南齐书》之《东昏侯纪》、卷五十一《崔慧景传》。

十一月，萧懿之弟齐雍州刺史萧衍于襄阳举兵反。

按：《南史》卷六《梁武帝纪》："以十一月乙巳召僚佐集于听事，告以举兵。是日建牙，出檀溪竹木装舸舰，旬日大办。百姓愿从者，得铁马五千匹，甲士三万人。"《梁书》卷一《武帝纪上》所载略同。《南齐书·东昏侯纪》则云是年"十二月，雍州刺史梁王起兵于襄阳"，《南齐书·东昏纪》恐是据奏到之日而书，故记在十二月。萧衍之起兵，其实在今岁十一月，《通鉴》卷一百四十三据《梁书》《南史》，是也。

西中郎将、南郡太守萧颖胄奉南康王萧宝融起兵于荆州,萧衍亦尊奉萧宝融。

按:事见《南齐书》卷八《和帝纪》、《通鉴》卷一百四十三。萧宝融为齐明帝萧鸾第八子,东昏侯宝卷弟。

今岁,科学家祖冲之卒,时年七十二。

按:见《南齐书》卷五十二《文学·祖冲之传》。

齐和帝中兴元年(东昏侯永元三年) 辛巳 (501) 萧子显十三岁

子显拜给事中。

按:《梁书》子显本传:"永元末,以王子例拜给事中。"今岁三月,南康王宝融即位于江陵,改永元三年为中兴元年。是子显之拜给事中当在今岁三月之前,姑系之于此。

三月,南康王萧宝融即帝位于荆州江陵,大赦,改永元三年为中兴元年。遥废萧宝卷为涪陵王,以萧颖胄为尚书令,萧衍为尚书左仆射、征东大将军、都督征讨诸军事,起兵往攻京都建康。

按:见《南齐书·和帝纪》、《梁书·武帝纪上》、《通鉴》卷一百四十四。

十二月,兼卫尉张稷等杀萧宝卷,送首于萧衍军。萧衍率军入京都,废萧宝卷为东昏侯。

按:见《南齐书·东昏侯纪》《梁书·武帝纪上》。东昏侯萧宝卷被杀时年十九岁。

梁武帝天监元年(齐中兴二年) 壬午 (502) 萧子显十四岁

正月,萧衍进位相国,总百揆,扬州牧,封十郡为梁公,备九锡之礼。二月,萧衍进爵为梁王,增封十郡。三月,齐和帝萧宝融自江陵东下,至姑孰,下诏禅位于萧衍。

按:见《南齐书·和帝纪》《梁书·武帝纪上》。和帝一行至姑孰在三月庚戌,为月之二十二日,禅位在是月丙辰,为月之二十八日。和帝至姑孰后即为萧衍留止不前。姑孰,今安徽当涂。

四月,萧衍即帝位,是为梁武帝。改齐中兴二年为梁天监元年。封齐和帝为巴陵王,寻杀之于姑孰。

按:见《梁书》卷二《武帝纪中》、《南史·梁武帝纪》。萧衍即帝位并改元在是月丙寅,为月之初八日。以齐和帝为巴陵王在是月丁卯,为月之初九日。齐和帝萧宝寅被杀在是月戊辰,为月之初十日。齐和帝萧宝寅被杀时年十五岁。

子显由宁都县侯降封为宁都县子。

按:《梁书》子显本传:"天监初,降爵为子。"禅代之降封,应在今岁四月梁武帝即位后不久,故系之于此。

今岁,诗人刘绘卒。

按:见《南齐书》卷四十八《刘绘传》。

梁天监二年　癸未　(503)　子显十五岁

今岁,诗人范云卒,时年五十三。

按:见《梁书》卷十三《范云传》。

梁天监四年　乙酉　(505)　萧子显十七岁

今岁,萧子显长子萧序生。

按:萧序生年,史未有载,然子显次子萧恺明岁生时,子显年仅十八,疑萧序之生,不应早于今岁。因暂系之于此,以待后考。

今岁,诗人江淹卒,时年六十二。

按:见《梁书》卷十四《江淹传》。

梁天监五年　丙戌　(506)　萧子显十八岁

今岁,子显次子萧恺生。

按子显次子萧恺之生,史未有载。据《梁书》卷三十五《萧子恪传附萧恺传》,萧恺当于梁太清三年(549)侯景叛乱围京都之时卒于建康城内,时年四十四。今由太清三年逆溯,则萧恺生于今岁。又《广弘明集》卷二十梁元帝《梁简文帝法宝联璧序》有"前尚书殿中郎南兰陵萧恺年二十九,字元才"之语,《法宝联璧》作于梁大通六年(534),今由大通六年逆溯,萧恺亦当生于今岁。二者正相合。

梁天监七年　戊子　(508)　萧子显二十岁

今岁前,子显又历任安西外兵参军等职。

按:《梁书》子显本传:"累迁安西外兵,仁威记室参军,司徒主簿,太尉録事。"列于子显降爵为子之后,子显作《鸿序赋》之前,故系之于此。

子显作《鸿序赋》,沈约见而称之。

按:《梁书》子显本传:"子显伟容貌,身长八尺。好学,工属文。尝著《鸿序赋》,尚书令沈约见而称曰:'可谓得明道之高致,盖《幽通》之流也。'"据《梁书·武帝纪中》,天监六年闰月乙丑"尚书左仆射沈约为尚书令",天监九年春正月乙亥"以尚书令、行太子少傅沈约为左光禄大夫,行少傅如故,右光禄大夫王莹为尚书令"。是沈约作尚书令在天监六年闰十月至九年正月之间,沈约在尚书令任间称赏子显赋,故暂系于今岁。

今岁后,子显撰《后汉书》及《南齐书》。

按:《梁书》子显本传:"又采众家《后汉》,考正同异,为一家之书。又启撰《齐史》,书成,表奏之,诏付秘阁。"列于子显著《鸿序赋》之后,故系之此。

今岁,诗人任昉、丘迟卒,时年四十九。

按:见《梁书》卷十四《任昉传》、卷四十九《文学上·丘迟传》。

梁天监十二年　癸巳　(513)　萧子显二十五岁

今岁闰三月,著名史学家、文学家沈约卒,时年七十三。

按:见《梁书·武帝纪中》。

梁天监十六年　丁酉　(517)　萧子显二十九岁

九月,子显预重阳朝会,受旨赋诗。

按:《梁书》子显本传载子显《自序》有云:"天监十六年,始预九日朝宴,稠人广坐,独受旨云:'今云物甚美,卿得不斐然赋诗。'诗既成,又降帝旨曰:'可谓才子。'余退谓人曰:'一顾之恩,非望而至。遂方贾谊何如哉!未易当也。'"

梁天监十七年　戊戌　(518)　萧子显三十岁

今岁,子显兄萧子范为太子中舍人。

按:见《梁书》卷三十五《萧子范传》。据《梁书》子显本传云:"累迁太子中舍人,建康令,邵陵王友,丹阳尹丞,中书郎,守宗正卿。"疑子显为太子中舍人亦在此前后。

梁普通元年　庚子　(520)　萧子显三十二岁

正月,改元普通。

按:见《梁书·武帝纪下》。

今岁,诗人吴均卒,时年五十二。

按:见《梁书》卷四十九《文学上·吴均传》。

诗人何逊或卒于今岁。

按:据俞绍初《昭明太子集校注》附录三《萧统年谱》。

梁普通二年　辛丑　(521)　萧子显三十三岁

秋,昭明太子萧统往游钟山开善寺,预法会,进谒高僧智藏法师,行弟子之礼。子显及刘孝绰、刘孝仪、陆倕等随从。萧统作《钟山解讲诗》,诸文士纷纷奉和,子显作《奉和昭明太子钟山讲解诗》一首。

按:据俞绍初《萧统年谱》。

今岁,文学家刘峻(孝标)卒,时年六十四。

按:据俞绍初《萧统年谱》。

梁普通五年　甲辰　(524)　萧子显三十六岁

六月,梁武帝以员外散骑常侍元树为平北将军、北青兖二州刺史,率众北伐。

按:见《梁书》卷三《武帝纪下》。

梁普通七年　丙午　(526)　萧子显三十八岁

今岁,文学家陆倕卒,时年五十七。

按:见《梁书》卷二七《陆倕传》。

梁大通元年(普通八年) 丁未 (527) 萧子显三十九岁

三月辛未,梁武帝舍身同泰寺。甲戌,还宫,大赦,改元大通。

按:见《梁书·武帝纪下》。

梁中大通元年(大通三年) 己酉 (529) 萧子显四十一岁

萧子显兄萧子恪卒于吴郡太守任,时年五十二。

按:《梁书》卷三十五《萧子恪传》:"大通二年,出为宁远将军、吴郡太守。三年,卒于郡舍,时年五十二。诏赠侍中、中书令。谥曰恭。"考今岁十月己酉,梁改大通三年为中大通元年,是萧子恪之卒,当在今岁十月改元之前,故系之于此。

九月癸巳,梁武帝前往同泰寺,再次舍身。十月己酉,舆驾还宫,大赦,改元中大通。

按:见《梁书·武帝纪下》

今岁,诗人殷芸卒,时年五十九。

按:见《梁书》卷四十一《殷芸传》。

梁中大通二年 庚戌 (530) 萧子显四十二岁

今岁,子显迁长兼侍中。

按:《梁书》子显本传:"中大通二年,迁长兼侍中。高祖雅爱子显才,又嘉其容止吐纳,每御筵侍坐,偏顾访焉。尝从容谓子显曰:'我造《通史》,此书若成,众史可废。'子显对曰:'仲尼赞《易》道,黜《八索》,述职方,除《九丘》,圣制符同,复在兹日。'时以为名对。"

又按:《梁书》子显本传:"出为临川内史,还除黄门郎。"当在今岁迁长兼侍中之前。

梁中大通三年 辛亥 (531) 萧子显四十三岁

四月,昭明太子萧统卒。

按:见《梁书》卷八《昭明太子统传》。

五月,诏以晋安王纲为皇太子。

按：见《梁书》卷四《简文帝纪》。

十一月，萧衍亲临同泰寺，升法座，为四部众说《般若经》。子显作《御講摩訶般若經序》。

按：《梁书·武帝纪下》载今岁："十一月乙未，行幸同泰寺，高祖升法座，为四部众说《摩诃般若波罗密经》义，讫于十二月辛丑。"《广弘明集》卷十九载子显《御講摩訶般若經序》，应是时所作。

今岁，子显以本官领国子博士。

按：见《梁书》子显本传。

今岁，诗人萧琛卒，时年五十二。

按：见《梁书》卷二六《萧琛传》。

梁中大通四年　壬子　(532)　萧子显四十四岁

三月，萧子显上表置制旨《孝经》助教一人，生十人。

按：《梁书·高帝纪下》载是年三月庚午："侍中、领国子博士萧子显上表置制旨《孝经》助教一人，生十人，专通高祖所释《孝经》义。"《梁书》子显本传："高祖所制经义，未列学官，子显在职，表置助教一人，生十人。又启撰高祖集并《普通北伐记》。"

今岁，子显迁国子祭酒，又加侍中，于学递述高祖《五经义》。

按：见《梁书》子显本传。

梁中大通五年　癸丑　(533)　萧子显四十五岁

十月，萧子显为吏部尚书，侍中如故。

按：见《梁书·武帝纪下》。

又按：《梁书》子显本传："子显性凝简，颇负其才气。及掌选，见九流宾客，不与交言，但举扇一撝而已，衣冠窃恨之。"

子显作《伐社文》，约在今岁。

按：《南史》子显本传："子显风神洒落，雍容闲雅，简通宾客，不畏鬼神。性爱山水，为《伐社文》以见其志。"记在为吏部尚书之后，故暂系于此。

又按：子显《伐社文》已佚失不存。

梁中大通六年　甲寅　(534)　萧子显四十六岁

今岁，皇太子萧纲与湘东王萧绎及子显、御史中丞刘溉等三十余人撰《法宝联璧》二百二十卷成，湘东王萧绎为作《梁简文帝法宝联璧序》。

按：《南史》卷四十八《陆杲传附陆罩传》云："初简文在雍州，撰《法宝联璧》，罩与羣贤并抄掇区分者数岁。中大通六年而书成，命湘东王为序，其作者有侍中国子祭酒南兰陵萧子显等三十人，以比王象、刘邵之《皇览》焉。"《广弘明集》卷二二载萧绎序全文并一一记载同作者姓名，除萧纲外，凡三十八人，子显居首位。是《南史·陆杲传》所云同作三十人者，非是。

又按：《广弘明集》卷二十载梁元帝萧绎《序》文末有云："使持节、平西将军、荆州刺史湘东王绎，年二十七，字世诚。侍中、国子祭酒南兰陵萧子显，年四十八，字景阳。"按：萧绎生于天监七年(508)八月，见《梁书·元帝纪》。则《法宝联璧》完成于今岁。而子显则生于齐武帝永明七年(489)，今岁当为四十六。疑萧绎《序》文所载"四十八"者误。

又按：萧绎《序》末又记同作者有"前尚书殿中郎南兰陵萧恺，年二十九，字元才"，是同作者又有子显次子萧恺。

梁大同元年　乙卯　(535)　萧子显四十七岁

正月，改元为大同。

按：见《梁书·武帝纪下》。

梁大同二年　丙辰　(536)　萧子显四十八岁

今岁，医药学家、文学家陶弘景卒，时年八十五。

按：见《梁书》卷五十一《处士·陶弘景传》。

梁大同三年　丁巳　(537)　萧子显四十九岁

子显出为仁威将军、吴兴太守。

按：见《梁书》子显本传。

萧子显卒。谥曰骄。

按：《梁书》子显本传云子显"至郡未几，卒"，是其当今岁卒于吴兴太守任。

又按:子显所作,据《梁书》、《南书》本传及《隋书·经籍志》记载,有《后汉书》一百卷,《齐书》六十卷,《普通北伐记》五卷,《贵俭传》三十卷,文集二十卷,《孝经义疏》一卷,《孝经敬爱义》一卷,《晋史草》三十卷。

张缵作《中书令萧子显墓志》。

按:见《艺文类聚》卷四十八。

梁太清元年(中大同二年)　丁卯　(547)　萧序四十三岁　萧恺四十二岁

二月,东魏司徒侯景先降于北魏,复遣使降梁,梁武帝以侯景为大将军、封河南王。

三月,梁武帝又一次舍身同泰寺。四月,梁武帝还宫,大赦天下,改元太清。

按:见《梁书·武帝纪下》。

今岁,太子中庶子谢嘏出为建安太守,太子萧纲于宣猷堂设宴为其饯行,萧恺预宴。

按:谢嘏"风神清雅,颇善属文"(《陈书》卷二十一《谢嘏传》),深为萧纲所喜,故其出守建安,乃有为其饯行事。《梁书》卷三十五《萧子恪传附萧恺传》云:"恺才学誉望,时论以方其父,太宗在东宫,早引接之。时中庶子谢嘏出守建安,于宣猷堂宴饯,并召时才赋诗,同用十五剧韵,恺诗先就,其辞又美。太宗与湘东王令曰:'王�本自旧手,后进有萧恺可称,信为才子。'"

梁太清二年　戊辰　(548)　萧序四十四岁　萧恺四十三岁

八月,侯景以诛中领军朱异为名,据寿阳反。十月,侯景叛军至京都建康,石头城守军降于侯景,侯景军围台城。

今岁,萧恺迁御史中丞。

按:见《梁书》本传。

梁太清三年　己巳　(549)　萧序四十五岁　萧恺四十四岁

三月,建康台城陷落,萧序、萧恺兄弟死于城中。

附　　录

作者相关论著

著　　作

东晋南朝的谢氏文学集团　黑龙江教育出版社 1998 年 8 月版
宋书校议　上海古籍出版社 2002 年版
鲍照年谱　上海古籍出版社 2004 年 11 月版
江淹年谱　江苏古籍出版社 2007 年 12 月
鲍照研究　凤凰出版社 2009 年 12 月版
南齐书校议　中华书局 2010 年 9 月版
鲍照集校注(与丛玲玲合作)　中华书局 2012 年 4 月版
东晋南朝谢氏文学集团研究
世界图书出版西安有限公司 2014 年 10 月版

选　　注

水仙凌波(“花香鸟语诗词集锦”之一)
江苏古籍出版社 1997 年 8 月版
谢灵运鲍照集(“历代名家精选集”之一)
凤凰出版社 2009 年 1 月版

后汉书（“历代名著精选集”之一）
凤凰出版社 2010 年 1 月版

教　　材

中国历代文学作品选（卞孝萱主编。选注南北朝部分，编委之一）
华中师大出版社 1997 年 7 月版

长篇小说

陶渊明全传　长春出版社 2000 年 1 月版

参编著作

江苏艺文志·镇江卷（杨积庆主编，本人为副主编之一）
江苏人民出版社 1994 年 10 月版

金元明清词鉴赏辞典（唐圭璋主编）
江苏古籍出版社 1985 年 5 月版

增订注释全宋词（朱德才主编）　文化艺术出版社 1988 年版

历代文言小说鉴赏辞典（谈凤梁主编）
江苏文艺出版社 1991 年 7 月版

汉魏六朝诗鉴赏辞典（吴小如等主编）
上海辞书出版社 1992 年 9 月版

历代小令词精华（陆国斌、钟振振主编）
岳麓书社 1993 年 10 月版

历代哲理诗鉴赏辞典（徐应佩主编）
湖北教育出版社 1994 年 8 月版

中国古典文学名著分类集成（王筱云主编）
百花文艺出版社 1995 年 6 月版

辞赋大辞典（霍松林主编）　江苏古籍出版社 1996 年 5 月版

秋心如海潮(古诗分类鉴赏系列之一)
上海辞书出版社 1996 年 8 月版

六朝作家年谱辑要·鲍照年谱简编(刘跃进、范子烨主编)
黑龙江教育出版社 1999 年 3 月版

论　文

虞炎《鲍照集序》的一处传写错误　《文史》第十五辑
关于鲍照的籍贯　《文史》二十辑
鲍照任前军参军的时间　《文史》二十二辑
《宋书·刘劻传》校读札记　《文史》第 46 辑(1999 年 1 辑)
论鲍照的义兴和吴兴之行及其后期的升降沉浮
《文史》第 58 辑
鲍照著作考　《文史》第六十三辑
《南齐书》校勘记辨正　《文史》2005 年 2 期
再论江淹几首诗歌的写作时间　《文史》2006 年 3 期
中华书局点校本《南齐书》校勘考补　《文史》2008 年 2 期
试论鲍照诗歌的"俊逸"特色　《文学遗产》1983 年 3 期
《望荆山诗》所反映的江淹生平仕履问题
《文学遗产》2006 年 2 期
鲍照诗文系年考辨　《中华文史论丛》1983 年 3 期
试论"兼"、"行"的代理义　《中华文史论丛》1984 年 1 期
再论鲍照几首诗歌的创作时间
《中华文史论丛》第七十辑(2002 年 2 辑)
《宋书》《南史》校点札记
《古籍整理出版情况简报》239 期,1991 年 3 月 1 日出版
《资治通鉴》正误一则　《中国史研究》1992 年 3 期
中华书局版《晋书·五行志》标点拾误
《中国史研究》2007 年 2 期
鲍照生年考索　《南京师大学报》1986 年 1 期

鲍照诗文又考辨 《南京师大学报》1988 年 1 期
中华书局版《宋书》校读记 《南京师大学报》1992 年 3 期
论江淹以五经授始安王及为新安王从事、奉朝请始末
《南京师大文学院学报》2004 年 4 期
江淹诗文系年考辨 《河南师大学报》1987 年 3 期
点校本《宋书·州郡志》辨误一则
《上海师大学报》1987 年 3 期
《刘鄂及〈老残游记〉资料》拾误 《江海学刊》1988 年 3 期
《南齐书·文学传论》对文坛三派的评价
《辽宁大学学报》1996 年 3 期
论鲍照山水诗的抒情意绪与悲苦情结
《郑州大学学报》2011 年 3 期
《宋书》标点拾误 《贵州大学学报》1990 年 4 期
点校本《宋书》标点商兑 《云南师大学报》1991 年 2 期
建安文学三考 《安徽师大学报》1992 年 3 期
论元嘉诗坛铺陈诗风的形成与得失
《广西师大学报》2009 年 2 期
鲍照作品在南北朝隋唐时期的影响
《汕头大学学报》1986 年 3 期
点校本《宋书》标点质疑 《江苏教育学院学报》1994 年 2 期
江淹事迹新证 《扬州师院学报》1994 年 3 期
江淹著述又考 《扬州师院学报》1992 年 1 期
点校本《宋书》、《南史》献疑 《徐州师院学报》1985 年 1 期
点校本《宋书》标点质疑 《贵州文史丛刊》1998 年 2 期
关于汉代的属国的几个问题 《苏州科技大学学报》2003 年 1 期
鲍照几首诗歌写作时间的再认识
《江苏科技大学学报》2004 年 1 期
鲍照《数诗》和乾隆皇帝
中华书局《学林漫录》十七辑(2009 年 5 月)
曹丕创作浅议 安徽《艺谭》丛书(1983 年)

鲍照《芜城赋》的现实意义
《镇江师专《教学与进修》1983 年 3 期
鲍照交游考略 《镇江师专学报》1984 年 3 期
鲍照交游考略(续) 《镇江师专学报》1985 年 1 期
宋文帝和他的戎行诗 《镇江师专学报》1985 年 3 期
论曹操的游仙诗 《镇江师专学报》1986 年 1 期
鲍照交游考略(续完) 《镇江师专学报》1986 年 4 期
牛鬼蛇神无所不有——谈《老残游记》的中心思想
《镇江师专学报》1988 年 1 期
点校本《建康实录》卷十一标点志疑
《镇江师专学报》1989 年 2 期
江淹诗文系年杂考 《镇江师专学报》1990 年 1 期
点校本《宋书》标点札记 《镇江师专学报》1991 年 1 期
《宋书》卷七十二校议 《镇江师专学报》1992 年 1 期
钩深索隐、曲写毫芥到情灵摇荡、流连哀思——论南朝诗风之流变
《镇江师专学报》1993 年 4 期
鲍照简谱 《镇江师专学报》1993 年 4 期
论鲍照的社会诗 《镇江师专学报》1994 年 3 期
谢朓诗三题 《镇江师专学报》1995 年 1 期
中古文学四考 《镇江师专学报》1996 年 2 期
论谢灵运的辞赋和散文 《镇江师专学报》1997 年 1 期
陶渊明诗新证 《镇江师专学报》1999 年 2 期
论《文选》乐府诗的选取和它的选取标准
《镇江师专学报》2000 年 4 期
《建康实录校点的思考》 《盐城师院学报》2006 年 1 期
才艺兼该、文武兼备的一代人主——曹丕
《古典文学知识》1987 年 6 期
才思富捷的青年诗人谢惠连 《古典文学知识》1994 年 3 期
机辨敏捷的才士谢庄 《古典文学知识》1996 年 4 期

酌奇而不失其真,玩华而不坠其实—谈鲍照创作的奇丽特色 《古典文学知识》1997年1期

从刚躁负气到处贵遗权—谈东晋山水诗人谢瞻 《古典文学知识》2003年5期

谢混和他的山水诗 《古典文学知识》2004年4期

杰出的政治家和文学家江淹(上)(下) 《古典文学知识》2007年3、4期

坎坷潦倒的诗人鲍照(上)(下) 《古典文学知识》2008年5、6期

命运坎坷的一代才士萧子显 《古典文学知识》2013年1、2期

《宋书》、《南史》校点拾遗 南京师大《文教资料》1989年3期

《宋书》点校考异 南京师大《文教资料》1992年1期

点校本《宋书》举遗 南京师大《文教资料》1994年2期

《南齐书》校点札记 南京师大《文教资料》1996年2期

标点本《资治通鉴》校读记 南京师大《文教资料》1997年3期

《宋书》补校两则 《江海学刊》1992年5期

《宋书》考疑(一) 《江海学刊》1994年2期

《宋书》考疑(二) 《江海学刊》1994年3期

《宋书》考疑(四) 《江海学刊》1994年5期

《宋书》考疑(五) 《江海学刊》1995年1期

《宋书》考疑(六) 《江海学刊》1995年2期

《宋书》考疑(七) 《江海学刊》1995年3期

《宋书》考疑(八) 《江海学刊》1995年4期

《宋书》考疑(九) 《江海学刊》1995年5期

《宋书》考疑(十) 《江海学刊》1995年6期

《宋书》考疑(十一) 《江海学刊》1996年1期

《宋书》考疑(十二) 《江海学刊》1996年2期

《宋书》考疑(十三) 《江海学刊》1996年3期

《宋书》考疑(十四) 《江海学刊》1996年4期

《南齐书》考疑(一) 《江海学刊》1998年2期

《南齐书》考疑(二)　《江海学刊》1998 年 3 期
《南齐书》考疑(三)　《江海学刊》1998 年 4 期
《南齐书》考疑(四)　《江海学刊》1998 年 5 期
《宋书》考疑(十五)　《江海学刊》2000 年 5 期
《宋书》考疑(十六)　《江海学刊》2000 年 6 期
《宋书》考疑(十 七)　《江海学刊》2001 年 1 期
《宋书》考疑(十八)　《江海学刊》2001 年 2 期
《宋书》考疑(十九)　《江海学刊》2001 年 3 期
《宋书》考疑(二十)　《江海学刊》2001 年 4 期
《宋书》考疑(二十一)　《江海学刊》2001 年 5 期
《宋书》考疑(二十二)　《江海学刊》2001 年 6 期
《南史》考疑(一)　《江海学刊》2002 年 1 期
《南史》考疑(二)　《江海学刊》2002 年 2 期
《南史》考疑(三)　《江海学刊》2002 年 3 期
《南史》考疑(四)　《江海学刊》2002 年 4 期
《南史》考疑(五)　《江海学刊》2002 年 5 期
《南史》考疑(六)　《江海学刊》2002 年 6 期
《南史》考疑(七)　《江海学刊》2003 年 4 期
《南史》考疑(八)　《江海学刊》2003 年 5 期
《南史》考疑(九)　《江海学刊》2003 年 6 期
《南史》考疑(十)　《江海学刊》2004 年 1 期
《南史》考疑(十一)　《江海学刊》2004 年 2 期
《南史》考疑(十二)　《江海学刊》2004 年 3 期
《南齐书》考疑(五)　《江海学刊》2004 年 4 期
《南齐书》考疑(六)　《江海学刊》2004 年 5 期
《南齐书》考疑(七)　《江海学刊》2004 年 6 期
《南齐书》考疑(八)　《江海学刊》2005 年 3 期
《南齐书》考疑(九)　《江海学刊》2005 年 4 期
《南齐书》考疑(十)　《江海学刊》2005 年 5 期
《南齐书》考疑(十一)　《江海学刊》2005 年 6 期

《南齐书》考疑(十二)	《江海学刊》2006 年 1 期
《南齐书》考疑(十三)	《江海学刊》2006 年 2 期
《南齐书》考疑(十四)	《江海学刊》2006 年 3 期
《南齐书》考疑(十五)	《江海学刊》2006 年 4 期
《南齐书》考疑(十六)	《江海学刊》2006 年 5 期
《南齐书》考疑(十七)	《江海学刊》2006 年 6 期
《南齐书》考疑(十八)	《江海学刊》2007 年 1 期
《南齐书》考疑(十九)	《江海学刊》2007 年 2 期
《南齐书》考疑(二十)	《江海学刊》2007 年 3 期
《南齐书》考疑(二十一)	《江海学刊》2007 年 5 期
《南齐书》考疑(二十二)	《江海学刊》2007 年 6 期
《南齐书考疑》(二十三)	《江海学刊》2008 年 1 期
《南齐书考疑》(二十四)	《江海学刊》2008 年 2 期
《南齐书考疑》(二十五)	《江海学刊》2008 年 3 期
《南史考疑》(十三)	《江海学刊》2008 年 4 期
《南史考疑》(十四)	《江海学刊》2008 年 5 期
《南史考疑》(十五)	《江海学刊》2008 年 6 期
《南史考疑》(十六)	《江海学刊》2009 年 1 期
《南史考疑》(十七)	《江海学刊》2009 年 2 期
《南史考疑》(十八)	《江海学刊》2009 年 3 期
《南史考疑》(十九)	《江海学刊》2009 年 4 期
《南史考疑》(二〇)	《江海学刊》2009 年 5 期
《南史考疑》(二一)	《江海学刊》2009 年 6 期
《南史考疑》(二二)	《江海学刊》2010 年 1 期
《南史考疑》(二三)	《江海学刊》2010 年 2 期
《南史考疑》(二四)	《江海学刊》2010 年 3 期
《南史考疑》(二五)	《江海学刊》2010 年 4 期

后　记

自从1982年在《文史》发表了我的处女作《虞炎〈鲍照集集序〉的一处传写错误》以后，我先后在《文史》《文学遗产》《中华文史论丛》《中国史研究》《古籍整理出版情况简报》《江海学刊》《南京师大学报》《上海师大学报》《汕头大学学报》《河南师大学报》《安徽师大学报》《徐州师大学报》《贵州大学学报》《云南师大学报》《扬州大学学报》《辽宁大学学报》《苏州科技学院学报》《广西大学学报》《郑州大学学报》《南京师范大学文学院学报》《江苏教育学院学报》《贵州文史丛刊》《江苏科技大学学报》《盐城师院学报》《镇江师专学报》《学林漫录》《古典文献研究》《古典文学知识》等刊物发表论文多篇，先后出版了《东晋南朝的谢氏文学集团》（黑龙江教育出版社1998年8月版）、《宋书校议》（上海古籍出版社2002年6月版）、《鲍照年谱》（上海古籍出版社2004年11月版）、《江淹年谱》（凤凰出版社2007年12月版）、《鲍照研究》（凤凰出版社2009年12月版）、《南齐书校议》（中华书局2010年9月版）、《鲍照集校注》（中华书局2012年4月版）数部学术著作，著有《水仙凌波》（江苏古籍出版社1997年8月版）、《谢灵运鲍照集》（凤凰出版社2009年1月版）、《后汉书》（凤凰出版社2010年1月版）三部古代名著的选注品评本，创作了长篇小说《陶渊明全传》（长春出版社2000年1月版）。此外还参与承担了《历代文言小说鉴赏辞典》（江苏文艺出版社1991年7月版）、《汉魏六朝诗鉴赏辞典》（上海辞书出版社1992年9月版）、《历代小令词精华》(岳麓书社 1993 年 10 月版)、《历代哲理诗鉴赏辞典》(湖北教育出版社 1994 年 8 月版)、《江苏艺文志·镇江卷》(副主编之一,江苏人民出版社 1994 年 10 月版)、《金元明清词鉴赏辞典》(江苏古籍出版社 1989 年 5 月版)、《增订注释全宋词》(文化艺术出版社 1997 年 12 月版)、《辞赋大辞典》(江苏古籍出版社 1996 年 5 月版)、《中国历代文学作品选》(华中师大出版社 1997 年 7 月版)等书的部分任务。今将历年所撰论文,分为文学与史学两类结集出版,以作为我从事中国古代文学与史学研究的总结。

论稿的大部分撰成于我在镇江的二十年中,这是我人生中又一个极为艰苦的时期。当时一家四口蜗居于居住面积仅为四十平方的斗室之中。加之又处六楼的顶层,冬寒夏热,寒暑之气交替侵人。而学校高层则因为公私事务繁忙,无暇顾及普通教师的居住环境。当时在我读书写作的半室之中,堆满书籍资料,又有双层单人床一张,兼作两个孩子之卧室,其中之艰辛,现在每每回想起来,犹不免唏嘘感叹。故集以"半室"为名,以作为这段艰难的读书写作生活之记念耳。

这本史学论稿中所收的二十多篇论文,是从历年所撰中选出,其中对某些此前发表过的论文作了合并。由于本人才疏学浅,写作时思虑不周,论文中颇有不当之处,谨敬请博雅君子不吝赐教焉。

在论稿即将付梓之时,我又一次不自然地想到了我的恩师段熙仲先生和张瑗先生,想到他们对我的关爱和提携。谨在此再一次祝愿他们的在天之灵安息。特别是二位恩师在我处于困境之时,为我多方奔波,与南京师范大学校方达成一致,将我调入南京师范大学任教,并安排了我妻子的工作。但由于种种原因,我却谢绝了这一次调动,辜负了二位先师的厚意和苦心,回想起来,内心总会产生一种莫名的愧悔。二位先师离开我们已经多年,可他们的音容笑貌却仍深深留在我的记忆之中。这次论文的结集出版,既是我对自己学术生涯的小结,也承载着我对二位先师的深切思念和浓厚的感恩之情,谨再一次衷心祝愿二位先师的在天之灵安息。

论稿的出版得到了凤凰出版社姜小青先生与卞岐先生的大力支持

和关心，承蒙二位先生不弃，为论稿的出版提供了诸多便利。盐城师范学院文学院院长陈义海教授对论稿的出版十分关心，给予了经费的支持。谨在此向诸位先生表示崇高的敬意和衷心的感谢。

笔 者

二〇一四年五月十九日